海 闻

经济学博士，经济学讲席教授

北京大学校务委员会副主任

北京大学汇丰商学院创院院长

北京大学原副校长

海闻，浙江杭州人，1952 年 8 月出生。1969 年 3 月至 1978 年 2 月在黑龙江省虎林县（现为"虎林市"）红卫公社下乡。1977 年高考恢复后考入北京大学经济系，1982 年毕业于北京大学，获经济学学士学位。1983 年毕业于美国加州州立大学[①]（长滩），获经济学硕士学位。1991 年毕业于美国加州大学[②]（戴维斯）经济系，获经济学博士学位。曾在加州州立大学（旧金山）、加州大学（戴维斯）、福特路易斯学院[③]（长聘副教授）任教。1995 年回国参与创办北京大学中国经济研究中心（现为北京大学国家发展研究院），任常务副主任。曾任北京大学副校长（2005—2013）兼北京大学深圳研究生院院长。2004 年创办北京大学深圳商学院（2008 年更名为汇丰商学院）并任院长（2004—2021）。主要教学及研究领域为国际经济学、发展经济学、转型经济学、中国经济等。

[①] 加州州立大学（California State University）。
[②] 加州大学（University of California）。
[③] 福特路易斯学院（Fort Lewis College）。

学术兼职

1993—1994 年	中国留美经济学会会长
1993—1998 年	福特基金会中国经济研究基金学术委员会委员
1998—2013 年	中国经济 50 人论坛成员
2000—2008 年	《国际经济学译丛》主编
2001—2005 年	原卫生部政策与管理研究专家委员会委员
2001—2020 年	中国经济学年会理事会创始秘书长和创始理事长
2005—	《国际贸易问题》编委
2019—	《北大金融评论》学术委员会主任

曾任中国人民大学出版社"经济科学译丛"编委会副主编（执行主编）；《WTO 经济导刊》《现代商业银行》《医院管理论坛》、China Economic Journal 等期刊专家顾问委员会委员；《国际经济评论》《经济学（季刊）》《经济前沿》《中国卫生经济》《卫生软科学》《中国医疗前沿》、Journal of Economic Research、Asian Business & Management 等期刊编委；北京大学出版社学术顾问、全国外经贸研究成果奖评审委员会委员、中国体制改革研究会特约研究员、北京 2008 年奥运会申办委员会经济问题专家、中国世界经济学会副会长、商务部经贸政策咨询委员会委员等。

经济领域荣誉及获奖

1992 年	中国留美经济学会"荣誉会员"
1996 年	美国李氏基金会"杰出成就奖（经济）"
1997 年	中国原国家教委、原人事部"全国优秀留学回国人员"
2001 年	第九届"安子介国际贸易研究奖"
2002 年	教育部"中国高校人文社会科学优秀成果奖"
2008 年	"改革开放三十年影响深圳三十个经济人物"
2012 年	教育部"第六届高等学校科学研究优秀成果奖（人文社会科学）"
2014 年	第十八届"安子介国际贸易研究奖"
2015 年	中国留美经济学会"终身成就奖"
2017 年	网易 2017 年度最具影响力经济学家
2021 年	央广网 2021 年度商科教育领军人物
2022 年	《中国经济评论》2021 年度"十大经济学家"

⬆ 1985年5月,中国留美经济学会在纽约成立,海闻(右一)与第一届理事会其他成员合影

⬆ 2001年10月,首届中国经济学年会在北京大学中国经济研究中心举办,海闻主持开幕式

⬆ 2008年4月,海闻邀请时任全国人大常委会副委员长、民建中央主席成思危做客北大深圳论坛暨北京大学深圳商学院中国与全球经济论坛

⬆ 2008年12月,海闻邀请著名经济学家吴敬琏做客北大深圳论坛

↑ 2013年5月，海闻与厉以宁教授在美国参加会议期间合影留念

← 2014年10月，海闻与1995年诺贝尔经济学奖得主罗伯特·卢卡斯（Robert Lucas）在北大汇丰金融系列讲座现场

↑ 2015年4月，海闻参加时任国务院总理李克强主持召开的经济形势座谈会

↑ 2017年12月，海闻获评2017网易年度最具影响力经济学家，2004年诺贝尔经济学奖得主爱德华·普雷斯科特（Edward C.Prescott）（右一）为海闻颁奖

↑ 2019年10月，海闻在《北大金融评论》创刊首发仪式上

海闻◎著

经济卷

北京大学出版社
PEKING UNIVERSITY PRESS

图书在版编目（CIP）数据

海闻浅论. 经济卷 / 海闻著. -- 北京：北京大学出版社, 2025.1. -- ISBN 978-7-301-35600-5

Ⅰ. C53

中国国家版本馆CIP数据核字第2024AM9062号

书　　　名	海闻浅论：经济卷 HAI WEN QIANLUN：JINGJI JUAN
著作责任者	海　闻　著
责 任 编 辑	裴　蕾
标 准 书 号	ISBN 978-7-301-35600-5
出 版 发 行	北京大学出版社
地　　　址	北京市海淀区成府路205号　100871
网　　　址	http://www.pup.cn
电 子 邮 箱	编辑部em@pup.cn　总编室zpup@pup.cn
新 浪 微 博	@北京大学出版社　@北京大学出版社经管图书
电　　　话	邮购部010-62752015　发行部010-62750672　编辑部010-62750667
印 刷 者	涿州市星河印刷有限公司
经 销 者	新华书店 720毫米×1020毫米　16开本　30印张　彩插3　517千字 2025年1月第1版　2025年1月第1次印刷
定　　　价	98.00元

未经许可，不得以任何方式复制或抄袭本书之部分或全部内容。
版权所有，侵权必究
举报电话：010-62752024　电子邮箱：fd@pup.cn
图书如有印装质量问题，请与出版部联系，电话：010-62756370

序 一

1988年夏，中国留美经济学会在美国加州大学（伯克利）举行第四届年会，特邀国内几家机构派代表向大会介绍改革情况。带队团长是时任国务院发展研究中心副主任孙尚清，成员包括时任对外经济贸易部部长助理周小川、中创投资集团有限公司董事长张晓彬、中国经济体制改革研究所微观研究室主任张少杰，以及中央政治体制改革研究室局级研究员唐欣等。当时农村包产到户改革已波及城市体制，需要介绍相关情况，杜润生领导下的国务院农村发展研究中心发展研究所选上了我。那次美国之行颇为周折，直到年会开幕前两周才拿到签证，但访问效果不错，宾主皆有收获。

同行六位，最土的就是我。我此前仅短期出国二次，还是首次到美国，连投币电话也没见过。当时中国留学生，个个都是人中翘楚。我一路琢磨，要怎样才能把百废初兴的农村状况向留洋学生学者汇报明白。飞机落旧金山机场，第一次认识海闻夫妇，我们此前素不相识却像老友重逢，无须一句客套就无话不谈。

原来海闻曾在黑龙江虎林县下乡，他所在的红卫公社离我所在的850农场五分场不过百把公里。大家下乡多年，恢复高考才有机会到北京上大学，专业又一样。当然差别也有，他很早到美国留学，当时正在美国加州大学（戴维斯）读博士，是留美经济学会理事和年会组织者。

我就是在那次访问中结识了海闻等一批留学生朋友，比照自己，我的见识与学问实在欠缺不少，才有了继续争取深造的念头。机缘巧合，参加年会不过一年之后，我也成了留美学者学生中的一员。"四十不惑"却背上双肩包，在异国他乡大学校园里修课、听讲座、泡图书馆，也算是人生一项特别经历。1996年年初，北京大学中国经济研究中心聘我任教，海闻是这家名满天下学术

海闻浅论：经济卷

机构的六位创始人之一，时任中心副主任。我在他和林毅夫、易纲领导下工作，与张维迎、宋国青、卢锋、汪丁丁、胡大源等结为同事，这让从来没教过一天书的我，仿佛也变得胜任愉快。

近距离接触海闻，他给我印象最深的是敢想敢做、踏实认真。其实北大中国经济研究中心与留美经济学会差不多，是由志同道合者组织起来的"同人机构"。如果不是改革开放大潮，不容易想象这类非官办机构能在我们社会里诞生并成长。不过也正因为是同人机构，一切的一切绝非现成可得，没有创造性的坚忍不拔，断无可能成事。海闻贡献的是他杰出的组织才能。他的座右铭是"海阔天空地想，脚踏实地地干"，结果就是干一件事，成一件事。从留美经济学会到北大中国经济研究中心，再到后来在深圳创办的北大汇丰商学院，创业核心团队里总离不开海闻的身影，我以为绝非偶然。每每读到法国学者理查德·坎蒂隆（Richard Cantillon）定义的"企业家"（据说是他首次把这个概念引入经济学的）——"它的确切含义是某项事业的实施者"——我总想起海闻。他参与创立的当然不是营利性企业。他总能协力于某项非营利事业使之得以实施。

海闻不断做出贡献而成就的机构，在价值取向上高度一致。这里有一个法门，那就是他作为一个经济学家，最基本的理念和价值取向牢靠而稳定。在世界包括中国的现代化进程之中，思潮起伏、潮流变迁犹如翻江倒海，严守逻辑一致性并不是一件容易的事情。我认识海闻三十多年，在基本价值取向上他从来高度一致，绝不随波逐流、东摇西摆。谓予不信，请大家读读这本《海闻浅论：经济卷》，从中领悟基础牢靠的经济学修炼，如何有助于在变迁的大时代里守正出奇，如何在正确价值观的指引下认知世界、做事成事。

是为序。

周其仁

2024年6月30日于北大承泽园

周其仁，北京大学国家发展研究院教授，主要研究领域为产权与合约、经济制度变迁、企业与市场组织、货币与金融、土地制度与城市化，以及产业升级与技术创新等。

序 二

在过去的四十多年里,中国经济改革不断取得进步,经济理论与经济政策研究也实现了长足的发展。思想解放的先行,为经济学的开放和现代经济学的引进铺平了道路,经济学教学体制和内容也随之发生了变革。许多在海外接受现代经济学培养的中国学者回国参与了这一进程,为中国的经济改革和发展做出了独特的贡献。海闻就是其中的一位杰出代表。

我与海闻有着许多共同的经历:我们都曾在东北下乡,体验过农村生活;都是1977年入学的大学生,主修政治经济学;都有过海外留学的经历,并选择回国为中国的发展贡献自己的力量。这些共同的经历让我们在面对改革和发展中的挑战时,常常能够产生共鸣。阅读海闻的这本新书书稿,我不由得感慨海闻这么多年在花费大量精力办学之余,仍钻研不止,笔耕不辍;佩服海闻在专业上的深入研究,对现实问题的持续关注,以及他所秉持的长远眼光和国际视野,还有他在推动中国经济学教育和科研方面的长期付出。

一、专业为本

我们这一代经济学者赶上了中国经济改革与发展的全过程,这个历史性机遇为我们提供了大显身手的舞台,只要有过硬的专业和理论水平,可做的事情非常之多。

从大学开始,海闻的兴趣就集中在发展经济学和国际经济学领域。他长期以来一直在探索一个问题:一个国家如何顺利从传统经济转型到现代经济?为了解答这个问题,他逐渐对罗斯托(Walt Rostow)的"起飞"理论和赫克歇尔

（Eli F Heckscher）、俄林（Bertil Ohlin）、萨缪尔森（Paul Samuelson）、克鲁格曼（Paul Krugman）等的国际贸易理论产生了浓厚的兴趣。这些理论至今仍然深深影响着他。作为经济学家，海闻始终秉持经济学专业的观点，在不同的场合直言不讳地表达自己的看法。他认为在市场经济中，企业家是最重要的资源，是创业创新并推动经济发展的引领者。政府应该创造公平竞争的环境，鼓励人们发挥创造力。同时，政府应该关注和解决市场失灵的问题，承担起消除贫困、保障基本住房、医疗、教育等责任。

海闻曾担任商务部经贸政策咨询委员会委员，是国内公认的国际贸易问题专家。在中国加入世界贸易组织（World Trade Organization，WTO）前后，一些人认为入世会导致中国工业失去竞争力、经济衰退、失业增加。但海闻运用专业的知识和通俗易懂的语言，不仅参与中美高层对话，还多次接受媒体采访，为民众做了大量耐心的沟通和说服工作，产生了深远的影响。同时，作为原卫生部政策与管理研究专家委员会委员，他基于经济学的理论和常识，在中国的医疗改革领域发表了许多有价值的见解。即使时隔二十年，这些观点仍颇具现实意义。

二、立足现实

我常常想，我们这一代人经历了"上山下乡"，最大的收获可能是性格得到了磨炼。对于搞经济学研究的人来讲，还有一大收获，就是从最底层开始了解中国社会，这些是从书本上永远学不到的。今天我们在思考一些关乎国计民生的重要课题时，仍会想到生活在乡村里的百姓。我对他们的生活有所了解，知道某个政策出来之后，他们会有什么样的反应。

海闻的经济学观点也都是立足实践的。他上大学前曾在北大荒下乡九年，对农业、农村、农民可以说是有切身了解，这些所见所感后来都让他在乡村发展的问题上形成独到的观点。比如他认为，随着社会的发展，农民进城是历史发展的规律，农民数量减少也是一个必然现象，随着农业产值比重的不断下降，乡村人口的减少，一些乡村的消亡也是不可阻挡的。一方面，应推进土地制度的改革，引导资本下乡，发展现代工业。另一方面，应积极发展非农产业，推进新城市建设，帮助农民工及其子女在城镇安居乐业。双管齐下，才是解决

序 二

"三农"问题的关键。

谈到"共同富裕",他认为最根本的是要帮助贫困人口提高致富能力而不是仅在分配上下功夫。需要政府在教育上多投入,支持民营企业发展,多创造就业机会。关于如何抑制房地产价格的急剧高涨,他主张针对性地提高持有成本,遏制投机操作,降低空置率,而不是简单地用行政手段控制人们购房。他的一些政策建议,从实际出发,既有理论基础,又有操作可能性。

三、着眼长远

经济学的专业训练会让人更坚信理论和逻辑的力量,相信经济规律不会以人的意志为转移,眼前的纷繁世界不过是现象而已,要看到本质,还得长远去看。

作为一位研究国际贸易和发展经济学的经济学家,海闻在解读宏观经济和微观的企业行为时,经常跳出眼前,将它们放在长跨度的历史、国际环境的对比中去观察。比如他认为解决农民问题的长远办法是加快工业化和城镇化;再比如,海闻认为,加入WTO,承诺市场开放,撤销保护,看上去对本国资源产品生产行业不利,但从长远看,有利于中国合理利用稀缺资源,有利于长期持续发展。

在中美贸易出现摩擦甚至争端之际,海闻仍坚定地认为"长远看,经济全球化仍是历史潮流,各国分工合作、互利共赢是长期趋势。我们要站在历史正确的一边,坚持深化改革、扩大开放,加强科技领域开放合作,推动建设开放型世界经济,推动构建人类命运共同体"。

四、教育情怀

虽然早在1902年严复先生就将亚当·斯密(Adam Smith)的《国富论》[①]翻译到中国,但到我们上大学时,课堂上的西方经济学仍只讲"流派",没有讲现代经济学基础理论的知识和基本方法。经济学教育的改革势在必行。

海闻一定对此深有体会。据我所知,他当年在美国拿到终身教职,依然选

[①] 《国富论》,即《国民财富的性质和原因的研究》(An Inquiry into the Nature and Causes of the Wealth of Nations)。

择回国,一个很重要的目标就是想推动中国经济学教育和研究的发展。他认为"我们缺少优秀的学者,主要是(因为)缺少培养高水平学者的平台。"回国之后,他几十年如一日,先后参与创办了北京大学中国经济研究中心(现国家发展研究院)、中国经济学教育科研网、中国经济学年会、北京大学汇丰商学院等平台。为推动经济学教育和科研的发展,他放弃了很多,但他认为这是一个团队的组织者应有的牺牲精神。他说自己是个"搭台的人","不一定每次都非要自己在台上唱戏不可""我的理想是能够把优秀的学者组织起来,作为一个团体能够去做一些事情,多影响一些人。"对于海闻几十年办教育所取得的丰硕成果,我是由衷地钦佩!

具体到经济学理论,有人常说西方经济学的基本内容不适合中国国情。海闻极力驳斥这一说法,认为这些学者还停留在"以价值判断为基础的经济学研究阶段""经济学的基本框架是不分国界的,只是各种理论根据不同国情会有不同的假设条件。"由西方学者近一两百年来发展起来的现代经济学,是属于人类共同的财富。这些基础理论本身具有普遍的、一般的学术价值,本身是无国界、无阶级的,因为无论是哪一个国家或哪一个利益集团,要争取自己最大的利益,都需要懂得事物本身的客观规律,都需要按照客观规律去实现自己的目标。经济学的理论,就是用来分析经济变量之间存在的关系,分析经济生活的客观规律,并以此为基础,指导实践,实现我们想在现实生活中实现的目标。

以上,我对这本书的一些观点做了粗线条的讨论,希望引起读者兴趣。我常常讲,经济学家希望谋求的是使社会福利最大化,我们除了写学术论文,还发表政策观点和通俗作品,这也是影响政策、普及经济学常识的重要方式。希望海闻这本书出版后能够影响更多的人,助力社会福利的提升。

2024 年 6 月

樊纲,北京大学汇丰商学院特聘教授,中国经济体制改革研究会副会长,主要研究领域为宏观经济学、转轨经济学和发展经济学。

前　言

人生有很多因缘际会，1977年的高考，让我对此尤其感慨良多。那一年起，我的人生之路出现了重大转折：我结束了九年的东北农村插队生涯，考入了北京大学。不过，我当时填的志愿是图书馆学系和中文系，但命运却安排我进入了当时大师云集的经济系。从此，我开始了与经济学的不解之缘。

入学北大后，面对"文革"后百废待兴的中国经济，我有太多的迷惑需要厘清，有太多的知识需要学习。幸运的是，我遇到了陈岱孙、厉以宁、肖灼基、洪君彦、胡代光、杜度、范家骧等名家大师，让我不仅对博大精深的经济学有了初步了解，也为之后的赴美留学深造奠定了基础。厉以宁和罗志如老师开设的介绍当代经济思想的课程和讲座，让我对美国经济学家罗斯托的"起飞"理论产生了浓厚的兴趣。洪君彦老师开设的世界经济和范家骧老师的国际贸易课程，让我开始从全球视角思考中国经济发展并了解了国际贸易的分析方法，以至后来我把发展经济学和国际经济学作为自己的主要研究方向，钻研至今。

20世纪80年代在美国加州大学（戴维斯）攻读经济学博士期间，我师从林德特（Peter Lindert）、芬斯阙（Robert Feenstra）、胡永泰（Wing Tye Woo），以及麦卡拉（Alex McCalar）等教授，系统地接受了现代经济学教育，在国际经济学和发展经济学等领域进行了深入的思考，毕业后在国内外学术刊物上发表了一些相关论文。

1994年，我与林毅夫、易纲、张维迎等一起创办了北京大学中国经济研究中心。我回国自设的使命之一是在中国高校推动当代经济学的教学与研究。为此，我组织翻译了由中国人民大学出版社出版的"经济科学译丛"系列，与易纲主编了"现代经济学管理学教科书系列",与尹尊生主编了"现代工商管理丛书",创办了中国经济学教育科研网,发起和组织了中国经济学年会。

与此同时,我更多地关心中国经济的改革、开放、发展,关心中国走向市场经济和融入世界经济中遇到的各种问题。围绕中国宏观经济、改革开放、国际贸易、创新创业、乡村振兴、共同富裕、经济学教育科研等方面应邀做了很多讲座,接受了不少采访,写了一些文章。值此北大中国经济研究中心成立三十周年和北大汇丰商学院创办二十周年之际,我把其中的一些文章和采访报道收集分类,作为《海闻浅论:经济卷》整理出版。

严格意义上来说,这不是一本学术著作,更像是一本时事评论集。不过,与一般杂论的不同之处是,这些经济观点的背后,始终贯穿着经济发展的规律和市场经济的基础理论。这些文章虽然跨度近三十年,其间星辰流转,世事变迁,但我的一些基本观点和理念却是一以贯之的。

在中国宏观经济方面,我主要分析的是短期波动的原因和长期增长的潜力。影响中国经济短期波动的因素包括市场经济中的周期性波动、外部冲击、产业结构调整等,但有时也与宏观政策的过度调控有关。不同时期的波动有不同的原因。对于中国经济长期的增长潜力,我主要以发展经济学中的"起飞"理论、国际经济学中的"大国经济"理论、转型经济学中的"体制改革"理论为基础进行分析,因此我对中国经济的增长潜力始终是乐观的。这些观点主要体现在本书第一部分《中国未来经济二十年:机遇和挑战》等文章中。但是,正如所有的经济学理论都是在一定的条件下才成立一样,中国经济增长的潜力能否成为现实,既取决于国内的改革开放能否持续和深入、国际的经贸合作能否不断发展,也取决于国内外的政治、科技、社会等一系列因素的变化。潜力不等于现实,不理想的现实也不等于对潜力的否定。经济学主要是分析,而不是预测。过去十年来,中国和世界都发生了很多意想不到的变化,很多增长的潜力没有得到很好的释放和发挥。如果说,中国经济未来二十年发展的机遇和挑战共存,现在看来,将来面对的挑战会更多一些。

国际贸易是我的专业研究领域,为此我发表过一些学术论文,写过一些大学教材,本书的第二部分主要是有关经济全球化和国际贸易政策方面的讨论。我坚持认为,在全球范围内的生产与消费可以达到有限资源的最佳配置,中国加入世贸组织后的高速经济增长就是一个最好的例子。书中的一部分文章和采访，是在中国入世前写的，包括《如何看待中国加入WTO》《加入WTO对中国经济的深远影响》等。面对当时的一些怀疑论调，我坚定地强调尽快加入世贸组织的必要性。事实证明，入世对于中国融入全球经济的产业链和促进中国经济发展起到了非常积极的作用。这一部分的另一些文章是针对贸易保护主义和中美贸易摩擦写的。我们一方面需要克服外部干扰，坚持促进贸易自由化。另一方面也需要主动检视自身在尊重知识产权、遵守国际规则、保证公平竞争等方面存在的问题以减少贸易摩擦。这些观点在《积极参加国际贸易谈判，推动国际贸易自由化》《用冷静、客观、开放的眼光看待中美贸易争端》等文章中都有所体现。

本书的第三部分是有关改革开放方面的文章，既有关于具体行业的改革建议，也有面对逆全球化趋势主张更广更深开放的意见。 由于我担任过原卫生部政策与管理研究专家委员会委员，对中国的医疗改革有一些思考，一些文章发表在《医院管理论坛》《中国医院院长》等刊物上。面对近年来日益严峻的国际政治与经济形势，我认为应通过"更大范围、更宽领域、更深层次"的"高水平"改革开放来应对。这个"高水平"包括两个特点：一是要认同和遵守国际通行规则；二是要考虑公平和对等，让国际合作的各方都获得相应的利益。《再改革、再开放，中国如何进一步推动全球化》《构建以规则为基础和以互利为原则的高水平对外开放新格局》等文章集中表达了我对未来中国应对国际不利局面的主要观点。

乡村振兴和共同富裕也是近几年的热门话题。我认为城镇化是解决"三农"问题，实现乡村振兴的根本途径，而城镇化和农业现代化又是帮助现有大多数农民摆脱贫困、实现共同富裕的重要措施。 我的博士论文研究的就是经济增长对农业发展和农产品贸易的影响，并且我早在1992年就发表了《台湾战后的经济发展和农业政策的转变》的文章，2021年发表的《经济增长与乡村发展》则分析了中国经济起飞对"三农"的影响，阐述了经济发展的规律，强调要因势利导实现乡村发展，避免走入误区。鉴于中国大多数低收入的贫困人口主要在农村，《实现共同富裕，要提升贫困人口致富能力》等文章则阐释了乡村振兴与共同富裕的关系。这是本书第四部分的主要内容。

第五部分的内容主题较多，既有谈制造业企业发展战略等微观问题，也有回答记者关于房地产发展和房产税的热门话题。经过一段时间的改革和发展，中国不再贫穷和短缺，中国的制造业也进入了一个追求质量的新阶段。高质量的制造业必须走专业化和规模经济的道路，需要从"小而全"模式逐渐走向"大而专"模式。小规模多元化的发展，虽然在经济发展初期会得到较高的短期资本回报，但在高科技高质量为主的国际制造业竞争中，这种模式在研发和成本方面缺乏优势。这部分的观点呈现在《制造业发展趋势与企业策略》等文章中。有关中国的房地产，我认为应该在开放房地产市场时适时出台房产税，这样就不会形成后来的炒房热潮，以及高房价和高空置率的现象。但是，现在再像其他发达国家一样来普遍征收房产税也是不现实的，从宏观经济和民众利益来说都不是最佳时机。中国房产税的最终出台，要保证大多数人的基本利益不受侵犯，也应该跟房地产的产权改革结合起来。相关的意见可见《房地产最大的问题是空置率太高，北上深应率先征房产税》等文章。

本书第六部分收录的是有关创新创业方面的文章和采访。中国经济发展到了一个新阶段，创新创业成为经济增长的重要动力，而企业家的精神和才能是创新创业中最主要的生产要素。 当然，我这里主要指的是民营企业家，他们不仅敢于冒险、重于落实、善于合作、贵于坚持，而且具有寻找商机、组织资源、经营管理、调整应变等方面的能力。最重要的是，创新创业需要有动力和压力，而在市场经济中，利润的动力和竞争的压力，迫使民营企业家们不得不努力创新创业。当然，创新创业也需要有外部条件，包括营商环境、知识产权保护、科研实力、人才储备等。另外，商学教育也能够帮助企业家们获得创新所需的眼界、精神、知识和才能。这部分的《经济发展新阶段与创新创业》《稀缺资源是企业家》《商学教育与大湾区创新发展》等文章对这些观点有详细的论述。

本书的第七部分是有关经济学和经济学家的文章、采访和演讲。 对于经济学，我的基本观点是：经济学的基本框架是不分国界的，只是根据不同的国情和不同的条件，提出不同的假设，从而得出不同的结论。虽然许多经济学名著出自西方学者之手，研究的主要是西方国家的经济问题，但他们归纳出的许多经济学理论反映的是人类社会的普遍行为，这些理论是人类的共同财富。因此，

前言

我们不能以中国的特点来否定经济学分析的基本框架。这些观点体现在《中国人离诺贝尔经济学奖还有多远》《非凡的十年——经济学教育由传统到现代的模式演变》等文章中。这部分还收录了我在第二十届中国经济学年会闭幕式上的致辞,这也是我创办中国经济学年会二十年的告别演说。我们这一辈经济学人,因热血而无畏,因信念而坚守。从社会底层磨炼到高考复学,从全球探索发展到归国实践,我们经历了计划经济,参与了改革开放。北京大学首任校长严复在翻译亚当·斯密的《国富论》时曾说,"夫计学(即经济学)者,切而言之,则关乎中国之贫富;远而论之,则系乎黄种之盛衰。""谋人国家者,所以不可不知计学也。"在《国富论》中译本出版一百二十多年后的今天,中国经济学人更要牢记"经世济民"的伟大责任。

作为一名经济学者,我是幸运的。我不仅有机会在中国顶级学府"得天下英才而教育之",而且还有幸见证和经历了中国的改革开放和经济起飞。为此,我特别怀念和感谢将我领进经济学大门的中外老师们。**本书第七部分还收录了纪念陈岱孙、厉以宁两位恩师的文章**。他们不仅是我的经济学启蒙老师,更是推动中国当代经济学教学与科研发展的学术泰斗。陈岱老执教近七十年,执掌北大经济系三十余年,在艰难的环境下,为国家培养了无数杰出的经济学者。厉老师更是亲身参与了中国的改革开放,用经济学的理论指导发展方向,用经济学家的智慧破解改革难题。他们永远是经济学界的丰碑,高山仰止,后学楷模。

本书收集的是我对中国经济近年来一些具体问题的看法,不是具有严谨的理论分析和数据证明的学术论文,充其量只能算是"浅论"。这些文章或采访基本上已经发表。有些媒体的报道在发表时未经本人确认,对于其中一些事实或逻辑上的问题,在本书出版时已得以纠正。

本书的出版要感谢北京大学出版社总编辑助理林君秀、责任编辑裴蕾,以及汇丰商学院的绳晓春和曹明明的辛苦付出。他们对本书的策划、编辑、出版提供了宝贵的专业指导和帮助。

从老校长马寅初,到陈岱孙,到厉以宁,心系家国,胸怀天下,以思想引领时代、以学术报效国家、以实干造福人民,从来都是北大经济学者代代传承的优良传统。作为北大的经济学人,我们要始终站在历史正确的一边,推动深化改革，助力扩大开放，为民族振兴、世界和平、人类发展而不懈努力！这是本书出版的初衷，也是激励我继续努力工作的动力。

海闻

2024 年 6 月

目　录

一、论宏观经济 001

剖析中国的通货紧缩
（2000年7月） 003

中国经济的发展及对世界经济的影响
（2004年11月） 007

经济高速增长至少还有二十年
（2006年9月） 010

我们需要"新城镇建设"
（2008年4月） 014

复苏之路前景难料
（2010年3月） 019

中国未来二十年：经济增长与社会发展
（2012年3月） 022

新一届政府领导下的中国经济增长与社会发展
（2013年4月） 042

我对中国经济不悲观
（2014年7月） 053

经济新常态下的"三大转变"
（2015年1月） 062

防止经济下滑须大力调整产业结构

（2015年5月） ································ 067

规模经济是中国未来的真正竞争力

（2015年5月） ································ 071

中国经济会持续下行吗

（2015年12月） ······························· 079

供给侧结构性改革与稳增长并不矛盾

（2016年3月） ································ 087

中国经济"新常态"：当前经济形势与未来发展

（2016年6月） ································ 094

宏观经济形势：政府政策与未来增长动力

（2016年6月） ································ 102

尽早开征房产税，大力发展资本市场

（2016年10月） ······························· 112

要有针对性地提高持有税、遏制投机炒作

（2016年10月） ······························· 115

经济不会硬着陆　人民币难一贬到底

（2016年12月） ······························· 117

从长期看中国仍有很大的发展空间

（2018年12月） ······························· 122

中国未来经济二十年：机遇和挑战

（2019年1月） ································ 125

推进粤港澳大湾区一体化，引领"双循环"发展新格局

（2020年11月） ······························· 135

消费——新阶段经济增长的最基本动力

（2022年6月） ································ 140

目 录

"12 万亿"够吗？解读宏观经济政策

（2022 年 6 月） ································· 145

党的二十大进一步明确了扩大内需对未来经济增长的重要性

（2022 年 10 月） ································ 148

二、论国际贸易 ································· 153

全球化与千年回合

（1999 年 7 月） ································· 155

如何看待中国加入 WTO

（1999 年 12 月） ································ 162

经济全球化与中国的选择

（2000 年 2 月） ································· 167

加入 WTO 对中国经济的深远影响

（2000 年 4 月） ································· 174

WTO 与中国民营经济

（2000 年 12 月） ································ 178

加入 WTO 后中国的经济与金融

（2001 年 2 月） ································· 180

如何面对反倾销

（2001 年 3 月） ································· 188

WTO 与强国梦

（2001 年 5 月） ································· 194

"入世"对中国经济的影响

（2001 年 9 月） ································· 205

全球化视点

（2004 年 12 月） ································ 207

003

中国对外开放与贸易发展

（2003 年 12 月） ……………………………………… 211

贸易和对外开放

（2004 年 12 月） ……………………………………… 216

世界贸易格局的调整，每个国家都要付出代价

（2005 年 6 月） ………………………………………… 222

抓住机遇，让企业在调整中升腾

（2008 年 10 月） ……………………………………… 227

积极参加国际贸易谈判，推动国际贸易自由化

（2009 年 7 月） ………………………………………… 230

警惕大企业威胁论

（2011 年 8 月） ………………………………………… 232

中国如何从贸易大国走向贸易强国

（2016 年 12 月） ……………………………………… 235

新背景下"一带一路"经贸合作的战略思考

（2017 年 7 月） ………………………………………… 239

要用冷静、客观、开放的眼光看待中美贸易争端

（2019 年 12 月） ……………………………………… 242

三、论改革与开放 ………………………………… 245

公共财政必须承担公共卫生职责

（2003 年 12 月） ……………………………………… 247

医疗体制改革"雷区"待避

（2004 年 6 月） ………………………………………… 250

关键在于改革支付结构

（2006 年 7 月） ………………………………………… 253

对外开放对中国经济发展的作用及挑战

（2008 年 3 月） ………………………………………… 255

供给侧结构性改革可从三方面入手

（2015 年 12 月） ………………………………………… 261

改革为中国经济发展赋能

（2017 年 3 月） ………………………………………… 264

再改革、再开放，中国如何进一步推动全球化

（2020 年 10 月） ………………………………………… 269

面对当前逆全球化形势，中国如何坚持改革开放？

（2020 年 10 月） ………………………………………… 277

构建以规则为基础和以互利为原则的高水平对外开放新格局

（2021 年 4 月） ………………………………………… 283

提振经济信心和预期，需要更大更深的改革开放

（2022 年 12 月） ………………………………………… 290

四、论乡村振兴与共同富裕 …………………………… 299

台湾战后的经济发展和农业政策的转变

（1992 年 8 月） ………………………………………… 301

新城市建设是解决"三农"问题的根本途径

（2008 年 11 月） ………………………………………… 313

经济增长与乡村发展

（2021 年 5 月） ………………………………………… 318

实现共同富裕，要提升贫困人口致富能力

（2021 年 12 月） ………………………………………… 328

五、论产业发展 ……………………………………… 335

更专业才更有规模

（2005 年 3 月）…………………………………… 337

走出多元化陷阱，重归专业化正途

（2005 年 12 月）………………………………… 340

资产价格和通货膨胀

（2010 年 2 月）…………………………………… 345

中国的行业第一很脆弱

（2016 年 6 月）…………………………………… 348

经济转型关键看新兴产业

（2017 年 2 月）…………………………………… 351

房地产最大的问题是空置率太高，北上深应率先征房产税

（2017 年 3 月）…………………………………… 356

深圳未来十年发展动力是基础研究

（2020 年 12 月）………………………………… 360

制造业发展趋势与企业策略

（2022 年 5 月）…………………………………… 363

六、论创新创业 ……………………………………… 367

发挥中关村创新优势，加强创新能力建设

（2007 年 9 月）…………………………………… 369

全产业的创新经济是未来发展的支撑力量

（2014 年 12 月）………………………………… 373

如何通过电商推动区县经济发展

（2014 年 12 月）………………………………… 377

目录

稀缺的资源是企业家

（2014 年 10 月）……………………………………… 381

经济发展新阶段与创新创业

（2015 年 5 月）………………………………………… 385

新经济企业要想基业长青须考虑更多非技术因素

（2018 年 5 月）………………………………………… 397

粤港澳大湾区的创新发展面临六大挑战

（2018 年 12 月）……………………………………… 401

从四个关键词看大湾区创新创业

（2021 年 9 月）………………………………………… 404

商学教育与大湾区创新发展

（2022 年 11 月）……………………………………… 408

七、论经济学与经济学人……………………………… 419

网络挑战经济学教育

（1999 年 6 月）………………………………………… 421

中国人离诺贝尔经济学奖还有多远？

（2000 年 10 月）……………………………………… 423

非凡的十年

（2005 年 6 月）………………………………………… 427

经济学需要一批又一批优秀的人去探讨、实践和开拓

（2019 年 1 月）………………………………………… 431

经济学家的理想和抱负，就体现在"经""济""学"上

（2020 年 12 月）……………………………………… 436

我的心永远和中国经济学年会在一起

（2020 年 12 月）……………………………………… 440

007

缅怀恩师陈岱孙：一代名师，后学楷模

（2000年10月） ·· 442

在"经济学理论和中国道路"研讨会暨厉以宁教授八十华诞暨从教五十五周年庆典上的发言

（2011年5月） ··· 445

中国金融，全球价值

（2019年10月） ·· 449

追忆厉以宁：经济思想的启蒙者和坚持真理的理论家

（2023年3月） ··· 452

一、论宏观经济

中国是一架大飞机,我们"起飞"的过程可能需要比别人更长的时间。对于年轻人来讲,中国还是有很多机会的,中国经济仍然会保持相对较高的增长速度。

剖析中国的通货紧缩①

——其成因的另一解释及结果的不同看法

（2000年7月）

关于中国通货紧缩成因的另一解释

关于中国通货紧缩成因，林毅夫认为是20世纪90年代生产能力急剧扩张，总供给增长太快的结果。易纲则强调经济结构的问题，在生产能力过剩时不能有效淘汰落后企业。在某种意义上说，易纲也解释了中国通货紧缩持续的原因。我基本同意他们的分析。但是，我认为，1997年亚洲金融危机以后中国采取的汇率政策与宏观经济政策也是中国这一次通货紧缩形成和持续的重要原因之一。

我们先来看汇率政策。在亚洲金融危机中，我国坚持了人民币不贬值的政策。这一政策毫无疑问对稳定中国、亚洲乃至世界经济起到了关键作用，但与任何经济政策一样，人民币不贬值的政策不是没有代价的。在亚洲主要货币贬值而人民币不贬值的情况下，人民币实际上相对升值了10%—40%，其直接影响是导致中国1998年和1999年上半年出口急剧下降（出口增长率1998年全年几乎为零，1999年前四个月一直是负增长）。

出口增长率从1997的20.9%骤降到1998年的0.5%，对中国经济意味着什么？中国1997年的出口总额为1 827亿美元，其20%大约为365亿美元，约占当

---

① 海闻.剖析中国的通货紧缩——其成因的另一解释及结果的不同看法 [J]. 中国经济信息,2000(14):37–38.

年GDP的4%。如果1998年的出口仍然保持这一增长率，那么将新增这么多商品销售到国外去。但在亚洲金融危机发生后，人民币实际升值，造成中国出口迅速下降。1998年有将近4%的GDP的商品不得不从外国市场转为在国内市场销售，这相当于国内市场的总供给突然增加了将近4%。这么大量的在正常情况下可能出口的商品一下进入了国内市场，对国内的总体价格水平必然会有冲击，而这也加剧了通货紧缩。

从实证方面看，本币升值与国内价格下跌的关系也很明显。亚洲金融危机后出现通货紧缩的并不只是中国，日本也出现了总体物价水平的下跌，而恰恰就只有这两个国家的货币没有贬值（日元从1998年10月后迅速升值，日本在1999年出现了通货紧缩）。

现在，我们再来看宏观经济政策。在亚洲金融危机发生后，我们的基本政策是刺激经济增长。在别国纷纷处于经济衰退的时候，中国经济仍处于高速增长的状态。1998年GDP的增长率为7.8%，比1997年只下降了一个百分点。从理论上说，GDP的增长反映的是总需求和总供给的均衡增长，但这一增长是由总供给拉动的还是由总需求拉动的，对总体物价水平的影响是不同的。如果GDP的增长主要来自总需求的增加，那么总体物价水平会上涨。但是，如果GDP的增长主要是由于总供给的增加，那么总体物价水平则会下降。总体来看，1998年和1999年中国GDP的增长主要来自总需求的拉动还是来自总供给的继续扩张？

一般说来，总需求的增加主要来自消费需求、投资需求和净出口需求的增加。政府也可以通过扩张的财政政策和货币政策来刺激总需求。长期的总供给增加（长期的总供给曲线向右移动）主要是因为资源的增加或技术的进步，而短期总供给增加除这两个因素外，也有可能是政府政策或企业错误预期的结果。

在亚洲金融危机发生后，中国政府面对的主要风险是金融波动、经济衰退和失业增加。当时政府的主要政策目标是稳定汇率、增加生产和减少失业。与此相适应的政策措施就是人民币不贬值和力争GDP增长8%（"保八"）的货币和财政政策。应该说，在实现既定的目标方面，政府采取这些政策是毫无异议的。然而，1998年的宏观经济政策对物价水平的影响是值得探讨的。"保八"政策究竟刺激了总需求还是刺激了总供给？"保八"政策对当时已经出现的通货紧缩起了什么作用？

可以说，1998年的"保八"政策主要包括三个部分：以降息为主的货币政策、以扩大支出和减税为主的财政政策，以及以"保八"为口号的政治和行政动员。前两项是市场经济通用的政策，后一项是中国经济转轨过程中仍然保留的行政手段。在比较发达的市场经济中，前两项政策无疑会通过刺激消费和投资以及提高政府支出而促进总需求。但是，由于中国仍处于经济转轨过程中，许多理论上行得通的政策不一定能够达到预期的效果。从中国的基本经济结构看，国有企业仍占很大比重，受降息和扩大政府支出（发行债券）影响的主要是国有企业而非广大消费者和非国有企业。国有企业的生产并不一定建立在市场需求的基础上，况且当时的主要目标是反经济衰退和降低失业率而不是追求利润和满足市场需求，再加上行政的压力，企业将完成生产和经济增长指标作为主要目标，从而使得一些已经过剩的生产力得到了继续发挥。在这种情况下，政府政策对总供给的促进往往大于对总需求的刺激。事实上，1998年固定资本投入又增长了13.9%，而占总需求中将近一半的居民消费只增加了5.9%，低于GDP增长率近两个百分点。1998年的宏观经济政策保证了经济的增长，但在促进有效总需求方面并没有明显效果，对于抑制总体物价水平的下滑也没有太大贡献。

在本文的分析中我无意指责当时的汇率政策和宏观经济扩张政策。任何时期，政府都会面对许多不同的经济和政治问题，而没有一项政策可以解决所有的问题。同样，也不会有一项十全十美而没有代价的政策。我的分析主要想说明亚洲金融危机后政府政策对汇率、经济与物价水平的影响。而通货紧缩正是为保持汇率稳定和经济增长所付出的代价。与其他可能出现的结果相比，这个代价也许是较小的。

关于通货紧缩结果的不同看法

对于通货紧缩的结果，国内经济学界几乎都持否定态度，有人认为通货紧缩是比通货膨胀更严重的经济问题，必须尽全力治理。人们之所以如此认为，很大程度上是因为人们把通货紧缩与经济衰退、失业增加概念等同或混淆。当然，从历史上看，通货紧缩与经济衰退常常是联系在一起的，但这并不等于说通货紧缩一定会造成经济衰退。从国内衡量通货紧缩的指标来看，人们实际上还是在看价格水平而不是GDP增长水平和失业率。今年以来，无论GDP增长率（第一季度为8.1%）还是工业生产增长率（1至5月份，每月增长率都超过10%）都表明经济运行正常，但经济学界仍在担心，认为中国经济还未走出通货紧缩的阴影，还主张政府加大宏观经济政策的力度，其主要依据是物价水平仍没有出现人们希望的那种持续稳定的高涨。

事实上，中国的这次通货紧缩的结果并不像人们想象的那么严重。在某种程度上说，这次通货紧缩对于中国经济结构的调整和保持外部经济平衡起了积极的作用。其他暂且不论，就从促进中国出口增加方面来说，通货紧缩至少部分抵消了人民币相对升值所带来的不利影响，从而使中国的对外出口在经历了一年左右的下跌之后又恢复了高速增长。1999年的出口增长率已恢复到6.1%，而2000年前5个月出口月平均增长率超过30%。近年来，人民币与亚洲各国货币间的汇率变化并不大，与危机前的汇率相比，人民币仍是相对升值的。因此，中国近年来出口的迅速恢复和增长是与国内价格水平较低（通货紧缩）分不开的。

综合以上分析，我要强调的是外部经济与内部经济的相互影响，在开放经济中，两者是不可分割的，通货紧缩形成和持续的一部分原因是人民币相对升值后出口受挫带来的国内总供给和总需求的不平衡，而由此造成的通货紧缩又降低了国内产品的成本，弥补了人民币升值对出口带来的不利。考虑到中国的出口额占GDP的20%左右，出口的迅速恢复和增长大大减轻了传统意义下通货紧缩对经济的不利影响。在汇率不变的前提下，如果我们过分地利用宏观经济政策来提高物价水平，通货紧缩可能会很快消失，但随之而来的可能是出口竞争力的下降。

中国经济的发展及对世界经济的影响[①]

（2004 年 11 月）

中国经济的发展目前正处于一个拐点。学术界和海外媒体对中国经济能否持续增长质疑声一片。过去二十年间中国经济走过了怎样的发展历程？中国经济的高速增长能否持续？中国经济的发展对世界经济产生了怎样的影响？北京大学中国经济研究中心的海闻教授试图给出一个答案。

中国在过去二十多年的经济增长

中国经济在过去二十多年间取得了高速增长。尤其在 1990 年以后，中国的 GDP 年平均增长率远高于世界的 GDP 年平均增长率。经过 20 多年的发展，中国在世界经济体系中的地位发生了深刻的变化。在 1980 年，中国的 GDP 占世界 GDP 的比例只有 2% 多一点；而到了 2004 年，这一比例达到 4%。

另一方面，中国的对外开放和融入世界经济的步伐加快。从中国进口额的年增长率看，1995 年达到历史最高，超过了 50%；2002 年和 2003 年分别达到 20% 和 40%。以现有价格计算，中国出口额的年增长率在 2000 年为 28%，在 2002 年为 22%，而在 2003 年达到了 35%。中国的进出口贸易额占世界贸易总额的比率逐年攀升，尤其在 1998 年以后，1998 年中国贸易额占世界贸易总额的比例约为 3.3%，到五年后的 2003 年这一比例达到了 5.8%。

[①] 海闻. 中国经济的发展及对世界经济的影响 [J]. 中国对外贸易, 2004(11):84-85.

再看中国的外贸依存度。2003年中国的外贸依存度高达60%。外贸依存度快速增长使中国经济的发展更加国际化，世界经济周期对中国经济的影响日益明显。外贸依存度大幅提高带来的一个最为直接的后果就是中国经济的发展正在走向与国际接轨的道路。换句话说，中国经济的发展不仅属于中国自身，而且属于世界，中国经济的发展已经具有较强的国际层面意义。中国经济的发展终将进入一个与世界经济荣辱与共的同步周期。

贸易额的快速增长和外贸依存度的大幅上升使中国的全球贸易排名发生了极大的变化。1978年中国的全球贸易排名为第27位，2000年上升至全球第10位，2003年上升至全球第4位。

中国经济高速增长能否持续？

在下一个十年到二十年，中国经济能否继续保持高增长的态势？我认为中国经济有保持高增长的可能性，但也面临诸多挑战。

从可能性分析，第一，中国仍有着富有竞争力成本的劳动力。中国工人目前的工资只有韩国工人工资的十分之一、日本工人工资的二十分之一左右。

第二，中国将继续以开放的姿态吸引外资，以弥补高速增长所需资本的不足。

第三，中国人口众多，意味着拥有一个巨大的国内市场，有利于企业获得规模经济。目前，中国经济已经具有相当的规模。2003年，GDP排名前10位的国家中，中国位居美国、日本、德国、英国、法国和意大利之后，排名第7位。

第四，为充分发挥市场经济作用，尽快适应世界贸易组织规则，中国正在不断地进行体制改革。非国有企业占工业生产总值的比例呈逐年上升趋势，在2002年更是达到了近80%；而国有企业（包括国家控股企业）所占比例逐年下降。

第五，短期内在中国发生的两件大事对经济亦有一定的拉动作用：一是2008年的北京奥运会；二是2010年的上海世界博览会。

从以上五个方面看，中国经济仍然存在着继续高速增长的可能性，但是，中国经济未来的增长也面临着诸多挑战,主要有三个方面:一是中国经济如何保持平稳增长而不是出现大的波动;二是如何协调好中国的经济改革与政治改革的同步推进;三是如何避免受到国际政治与经济环境的不利影响。

中国经济增长对世界经济的影响

第一,中国日益成为世界商品与服务的新型大市场。从 1998 年以来,中国从世界其他国家的进口额出现迅速上升的趋势。1998 年,中国的进口额不到 1 500 亿美元,五年后的 2003 年则达到了 4 100 亿美元。中国从欧盟(European Union,EU)的进口额也迅速增加,2001 年是 300 亿美元左右,2003 年达到了 600 亿美元,两年内翻了一番。欧盟目前已成为中国第二大进口贸易伙伴。

第二,中国成为有吸引力的外商投资地。1991 年以后,中国实际利用外资额一直呈上升趋势。受亚洲金融危机的影响,外商投资在 1998—1999 年经历了一年短暂的下滑,但自 2000 年起又转呈上扬态势。1999 年中国实际使用外资达 400 亿美元,2001 年约为 480 亿美元,2002 年则达到 520 亿美元左右。

第三,中国成为低价制造品的主要供应国。2004 年,中国制成品出口占世界同类产品出口的 8.2%,其中劳动密集型和资源密集型产品占比达 15.5%。中国制成品出口的主要国家(地区)包括:美国、日本、德国、韩国、荷兰、英国等。

第四,中国经济高速增长拉动世界经济增长。随着中国经济的快速持续增长,中国正成为世界经济的一支重要力量。中国改革开放的发展模式对其他发展中国家和转型国家经济发展提供了可借鉴的经验。

总之,中国经济在过去二十五年中获得快速增长,而且,我认为中国在未来的十到二十年内将继续保持相对高速的增长。中国经济的增长也将继续为世界经济带来重要影响。

经济高速增长至少还有二十年[①]

（2006年9月）

1978年改革开放至今，中国经济已持续了二十七年年均9.3%以上的高速增长，远远高出世界平均水平——3%的增长率。这种高速增长还能持续多久？有利条件是什么？阻力和挑战又在哪里？《人民日报（海外版）》就此独家采访了北京大学副校长、北京大学中国经济研究中心副主任海闻。

中国经济还有续增动力

记者： 中国经济是否能够在未来继续保持7%至8%的高速增长，这是国际国内都十分关注的问题，您是如何认为的？

海闻： 如何看待中国经济？我们能否保持这种持续的高速增长？对此，全球各界存在不同的看法。作为经济学家，我的观点基本是乐观的。但这种乐观不是盲目的，而是建立在对中国和其他国家情况的分析对比基础上的。我认为中国还有继续增长的动力，至少还可以高速增长二十年。当然，这种高速是相对的，年增长率大概在6%—10%。

记者： 您这样认为的根据有哪些？

海闻： 我之所以这样认为有四个方面的理由。

[①] 吴月辉. 经济高速增长至少还有20年[N]. 人民日报（海外版），2006-09-06(005).

第一，中国的人力资源优势还会继续存在。中国的劳动力成本应该还有二十年的竞争力。经济发展很重要的一个方面是看资源能否支撑竞争力。中国的劳动力资源是非常丰富的。直到2004年，农村人口仍然占总人口的58.2%。这部分农村劳动力成本相对较低。一个国家的经济要想真正完成起飞，它的农村人口一定要降到20%甚至以下。我们的经济增长有多长时间，取决于我们农村人口的转移有多长时间。如果中国还需要二十年的时间把农村人口从60%降到20%，那么我们在这二十年中还有劳动力成本的竞争力。

第二，中国巨大的市场产生的内需将成为未来经济增长的主要动力。市场规模对经济的可持续增长非常重要。大规模的市场不仅可以拉动经济增长，也有利于企业发展。经济学里有个概念是规模经济，是说当一个企业或行业发展到一定规模时，平均成本会下降。一个企业或行业，如果没有市场规模，不仅难以盈利，甚至连生存都可能成为问题。在这方面，中国有得天独厚的条件，13亿人口的购买力是任何国家都无法比拟的。未来二十年中，国内市场会扮演越来越重要的角色。如果说外贸外资是推动我们经济起飞的第一级火箭，那么国内市场发展所产生的巨大需求将会成为我们未来经济继续快速增长的第二级火箭。

第三，中国深化改革产生的制度变迁将进一步带来创造力并提高生产力。我国正从计划经济向市场经济转型，这个过程是相当漫长的，需要一段时间的适应和调整。我国目前还没有真正完成制度改革。制度的改革和变迁可以继续提高我们的生产率。我们通过制度的改革，可以使资源发挥更大的效益。我们还存在许多国有垄断行业，行业的开放程度还不够；很多企业的产权改革还没有完成，现代企业制度还没有建立，这些方面还有很多潜力可挖。如果体制机制的改革能够不断深入，那么资源可以得到更有效的利用，效率会进一步提高。

第四，更加开放的国际环境有助于我们更好地利用全球市场与资源。总的来讲，20世纪90年代后，世界更加开放了。1995年成立的世界贸易组织，把很多原来非规范的或者双边的贸易规则，变成一种全球的规则。这给我国创造了更加稳定的外部条件，这一点上，我们可能比当年日本、韩国发展的时机还要好。现在我们至少有更多的规则，尤其是乌拉圭回合后，国际上的关税或非关税壁垒更低了。

主要担心四个方面的挑战

记者：我国经济要再持续稳定高速增长二十年，其间还会面临哪些问题和挑战？

海闻：再有二十年高速增长的可能性不等于一定能实现。中国经济中也存在很多问题，妥善地解决这些问题是对我们的挑战。这些问题如果处理得不好，经济仍然会出现波动，甚至会出现停滞。现在，我主要担心四个方面的问题或者挑战。

第一个挑战是如何避免宏观经济的大波动。要保持经济的长期增长，稳定性非常重要。我国目前很多宏观波动是非经济性的、非理性的，很多波动不是完全由市场自然引起的，而是由政府推动的。现在我国的地方政府的投资动力较强，投资的行业又有很大的相似性。这个问题不解决好，会造成经济的大起大落。现在中央政府还是比较谨慎的，不断通过制定政策来抑制一些增长过快的行业，但如果不从根本上解决地方政府投资冲动的问题，就存在宏观经济大波动的风险。

第二个挑战是如何提高我国企业的国际竞争力。现在我国大多数制造业企业仍处在小而全的状况——企业本身规模不大，实力不强，却涉及很多行业。每个行业都做，哪个也做不专，做不深。现代经济越来越需要科学技术，面对的国际竞争也越来越激烈，规模经济变得更加重要。企业要获得规模经济，就必须更加专业化，只有集中精力做好一件事，才能增强国际竞争力。

第三个挑战是如何保持社会的和谐稳定。市场有利于经济发展，但不是万能的。市场存在缺陷，市场存在失灵，市场解决不了社会公平性、公共性、外部性等问题。市场经济有利于鼓励人们创造财富，但同时会产生很大的贫富差距。收入差距太大会造成社会不稳定，也会影响经济增长。我国虽然人口众多，但这只是个潜在的大市场，还不是现实的市场。只有使13亿人都有较高的收入和较强的购买力，这个潜在的大市场才能成为真正的市场。要想在发展市场经济的同时缩小贫富差距并提高全体人民的购买力，政府对收入分配的合理调节至关重要。

第四个挑战是如何处理好国际关系。作为一个大国，中国的崛起必然会改变原有的世界经济格局，也会造成各国经济利益的变动。随着中国日益融入世界经济，我们将遇到一个前所未有的国际环境。反倾销、反补贴、贸易战、汇率之争等，都与我们的经济发展有关。所以，如何适应这个新的国际环境，如何处理好这些国际关系，也成为我们未来二十年发展的重要议题。

重视市场失灵衍生问题

记者：那么该怎样处理好这些问题以保证我们未来二十年的持续增长呢？

海闻：我认为最重要的还是要坚持以市场为导向的改革，同时转变政府角色，解决好市场失灵带来的问题和处理好国际关系。中国的改革必须进行下去，包括企业改革、医疗改革、教育改革、行政体制改革等。财政税收也是改革的重点之一，尤其是目前的地方税收体制。此外，我们的行为处事和心态都要有所改变和调整。很多旧的意识和观念要改变，以适应市场经济和全球化的发展需要。在国际关系上，在一些重大议题上也要有一个大国的姿态，要善于争取国际舆论、公众舆论及民意。

我们需要"新城镇建设"[1]

（2008年4月）

自改革开放以来，中国走上了腾飞之路。对于中国老百姓来说，感受最深的是中国告别了短缺时代。从百姓凭票排队购物，到商家要靠打折促销，老百姓的生活发生了深刻变化。生产力的极大提高使得中国产品行销全球，"中国制造"在欧洲以及美国、日本等发达国家随处可见。庞大的快速增长的经济规模和丰富的物美价廉的产品，充分体现了中国在世界上的影响力。

从1978年到2007年，中国经济年均增长率近10%。这个速度是同期世界经济年均增速的3倍，被称为"中国奇迹"。远远高于世界经济平均发展速度的"中国速度"和在世界经济格局中日益凸显的"中国因素"正吸引着全世界的目光。

我们到底应该如何看待中国经济高速增长的合理性？我们是否能够理性地分析中国经济持续发展面临的问题和困难，并找出解决问题的方法？这是关乎中国经济能否由大国经济走向强国经济，在世界经济中发挥更为积极和重要作用的关键问题。

2008年4月24日下午，《决策探索》记者根据海闻教授在"中州讲坛"的讲座内容，就当前我国经济发展中面临的一些大家所关注的问题，对我国知名经济学家、北京大学副校长海闻教授进行了专访。

记者：在讲座中，您着重提到了农民工子女的教育问题。能否请您就这个

---

[1] 朱松琳，张世浩，吴娟娟. 我们需要"新城镇建设"——访北京大学副校长、中国经济研究中心副主任海闻 [J]. 决策探索（上半月），2008(05):34–37.

问题做更深入的阐述?

海闻: 我在很多场合不止一次地呼吁大家要关注农民工子女的教育问题,因为这的确是一个迫在眉睫、不得不考虑的问题。如果不能快速有效地解决这个问题,将后患无穷。

现在我国农村教育正在朝着良好的方向发展,我们建了很多希望小学,这些希望小学的硬件设施、软件配备等已经得到了很大的改善。但是,现在有越来越多的农民进城打工,他们的孩子的教育问题如何解决?

如果孩子留在农村,与父母长期分开,难以建立很深厚的感情,长此以往,情感的缺失也会导致心理上的不健康。如果他们跟着父母一起在城里生活,又到哪里去上学?如果他们在城里长大,却和城里孩子有着不同的身份,将来会造成很严重的社会问题。

美国芝加哥大学一位曾获得诺贝尔经济学奖的教授曾专门把教育和社会结合起来研究,认为一个社会的犯罪率高低与教育是否缺失有非常大的相关性。农民工的孩子不但要在城里得到正规的教育,还必须给他们创造一个良好的成长环境,否则他们会出现心理问题。前不久在美国制造校园枪击案的韩国留学生就是这样的不幸的例子。他在一种备受歧视的环境里长大,自然也会仇视这个环境。

要解决这个问题,政府的重视程度非常重要。农民工子女教育问题表面上看起来不那么紧迫,不能直接提高政绩,甚至做了这项工作以后还会产生一定的负担。因此,很多地方政府不敢做,因为可能要替全国"买单"。比如说,如果北京让所有的农民工子女免费入了学,那么更多的农民工和他们的孩子可能会涌入。因此,我们需要的是一个全国性的政策,所有的城市都要这样做。我认为中央要下决心采取两个重要措施解决这个问题:一是政府补贴;二是行政命令和法律措施。这个社会是个变迁的社会,父母在哪里工作,孩子就有在哪里就近入学的要求,也应有就近入学的权利。同时,政府要补贴,补贴每个孩子上学的费用。

建立特殊的农民工子弟学校其实不是很可取,农民工子弟学校由于其特殊的称谓,可能让人误以为是不正规的学校。这些农民工子女可能从小就认为他们跟别人是不一样的,他们是处在社会底层的,他们幼小的心灵可能会早早地落下自卑的阴影。

记者： 您在讲座中提到了贫富差距问题，您为什么认为不应一味地强调缩小贫富差距？

海闻： 是的，我认为我们现在的问题不是如何缩小贫富差距，而是如何解决贫困。一个社会的主要目标不是把收入拉平，而是提高所有人的生活水平。我们不应盯着这个社会有多少富人，而应关心一个社会还有多少穷人没有房子住、没有学上、没有基本的医疗保障。我觉得合适的、积极的口号应该是"关注贫困人口，消灭贫困状况"。一个社会的发展和进步，并不在于有多少富人，关键在于有多少处在贫困线下的穷人。缩小贫富差距有两个途径——将穷人变富或将富人变穷。在前者做不到的时候很可能去做后者。我们不是没有过教训。我们可以通过一些措施如税收或补贴制度来帮助穷人，或鼓励富人去帮助穷人，但在舆论上过分强调均贫富或缩小贫富差距，有可能激起仇富心态，不利于社会的稳定和发展。

记者： 茅于轼教授前不久也曾说过高校的学费不是太高，而是太低了。您的观点好像跟茅教授的很相似。

海闻： 我们的观点可能比较相似，但对这种观点社会普遍不理解，大家都认为大学学费太高就是不公平。中小学教育是所有人都必须接受的基础教育，这种教育不应该收学费，政府要补贴。但是大学属于高等教育，不是"必需品"，在政府没有给予足够经费补贴的情况下，不得不收学费，而且好的学校收得高一点也在情理之中。大学学费可以收得高一些，同时给予贫困学生足够的奖学金。我们国家大学的奖学金多是奖励优秀学生的，其实也应该发给贫困学生。大多数的奖学金应该是用来帮助学习的。美国大学的奖学金很多就是给贫困生的。我不是说要不断地提高学费，而是说不要人为地去压低学费，应该设定一定的标准。大学学费现在大概是每年5000元，而且这个水平已经持续了很多年。其实很多中小学甚至幼儿园的实际学费都已达到了这个水平。大学要提高科研教学水平，需要有足够的资金。压低学费既不利于高校发展，也解决不了贫困问题，反而会让大多数不贫困甚至很富有的家庭搭了便车。收正常的学费，同时补贴贫困生是解决贫富差距的措施，而让所有人都享受低学费则是一项对所有大学生家庭的福利政策。其实降低学费也可以，只要政府能够补贴到位。但如果政府既不补贴，又不让涨学费，这就是问题。

记者： 关于新农村建设，您觉得我们当前需要注意的问题是什么？

海闻： 把农村的房子盖好、村村通公路、电网改造、水利工程都是很令人振奋的，但是现在我们应该注意避免出现一些形式化的东西。比如，很多地方政府认为一定要"房子排成行"，花大量的时间和精力去做形象工程，这是一种浪费。中国未来二十年，是工业化和城镇化加快的二十年，越来越多的农村人口会最终转移到城市，这是一个必然的趋势。没有一个发达国家的农民会超过总人口的10%。这就意味着，我们还会有将近5亿的农民最终会离开农村，如果我们现在在农村盖了那么多的房子，那么这些房子以后大多数是没有人住的。今后二十年，我们更要关注的是城市的问题，我们应该把更多的精力和财力放在城市的建设上，包括解决大量从农村来的"新移民"的安置和就业问题，还有城镇化过程中的教育、卫生、环境问题。我们需要关注"新城镇建设"。

农民问题是个大问题，解决这个问题的长远办法是加快工业化和城镇化。现阶段解决农民收入低问题的主要途径是让大多数农民不当农民，而不是靠政府的补贴。从中国目前的发展阶段看，也补贴不起，因为中国的农民太多了。换句话说，中国是一半人口补贴另一半人口，补贴的能力有限，而发达国家是绝大多数人（95%以上的非农人口）补贴很少数的人（不到人口5%的农民）。到了那个阶段，对农民的补贴是必要的，也是有效的。只看到发达国家补贴农民，而没看到发展阶段的差异和条件的不同，政策的效果也是不一样的。

记者： 最近一个阶段，物价飞涨，您如何看待这个问题？

海闻： 我们不得不承认，去年以来物价的增长速度确实很快，老百姓很不满意。但如果我们从另外的角度看，感觉可能会不一样。这次涨价幅度较大的主要是粮食和猪肉，但在过去很长一段时间里，粮食和猪肉价格基本保持稳定不变。如果我们用较长一段时间来考虑，将过去近十年粮食价格的涨幅平均一下，粮食价格总体上是正常的。最近几年，国民收入增长持续加速，而粮食价格却没有怎么涨过，所以这一阶段粮价涨得比较快一些，也是合理的。

而且，猪肉和粮食涨价对农民应该是好事，有利于提高他们的收入。我们常说要缩小贫富差距，而城乡差别和工农差别是造成贫富差距的主要原因。

这次价格上涨也是全球性的。2007年，欧美国家的通货膨胀率都达到了十多年来的新高，印度（6.4%）、越南（7.3%）、俄罗斯（9%），以及中东地区（10.8%），都超过了中国（4.8%）。中国的相对通货膨胀率其实并不是很高。

在一个高速增长的经济中，有一定的通货膨胀是正常的。稀缺产品的大幅度涨价也不足为奇。对于价格，应该让它按照市场规律正常运行，政府最好不要轻易去控制。假设每年价格的正常涨幅为3%，如果由政府控制而没涨，那么第一年会背离3%，第二年就会背离6%。以此类推，时间越久，被控制的价格与国际市场的价格的差距就越大，政府就越不敢涨价。如果一直坚持不涨价，背离越来越大是会出问题的。对价格的控制越严，就意味着将来发生通货膨胀的可能性越大。

在收入不变的情况下，通货膨胀当然会使老百姓的生活水平下降。弥补手段之一是提高收入。一些发达国家的工资也会根据生活指数的变化进行调整。其实操作起来也不难。可根据当地通货膨胀率，推算出生活指数，再根据这个指数来调整工资。比如去年有4.8%的通货膨胀率，那么工资可以相应地涨4%左右；如果没有发生通货膨胀，那么工资就可以不涨。

复苏之路前景难料

（2010 年 3 月）

一年多以前，国际金融危机蔓延全球，世界经济深陷低谷，中国经济也随之急速下滑。一年后，危机阴云渐次消散，世界经济"最坏的时期"已然过去。然而，日益凸显的债务危机、错综复杂的全球经济环境，又使踏上复苏之路的世界经济前景难料。不少人担心，全球经济可能会面临"双谷衰退"的风险。

那么，未来两三年全球经济走势，究竟是"稳定增长"还是"双谷衰退"？我的判断是：世界经济不会出现"双谷衰退"，但保持"稳定增长"也面临挑战，各国政府不可也不会掉以轻心，最终结果将是有惊无险。

为什么"双谷衰退"不可能出现？我从三个方面来分析。

首先，目前世界经济的复苏比较正常。从 2009 年以来的数据看，GDP 的增长率，OECD（Organization for Economic Co-operation and Development，经济合作与发展组织）国家大概平均在 2%，非 OECD 国家平均在 6%，世界工业产值平均增长率为 5%，通货膨胀率为 2% 左右。从目前情况来看，应该讲，世界经济复苏既不太弱，也不太强。不太弱，说明它不容易下跌；不太强，说明通货膨胀还没有形成，所以政府还不会采取对抗通货膨胀的政策，从而出现政策扭转，由刺激转向抑制，让仍存在不少问题的世界经济出现二次衰退。

其次，目前世界经济复苏比较稳定。实际上美国经济在 2008 年的第四季度已达到谷底。中国和其他国家在 2009 年第一季度也达到谷底，此后经济逐渐恢复。所以世界经济离开谷底已将近一年，其间虽有迪拜的债务危机等发生，但都没有使世界经济的复苏出现较大波动。应该讲，这样的复苏还是比较稳健的。

第三，各国政府不会允许"双谷衰退"发生。纵观历史，美国自1854年以来曾经历了33次经济衰退，其中出现"双谷衰退"的只有三次，其中两次发生在"凯恩斯主义"出现以前，分别是1913年和1920年的衰退。我们知道，历史上最大的一次经济危机是1929—1933年的大萧条，此后经济学理论界爆发了"凯恩斯革命"，论证了在出现经济危机时政府的作用。此后，尽管衰退仍然不可避免，但政府通过财政政策或货币政策的干预，大大减轻了经济衰退的程度。"凯恩斯主义"出现以后的"双谷衰退"只发生过一次，即在20世纪80年代。当时出现的是一种由于石油危机造成的"滞胀"，政府在对付衰退之后又出现较为严重的通货膨胀，美联储急于应对当时的通货膨胀而将利率提得很高，达到将近20%，这一政策使得刚刚复苏的经济再一次跌入了谷底。可以说，这次由于2008年金融危机引发的全球经济衰退与之前的情况很不一样，各国政府对整个经济情况的关注也是非常敏感和密切的，我相信各国政府不会容忍经济出现"双谷衰退"。

尽管可以比较乐观地排除"双谷衰退"的可能性，但是经济增长也不一定是一帆风顺的。未来三年世界经济的稳定增长也面临一些挑战。

第一个挑战是如何对付贸易摩擦和保护主义的抬头。危机期间大家能同舟共济，但是当危机过后，很多潜在的问题开始暴露，特别是中美之间，目前的贸易摩擦以及关于人民币升值的争议不断，已经影响到两国间正常的经济关系。危机以后，国际经济格局发生了一系列重要变化，中国等一些新兴国家在国际上的地位提升了，欧美的相对实力减弱了。各国对这种变化需要有一个适应过程，但一些国家还不能很好地调整理念和心态以适应这种变化，这势必造成新的摩擦。这些摩擦不仅在经济层面，也包括政治和社会层面。这些问题处理不好的话，会加大贸易保护主义，引发贸易摩擦，从而给各国经济的稳定增长带来一定的挑战。

第二个挑战是各个国家如何应对可能出现的通货膨胀。在对付金融危机和经济衰退的过程中，各国政府都实行了扩张的货币政策和财政政策，数千万亿美元投入了金融系统和经济实体中。流动性的迅速增加势必逐渐反映到资产和商品的价格上来。过去的一年里，中国有大量资金涌入房地产，形成了一定资产价格的泡沫。通货膨胀预期已经出现。怎么应对日益增强的通货膨胀预期和可能出现的高水平通货膨胀？是实施比较激进的政策还是比较温和的政策？这对各国政府来说又是一个严峻的考验。如果对这个问题反应过于缓慢，增长过快的房价和通货膨胀预期的提高有可能真的形成高水平通货膨胀，对政府形成经济和政治上的强大压力；但如果在这个问题上反应强烈，迅速提高利率，限制流动性，有可能会让仍处于复苏状态的经济出现问题。能否兼顾好防止通货膨胀和保持经济平稳快速增长，取决于各国政府实行宏观政策的技巧。

第三个挑战是如何尽快降低仍处于高位的失业率。尽管复苏已持续一年，但许多国家，尤其是发达国家的失业率仍居高不下。虽然就业的恢复通常会晚于GDP的恢复，但如果复苏不能为就业做出贡献，居民消费不能提高，那么促进经济增长的总需求仍会是脆弱的。即使在中国，我们也还没有恢复到危机前的就业状况。中国的失业率不能只看公布的"城镇登记失业率"，这个指标并没有统计农民工，而这次金融危机和经济衰退影响最大的是出口行业和建筑行业的农民工。很多因经济衰退而返乡的农民工并没有回来，还有很多本来应该从农村转移出来的劳动力还没有出来或没有找到工作。目前所谓的沿海地区"招工难"的问题，实际上是一个信息不对称和供求不匹配的问题。从长期看，我们有数亿农民需要逐渐转移出来，而目前他们的技能和知识又不一定能够胜任升级后的产业需要。如何将刺激经济的货币用于能够提供更多就业机会的产业和企业，是决定未来三年经济能否平稳增长的关键问题。

总的来说，这场曾被人们描述为"百年不遇"的经济危机正在逐渐过去。虽然危机之初凶猛的跌势堪比当年的"大萧条"，但由于经济学理论的发展和各国政府国际协作和宏观调控能力的提高，并没有出现人们担心的全球经济崩溃。尽管未来仍存在很多不确定性，但我相信各国政府最终能够避免激烈冲突，小心谨慎地处理好目前面临的问题。未来三年世界经济应该是稳定增长，有惊无险的。

中国未来二十年：经济增长与社会发展[1]

（2012年3月）

今天，我想跟大家共同探讨一下中国未来经济增长的问题。现在有些人认为中国经济的高速增长快结束了，从原来对GDP的过分重视，甚至达到崇拜，转向GDP似乎不那么重要了，《政府工作报告》也把2012年GDP增长的目标降到了7.5%。中国经济高速增长期是不是已经过去了？中国经济还能否保持一段时间的高速增长？我想从发展经济学的角度，从一个比较长的历史阶段来看中国的经济问题。今天主要谈三个问题：中国未来经济增长的潜力；中国未来面临的主要挑战；中国面对挑战的努力方向。

中国未来经济增长的潜力

中国经济具有长期增长的潜力并不等于这种潜力一定会变成现实，我们面临一些严峻的挑战，如果能够很好地把握发展的趋势，挖掘这些潜力，经济增长仍然能够保持一个很好的势头。如果一些问题处理不好，中国经济也可能出现所谓的"硬着陆"。

在过去三十多年里，中国经济平均百分之九点几的增长速度，高于世界经济平均增长速度，我们称之为"中国奇迹"。这个速度能够持续多久？我的基

---

[1] 本文根据在"中国经济50人论坛长安讲坛"总第210期的演讲整理，原载于《改革与未来》。海闻. 改革与未来[M]. 北京：中国人民大学出版社，2015.

本看法是起码持续四五十年。第二次世界大战（简称"二战"）后曾经有过"日本奇迹"和"东亚奇迹"。尤其是"东亚奇迹"，从20世纪60年代初开始，持续到1997年亚洲金融危机以后，有将近四十年的时间。我们的改革开放是从1978年开始的，20世纪80年代经济虽然增长很快，但还谈不上是真正的经济起飞，主要是一个对原有被破坏的体制的恢复阶段。"中国奇迹"应该说从20世纪90年代邓小平南方谈话以后开始，到现在也仅有二十多年而已。从这个意义上来讲，中国的奇迹并没有结束，即使和东亚比，我们还会持续一段时间。我的一个基本判断是，中国经济短期会有些波动，比如受国际金融危机或国内一些因素的影响，但未来相当长的一段时间里仍然会有8%左右的增长速度。我讲三个理由。

第一个理由，我认为**中国仍然处于经济起飞的阶段**。发展经济学中有一个理论叫"起飞"理论，美国经济学家罗斯托有一本书叫《经济增长的阶段》（*The Stages of Economic Growth*），我把他在书中的理论简化一下：人类社会有两种基本经济形态，一种叫传统经济，另一种叫现代经济。传统经济是以自然资源为基础的经济，增长速度很慢，因为它受自然资源的约束，缺乏新的生产力。尽管传统经济有不同的社会体系，奴隶社会也好，封建社会也好，但基本上是靠天吃饭，靠农民的劳动生产力。而现代经济不以自然资源为基础，经济发展主要依靠科学技术。例如新加坡、日本等国，它们没有什么自然资源，但是经济可以很发达。

从传统经济到现代经济中间有一个"突变"过程，也就是说，从发展中国家到发达国家中间有一个特殊的阶段。罗斯托称之为起飞（takeoff）阶段。就好像飞机一样，从地面到空中必须有一个起飞的过程。对整个社会来说，这是一种蜕变。这个变化主要包括两方面：一个是**产业结构的变化**，从原来以农业为主的经济结构，逐步变成农业的比重越来越小、制造业和服务业的比重越来越大的经济结构。一个国家在起飞前是以农业为主，在起飞之初主要是制造业的发展，成为发达国家后则以服务业为主。所以说，起飞的过程是一个产业结构变化的过程。另一个是**社会结构的变化**，从起飞前大多数人居住在农村，转变为起飞后大多数人居住在城镇。起飞的过程就是工业化和城镇化的过程，起飞就是让一个社会从原来的传统经济进入现代经济，或者说让国家从发展中国家变为发达国家。欧美等发达国家经过18世纪的工业革命已经起飞了。二战后东亚和南美部分国家和地区也先后起飞。中国从20世纪90年代以后也进入起飞阶段。这个起飞阶段需要多长时间？每个国家都不一样。中国这样一架"大飞机"，起飞的准备时间很长，一旦起飞后要完成这个起飞阶段的时间也会很长，大概需要四五十年，或者五六十年的时间。如前所述，起飞完成的标志是产业结构的变化和社会结构的变化。

从产业结构看，中国农业占GDP的比重已经降至10%，可能还会继续往下降。但我们服务业的比重还比较低，还需进一步提高。美国是一个可以作为参照的大国，它的服务业接近GDP的80%，而我们只有40%多，从这个意义上讲，我们的产业结构仍然有很大的变化空间。

再看我们的社会结构。最主要的是看农业人口的变化，或者说，看我们的城镇化进度。世界上没有一个发达国家的农业人口是超过5%的，换句话讲，我们要完成经济起飞，成为一个较发达的国家，农业人口起码要降到10%以下，这个过程可能还需要很长的时间。从这个意义上来讲，中国还处于起飞阶段。这个起飞阶段的经济增长速度不会慢也不应该慢。

根据2011年的数据，我们农村人口已降至50%以下，要达到10%以下，中国至少还有30%的人口要从农村中转移出来，这意味着**城市必须创造更多新的就业机会，必须有一定的经济增长速度来吸收劳动力**。宏观经济学里有个奥肯定律，它告诉我们2%的GDP增长能够降低1%的失业率，如果增长太慢就没法吸收大量从农村转移出来的劳动力。**我国现在的失业率叫城镇登记失业率，并没有反映农村转移出来的劳动力的失业率**。农民本身是不会失业的，因为只要有土地，他的职业就是农民。但问题是，中国正处于转型阶段，这些人虽然有土地，但是他们并没有在这块土地上劳作，很多农民工出来以后就不再回去了。全国有2.5亿农民工，这个数字还在不断增长，大概每年新增2 000万到3 000万农民工。实际上我们不能再称他们农民工了，应该叫"城市新移民"。农民工就业问题是未来中国必须考虑的一个重要问题。

现在有人认为我国已经没有人口红利可以利用，例如，广东的用人工资提高了，但是，我认为劳动力短缺会推动工资上涨，但工资上涨却不一定是因为劳动力不足。我当年曾在东北下乡，2007年我回到东北，看到很多赋闲的农民。

本来夏天农民种玉米、大豆应该很忙，但是现在由于机械作业，一些人闲了下来。我国农民中仍有很多剩余的劳动力，他们为什么不进城？有很多中国特有的制度原因，包括农村土地制度和城镇的户籍制度，阻碍了我国城镇化的进程。截至2012年，我国的农业产值比重已经降至10%，可是我们还有近50%的农村人口。为什么中国的基尼系数很高，贫富差距在扩大？其中一个重要原因是中国的城镇化严重滞后，农业产值的比重下降了，而农村人口的比例却没有下降多少。用简单的数字来比喻：100个人创造了100块钱，其中，50个城市人创造了90块钱，50个农民创造了10块钱，结果是50个城市人在分90块钱，而50个农民只能分10块钱。所以，**目前中国最大的贫富差距来自农业与非农业人口的收入差距**。要根本解决"三农"问题，不是说要在农村多投点钱，而是农村人口必须随着产业结构的变化而变化，这是经济发展的规律。早年英国工业革命前所谓的"羊吃人"现象实际上就是这样一个经济发展的必然过程，因为工业需要原材料，同时需要大量农民变成工人。随着农业产值比重的不断下降，农民是必须逐渐转移出来的，这个转移也促进了经济的增长。

最近有学者提出，我们现在GDP增长过快，造成环境污染、能源不足。我认为GDP增长和能源消耗、环境污染之间没有必然联系，关键要看产业结构如何。如果GDP只注重物质生产，当然需要消耗能源，但是GDP不仅仅是物质的，如果我们把GDP的发展更多地放在开发服务业方面，那么GDP增长快并不意味着我们的能源和环境会越来越糟糕。

另外，中国现在GDP增长快，其中有一部分GDP是市场化和城镇化的结果。GDP的定义是什么？是当年所创造的产品和服务的市场价值的总和，其中有一个关键词是"市场价值"。所有发展中国家或农业国家的GDP实际上都是被低估的，因为农民每年也消费，一年也要吃一头猪的肉，但是这头猪是自己家养的，没有经过市场买卖，因此没有被计算在GDP中。现在很多农民不再自己杀猪，而是卖给市场，然后再到市场上买肉吃。同样是一头猪的肉，以前是农民自己直接吃了，没有计入GDP，现在因为市场化了，就在GDP中显示出来了。还有分工问题，比如以前你到市场上买一斤1元钱的菜，买回来是脏的，你回来自己洗过再吃，GDP中只有1元钱。现在你从超市买回来的菜基本是干净的，已经有人帮你洗了，但是1.5元一斤，多了5角钱。其实整个流程没有增加任何新东西，你以前吃的也不是没洗的菜，只不过现在别人帮你洗了，GDP 就增加了。经济学中有个很经典的笑话：不要娶你的保姆当太太。聘一个保姆做饭洗衣服，你每个月要付给她 3 000 元，这是 GDP 的一部分；你对她有感情了，然后结婚了，她同样做饭洗衣服，你却不再付钱了，GDP 就少了 3 000 元。市场化过程分工越细，GDP 就会增加越多。中国市场化和分工细化所产生的 GDP 究竟有多大，没有人估算过。现在经济学家们都在研究"大问题"，当然也包括我自己在内，很少有人去估算细小的问题，如各种产品的需求弹性、中国的货币乘数等。我想我退休以后就去研究这些小事，估计一下我们 8% 的 GDP 中，到底包含了多少因为市场化和市场进一步分工而产生的 GDP。

可以这么说，中国目前仍然具有劳动力的长期比较优势。不要仅看沿海地区的劳动力成本高了，就认为中国劳动力短缺了，人口红利没有了，其实这里面有很多制度问题使得农村剩余的劳动力转移不出来。只要我们加快改革，消除农民进城安居落户的制度障碍，中国在相当长的一段时间里仍有人口红利。中国的城镇化仍有相当长的一段路要走，**城镇化应该是我国未来二三十年经济增长的主要动力**，这是只有大国才会有的增长动力。美国的起飞也不是完全靠国际市场，二战后美国也有很长一段时间修路、盖房子、搞城镇化，拉动本国经济增长。

第二个理由，**中国特有的市场规模**。中国规模巨大的市场需求对经济的拉动潜力很大。**在现代经济中，市场规模越来越重要**。当企业固定投入很多且科研成本很高的时候，企业生产就一定要有规模。比如，现在我们生产的各种拥有新功能的手机很多，年轻人需要手机有上网功能，而老年人需要的手机不仅显示的字号要大，还要有检查健康指标的功能，早上起来用手机测指标，是绿灯说明自己是健康的，是红灯说明需要赶紧看医生。如果我们研制这样的手机花了 2 000 万元，那么产量越大，每部手机的成本就越低。国际贸易中，早年决定国家比较优势的是技术，然后是资源配置。现在技术可以购买，资源也可以流动。如果说劳动力流动会有较多障碍，那么资本的全球流动可以缩小原有各个国家的资源配置差距。比如美国资本到中国投资，中国的人均资本就会提高。现在，决定一个企业竞争优势的是生产成本，而成本取决于市场规模的大小。同样，日本发明一个这样的手机，由于它的市场比较小，只能卖出 1 000

万部，而在中国市场则可能会卖出 1 亿部，我们的平均成本会降到很低。

2008 年获得诺贝尔经济学奖的保罗·克鲁格曼（Paul Krugman）在 1979 年写了一篇文章，讲国际贸易中的垄断竞争和规模经济。他认为决定一个国家现在的竞争优势的主要因素是规模经济，这一点在经济更发达、更全球化的地区更明显。最早的规模经济是通过积累的方式，比如企业需要卖 5 000 万部手机才能把成本降下来，但每年只能生产 1 000 万部手机，于是就用申请专利的办法，五年之内别人不能生产，企业卖了五年积累起 5 000 万部手机的规模。专利不仅是保护创新，它的主要目的之一也是保护生产规模。通过生产规模的积累，就可以降低成本、获得利润。现在专利仍然存在，但对企业生产规模的保护力度越来越小，很多专利可能没有延续多久就有人生产出了更好的产品，所以关键是怎么能够迅速达到一定的生产规模。在全球化和信息产业革命的今天，信息传播和技术之间的你追我赶越来越紧迫，原来可以通过积累来保护规模、降低成本，现在还没等到你卖五年，别人就生产出了更新、更好的产品，价格甚至更低。虽然你还可以继续生产，但是产品已经卖不动了，别人不是抄袭你的技术，而是用新技术超过了你，所以我们已不能过度依赖专利保护，而是一旦创造出新的手机，就争取在一年里卖掉 5 000 万部，能多卖就多卖。总之，现代经济中，市场规模越来越重要。东亚一些国家后来经济增长速度放缓，就是因为缺乏像中国这么大的市场。1995 年 WTO 成立以来，发展最快的是自由贸易区。韩国与美国签署了自由贸易协定，还和其他很多国家签署了自由贸易协定，它需要通过这种办法来扩大自己的市场。欧洲为什么建立欧盟？欧盟的主要目标不是政治而是经济，目的就是要扩大它的市场规模，这就是市场规模对一个经济体的重要性。我觉得中国有这个潜力，中国经济的起飞可以比东亚延续更长的时间，因为我认为国内的市场规模还有进一步发展的巨大空间。

第三个理由，也是中国特有的，就是中国的**体制改革**。我认为中国还不能算是完全市场经济国家。从经济学的角度讲，市场经济有两个指标：一个是国家对经济的干预手段、范围和程度；另一个就是国有企业的比重。从这两点来看，我们仍是以市场经济为导向的转型经济，还谈不上市场经济。我是研究国际贸易的，WTO 经常指责中国加入 WTO 十多年来的表现；欧洲稍微客气一点，说还可以；美国说前五年中国表现不错，但后几年没有按照 WTO 的标准来做，对中国批评很多。当年我们加入 WTO 的时候按照 WTO 的规则做了很多努力，但是我们还需要进一步改革。这些指责恰恰证明我们的改革还有空间，恰恰说明我们还能够继续通过改革来提高生产率，推动经济增长。

科学家在谈论中国经济问题时，经常提到我们的资源和能源不足了，从而认为中国经济增长的潜力有限。但作为经济学家，我认为一定要注意体制对生产力的影响。**一个有效的经济体制可以让短缺的资源变得不短缺。**中国农业的改革发展就是一个最好的例子。我于 1969 年年初下乡，一直到 1977 年恢复高考后 1978 年春季入学，整整在东北当了九年农民。当时人们吃不饱饭，都认为是因为中国人多地少。要想吃饱饭，就要农业学大寨，边边角角都去种粮食，把"七沟八梁一面坡"改造成层层梯田。可是东北土地很多，但农民照样不够吃，还要去偷粮食。记得当时县里请知青吃饭，十个人一桌，没等第二盘菜送上来，第一盘菜早就被吃得光光的了，菜盘子送回去都不用洗，因为已经用馒头把菜汤蘸得干干净净。如今去吃饭，每个盘子送回去几乎没有不剩的。我们现在的可耕地并没有增加，反而人口还增加了，我们也没有进口太多的农产品，但粮食问题已经基本解决。这么多的鸡鸭鱼肉、这么多的粮食是从哪里来的？关键就在于农村经济体制的改革！通过改革，把人的创造力和积极性调动起来了。原来农民是先留口粮，后交公粮。不管你种多少，留下口粮后全部以较低的价格卖给国家。结果农民不但交不出太多的公粮，很多时候连自己的口粮都不够，还要吃返销粮。农村改革把交公粮的顺序反过来了，现在是完成了国家的任务后剩下的都是农民自己的。大家别小看交公粮的顺序，实际上其中有一个非常深刻的经济学道理，即谁拿剩余的问题，原来是国家拿剩余，现在是农民拿剩余。马克思曾说资本主义创造了前所未有的生产力，靠的是企业所面对的利润动力和竞争压力。马克思并没有否定市场经济对经济发展的推动力，只是马克思最早发现了市场失灵的问题，包括周期性的经济危机、贫富差距的扩大等。后来资本主义通过实践，尤其是凯恩斯主义和一些制度改革，找到了能够较好解决市场失灵的一些办法。我们现在的改革，最根本的就是要保持市场经济的活力，不能因为市场的某些失灵而把整个市场都推翻了。所以，制度的改革非常重要，制度的深化改革会不断提高我们的生产力。

经济学家非常关注制度变革对经济的影响。欧盟在 1992 年实行了共同市场，有经济学家对此进行了分析，发现这一变革使欧盟国家在一段时间里每年有一到两个百分点的 GDP 增长。对于中国 GDP 的高速增长，我的意见是既不要盲目骄傲，也不要盲目紧张。处于不同发展阶段的国家会有不同的增长速度，中国经济还会有一段时间的高速增长，因为我们的起飞还没有完成，仍然处在起飞过程中。

中国未来面临的主要挑战

尽管中国仍有继续以较高速度增长二十年的潜力，但同时中国也面临一些特有的挑战。如果处理不好，中国经济也会出现大的波动。

第一个挑战：如何保持宏观经济的稳定？ 虽然每个国家都有宏观经济波动，但最近几年我们的波动特别大。2007 年全年的 GDP 增长率是 13.0%，然后就开始宏观调控，增速下降。到 2008 年奥运会之前我们的经济其实已经很冷了，9 月份又碰上金融危机，雪上加霜。2009 年第一季度的 GDP 降至 6.1%，比 2007 年少了近一半。于是我们开始刺激经济，出台了 4 万亿元的刺激计划，GDP 很快又冲到了 2010 年第一季度的 11.9%。不久，月通货膨胀率也达到了 6.5%，政府又开始紧缩货币反通货膨胀。反了一年以后，经济又冷下来了，于是开始保经济的平稳增长。2012 年，保增长成为主要任务。在 2012 年中国发展高层论坛上，有些人对中国当前的经济状况非常担心，说今年一季度的用电量表明中国经济正在下滑，担心会"硬着陆"。我认为确实有"硬着陆"的趋势，因为下降的趋势很快。但是我也认为中国政府现在已经意识到了，实际政策已经在放松，保增长的货币政策已经启动。

我们始终存在地方政府推动经济、中央政府调控经济的博弈过程。地方政府一直热衷于招商引资、投资建设，而这种投资又往往缺乏全盘考虑和市场依据，同一产业的重复建设现象严重。比如前几年要发展汽车，各地纷纷投资设厂，27 个省、自治区、直辖市都去生产汽车，一下子搞出来 130 多家汽车生产商。相比之下，汽车生产大国的美国只有个位数的汽车生产商。后来，各地又大搞战略性新兴产业，本来很好的一个产业，各地都搞，一下子就供过于求了。这种做法不仅造成产能过剩，出口时还有可能受到外国的反补贴和反倾销措施限制。这种投资的"集体行动"不仅浪费资源，还会伤害经济。学国际贸易的人都知道，做事情要分大国和小国，有些小国可以做的事情大国不可以做，而一些大国可以做的事情小国却做不了，因为大国能影响国际市场价格并伤害到自己。比如，新加坡全国生产汽车也没关系，因为它充其量只能生产几十万辆或者上百万辆，对全球市场不会产生太大影响。而中国要是全国生产汽车，全球汽车价格肯定会跌，钢铁价格和石油价格肯定会涨，这就是大国因素。现在做生意的人感叹说，中国现在出口什么东西，世界上什么东西就便宜了，中国想进口什么东西，世界上什么东西就贵了。假如中国某一年要进口粮食，即使只是发布一个小道消息，全球粮价马上就涨。这就是大国对市场的影响力，这个影响力也会伤害到大国自己。现在我们经常喜欢"集体行动"，发展金融，各地都建金融中心；节能减排，大家都去生产 LED。现在很多问题都是集体行动的结果，政府和媒体的作用不可忽视。媒体一定要有不同的声音，允许存在不同的看法、不同的做法，这对于国家来讲很重要。尤其作为一个大国，不能总搞统一思想、统一行动，要求全国人民都一致。追求这个其实很危险。集中生产或消费最大的问题就是资源的浪费。为了应对"黄金周"，各地旅游景点都建了很多酒店，平时这些酒店大多是闲置的。本来应该分流的我们非要集中，自己在制造"洪水"，为了防洪又垒了很高的坝，平时这个坝又没有用，所以垒了这个坝之后天天去盼洪水。改变这一点可能需要一个过程，但是大国的集体行动绝对是一个问题，至少在产业发展上是一个问题。

第二个挑战：中国的企业如何提高全球竞争力？这既是对企业家的挑战，也是对政府的挑战。早年我们的企业做起来比较容易，当时中国一方面比较穷，另一方面物资比较短缺，所以企业生产的产品大多可以赚到钱。但是经济发展到一定的程度，产品质量要提高，企业要转型升级，每个企业家都要考虑企业的前途是什么。从经济学的角度来考虑，我喜欢把中国和美国放在一起来比较，因为这两个国家的状况相似：都是大国，大国就要看大国的模式。美国企业家的战略思维能力还是很强的，值得我们好好学习。20 世纪 90 年代，美国企业经历了一场为全球化做准备的战略重组，我们看到波音和麦道合并了，研发和生产能力得到很大的提升。这是当时美国两家最大的民用飞机制造厂，按照常识，合并以后会成为一家垄断企业，可是美国政府为什么允许它们合并而没有反垄断呢？因为美国政府考虑到了新的全球竞争。在开放的条件下，只要不禁止美国的航空公司购买空客或其他国家的飞机，波音就不是垄断。

总的来讲，美国的公司基本上都非常大且非常专业，而中国企业的特点是小而全，企业缺乏规模，而且还多元化经营。我们每一个产业里面都有很多企业，而每一个企业又涉及很多产业。我刚才讲的汽车工业是一个例子。钢铁行业的集中度也很低，最大的4家钢铁公司在产业内所占的份额不到20%，而韩国的这一份额接近90%，日本的是70%多，美国的也是60%以上。

第三个挑战：如何保持政治稳定和社会的健康发展？ 早年大家都很穷，因为多数人从改革中得到了好处，所以改革得到绝大多数人的支持。我们这代人亲眼看到了改革前后发生的变化，但是年轻人从来没有经历过吃不饱、穿不暖的日子，他们看到的更多是问题。经济增长越快、市场越发达，出现的问题也会越多，市场失灵的问题也会越严重，如果解决不好，社会也不会稳定。经济学中专门提到市场失灵。**市场失灵的第一个方面是公平性**。市场不解决贫富差距问题，因为市场推动经济发展的主要机制就是制造差别，通过差别来提供动力和压力。不要指望靠市场来实现共同富裕，市场经济的结果是能干的人富起来，不能干的人穷下去，财富的分配完全是由在市场上得到的价值来决定的。我们先不谈中国现实中有些人怎么利用权力获得收益，即使只存在正常的市场行为，社会的贫富差距也会存在和扩大。但是，我们不能让穷人没地方住、没东西吃，也不能让他们读不起书、看不起病，这就要靠市场以外的制度和力量来解决。**市场失灵的第二个方面是外部性**。外部性也是市场解决不了的，比如污染。企业在生产产品的过程中污染了空气，它的成本包括原材料和人工等，却不用支付空气污染这个成本，因为空气不是一个经济主体，它不会向企业收取费用。中国创造了很高的GDP，但是污染了环境，污染环境就是经济增长的负外部性。还有传染病，比如"非典"（传染性非典型肺炎）。与肺癌不同，得了"非典"的人不仅自己生病，还会传染给其他人，影响到社会上其他人的健康，所以这也是市场失灵导致的负外部性。还有正的外部性，比如教育可以带来很多好处，特别是公共知识的教育，学校培养了很多人，给社会创造了很多财富，但是这些人的收入并不是学校的收入，而是社会的收入。我们不能根据你赚多少钱来收取学费，哪怕对没有钱的人，社会也应提供最基本的教育，使他们未来有工作能力，所以学校本身也是增加正外部性和减少负外部性的地方。**市场失灵的第三个方面是公共性**。有一部分产品的消费和支付是不能统一的。手表是私人物品，付钱才能用，但是有些东西，比如路灯，消费和支付是无法直接挂钩的。让老百姓交钱来建路灯，恐怕没有多少人愿意交钱，因为不交钱也可以使用路灯，你无法让没有交钱的人不用路灯。空气也算是公共品，改善空气质量大家都赞成，但很难通过市场来收费，因为不交钱也可以呼吸到改善了的空气。公平性、外部性、公共性中存在的问题我们统称为市场失灵，现在所讲的社会问题如收入分配问题、住房问题、医疗问题、教育问题等都是市场解决不了的问题，需要政府来解决。这些问题不仅是关乎社会稳定的问题，也是关乎一个社会能否良好发展的问题。接下来我们谈一谈这些社会发展问题。

首先，**社会分配问题**。收入差距和收入公平是不同的概念，应该把这两个概念区分开。人们现在不满的是没有公平的机会，所以要强调收入公平，给大家一个公平的机会。因此，我们要控制的重点不是社会收入的差距，而是要防止那些利用特权获得不公平收入的行为。另外，解决收入问题的重点是"缩小差距"还是"减少贫困"？这一点也很重要，我们现在过分地强调了差距，经济学家也整天讲基尼系数，说我们的基尼系数已经超过了警戒线百分之四十几。我认为基尼系数的高低需要关注，但更要关注的是贫困人口的多少。一些发达国家的基尼系数也是百分之四十几，它们的社会相对比较稳定，因为最穷的人也得到了基本的生活保障。不是说缩小贫富差距不重要，但如果我们过分地强调缩小差距，人们就会很容易只盯着富人。在一个函数里，如果我们的目标是要用政策变量使收入差距最小化，最可行的解就是把富人变穷。如何解决公平性这个问题非常关键，尤其是中国人具有很长历史的均贫富理念，这种均贫富理念恰恰和市场经济是有冲突的。农业社会因为资源有限，大家工作的方法都一样，所以追求均贫富。但是在工业社会、市场经济不仅仅要解决生存问题，更要创造更多的财富，因此不能过分强调均贫富的思想。我觉得一个社会不一定非要两种极端——要么穷人造反，要么富人逃跑，这些都是政治不稳定的表现。我现在想提的一个口号是："消灭贫困"，让大家都关心贫困人口比都关心富人、关注差距更能够促进社会进步。如果我们不停地强调缩小差距，那么很多人可能会产生仇富心理。缩小差距最关键的就是加快城镇化。现在收入最低的是农民，50%的人口只占有10%的GDP，城镇化的发展可以把大多数农民从低收入的农业中解放出来，在劳动生产率较高的制造业和服务业中获得更多的收入。

其次，**医疗问题**也是目前社会发展中存在的严重问题。医疗的问题是看病贵和看病难。学经济学的人都知道，如果是竞争市场，就不会长期同时存在"贵"和"难"这两个问题——如果物价涨了，供给量肯定会增加，增加了供给量物价就不会那么高了。又贵又难唯一的解释就是垄断，只有在垄断情况下才会出现供给量少且价格又高的情况。我们就是要打破垄断，增加供给。医疗和教育是改革最慢的两个领域，原因就是这两个领域既有公平性也有外部性的问题，存在市场失灵。与其他消费不同，在医疗方面，穷人即使没有钱，国家也得给他们治病，这是医疗特殊的一部分。教育也一样，不但有公平性问题，还有外部性问题。如果一个人因为穷不上学，他长大以后不仅不能有很好的生活，还可能成为社会的破坏力量。解决穷人的教育和医疗问题不能仅靠市场机制，还要靠政府投入。现在的医疗供给相对不足，特别是好医生和好药严重不足。一方面，人民收入增加，对医疗的需求不断增加，其增长速度甚至高于GDP的增长速度，这是由人的需求台阶逐步提升决定的；另一方面，我们的供给却跟不上，政府对私人医院和私人诊所的限制很多，出现看病难的问题。还有一个是贵，贵是因为支付问题没有解决。看病贵的问题主要通过保险来解决。如果看病需要300元，自己只需掏30元，其他由保险负担，老百姓就不会觉得贵了。我在美国生活的时候，我的小女儿有一次被小仓鼠咬了一口，医生处理伤口、消毒、包扎，再打一针，总共花了200美元，绝对贵，但是我们只付了20美元，剩下的都由保险公司支付。所以要解决看病贵的问题就要想办法解决支付问题，而不是去抑制医疗价格。现在所谓政府主导的医疗改革措施，一类是压价，另一类是给公立医院更多的钱，但是并没有解决问题。虽然我们在保险、社保方面也下了功夫，但是医院里面仍然人满为患，看病还是很难。看病贵、看病难的问题究竟怎么解决？

我不赞成通过行政手段压价。几年前我批评医疗价格完全由行政控制在低水平上，结果被很多人骂，认为我是站在医疗集团的角度。其实压价是一把双刃剑，当价格压低到一定程度以后，也会抑制供给。当价格压到成本以下时，企业就不生产了。比如政府要求某种药降价，但是仔细观察一下，降价的药都不生产了，媒体用一个词叫"降价死"，意思是药价降低到一定程度时这个药就死了。因此这个问题要从体制上解决，降价并不能解决问题。

要解决看病贵、看病难的问题，我觉得主要通过两点。一是增加供给，鼓励社会投入办民营医院或私人诊所。现在民办医院没有税收减免政策，国家没有把它看成解决很多市场失灵问题的特殊服务行业。要从制度上保证医疗对社会的服务，关键是要解放医生，要像当年解放农民发展农业一样解放医生来发展医疗的生产力。我们的律师可以有律师事务所，会计可以有会计师事务所，医生也可以有私人诊所。诊所可以和医院结合，充分利用医院的仪器，需要检查时医生开个单子到医院检查，买药患者自己去药房买，医生不需要靠检查或开药来赚钱。人的病往往是很复杂的，因此，当人们的生活水平达到一定高度以后，医疗服务应该转变为更个性化的服务。我们必须解放医生，把发挥医生的积极性作为医疗改革的核心。

二是要解决支付问题。政府不可能解决所有人的看病支付问题，现在医疗支付有英国模式和美国模式。英国模式是政府补贴给医院，穷人和富人的医疗费用都一样，很便宜；美国模式是补贴病人，医院费用虽然很高，但是穷人有补贴。换句话讲，英国是补贴供给，美国是补贴需求。从经济学的角度看，英国模式是社会福利，人人享受低价的医疗服务；美国模式是解决市场失灵，只管付不起医疗费的这部分人，剩下的靠市场来解决。我觉得从中国的实际情况出发，我们更应该采取美国模式。英国模式有效率问题，也会有政府债务问题。欧洲现在是福利社会，某种程度上政府大包大揽，到最后政府的债务越来越重，出现"欧债危机"。所以我觉得中国的医疗改革应该解决市场失灵。有人批评说美国有很多人没有保险，我调查了一下，没有买保险的人大部分是年轻人，觉得自己身体挺好不用买保险。我们需要建立这样一种保险制度：一方面可以解决看病贵的问题；另一方面也是一种监督系统，因为保险公司要去监督医院。患者和医生是信息不对称的，医生告诉你吃什么药，说你得动手术，哪个敢不听？而患者是没法监督医生的，但是保险公司可以监督医生。医生如果开大处方或者滥开药，保险公司就会说这是不合理的过度治疗，可以不付钱给医生，医生如果长期这么做，保险公司就把医生的名字从保险单上删掉，删掉以后这样的医生就缺少客户了，所以医生必须尊重保险公司。病人、医生和保险公司之间是一个互相制约的系统。当然，美国模式也有很多问题，但是我认为解决看病难的问题，最重要的是要解放医生，同时解决支付问题。

再次，**教育问题**也必须引起重视。目前来看，我认为现行的教育制度是一种倒退，还不如我们小时候的中小学教育，我觉得我们小时候比现在的孩子至少要自由很多，但自由并没有影响我们这一代人成才。从经济学的角度讲，不是说学的东西越多越好，边际收益不会永远是正的，过了某一点以后就是负值了，所谓负值就是把以前学的东西丢了，越学越笨，这是有可能的，教育是有规律的。我们要培养的是创新型人才、国际化人才以及适应产业发展的人才。美国的大学是一个宝塔形的结构，我就以美国加州的公立学校为例来说明。加州高等教育的第一层次是加州大学，有10个校区，主要培养科研人才和尖端人才。第二层次是加州州立大学，有20个校区，只到硕士学位，没有博士点，它们的任务就是培养白领技术人才。第三层次是社区大学，有近百个教学点，遍布整个州，这种大学也是学位教育，但是更多的是一种职业教育。学生可以修学分，修到一定的学分后可以拿到一个AB（Associate Bachelor），我们可以翻译成"准学士"或者"副学士"，类似我们的"大专"。拿到AB可以工作，也可以到任何一所大学里继续学习。美国的教育系统是开放的，是一种普及的高等教育，注重技术教育或基础教育。在城镇化的进程中，我们需要有面向农民工的职业技术培训学校，因为每年有数千万的农民工进城，要把农民工转化成城市需要的人才，需要政府提供这样的培训机构。而现在的职业技术学院大多是考不上大学的人才去读。政府每年用于职业教育的支出有200多亿元，但是这200多亿元是否能真正惠及这些农民工？我到澳门参观过一个政府办的学校，专门培训产业需要的熟练工。澳门以博彩业为主，学校就教怎么发牌、怎么监控，还有酒店管理、厨师培训等，全部是免费的。澳门也有一些新移民，新移民找工作之前先接受培训，不但不收学费，当地政府还付生活费鼓励上学。当地政府考虑的是对社会的长远影响，这种培训非常重要。我们的城市化有大批的农民进城，未来二十年是一个特殊阶段，如何培养适应制造业和服务业的农民工非常重要。

教育中的另一个重要问题是农民工子女的教育问题。现在有2.5亿农民工，他们的子女有 9 000 万人左右，其中大约 2 000 万人是"随迁儿童"，跟着父母在城市里上学。上城市里的学校需要户口和赞助费，而农民工自己办的学校，经常会因各种各样的理由被封掉。曾经看到过一则新闻，北京郊区的一所打工子弟小学被封，理由是不符合办学条件。记者采访老师，老师说"这些孩子都是我们村子里的，我原来是他们的老师，他们来，我也跟着来了"。我看到这则新闻心里非常难受，因为我也当过乡村教师。小孩子的教育是不能耽误的，不能说没有办学条件就不能上课，等有条件再来上课，一直等到 20 岁再来上一年级这可能吗？！我们现在关心大学生毕业之后能不能买得起房子，其实农民工子女能否接受正常教育的问题要比这个问题更为严重！除了随父母在城市里上学的农民工子女，我们还有 6 000 多万名"留守儿童"。不要认为希望小学能解决所有问题，因为这不仅仅是学校教育的问题，还有家庭教育的问题。与父母长期分居会对孩子的心理产生很大的影响。我们想一想，这 9 000 多万名农民工子女如果没有得到良好的教育，长大了以后可能导致什么样的社会问题？现在青少年罪犯年龄越来越小，据说监狱里面关押的青少年罪犯有很大比例曾经是留守儿童。我原本想通过企业家募捐来创办"城市希望小学"，后来发现这个问题靠私人部门很难解决。捐 100 万元可以在农村办一所很好的希望小学，但在北京、上海、深圳等城市，100 万元可能连一个 50 平方米的教室也买不起，所以说只能靠政府。这既关乎社会发展，也关乎政治稳定。

　　国际化人才的培养也是非常急迫的问题。当今的学生特别是本科学生，不要只追逐当下热点，要有远见，培养自己二十年以后的竞争力非常重要，因为二十年后的中国一定是国际大国。从国家层面来讲，我们不但要培养国际化的经营人才、商业人才，还要培养国际化的法律人才、政治人才。我国是一个大国，在国际上与其他国家相处非常需要国际化人才。北大、清华都在创建世界一流大学，什么是世界一流大学？我认为有一个指标非常重要，就是学校里国际化的老师、学生有多少。所谓一流大学就是国际上最优秀的人愿意到这里教书，最优秀的人愿意到这里学习，聚集起全世界最优秀的人，所以一流大学一定是开放的国际化大学。现在的年轻人一定要为将来的国际化做准备，这些准备不仅仅包括英语，理念、规则、知识结构都是非常重要的。2009 年，我参加"世界经济论坛"的程序委员会会议，600 多人在迪拜开会，有近百个议题，几乎每个议题都谈到中国,但参加那次会议的中国人还不到 20 个。与我国目前在国际上的地位相比,我国的国际化人才缺口太大了。

最后,再谈谈**住房问题**。我觉得在这方面不能有太高的预期。现在人们的幸福感为什么下降了?我认为幸福感取决于两方面:一方面是实际生活水平的提高;另一方面是合理的预期。如果预期太高,就永远不会感觉到幸福。我们的生活比三十年前不知道好了多少倍,但是为什么人们反而感觉越来越不幸福?在某种程度上,是因为我们的预期越来越高了。房子有双重性质:作为生活的重要保障,存在着市场失灵的问题;但同时,作为不动产,又有市场决定价格的一面。市场的事情要归市场管,政府真正要管的是市场失灵,即保证没有人露宿街头。住房问题是要保证人们基本的生活,而不是给每个人提供一个不动产。所以政府真正要提供的是廉租房和贫困人口的租房补贴,而且廉租房只能租不能卖,保障房是保证穷人有地方住,不穷了就得搬出去。我在美国也当过穷人,每年收入低于一定水平以后,可以申请租房补贴,也可以获得税收减免,政府还会寄来一张几百美元的支票作为租房补贴。一般有钱人不会去占这个便宜,因为这是给穷人的一种补贴。我认为提供经济适用房绝对不是解决穷人住房的一个办法,因为经济适用房本身有产权,属于低于市场价格的不动产。

第四个挑战:如何应对国际环境的特殊阶段? 中国的经济发展得很快,使得中国的国际关系也面临一个特殊阶段。任何一个突然崛起的强国一定会打破世界平衡,早年德国的崛起、日本的崛起都引发了世界战争。过去美国人对我们的倾销满不在乎。我 1982 年到美国去,看到中国的产品在美国卖得非常便宜,比在中国国内还便宜,这是倾销,但当时的美国人并不在乎,因为我们还没有威胁到他们的利益。现在就不一样了,当一个国家迅速强大起来的时候,其他国家会很敏感,会努力进行压制,这是一种本能,而我们的反抗也是一种本能。我们还面临政治上的问题。1999 年,美国实际上已经把中国作为主要遏制对象了。当时我去美国教书,听到收音机里全是调侃中国的论调,一个国家要对另外一个国家制造矛盾的时候,首先会在国内造舆论。如何妥善处理好国际关系是一个挑战,必须有大智慧来解决中国和其他国家的矛盾。在经济上也是如此。阻止中国加入世贸组织、要求人民币升值、对中国贸易进行制裁等,许多是美国工会发起的，他们认为中国人抢了他们的工作。当年日本崛起的时候，美国人也进行了压制。解决这方面问题需要不断磨合，一方面他们要适应我们，另一方面我们要提高素质。原来美国不在乎中国的国有企业，现在很在乎，一方面这是好事，因为我们强大了，只有强大了并对他们产生威胁了，他们才会在乎；但另一方面也是挑战，我们必须加快改革，公平参与国际竞争，让他们没有理由用各种反倾销、反补贴手段来抑制中国的发展。

中国面对挑战的努力方向

首先，要坚持深化改革。要继续进行**国有企业改革**。我觉得这一轮国有企业改革与之前有所不同。当年的国有企业改革是因为国有企业本身效率较低，但现在主要是强调公平竞争，因为民营企业有不满，国际企业有不满，所以现在国有企业改革更多的是要创造一个公平的竞争环境。

财政体制改革也非常重要。现在地方政府为什么热衷于招商引资？其中的一个原因就是地方政府的税收主要来源于生产领域：营业税、增值税和企业所得税。所以地方政府除了卖土地，还要招企业，而且要招总部企业，必须把总部搬到当地，才可以贡献税收。所以就有了地方保护主义，一个城市的企业很难进入别的城市，除非企业能给地方政府交税。地方政府抓 GDP 的热情、招商引资的热情，以及地方保护主义的热情，都来自我们现在的税收体制。美国地方政府主要有两个税源：一个是财产税；另一个是销售税。财产税和销售税与有没有企业没有关系，但是和环境有关系。交通搞好了、卫生搞好了、医疗搞好了、安全搞好了，房地产就增值，政府的税收就多，所以美国政府不怕房价涨，而是怕房价跌，跌了美国地方政府的税收就少了。所以美国地方政府主要的努力就是把环境搞好，以争取更多的人来买房，来消费。

我们的**教育改革**比较滞后，对此要在这几个方面努力：第一是城市基础教育上的投入和改革，对农民工子女的教育必须重视起来。美国加州曾经讨论过不要给非法移民提供免费教育的提案，因为当时政府财政负担很重，加州通过了这个提案，结果被联邦法院否决了。联邦法院认为儿童教育与父母的身份没有关系，只要是适龄儿童，政府就有责任为他们提供免费的中小学教育。

第二是高等教育资源的分布，我们大部分好的高校集中在北京，而且高等教育被分成三六九等——一本、二本、三本，可以说目前整个高等教育中有很多是计划经济的思路。高等教育资源的不均衡分布造成地区发展的不均衡。一般来说，大部分学生是在哪里上学就留在哪里就业，因为同学在那里，老师在那里，他们熟悉那座城市。

我现在主要负责北大深圳研究生院的工作，对此深有感触。深圳和北京的GDP规模差不多，人口也有1 000多万，但北京有100多所高等院校，深圳只有不到10所，差距太大了。

我们的高等教育模式要改变。我们目前的本科教育还是苏联模式，学生的专业是按照计划招收人数和高考分数分配的，学生学的东西不一定是自己喜欢的。美国大学里学生基本上是根据自己的兴趣自由选择专业的。当然，这种制度也给校内各院系造成一定的竞争压力，学生数少到一定程度，学校就要削减学院的预算，如果学院的预算减少，教师人数也要减少，学院就不得不努力提高科研水平和教学质量以吸引学生，比如把最好的老师放在第一门课上，让学生有兴趣学这个专业。而中国的情况却不同，再差的院系每年也有学生来，学院不担心学生人数减少，教学不是以激发学生的兴趣为核心。学生对所学科目没有兴趣，怎么可能有创造力？所以，高等教育一定要以激发学生的兴趣为核心。为此，不能从高中就分成理科、文科，因为学生需要时间发现自己的兴趣。尤其是研究型大学，本科第一年要搞通识教育，让学生了解各个学科，选择自己爱学的东西，只有这样才能真正培养出科研创新型人才。

高考制度也要改革，现在中小学基本上都是围绕着高考，很少考虑个人的兴趣。我们上中学时，下午两点以后就没事了，我就开始研究航空模型，参加各种各样的兴趣小组，所以我现在的兴趣很广泛。乔布斯（Steve Jobs）就是一个懂艺术，又懂点科学的学生，所以他才能把自己的知识组合成创新理论。我们还要减少政府对高等教育的干预，现在有多少人可以保研、保什么专业、每个专业录取多少人都由教育部来决定，这个太"计划"了。高考制度改革主要是解决公平的问题，但不要把公平作为唯一的目标。公立学校可以完全按照高考分数录取，但是同时一定要敞开另外一扇门，就是允许社会办一流的大学，与北大、清华同时招生，而不是说只能挑公立学校剩下来的学生。现在民办学校为什么起不来？原因就是它们一出生就被定位为三流的，就只能从大专办起、从三本办起，所以没有真正立志于从事教育事业的人愿意做这种事情。只有让学校有资格招好学生，才能招到好老师，现在分等级的招生制度注定了只有想赚钱的人才去办学校，真正有能力办一流大学的人不愿意去办大学。当然，我不是说不要高考，不要高考是倒退，而是应该开辟出更多的路让教育更好地发展。

其次，要加快政府职能转变。20世纪80年代的时候老百姓大多不会搞经济，政府要鼓励，自己就要带头跑。现在三十多年过去了，政府不应该继续参与"赛跑"了，而应该去看看谁跑不动了，这是政府的功能。政府不应该再在经济里面干，而要去解决市场不能解决的问题，解决市场失灵的问题。解决市场失灵既要有理念的更新，也要有能力的提高，而不能用计划经济的办法来解决。比如，教育部出台了很多规定：学生的房租一年不能超过1500元，食堂不准涨价，看上去好像对学生很有利，但是从经济学的角度分析就有问题了，因为学校的馒头比外面便宜，校外的人会来学校买馒头。听说有些学校就进行限购，规定每个人只能买三个或者五个馒头。我开玩笑说下一步是不是又要发粮票了。这不是倒退吗？我曾经给学生出过一道经济学原理的考题：如果现在政府给钱补贴学生食堂，应该补给食堂还是补给困难学生？学生说当然应该补给困难学生好，当然也有人说补给食堂。我认为这里面是两个不同的经济学理论：补给食堂是福利制度，补给困难学生是纠正市场失灵，也就是说我们要保证那些没有支付能力的人不降低生活水平，有些学生家里很有钱就不需要去补贴。解决市场失灵一定要用正确的办法，而不能用过去的办法，否则就是倒退。

再次，整个社会要调整心态。我们的经济发展很快，但是我们文化上的很多方面还是跟不上。我们的思想理念和现代经济有很多不协调的地方，比如说现代企业经营中的"小农心态"——自给自足、自力更生、肥水不流外人田等，什么都是我自己的品牌，什么东西都要自己生产。早年是因为国际上的封锁我们没办法，但是市场经济的核心是分工交换，不是自给自足。我校译过一本书叫《抉择》，其中有一章的标题是"自给自足是通向贫困之路"，我觉得很有道理。还有狭隘的民族主义，缺乏融入全球的心胸。有一次我去参加一个民族品牌的颁奖会，发现发言人讲话的火药味很浓，恨不得把美国人、日本人都赶出去。还有些人是民族悲情主义者,特别敏感其他国家对我们的态度,比如开会的时候我国领导人坐在英国首相旁边,媒体就报道说英国人对我们很重视。要是坐在对面呢?其实人家是按姓氏字母排的。我们一定要有大国、强国心态,逐渐将被人家欺负奴役的弱国心态调整为富有国际责任的大国心态。我觉得这个确实不容易。

最后,要妥善处理国际关系。要让世界各国能够分享中国经济增长带来的收益,这个非常重要。要学会分享,这是一个大国必须做的事情,尤其是一个迅速崛起的大国必须做的。有一次我跟我的朋友讨论怎么解决中美贸易摩擦的问题,他说美国人不对,贸易顺差不是我们的问题。我说你认为贸易顺差是因为美国人消费太多了,是因为别的国家的顺差都转移到我们这里来了,但你跟普通美国人讲这些他们听不懂,他们只知道中国卖给他们的东西多而买他们的东西少。跟美国打交道,我觉得很多事情就是国际公关问题,最好的办法是做公关。我说最好让媒体多报道中国采购美国产品的新闻,给美国老百姓看看,中国人不光卖给他们东西,也在他们这里买东西了。国际公关工作是需要吃点亏的,吃小亏能避免带来更大的矛盾和冲突,这个是国际关系的策略问题。

中国正处于特殊的历史时期,我们要从历史的角度来观察这五十年。如果我们能够活二百年再回过头读这段历史,你会发现这是中国历史上最伟大的一个时期。中国正在从一个贫穷落后的农业国发展成一个富裕的发达国家,从一个传统经济发展成一个现代经济。我们国家正处在"青春期",各种问题都会有,但它的基本面是向上的、改革的、进步的。这和人的成长一样,儿童时期确实比较美好单纯,但最终要成长。虽然现在问题很多,但将来就会更加成熟和美好。我们这一代人有责任让这个国家更好地完成这个起飞阶段,使中国真正成为发达富裕的强国。

新一届政府领导下的
中国经济增长与社会发展[1]

（2013年4月）

对于中国的未来，我们不仅要讲经济增长，还要讲社会发展。新一届中央政府在经济增长方面有两个关键词：一个是城镇化，这是经济增长的最大动力；另一个是改革，这是经济发展的最大红利。下面我围绕这两个关键词，从学者的角度展开说明。

城镇化是中国现在和未来一段时期的核心任务

先讲城镇化。城镇化也叫城市化，两者其实是一回事，英文都是 urbanization，只不过是大城市还是小城市的问题，中国可能怕引起太多大城市问题，所以多用城镇化。城镇化不在于大和小，而在于让更多的农民进城、让绝大多数农民不当农民，这是城镇化的核心理念。

城镇化是经济和社会发展的必然道路

城镇化是经济和社会发展的必然道路，也是解决中国"三农"问题的根本

---

[1] 本文根据2013年4月8日在中央和国家机关司局级干部选学课程上的录音整理，原载于《干部选学大讲堂》（第五辑）。中共中央组织部干部教育局.干部选学大讲堂（第五辑）[M].北京：党建读物出版社，2014.

途径。就像大禹治水一样，是堵还是疏？如果我们就农村去讲农村问题，实际上是一种"堵"，它解决不了根本问题，而必须通过城镇化才能够解决中国的"三农"问题，这是一种"疏"。城镇化不是中国特有的现象，任何一个国家从传统经济发展到现代经济，都经过了工业化和城镇化。对中国来讲，我们的城镇化与别国有什么区别？这里涉及一些制度上的改革，我们有一些特有的制度在阻碍城镇化，所以更需要新城镇建设。

从理论上讲，为什么城镇化是经济和社会发展的必然道路，可以从三个方面来理解。

根据恩格尔法则。

经济学家通常会把人们生活中的一些规律总结出来，谁总结得早一般就以他的名字命名。恩斯特·恩格尔（Ernst Engel）发现，人们对农产品的消费比重会随着经济发展和生活水平的提高而越来越少。其实这个发现，在我们的生活中很容易看到。随着经济的发展，中国农业产值占GDP的比重在不断下降，但这不是农业萎缩，而是因为制造业和服务业的不断发展使得农业的比重越来越小。中国现在的农业产值占GDP的比重已不足10%，发达国家农业产值的比重就更小了。随着中国经济的增长，以后农业的比重也会越来越小，这是一个理论，也是一个现实。

制造业的比重，开始时会随着工业化的推进不断升高，但达到一定高度后，也会下降。原因有两个方面：一是制造业技术的不断进步，使得劳动生产率越来越高，从就业角度来讲，制造业的就业比重也会越来越低；二是人们对物质生活的需求，到了一定程度以后，也会接近一个饱和的状态，对制造品需求的增长也会逐渐减少。当物质生活基本得到满足以后，人们更需要的是提高生活质量和非物质方面的追求，这需要服务业的发展。所以，一个社会最初是以农业为主，然后是以工业为主，最后变成以服务业为主。

服务业发展需要什么呢？第一，它需要人口的聚集，否则服务业不可能发展起来。制造业可以在偏远地区开工厂，但是服务业（包括餐饮、娱乐、艺术、教育等）必须有足够的人才能够产生。所以，人口的聚集实际上是产业发展到一定程度以后的自然结果，这就是城市的形成。第二，只有当一座城市达到一定规模，各种各样的服务业才能发展起来，这是一个基本规律。我们可以看到产业结构的变化与收入支出的结构是相关的，收入不断增加，服务业的比重也会越来越大，城镇化的程度也会越来越高。

根据发展经济学理论。

发展经济学中有两位重要的大师：一位叫西蒙·库兹涅茨（Simon Kuznets）；另一位叫威廉·刘易斯（William Lewis）。库兹涅茨指出，随着一个国家经济的发展，人均国民收入水平的提高，劳动力首先由第一产业向第二产业转移，当人均国民收入水平进一步提高时，劳动力必将向第三产业转移。刘易斯认为，通过工业扩张来吸收农业中的过剩劳动力，能够消除工农业之间的各种结构失衡。在工业化过程中，消除城乡差距和收入差距最根本的途径就是让越来越多的人从农业转向工业。刘易斯指出，农业过剩劳动力的转移，一开始不会增加农业的成本。比如说100个人种地，其中10个人走了，根本不会影响产量，这说明可以将这些农民转移出来。但是，如果其中80个人走了，这时农业劳动力不再过剩，农民的工资需要提高了，这个转折点被称为"刘易斯拐点"。

根据起飞理论。

根据美国经济学家罗斯托的起飞理论，在经济起飞过程中，先是产业结构发生质的变化，从以农业为主的经济变成以农业为辅的或者农业比例很低的经济。再是社会结构的变化，从大部分人生活在农村，变为大部分人生活在城镇。

中国从20世纪90年代进入起飞阶段。80年代经济增长速度虽然比较快，但基本上没有什么制度创新和结构变化。90年代提出了社会主义市场经济理论，开始了中国历史上，也是人类历史上最伟大的一次起飞。这次起飞包括两个内容：工业化和城镇化。起飞后分为现代经济的两个阶段：一是初级阶段，就是刚起飞的时候，人们会进入一个追求物质生活的阶段；二是追求生活质量阶段，更多强调社会的和谐、环境的美好等。中国的问题是起飞过程中两个内容没有完全匹配：产业结构上走得很快，基本上完成了2/3；但社会结构的转型滞后，农业GDP已经降至不足10%，但是农业人口还有将近50%，中国的城镇化滞后。

城镇化是解决"三农"问题的根本途径

城镇化也是解决中国"三农"问题的根本途径。农民的问题最终是农民的收入问题。农民的收入怎么提高呢？在工业化以前，农民的收入主要靠农业技术的进步带来的劳动生产率的提高。在工业化过程当中，农民的收入主要靠大部分的农民不当农民来提高。随着工业化的推进，人们发现工业的收入是大于农业的，所以农民开始流向城市。这不是中国特有的现象，任何国家工业化过程中，都会有相当比例的农民离开土地到城里打工，他们是奔着更高的收入去的。

谈到工业化和城镇化，就要谈到农业现代化。农业现代化的前提是人均占有土地的不断增加，这是农业现代化即机械化的基本条件。如果每人只有很少的土地，那是不可能有现代农业的。只有当人均土地面积较大，农业才可能实现现代化。而且，这时候农民的劳动生产率很高，收入也高，也有实力来实现机械化和自动化。

"新城市建设"主要是清除中国城镇化的障碍

解决中国的"三农"问题，更需要通过推动城镇化的"新城市建设"。当然，城镇化不等于所有地区都去发展大城市，但也不要因为看到现在大城市的问题，就害怕城镇化。大城市有其特殊的问题，但同时也有其特殊的活力。北京、上海的大城市问题很多，但是为什么人们还要到北京、上海来呢？因为只有城市发展到一定规模以后，才会出现一定的产业，人们才会有一定的工作机会。就业是非常重要的，而没有一定的规模就没有一定的就业机会。

对于城镇化的问题，有人非常担心就业。这么多农民进城，谁来给他们提供就业机会？我觉得这是一种计划经济的思路——老百姓的就业都要靠政府。真正的就业不是靠政府，而是靠放开民营企业，还得相信人民群众的创造力，这是解决问题的关键。

一些固有的政策和体制是我们城镇化进程的最大障碍。第一，城市的户籍制度以及其他对非居民的歧视政策阻碍着城镇化，比如居住、上学、医疗、工作等都受制于城市户口。第二，农村的土地制度增加了城镇化的机会成本，使得农民不愿意彻底离开农村来到城镇。我们现在的城镇化是半城镇化，大多数农民年轻时到城里打工，干不动了或没有工作了又回农村，因为他们有土地。对他们来说，要靠有限的土地的收入过上现代的生活是不可能的，但白白放弃这些土地又觉得可惜。户籍制度"挡着"农民，公有土地制度又"拽着"农民。于是，中国出现了半城镇化的特殊现象：几乎每家都有人进城打工，但也几乎每家都留几个人在农村。农民工在城里打工，农村里留守的是"6138部队"。"61"就是儿童，"38"就是妇女。中国很多社会问题，跟不彻底的城镇化有关，包括每年一度的春运。每年春运大军中，有很大一部分是农民工回家探亲。农民工长期与他们的家人分居，既因城市中安居乐业存在阻碍，也因农村里有让大家不舍得完全放弃的东西。

当然，城镇化过程中也有不同集团的利益问题。一个是城里人的利益问题。城里人只希望农民工来干活，但是不愿意太多的农民工享受同等的待遇。例如，农民工子女能否享受与常驻城市中学生一样的高考资格？在这个问题上马上形成了两个不同的利益集团。另一个是政府的政治利益问题。如果把7 000万农民工都算成城镇居民的话，那么我们在2009年的城镇失业率就接近15%。这样的数字各级政府能否接受？这么高的失业率政府如何解决？这些也是我们城镇化滞后的具体原因。

在城镇化过程中，政府最主要的作用是什么呢？我们现在讲城镇化，很多人想的是盖楼的问题，其实城镇化最根本的问题是消除制度障碍，让农民市民化。所以说政府要做的事情，我认为主要有三件。

一是要消除歧视政策。尤其要消除对农民工有歧视的户口制度，让农民能够在城市里永久地、合法地流动。我们可以先放开其他城市，北京、上海先不放开。

二是要合理规划。怎么规划城镇化？我觉得一个核心理念就是既要有规模，又要透气。可以建"城市圈"，也可以建"城市带"。现在，从深圳到东莞，然后一直到广州，基本连成了一个城市带。从南京到常州、无锡、苏州、上海，再到杭州，也是一个城市带。所以确实要规划，北京将来应该往东发展，天津要往西发展，用几条城铁和高速公路把两头的城市连起来，逐渐变成一个"京津城市带"。这样既有大城市的规模，同时又透气。总之，城镇化也要规划，否则会产生大都市的交通和环境问题。

三是要大力投资。城镇化的过程中，政府需要通过投资解决一些公共性、公平性、外部性的问题，主要解决贫困农民工的住房、教育、医疗、养老等问题。农民是我们社会的一个重要的组成部分。农民在中国的整个经济建设过程中做了非常大的贡献。计划经济时通过价格的"剪刀差",用农业补贴工业;改革开放后农民工在城市建设和劳动密集型制造业发展中又发挥了巨大作用。所以,现在也到了该为农民多做点事的时候了。

改革是最大的红利

前段时间,有一些媒体和学者,总在讲中国的资源不足了,老龄化加速了,人口红利没有了,可持续发展有问题了。"改革是最大红利",因为从经济学角度看,制度改革可以提高劳动生产率,一个好的制度可以让稀缺的资源变得不稀缺,一个坏的制度会让充裕的资源被浪费。

我们搞社会主义市场经济,实际上还有很多改革的空间。什么是市场经济?有两个标准:一是政府对经济的干预程度、干预范围和干预手段。市场经济中,只有在不得不干预的时候政府才干预。二是国有企业的比重。市场经济中只有民营企业做不了的才需要国有企业去做。

下面我提四个方面的改革建议。

政府职能改革

职能的转变。

过去几年中,宏观经济出现很多波动,这与政府的过度参与和干预是有关的。我国地方政府始终存在参与经济的动力,而这种参与经济的动力经常是不经济的。中央和地方政府对参与经济表现出很大的兴趣,早年是可以理解的,但是现在企业已经发展起来了,市场也逐渐发展和完善了,各级政府就应该尽可能地退出直接参与。政府要在经济发展中转变职能,不要觉得政府什么都能干,要知道政府该干什么、不该干什么。

能力的提高。

市场经济的发展,必然会产生一些社会问题,比如房价、医疗、教育、环境等问题,如何去解决?这里不仅仅是理念,也关系到政府的能力问题。

在市场经济中,政府的主要作用之一是纠正市场失灵。市场经济在促进经济增长方面是一种好的制度，但不完美。马克思指出了市场失灵问题，他认为资本主义，也就是市场经济，有两个不可克服的矛盾：一是生产过剩产生的周期性经济危机；二是绝对贫困化和相对贫困化。怎么处理市场失灵问题？我们过去进行了很多努力，推翻过市场经济，实行过计划经济，但结果是大家都很贫穷；波动是没有了，但增长也没有了。于是，我们又启动了以市场经济为导向的改革。

改革的基本理念应该是尊重市场规律，但同时通过政府来纠正市场失灵。在第二次世界大战后，西方国家对此采取了很多措施，既保持市场经济的活力，又克服市场经济出现的问题。市场经济有三个主要问题需要通过非市场的办法来解决：

首先，公平性问题。市场经济的机制是，能干、肯干的人会获得很多，不能干或不肯干的人可能什么都得不到。市场是无情的，市场本身不会给那些无法工作或者不想工作的人回报。但在人类社会，对于不能干或不肯干的人，也要保证他们的基本生活。解决公平性的问题就是解决贫困人口的基本生活问题，这是需要政府做的。像新加坡等国家，政府提供大量的廉租房让贫困人口不会露宿街头。政府应该为贫困人口提供最基本的食品、医疗、教育和住房等。

其次，外部性问题。生活中有些问题是市场解决不了的，例如传染病、环境污染等。外部性也有正的，比如科研。一些科研成果不仅对企业有好处，可能对整个社会都有好处，这时候政府就应给予补贴支持。

最后，公共性问题。一些公共设施的建设问题，市场解决不了。公共品的消费不能排他，其结果是所有人都想要，但是没人愿意出钱。政府需要通过税收的办法收钱，然后拿税收的钱去修建这些公共设施。

政府要解决公平性、外部性、公共性的问题。如果把这些问题解决了，社会也就能发展。

现在很多人认为中国贫富差距大得不得了。到底是应该消灭贫富差距还是消灭贫困？我认为把注意力放在消灭差距上，并不利于社会的和谐发展。政府和社会更需要做的是关注贫困人口，要努力消灭贫困，尤其是绝对贫困。当然，贫困的标准也在不断提升，消除贫困的任务也是不断变化的。

市场经济发展中遇到的这些问题应当如何解决？是抑制市场的发展，还是继续发展市场经济同时纠正市场失灵？这既涉及理念问题，也涉及政府解决市场失灵的能力问题。医疗改革里有英国模式和美国模式。英国模式和美国模式的差别在什么地方呢？一个是补供方；另一个是补需方。英国模式是通过政府补供方，然后让所有人都享受低价的医疗；美国是补需方，是给穷人补贴，不穷的人自己或工作单位去买保险。其中的区别在什么地方呢？看起来好像差不多，但是从经济学的角度来看，补供方是福利政策，全民享受。福利政策不仅增加政府负担，也会对市场效率起到负面作用。而补需方是纠正市场失灵，只管穷人，政府的财政负担小，医疗效率高。当然，从政治的角度来看，福利政策更易得到老百姓的欢迎。住房问题也好，医疗问题也好，教育问题也好，到底应该纠正市场失灵还是应该提供社会福利？究竟应该帮助穷人还是应该让所有人都享受低价？这是两种理念和方法，效果也不同。福利政策让所有人都享受低价，其实是有利于富人的，富人可以赚很多钱，同时享受着低价。低价看上去对穷人有好处，但是低价会导致供不应求，实际上穷人往往得不到低价的好处。住房问题也类似：政府的目标是每个人都有地方住，还是每个人都拥有房？住房本身具有双重性：一是基本生活保障，这是政府要管的；二是不动产。政府到底有没有能力给每个人房？有没有必要给？如果政府的功能是解决市场失灵，最主要的任务就是解决穷人的居住问题，也就是未来在城镇化过程中，实行廉租房政策，保障农民工和城市贫困人口的基本住房。

财税改革

在20世纪80年代中期中央财权下放，地方政府获得了很大的财税权，这在当时是有道理的，是为了鼓励地方政府主动发展经济。现在，地方政府都在抓GDP，积极招商引资，甚至不惜重复建设，有人说他们主要是为了提高政绩，其实不完全是。地方政府之所以积极办企业，很大程度上是因为其税收绝大多数来自生产领域。目前，中国地方政府税收的75%来自企业，即营业税、增值税、所得税。相比之下，美国地方政府有90%的税收来自非生产领域，主要是房产税和销售税。税收来源的不同造成了中国地方政府和美国地方政府行为的不同。中国地方政府必须招商引资，甚至不惜污染环境、实施地方保护政策。美国地方政府的主要税收是房产税和销售税，政府的目标是把本地区的环境、教育、道路、安全搞好，使得本地区的房地产增值，从而增加税收。

中国地方政府也可以考虑征房产税。征房产税的好处是，政府不一定需要办企业，也不一定需要不顾条件地招商引资。地方政府只需要把环境、教育、医疗、交通、安全等搞好，房价稳定，政府税收就稳定了。同时，通过房产税，可以减少囤积房产炒高房价的"房婶房叔"，缓解住房市场供不应求的压力，并把中国房地产中的泡沫挤出来。中国城市房价高涨的一个重要原因是有不少人炒房囤房，因为炒房囤房不用交税，没有持有成本。也就是说，不是我们房子不够，而是有些人占了很多房子。怎样促使这些空置的房子卖出来或者租出来？征房产税就是一种措施。怎么征可以再讨论，但是这个方向是对的。

医疗制度改革

大家对看病贵、看病难的问题反映比较强烈，这两个问题同时存在的一个原因就是供给不足。随着收入的不断增长，一方面人们对医疗的需求是不断增长的；另一方面供给是被抑制的，现在医院数量有限，大多是公立医院。

大家觉得看病贵的主要原因是什么呢？其实不是真正的"贵"，而是支付的问题没有解决。医疗不是人们每天需要的，但是一旦出现重大疾病，医疗就会很贵。例如心脏手术，可能需要十几万元，从医疗成本来说，可能真的需要这么多钱，但对普通老百姓来说，确实支付不起。所以，解决这个问题需要建立和发展医疗保险制度。就是平时没事时付点保险费，一旦有事了也不用害怕，保险公司会支付绝大部分的费用。解决所谓"贵"的问题，不是把价格压下来，而是解决好支付的问题。价格是一把"双刃剑"，价格低了，老百姓似乎满意了，但这个行业也很难发展——没钱赚谁愿意投资医疗行业？医生应该是社会上最优秀的一批人，医德要好、医术要高。医生医治的是人，对人的判断是最复杂的，医学不像工科，不是有了标准程序就可以治好病，医生需要经验积累，有辨证施治、对症施药的智慧。

怎么去改革？首先要放松限制，增加供给，包括医生、护士、医院、诊所的供给。鼓励社会投入办医院和诊所，同时要"解放"医生，让医生作为医疗的主体发挥作用。医改的核心是解放医生，有问题可以监管，将来的医疗系统不是主要靠医院，而是靠庞大的私人诊所，到了一定阶段，每个家庭都应该也可以有家庭医生。

教育制度改革

教育制度的改革非常重要，现在主要面临着四个方面的挑战。

农民工的就业培训。

城镇化过程中，至少有 5 亿农民要进城，未来二十年，每年可能有 2 000 万农民工进城，从农民到工人或其他职业的就业培训非常重要。农民工本身没有钱，政府要掏钱为他们提供就业和再就业的基础培训，这是城镇化的一个重要组成部分。

农民工子女的基础教育。

现在农民工子女大概有 1 亿人，其中 3 000 万人跟着家长在城里生活，如果这 3 000 万个农民工的孩子在城市里面长大，却没有得到很好的教育，那么将来会是很大的社会问题。

保证这些孩子的正常教育，比大学生毕业能不能买上房子更加重要。除了 3 000 万名农民工随迁子女，还有 7 000 万名留在农村的留守儿童。这些留守儿童与父母长期分居，跟着爷爷奶奶长大，学习和心理都可能出现一些问题。这是中国特有的现象。需要彻底解决这个问题，让农民工的孩子能够在城里跟父母一起安居乐业，像城里的孩子一样得到良好的基础教育，我们现行的教育制度需要改革。

创新型人才的培养。

钱学森提了一个问题：中国的大学为什么培养不出创新型人才？一个学校招多少学生，哪个专业招多少学生，都是规定好的，不是根据学生的兴趣来确定的。要想培养创新型人才，大学，尤其是一流大学，本科要进行以激发学生兴趣为目标的通识教育，给学生自由选择专业的权利。

教育要去行政化，要减少政府对教育的过度行政干预，给学校更多的发展空间。学校要尊重教育规律，尊重专家，给老师和学生更多的学术自由。

高等教育模式的改革。

我不赞成取消高考，高考是很重要的，但是高考不能成为唯一的道路，因为现在的高考机制不利于发掘和培养创新型人才。怎么来解决这个问题？我建议发展私立大学，公立大学讲究公平，私立大学可以更灵活一些。现在私立学校发展不起来，是因为体制上没给它们公平成长的机会。我们需要发动社会资源捐资办学，在税收方面给它们减免等。

倒退是没有前途的，改革是唯一的出路，中国正处在一个前所未有的历史时期，我们这代人很幸运遇到了。假如我们能再活一百年，再回过头来看，过去的三十年和未来的二十年是中国历史上最伟大的五十年，是中国从一个传统经济进入一个现代经济的关键时机。我们要努力奋斗，坚持开放和改革，不能辜负时代赋予我们的责任。

一、论宏观经济

我对中国经济不悲观[①]

（2014年7月）

九年北大荒知青生涯，十三年海外求学任教经历，十年参与创办北大中国经济研究中心，以及十年扎根深圳打造北大"南燕梦"，是海闻四段重要的人生历程。他说，没有十年，办不成一件事，这种类似于长周期的经济学思维，使他可以更加宏观和冷静地看待中国的诸多问题。在海闻看来，经济学的研究既需要数学、计量等方面的技术工具，也需要对历史、政治、社会学的融会贯通，这样才能发现真正的问题，特别是面对中国这个特殊而庞大的经济体。

2014年7月下旬的一个午后，著名经济学家、北京大学汇丰商学院院长海闻在北京办公室接受了《华夏时报》记者的专访。

与诸多持悲观态度的学者不同，海闻对中国经济仍然持续看好，他认为，中国经济仍处于起飞阶段，未来十年，经济增速仍能保持在8%左右。虽然相对乐观，但他对经济发展中非市场因素保持着足够的警惕，政府对经济的过度干预，一直是他批评的对象。对于产能过剩、人口老龄化、混合所有制等热点问题，海闻也一一回应，观点颇具新意。

中国的成功首先得益于改革开放

记者： 中国经过三十多年来的高速发展，取得了全球瞩目的成就，我们成

[①] 吴君强. 海闻：我对中国经济不悲观[N]. 华夏时报，2014-08-07（A10）.

功的基本经验有哪些？

海闻：中国的成功首先得益于经济体制的改革与开放。改革指的是体制由以前的计划经济向市场经济转型，发挥了人的积极性，提高了决策的有效性，这是最重要的。尤其在十四届三中全会以后，改革从体制内转向了对体制的改革，提出了搞市场经济，资源由市场配置，发挥了经济增长的潜力。

开放则使我们的资源在全球得到更充分更综合的利用。过去三十多年中，我们充分发挥了劳动密集型产品生产的比较优势，这使得我们的劳动力价值得以实现，劳动工资等各方面都增长很快。同时，我们也吸引大量外资，有效地促进了中国市场化的改革和企业的发展。现在有些人否定外资的重要作用，其实外资的作用不仅仅在于钱，而且能带来很多开放的理念、促使竞争局面的形成等，这些都是促进市场发展的重要因素。市场必须充分竞争，否则会效率低下。通过对外的开放和外资的引进，我们的市场可以得到更加充分的竞争，这种竞争使得企业活力得到很大的提升。从这个角度讲，过去三十多年，体制上对经济高速增长的主要贡献就是改革开放。

另外，通过改革开放，中国经济也迎来了"起飞"的历史阶段。从传统经济到现代经济大多有一个起飞阶段，这是一个经济结构发生突变的历史时期，也是经济增长的高速期。欧美国家在18、19世纪基本上完成了起飞，在第二次世界大战后起飞的主要是南美、东亚一些国家。十一届三中全会以后，中国政治重心从阶级斗争转向经济发展，东亚经济崛起使中国的领导人意识到，我们要像东亚国家一样通过开放来推动经济的发展。起飞本身意味着经济的快速增长，这和体制的改革是不一样的。

也就是说，有两个动力在推动我们过去三十多年的发展。一个是由过去封闭的计划经济转向开放的市场经济，这是中国特有的改革。另一个就是从传统农业为主的发展中国家转向以现代产业为主的发达国家，也就是工业化和城镇化。这两个转型是中国经济成功的主要原因。

记者：改革开放和起飞理论对中国经济还会继续有效吗？

海闻：我认为这两个因素仍将成为中国将来一二十年经济发展的动力。

首先，我们的改革并没有完成，我们离真正的市场经济还有距离。一方面，政府对经济的干预仍然非常严重，不仅中央政府，还有地方政府，对经济的直接干预还是比较普遍的，比如我们对产业发展的支持或限制、对价格的管制、对一些行业的垄断和保护，都属于对经济的干预，尤其在过去十年，这种干预有所加剧。另一方面，国有企业的比重还比较大。在发达的市场经济国家，竞争领域里很少，甚至没有国有企业，而我们在竞争领域里却存在大量的国有企业。国有企业的定位是什么？应该是做民营企业不愿做或做不了的事。国有企业比重过大，本身就是市场竞争不充分的体现，这也需要进一步改革。

其次，我们的经济起飞也还没有结束，城镇化和工业化还会继续推动我们经济的发展。起飞是否完成是有标志的，就像飞机起飞一样，只有达到了一定的高度才能进入巡航状态，起飞才算完成。经济完成起飞也有具体的标志。

一个标志就是产业结构的变化。起飞开始前多以农业为主；起飞中间以制造业为主；起飞结束时，应该以服务业为主。到目前为止，我们国家的服务业比重只有40%左右，发达国家的服务业大多超过70%。我们的服务业起码达到60%左右，才能证明我们的起飞基本完成，在此之前，我们的产业结构还会不断调整，未来拉动我们经济和提高产品附加值的主要是服务业。

另一个标志是社会结构的变化。起飞前绝大多数人口居住在农村从事农业生产；起飞过程中大量人口从农村转移到城镇，这就是城镇化。现在，没有一个发达国家的农民比重是超过5%的，日本农民比重只有2%，美国农民比重只有1%左右。而中国目前农民和农村人口的比重都比较高，超过40%。因此，中国的城镇化还有相当长的一段路要走，而城镇化过程就是拉动经济增长的动力，基础设施、交通、住房这些方面的建设方兴未艾，未来几亿农民进城带来的消费体量也是不可估量的。

所以我总结一下：前三十多年，我们靠市场体制的转型、经济的起飞来带动经济的发展；后一二十年，我觉得还是要靠体制的进一步转型和继续完成起飞来拉动经济。我对中国经济不那么悲观，未来十年中国经济保持8%左右的增长是可能的。

记者： 中国最近两年经济上遇到了一些问题，面临下滑压力，怎么理解？

海闻： 我觉得有三个主要原因。

第一，经济有周期性波动。 在任何国家，包括发达国家，只要是市场经济国家，波动都是不可避免的。改革开放以来，中国经济有过几次波动，一次是

20世纪80年代末，既有政治的原因又有经济本身规律的原因。然后是90年代末，东南亚金融危机引发通货紧缩，我们也大概低迷了三到五年。这次可以说是2008年经济危机的延续，其实在2008年的时候"病"就应该发出来，但是因为临时打了"强心针"，所以才有了现在这个"后遗症"。

第二，我国的产业结构正处于转型调整期。经过三十多年的改革开放，中国居民的收入不断增加，中国的消费结构上了一个新台阶。回望过去，20世纪80年代主要是解决温饱，所以农业和轻工业很发达，那个时候吃饭、穿衣是最基本的需求。90年代主要是耐用消费品，家电产业发展最快。但1997年东南亚金融危机之后，耐用消费品也面临过剩的问题，因为人们对家电的需求已经得到了基本满足，一些家电大企业也出现连续亏损，面临转型调整的问题，经济增长自然放慢。进入21世纪后，人们对汽车、住房的需求增加，投资也开始向住房投资转移，所以21世纪初的十几年主要是汽车、住房行业的发展。现在中国城市汽车住房需求增速开始放慢，产业又到了转型阶段，经济增长也自然会慢下来。在物质生活基本得到满足后人们的需求是什么？人们需要健康、文化、教育等服务，也需要高质量、高品位的消费品，而目前这些产业在中国又是相对落后的。现在看病难的问题远没有解决，优质教育资源非常缺乏，这些又进一步制约我们产业的转型升级。同时，产业转型也需要一个投资的过程。一些低端制造业的增长速度在下降，而新的产业还没有形成一种拉动力时，经济速度会暂时放慢也是正常的。

第三，中国宏观经济政策发生了调整。以前，政府比较喜欢干预经济，经济增长稍有放慢就会出台刺激政策，通货膨胀一高就会缩紧银根。现在，政府更强调市场的作用，更少干预经济，更强调微调。这些做法短期看可能效果不明显，但有利于经济的长期稳定发展。

记者：中国经济虽然仍有强劲的内在动力，但是限制中国经济发展的约束条件也越来越多。从人力资源方面来说，以前我们有人口红利，但是现在人口红利正在消失，老龄化来临。这种人力资源瓶颈会不会对中国经济的未来产生影响？

海闻：我同意人力资源是一个约束因素，但是我不同意我们劳动力优势和人口红利已经消失了，因为我们目前是劳动力短缺和劳动力过剩同时存在：一方面，在某些城市招不到工人；但是另一方面，我们农村还存在大量的剩余劳动力。我们农业产值占 GDP 的比重已经不到 10%，但是农业人口占比超过 40%，这样的比例显然是不合理的。中国农业从小农经济向现代农业的发展过程中，农业的过剩劳动力肯定会被释放的。

那为什么城里招不到工？这实际上和我们的城镇化滞后是有关系的，中国特有的户籍制度和土地制度阻碍着城镇化的进程。农民进入城市，孩子上不了学，连户口都没有，这就阻碍了农民进城，他们宁可少要点钱，也不愿到城里去。

还有一点，过去几年我们颁布了新的《中华人民共和国劳动法》，加上各地政府不断提高最低工资，也在客观上提高了劳动者的心理预期，也提高了工人的"保留工资"水平。低于一定水平的工资，不少人宁可没有工作也不愿意干。

再讲老龄化问题。现在很多人在讲中国老龄化，老龄化会出现，但是按照年龄计算的老龄标准，我觉得应该调整一下。当年制定男性 60 岁退休标准的时候，人均寿命只有 60 多岁，大部分人从事的是农业或者制造业的体力劳动，所以到 60 岁的时候人们确实干不动了。但在现代经济的产业结构中，服务业的占比越来越高，而且人均寿命大大延长，那么 60—70 岁这部分人群，应该完全能够继续对社会做贡献，这部分人可以不再是社会的负担，还可以成为社会发展的动力。美国处在这个年龄段的人至少有 30% 在正常工作。

真正的人力资源瓶颈是我们劳动素质的问题，是我们的劳动力能不能适应将来新的产业结构的问题。未来人力资源不是体能和年龄的问题，而是眼界、素养、知识、能力等综合素质的问题。从这个角度讲，我们人力资源确实遇到了瓶颈，解决瓶颈问题主要靠教育。中国的教育需要深入改革和大力发展，包括普及高等教育。现在有观点认为，大学生招多了，因为很多毕业生找不到工作。大学生并不是一定要从事很高端的工作，大学教育是为了提高劳动者的知识水平和综合素质，不要把大学教育看成塔尖上的明珠。我在美国教书的时候，发现有卡车司机和商店营业员也在修大学学分。所以，我们真正的人力资源瓶颈，不在于年龄，而在于知识结构，这里也涉及农村人口进城后的教育普及问题，我们的教育还远远不够。

城镇化既是动力也是结果

记者：中国经济处于起飞阶段，城镇化到底是经济发展的动力还是经济发展的结果？

海闻：既是动力也是结果，因为产业结构调整以后，农业的比重会降低，农民就会到城市来，农民到城市来本身也拉动了城市的需求，包括住房需求、消费需求等等。城镇化是经济发展的结果，现阶段也是经济发展的动力，但城镇化不会永远进行下去，在发展中国家向发达国家转型的一段时期内，城镇化是经济发展的动力。

中国的房地产不会崩溃，只不过前几年的那种疯狂上涨不会有了，而是进入了一个稳定的增长期。城镇化也会使传统工业得到发展。在城镇化过程中，农民进城对家电等产业的拉动作用很大。我们现在提倡新型城镇化，这和环保节能等有关，新技术、新能源运用到城镇化中，对于拉动经济，促进经济转型也有很大的帮助。

记者：投资、出口、消费是经济发展的三驾马车。中国经济主要靠投资、出口拉动，所以我们一直强调要向消费驱动转型，但是好像我国的消费一直起不来，政府也不得不继续依靠投资拉动经济发展，比如继续建设高铁、进行棚户区改造等。我们的消费市场为什么一直起不来？

海闻：当经济发展处于初级阶段时，人们还很穷，所以消费不多，人们还得靠投资和出口赚钱。发达国家也大多有一段靠投资和出口拉动经济的历史。这与个人的经历是一样的，必须先赚钱，赚到一定程度才敢花钱，这有一个财富积累的过程。消费不仅仅是当前收入的函数，也是财富的函数。

有人认为，我们不消费是因为没有安全感，没有社保，我不完全认同。在中国，消费既有收入的问题，也有文化和习惯的问题，因为中国发展太快，现在有消费能力的人群，比如"50后""60后"，有收入和社保，但没有消费的文化和习惯，他们不是没有消费能力，而是觉得没必要，怕浪费。但是，我们的后一代，比如很多"90后"，他们很多没有社保，收入不丰但敢花钱，有一分花一分，被称为"月光族"。所以，我认为消费也是个循序渐进的过程。

此外，当投资还有较高回报的时候，人们当然会把钱用来投资；当投资没有多大回报时，人们自然会把钱用来消费。投资回报是消费的机会成本。

记者： 现在不管是传统行业还是一些新兴产业，都出现了产能过剩的问题，这是一个短期的问题，还是经济发展中一个长期的问题？

海闻： 我认为目前中国的产能过剩既有长期的问题也有短期的问题。有些行业如纺织品、玩具和一些低端制造业，产能过剩是因为经济发展到一定阶段后，需求增长趋于缓慢，这些行业中的很多企业须转型升级，这是长期的问题。

另外一些产能过剩，如钢铁、水泥、汽车、光伏等，则是政府尤其是地方政府过度参与经济的结果。这些产业并不是夕阳工业，过剩只是暂时的，过剩的根本原因不是长期需求萎缩，而是政府干预下的供给增长过快。比如说钢铁，中国是否已经到了不需要大量钢铁的阶段？当然不是，中国城镇化和工业化仍需要大量钢铁，之所以过剩是因为前一段时间各地都在同时兴建钢铁厂。

无论是"十一五"规划，还是"十二五"规划，中央定了整体规划以后，各地都有相应的规划。中央说要发展汽车，各地都搞汽车；中央说发展七个战略性新兴产业，各地都去发展这七个战略性新兴产业，这本身就是错误的。光伏产业就是最典型的一个例子。解决产能过剩问题，政府需要进一步转变职能，减少地方政府对经济的参与。这是我们市场化改革的一个重要部分。

记者： 现在看这个问题还是没有办法破解，因为现在地方政府的政绩考核还是要看GDP。

海闻： 现在的问题不在于是否考核GDP，即使不用GDP考核地方官员，地方政府仍然会积极抓经济。这是一个政治问题。在中央政府依然大力参与经济的情况下，地方政府一定会紧跟中央，也一定会出现重复建设、地方保护主义和产能过剩的问题。

还有一个因素就是地方税收来源。目前，地方政府仍有50%以上的税收来自生产领域，这就是说，即使你不让地方政府发展产业，地方政府也会积极去推动，不然地方的税收从哪来？我做过对比，美国地方政府的税收基本上不是来自生产领域，主要征的是消费税和房地产税，所以美国地方政府不必努力抓经济。

怎么破解？就是进一步改革，政府经济权力小了，银行体制改了，市场竞争充分了，那我相信产能过剩的问题也就可以减少了。

记者： 现在来看，中国的外贸形势依然严峻：一方面国外的消费仍在恢复阶段；另一方面贸易保护主义愈演愈烈。您怎么看待外贸对中国经济发展的影响？外贸能不能为经济发展提供持续动力？

海闻： 外贸仍然是中国经济的重要组成部分。从 GDP 的角度看，拉动经济的是净出口，原来我们是靠大量的贸易顺差实现对经济的拉动作用，但这样的时期已经过去了。一方面是因为我们的出口增长在放慢；另一方面我们的进口在增加。

一个国家发展到一定阶段后，能够长期保持贸易顺差的情况不是很多。过去三十年中国出口高速增长，一直保持顺差，是因为中国有大量廉价的劳动力，承接了韩国、新加坡等其他国家和地区劳动密集型产业。现在，这种状况正在发生变化，越南、柬埔寨等劳动力低廉的国家开始替代我们。从劳动密集型产业来看，我们不会像以前那样维持 20% 到 30% 的高出口增长率，但是我认为 10% 左右的增长率还是可以维持一段时间的。现在的竞争优势不仅仅来自劳动力成本的比较优势，也来自制造业的规模经济。

混合所有制是国有股减持的延续

记者： 关于混合所有制，最近讨论得火热，有担心也有质疑，国资委也开始进行试点改革。混合所有制是良方还是假药，它是一个过渡提法吗？混合所有制的目标是什么？

海闻： 对混合所有制有两种认识。一种是就像我们搞的社会主义市场经济一样，属于我们中国特色的一种，既不是以前的公有，也不完全是私有，混合所有制是中国的一种创新，这是一种解释。但是我觉得，这种解释是经不住考验的，因为企业的混合所有制不会是一种稳态的体制，要是把它看作一种稳态的体制，其结果一定会令人失望。

从另外一个角度看，混合所有制可能是一个过渡的形式，其实就是一个国有企业渐进的私有化过程。我个人觉得混合所有制改革，有点延续朱镕基时代的思路，当时对国有企业改革分两步走。第一步是股份制改造，把国有企业从原来的 100% 国家拥有变成一个股份制企业，但国家控股。第二步就是减持国有股，逐渐通过市场吸收非国有资本。现在混合所有制应该是减持国有股的延续，这是我的理解。

记者： 中国互联网产业包括移动互联、电商等，发展都很快，高铁、新能源也发展迅速，在您看来，哪些产业代表了中国未来发展的方向？

海闻： 互联网的快速发展是中国的一个特色，也是中国的一个机遇。有几个原因：第一，各国起步几乎是一样的，不像航空等行业，发达国家已有了很长时间的积累，中国在短时间内很难有超越它们的竞争力。互联网是一个新生事物，从这个角度讲，中国有可能在全球领先。第二，中国的基础通信设施比发达国家落后，从另一个角度看，中国的历史包袱也轻，互联网发展的机会成本相对低。第三，得益于中国的人口众多。互联网需要规模，规模越大，使用的人越多，经营的平均成本就越低。中国具有得天独厚的规模优势，以互联网为载体的产业发展更有机会在全球领先，这是一个战略机遇。

经济新常态下的"三大转变"[①]

（2015年1月）

著名经济学家、北京大学原副校长、北大汇丰商学院院长海闻教授的研究领域主要是发展经济学和国际经济学，他对很多宏观经济的热点问题有精辟见解。近日，深圳特区报记者就未来中国经济发展的诸多问题采访了他。

经济发展是波动的而不是线性的

记者：2014年，我国GDP增速为7.4%，在新常态下，未来中国经济发展速度究竟会是多少，大家非常关心，经济学家对此看法不一，您是如何看的？

海闻：看一下过去三十年中国经济的增长速度，大概平均是10%。这种高速度显然不可持续，新常态下要变为"中高速"，但究竟是多少？有一种观点认为，速度会逐年放慢下去。客观上，经济也不可能这么一路掉下去，经济发展从来都是波动的而不是线性的。我和林毅夫都认为，新常态下经济增速会比过去慢，但未来会在8%左右波动。

记者：这种预测的主要依据是什么？

海闻：我表示乐观的理由很多。无论是企业家、老百姓，还是政府，都感到2014年经济不是理想中的状态，所以去年年底政府还放松货币政策，进行了微刺激。大家感觉不好，恰恰说明未来应该会变好，发展速度会高于目前。

[①] 沈清华.经济新常态下的"三大转变"[N].深圳特区报，2015-01-27(B10).

另外，我们要分析现在经济速度为什么会降下来。原因有很多，最重要的是经济结构发生调整。我们回顾一下历史，每一次经济结构发生变化时，增速都会放慢。改革开放初期，增长主要靠农业，解决温饱问题。到 20 世纪 80 年代中期，温饱基本解决，这时候人们需要有最基本的轻工产品，因此带来了城市的工业改革。在经济结构刚开始发生变化时，发展速度就会放慢。到了 90 年代，人们对电视、冰箱等耐用消费品的需求加大，经济景气，发展速度变快。但到了 90 年代末，大城市居民对这些家电的需求基本满足，增长速度又有点放慢。然后是住房和汽车的消费成为增长动力。现在汽车已经基本饱和，汽车行业会出现重组，房地产也到了比较平稳的时候。下一步人们就要在新的方面寻找需求，比如说健康、教育、文化等，这些方面的需求会产生新的结构调整。

所以说，最近经济放慢，一个重要原因是人们的需求到了新阶段，而围绕新需求的产业还没有得到很好发展，还存在比如上学难、看病难、食品不安全、环境质量差等问题。如果这些滞后的问题解决了，经济增速也会上来。

中国经济远未完成"起飞"

记者：如果和美国、日本这些发达国家相比，我们目前的经济处于什么样的发展阶段？

海闻：根据美国经济学家罗斯托提出的"起飞理论"，一个国家的经济发展可以简化成传统经济和现代经济两个大阶段。从传统经济到现代经济中间有一个突变过程，罗斯托把这个过程称为"起飞"，这是经济发展中十分关键的阶段。像一架飞机，在地上就是传统经济，飞到高空就是现代经济，爬升过程是起飞。

起飞阶段有两个变化：第一是产业结构变化。起飞前以农业为主，中间以制造业为主，起飞结束是以服务业为主，这是工业化的过程。第二是社会结构变化。起飞前大部分人住在农村，中间出现了移民，就像现在我们农民到城市打工，最后大部分住在城镇，这是城镇化的过程。起飞过程是一个国家历史上最伟大也是最重要的时期。

从世界上来看，第一批起飞的是英国、美国、加拿大、澳大利亚、新西兰这些国家，战后起飞的主要是东亚和南美的一些国家和地区。20世纪50年代的韩国和中国很像，以农业为主，人均GDP就100多美元。20世纪60年代开始韩国起飞了，增长速度在10%左右，最高达到15%，我们称这些国家和地区的起飞为"东亚奇迹"。韩国用了近四十年完成起飞。前二十多年都是10%左右的增长速度，后面十几年大概也有8%。我们大约是从20世纪90年代开始起飞的，目前产业结构变化大概完成了三分之二，城镇化方面还有更长的路要走。现在我们还有40%左右的农民，但没有一个发达国家的农民是超过5%的。因此，我认为中国离完成起飞还早，经济增速不可能掉那么多。

我们对中国GDP的分析一定要放在特定历史阶段来看。不要认为过去10%是太高了，不正常，但也不要以此自傲，觉得比别人都强。一个国家不同发展阶段的经济增长速度是不一样的。按照经验数据来看，完成了起飞的欧美发达国家，正常的区间是0—4%。同样，那些还没有起飞仍处于传统经济阶段的国家，从经验数据来看，增速一般也不会超过4%。如果用一个人来做比喻，欧美发达国家类似是中老年，而我们的经济正处于青春期，有其自身特点。

服务业潜力巨大，其比重会上升

记者：您认为新常态下产业结构会做怎样的调整，大概要达到什么样的目标？

海闻：现在制造业正在进行结构大调整，不景气。这里有两个特点：一是去除过剩产能，比如钢铁、光伏等；二是淘汰过多过小的劳动密集型的低端制造业，像玩具、家电、服装等产业，不少企业会萎缩甚至倒闭。这些企业过去曾活得很好，那是因为中国处于"短缺"和"贫穷"的时代，只要价格低，就算质量差也有人买。现在不一样了，大家追求质量，只有那些高端、高质量、有规模的制造企业才能活得好。

新常态下，产业结构要从以劳动密集型制造业为主，调整到以服务业与高质量制造业为主，这是方向。发达国家服务业占GDP比重很多在70%以上。美国制造业非常厉害，但其制造业只占20%左右，农业只占1%左右，剩下的都是服务业。韩国在起飞的过程中，服务业比重持续上升，现在占比超过60%。我们服务业这些年上升比较快，最近数据显示到47%了，但距发达国家还是有差距，发展潜力很大。

服务业是如何拉动经济增长的？从理论上来分析，产业结构是随着人们的消费需求变化而变化的。当人们收入低的时候，大部分收入要用来满足基本生存，对农产品消费需求占总需求的比重就很大。随着收入增加，对制造业产品的消费需求会逐渐增长。最后，在满足基本物质需求后，越来越多的花费会在服务业上。比如穿戴，很多人有钱了就要穿名牌服装。其实名牌服装和普通服装从制造来说，差不多或者差别不大，但名牌服装的价格往往是一般服装的很多倍，贵在哪儿？贵在设计、品牌、营销等方面，这就是服务业带来的附加值。

这两年我们GDP增长不快。但在制造业萎缩的时候，服务业即第三产业增长却有很多亮点：前年和去年增速分别是8.3%和8%，超过GDP增长率。像金融业、零售业等增长都接近10%，电商在过去五年平均增速高达25%。如果服务业比重超过50%，而增长速度又能远远超过8%，它对增长的贡献会是多大？我相信过两年服务业还有一个高速增长阶段，会拉动未来十年经济增长。

经济发展的动力是改革创新

记者：您认为过去三十年的增长主要是一种扩张型的、资源投入型的增长，未来增长的动力主要靠改革创新，那么，改革创新的重点应该在哪些领域？

海闻：李克强讲过改革是最大的红利。我觉得有三方面改革空间巨大，必须加大力度：一是促进市场发展的改革；二是促进城镇化和农业现代化的改革；三是促进社会发展的改革。

记者：请您具体说说这三方面吧。

海闻：**促进市场发展的改革，首先是政府职能要转变**，把该管的管好，不该管的坚决撤离。政府对经济不要过度干预。2009年国际金融危机，强刺激政策的后遗症现在还在。美国主要依靠市场自身调节，复苏虽然慢些，但非常健康，现在增速达到5%。我们现在的经济体制还处于过渡阶段。我参加一些规划论证时发现一个有趣的现象，就是这个省的规划和那个省的差不多。中央说要发展金融，各地都搞金融中心；说要发展汽车产业，各地都建汽车厂。大家都跟风式地搞经济，同质发展，造成产能严重过剩。政府该管什么呢？管市场失灵的地方，市场对很多问题无能为力。比如公平性问题，比如民众吃穿、住房、上学、医疗等基本问题，政府必须管起来；还有外部性的问题，比如传染病防治等，市场要管起来；还有公共性的问题，如环境治理、公共设施建设等，这些也该政府来管。**其次是国有企业改革**。对民营企业来说，很多领域是禁区，这里就有放开市场准入问题。目前提出混合所有制，允许民营企业进入国有企业市场，我认为这只是改革的过渡阶段。**第三是财政体制改革**。其中最重要的是强调预算，地方政府不能乱花钱。

　　促进城镇化和农业现代化方面的改革，主要是**户籍制度和农村土地制度的改革**。我认为中国城镇化滞后主要是因为这两个制度的阻碍。户籍制度阻碍农民在城里安居乐业，公有土地制度又让农民不舍得离开农村。如果准许土地自由买卖，很多农民就会卖掉土地作为进城的资本，变成城市居民。土地通过买卖集中了，农业现代化才能全面深入推进。

　　促进社会长期发展的改革涉及很多方面：**一是文化体制改革**。美国文化产业占GDP的20%左右，居民文化消费占全部消费的30%左右。中国作为有文化底蕴的大国，要以体制改革来释放文化生产力。**二是教育改革**。这方面要改的东西很多。首先是加强农民工和他们子女的教育。几亿农民进城，谁来承担他们的职业教育？农民工子女有2 000万人随迁在城市，还有6 000万人留守农村，这是一个更大的教育问题，不解决好会影响国家未来。其次是创新人才的培养。这方面我们与世界差距很大，没有建立完善的培养机制。最后是基础教育的均衡发展等，也必须通过改革来解决。**三是医疗改革**。美国健康产业占GDP的15%。而中国现在的健康产业只占5%。人们到了一定的富裕程度后，很多钱会放在健康上。我认为要通过保险制度来解决看病贵问题，通过像当年解放农民那样解放医生来增加供给，解决看病难问题。

防止经济下滑须大力调整产业结构[①]

（2015年5月）

目前经济发展放缓，一季度GDP增速为7%，增速下滑的最根本原因是产业结构调整还远远不到位。防止经济增速继续下滑，避免陷入中等收入陷阱，还是要大力推进产业结构调整。要鼓励企业兼并重组，放开对服务业的管制，大力发展教育。

"互联网+"概念非常好，可以激发各行各业的创造力、想象力。在发展互联网方面，我们和发达国家几乎处于同一起跑线上，而且我们还有人口优势，因此未来大有可为。

最近，国务院总理李克强在北京主持召开经济形势座谈会，北京大学汇丰商学院院长、著名经济学家海闻教授受邀出席并发言。回到深圳之后，《深圳特区报》记者就当前经济发展中的一些热点问题专访了他。海闻教授侃侃而谈，有些观点在座谈会发言中他也曾经谈到。

产业结构调整如何直接影响增长速度

记者： 从日前公布的一季度经济数据来看，GDP增速为7%，降速明显。请您分析一下这主要是由什么原因造成的？

海闻： 虽然随着经济总量增大，增速逐渐下降是正常的，但目前中国经济

[①] 沈清华. 防止经济下滑须大力调整产业结构[N]. 深圳特区报，2015-05-05(B09).

并没有在最好的状况下运行，即使是新常态下，目前的速度也是不理想的。

这次经济下行，不仅仅是因为宏观经济周期，很大程度上也是因为中国正处在中等收入陷阱的边缘。什么是中等收入陷阱？有人说是经济发展放慢，贫富差别扩大等。但这都是现象，都是结果。真正原因是经济发展到一定阶段，人们的收入达到中等水平之后，产业结构没有及时根据人们的新需求来调整，缺乏新的增长动力，原有增长动力基本处于饱和甚至衰减状态。在经济发展的起步阶段，人们不太富裕的时候，主要是满足基本物质需求，现在不同了，人们的需求更高了。随着收入的提高，人们需要新的产品和服务，但供给跟不上。除了需要更高质量的制造品，还需要更多更好的服务，如健康、教育、金融、法律、信息等服务。这方面的供给我们是滞后的，如果不调整，就容易陷入中等收入陷阱。

从去年国内不同地区的GDP增长情况看，经济处于起步阶段的某些西部地区，以及经济结构调整比较早和比较好的沿海地区，增长速度都比较快：比如重庆、贵州、新疆、青海等地的GDP增长都超过10%，福建、江苏、山东、广东也不错。国内处于中等发达的地区，如东北和华北，发展比较慢，这也说明，发展到一定阶段，产业结构是否及时调整会直接影响增长速度。

要避免陷入中等收入陷阱

记者：您认为中国如何才能避免陷入中等收入陷阱？

海闻：从短期来说，要避免经济继续下滑。由于发展不平衡，要用定向调控的货币政策和财政政策，对一些困难地区和行业给予一定政策支持和投入。长期来说，避免陷入中等收入陷阱，还是要靠产业结构调整。我认为以下三点比较关键：

一是要深入市场机制改革，打破地方保护主义，让更多企业实现兼并重组，从而产生更多有实力的大企业，达到规模效益最大化。我们的企业很多是"小而全"，而美国等发达国家的企业是"大而专"。比如汽车企业，美国、日本和韩国的整车生产企业也就3—5家，而我们多达130多家。企业小了，既无足够的科研经费和能力，又无产量规模，缺乏成本优势。企业要做大做强，一个很重要的途径就是兼并重组,比如美国的辉瑞制药,目前是全球最大的以研发为基础的生物制药公司,在其发展过程中,进行了多次收购,兼并的有些公司还是上市公司。规模大了,研发新药的能力更强,每年能拿出上百亿美元搞研发,在全球市场上就更有竞争力。

二是加快服务业改革开放。服务业占 GDP 的比重,美国大约是 80%,欧洲和日本都超过 70%,韩国是 60%,我们不到 50%,这说明我们的服务业还比较落后,还有巨大的发展空间。但目前对服务业管得还是太多,像健康、教育、文化、通信等领域,很多该放开的还没有完全放开。必须通过改革释放能量,让这些领域尽快发展起来。比如,美国的医疗健康行业占 GDP 的 17% 左右,我们只有 5%,仍然处于缺医少药的状态。医疗改革必须加快,其核心是解放医生,发展私人诊所。拥有家庭医生应该是中国人的梦想之一。通过市场机制发展医疗保险。一方面将合格的私人诊所纳入医保,同时通过医保规范诊所的行为。

三是要大力发展教育,为产业升级转型培养人才。我们不但要培养创新创业人才,还要提高劳动力的素质。不同经济发展时期,对劳动力的需求不一样。在低端制造业和服务业中,一位农民工只需通过简单培训就能上岗。但进入高端产业,需要掌握知识技能,否则就根本不能胜任。这就需要重视教育,要普及高等教育。美国有两类学校对提升国民素质发挥了很大作用。一类是社区大学,进入门槛很低,政府有补贴,学费非常便宜。深圳也可以多办这类学院,不用通过高考就能进入,但平时学习和考试很严格,达到标准才能拿到毕业文凭。另一类学校就是成人学校,主要是给外国移民办的,旨在提升就业能力。

亚洲一些国家和地区为何能够成功跨越"中等收入陷阱"?和南美一些国家相比,很重要的原因是重视教育,教育得到普及。新加坡 20 世纪 60 年代经济起飞,70 年代就大力发展教育,日本、韩国也都很重视教育。重视教育有很多好处,国家会更有创新能力,国民的素质和就业能力提高后,收入也会跟着提高,避免一些人因为没有知识技能而找不到工作,造成长期低收入,社会贫富差距扩大。

我国发展互联网有人口优势

记者： 自从李克强总理在今年两会政府工作报告中提出"互联网+"概念之后，在各行各业掀起一股融合热潮。您如何看"互联网+"这种新的经济形态？

海闻： 这个概念非常好，给各行各业一种思考和提示，互联网对他们会带来怎样的影响和机会。对互联网产业本身来说，它们在思考不能仅仅做互联网，要和实体经济、企业融合起来。其他产业在思考如何借助互联网来发展，比如做销售的，都在动脑筋如何利用互联网把产品卖到更远和更多的地方。

我们发展互联网有很多优势。有些行业需要长期积累才能形成优势产业，比如瑞士手表、美国的飞机等，都经过了较长时间的积淀。这些行业我们要在短期内追上人家，难度很大。但在互联网方面，我们和发达国家几乎处于同一起跑线上。和很多发达国家相比，我们还有它们所没有的人口优势。人数越多的地方，互联网行业就可以做得越大，规模效益就越明显。我们有十几亿人，使用互联网的人数比任何国家都要多。另外，互联网方面的技术发明，主要靠智力，不需要借助太多的机器设备。我们人口基数大，在互联网创新方面的智力资源自然更多，创造出新东西的机会也更大。

记者： 现在提倡"大众创业 万众创新"，尤其是基于互联网的创业更多，很多人已经投入其中，还有不少人跃跃欲试。对此，您有什么提醒？

海闻： 提倡"大众创业 万众创新"的精神是非常好的，但要以市场为导向，政府不能把它搞成一种运动，这样会造成资源浪费。另外，我们要特别注意做好创业失败的风险控制。不是每个人都适合创业，大多数人会失败，失败之后怎么办？会不会变成社会问题？创业之前要不要买保险？都需要认真思考。

一、论宏观经济

规模经济是中国未来的真正竞争力[1]

（2015年5月）

2015年4月14日召开的"经济形势座谈会"上，李克强总理邀请了李扬、胡鞍钢、海闻、高尚希、汪涛、吴晓波等专家和中兴、海尔、新松机器人、网易等公司负责人，对中国经济形势和工作提出建议。

"规模经济是中国未来主要的竞争力。"这是北京大学教授、经济学家海闻当时给李克强的建议。5月初，海闻教授在接受《时代周报》记者专访时再次重申了这一观点。

除此之外，海闻教授也向《时代周报》记者阐述了他对中国经济长期发展的研究和见解；并解答了制造业升级路在何方；什么措施能够减少阵痛、加速中国经济"调结构"的进程；最重要的是，在低工资优势等整体成本优势逐渐消失、社会经济发展和发达国家差距逐渐缩小的今日和明天，中国新的竞争优势应当来自何方等诸多问题。

此次经济下行不完全是经济周期

记者：你怎么看今年第一季度经济的继续下行，是经济周期的作用吗？

海闻：此次整体经济下行并不完全是经济周期的表现，宏观经济周期一般为总需求下降造成的经济整体下降。但此次经济下行主要表现为低端制造业和

---

[1] 刘巍. 海闻：规模经济是中国未来的真正竞争力 [N]. 时代周报，2015-05-12.

资源产业的供大于求，而高品质的制造业和服务业仍然保持较快速度的增长。一些中等收入的地区经济下滑，而经济刚起步的省份和产业结构调整得比较好的地区仍然保持了较高的增长率。

这说明此次经济增速放缓的主要原因是产业结构问题，是人们的收入到了一定阶段，需求发生了变化而供给没有及时调整出现的问题。

记者： 如何理解需求的变化？

海闻： 需求是有层次的，基本生活需求都得到满足后，人们的需求转向了更高的层次，即需要"健康的、环保的、舒适的、美观的"产品和服务。我们称之为"收入弹性大于1"的产品，即收入增加1%，人们的需求增加超过1%的产品和服务。换言之，到了一定的阶段，对这类产品和服务的需求增长超过了人们收入的增长幅度。

目前，这类高品质制造品和服务的供给却远没有满足人们的需求。以服饰为例，一些普通的服饰可能已失去市场，但名牌鞋服，包括国外名牌，照样洛阳纸贵，一物难求。像这样的品牌，现在我国自身的供给不足。制造业已经到了一个转型升级的阶段。过剩产能和落后产能的淘汰腾挪出了一部分市场空间，但新兴产业并没有那么快速地形成，因为这不是一个简单的转型，高端制造业的发展还需要一定的企业规模。

"机器换人"应重在促进产品品质标准化

记者： 国务院近期出台了不少政策来促进经济，您对此怎么看？

海闻： 政府确实希望促进经济增长，因为第一季度增长率只有7%，比去年全年的7.4%还要低。下行的趋势会不会继续下去？会不会变成6.5%？这是一个值得担心的事情。具体到一些地区和一些产业，情况就比较糟糕了。

某些领域和某些地区，包括东北、华北，现在问题比较严重的，都是传统的制造业。目前国家已经在着力干预经济过于糟糕的局部地区。

解决经济下行的问题有两个途径：一个是短期；另一个是长期。短期治标，长期治本。短期通过货币政策和财政政策刺激总需求，尤其对一些下滑比较厉害的地区和产业进行"定向调控"。长期则是通过加快产业结构的调整来形成新的增长动力，包括服务业的发展和制造业的转型升级，"互联网+"和"中国制造2025"都是提升制造业的战略措施。

记者："中国制造2025"的一个重要内容是发展机器人产业，有人认为"机器换人"的主要目标，就是解决中国人口红利消失情况下劳动力短缺的问题，你怎么看？

海闻：机器取代人工的首要目标是促进产品质量标准化——千万不要将"替代劳动力"作为主要目标。

如果政府或企业以这个为目标，将来会导致大量的失业。如果服务业发展不够快，一部分工人又没有得到很好的教育与培训，适应不了对从业者要求不断上升的服务业，而机器取代人工，那么工人将来去哪里就业？

另外，中国的劳动力还没有到真正短缺的时候，还有将近30%的剩余劳动力在农村没有释放出来。

没有一个发达国家的农民比例是超过5%的，而我们目前的农业人口还有将近40%。我们现在农业产值占GDP的比重只有10%了，40%的人口只创造10%的GDP，说明农业中还有剩余劳动力。随着城镇化和农业现代化的深入发展，劳动力会进一步从农村释放出来。

城市现在招不到工人有很多原因。很多农村地区的信息不太畅通，比如东北、西北、西南，许多地区的农民不知道到哪去寻找合适的工作。城市户籍制度和农村的土地制度也阻碍着农民进城。一方面是城市缺人；另一方面则是农村仍然有劳动力闲置。

记者：目前劳动力价格上涨，或者说城市的工资上涨，你认为是什么原因？

海闻：工资上涨，既有短缺的原因，也有政府政策推动的原因。这几年来各地都在不断提高最低工资，自然把工资水平提高了。最低工资的提高，也会推动整体工资的上涨。这当然是社会与政治的需要，但必须意识到，政府规定和不断提高最低工资是双刃剑，工作的人收入增加，同时也会增加失业率。

顺差第一并不重要

记者：有消息称，德国的贸易顺差在 2014 年超过了中国，位居全世界第一，中国会不会很快回到第一的位置？

海闻：中国未来有可能回到世界贸易顺差第一的位置，但也有可能不会。其实这并不重要，将来也不应成为我国追求的目标。

国家发展到一定程度以后，收入提高了，产品进口也会越来越多，顺差减少也很正常。单纯追求顺差不一定是好事，因为一国可能是通过保护主义来保持顺差，但这对国家的长期发展和国民的生活质量来说不是一件好事。

不过，一国产品的国际竞争力仍然非常重要，制造业转型升级后，我们的出口竞争力也会变强。在贸易上，如果每年保持 10% 左右的进出口的平衡稳定增长就比较合适。

是时候割舍"创始人情结"了

记者：为何企业必须有规模？

海闻：生产更高质量的产品并形成品牌，不仅要求企业投入更多资金用于科研，购买更加精密的仪器用于生产，还要进行更专业的品牌管理。

以人们熟知的马桶盖为例。普通马桶盖的生产商可能只需要拥有几台机器，而生产目前广受欢迎的健康又舒适的马桶盖，生产商就需要组建科研团队研发新产品，并通过反复实验来保证质量，同时需要购置精密机器来替代原来的简单机器，这都需要投入。因此，企业的固定投入规模和整体成本都大大增加了，这样的投入和成本不是没有一定规模的中小企业能够负担的，只有具有一定生产规模的企业才能通过大量的产品来分摊和降低这些固定成本。

记者：对于中小企业来说，获得规模的途径有几种？

海闻：传统的途径是"靠自身慢慢积累"，但是竞争日益激烈的市场上，这种方式已经跟不上发展了。所以，更好的途径是通过资本市场来进行融资，或者通过竞争和谈判来兼并同类企业。在目前的资本市场条件下，兼并重组可能是扩大企业规模更合适的方式。

仍然以马桶盖为例。如果本来有十家做马桶盖的企业，但每一家都很小，则谁也无法做出好的马桶盖，现在集中起来成为一家，共同在科研上投入5亿元。即使生产马桶盖的数量仍然与原来的十个小厂相同，但质量就好多了，而且科研成本分摊在原来十个厂生产的数量上，也就不会太高了。

但如果十个小厂每一家都各自融资投入研发，则每家都投入5亿元，比原来高得太多。高昂的固定成本，需要生产大量的产品来分摊。而在小企业各自为政的极端情况下，每个厂的产量不可能很多，每个马桶盖所分担的研发和生产成本都很高，那将无人能够消费得起。

记者：实际情况是，小企业们兼并不多，兼并没有大规模发生，是否与外部环境有关？

海闻：显然是有关的。目前发达国家的制造业是大而专的，而我们的制造业却是小而全的。

资本市场还不够发达，而且有地方保护。特别是跨省兼并、跨地区兼并，受这些因素影响更大。地方保护产生和持续存在的重要原因则是税收，因为企业总部在哪里，哪里的地方政府就能获得税收。

记者：兼并对企业主有利，但为何小企业主主动兼并不多见，更常见的却是他们之间的激烈竞争？

海闻：这取决于企业家。企业家与企业一样需要升级，尤其在这一阶段，但企业家的升级甚至可能比企业的升级要更难。

为何国内企业的转型升级如此艰难？这与很多企业主不愿意"把自己的工厂变成人家的一个车间"密切相关。创始人总是不想放手，即使经营不善，不到万不得已，不会愿意放弃自己的企业。这被称为"创始人情结"，是一种普遍的现象。

记者："创始人情结"是否中国独有？如果不是，国外是如何完成这一转变的？

海闻：这并不是中国特有的问题，发达国家早年也曾遇到这一问题。但慢慢地，国外企业大多实行了"职业经理人制度"，"创始人情结"的问题变得少了。

比如，21世纪初惠普和康柏兼并时，惠普家族就不同意。后来，惠普管理层请全体股东投票，结果家族以外的股东票数略高于惠普家族的股东票数，惠普才完成了与康柏的兼并。

"创始人情结"本身，不仅是一个经济问题，而且是一个糅合了文化的问题。短时间内让企业主主动选择兼并的确不太容易，虽然这种可能性仍然存在。从创始人转变为股东，会有一定的心理落差。但在目前的经济形势下，市场给产品低端、产能过剩等处于困境中的企业的选择已不多，要么主动地跟其他公司去商谈兼并重组，要么被动地被他人兼并重组。当然，也有第三种可能：无人兼并，彻底破产。

主动兼并是最好的选择。两家通过协议来重组也有很多例子，比如，两家企业商量合并，做同样的事情，你做董事长我做总经理。美国很多公司都进行了类似的合并，但国内这样的例子还不多。中国的企业大多还处在"创始人"领导的阶段，对企业的兼并重组还没有太多的认识。我曾经有两位 EMBA 学生，都是做医药的。每个企业都以生产某一种药品为主，并各自铺设销售网络。两个人都跟我描绘将来的发展前景，都谈怎么在全国发展。我问他们，"你们有没有想过两家合并起来一起在全国发展呢？"他们很惊讶地说"没想过"，两家都设想自己将来做到全国最大，但这是不可能的。这样的企业非常之多，因此我认为，中国现在到了一个兼并重组的时候了，否则很多企业会被淘汰。

规模经济是中国最终的竞争力

记者：国内大企业近几年来的一个倾向，似乎是去做很多的"跨界"产业？

海闻：这是一种用小农经济的思路搞大企业的现象，因为小农经济就是"鸡蛋不放在一个筐里""肥水不流外人田"。认为这个东西自己可以做、能赚钱，为什么让别人做？这类企业不懂得市场经济是一个分工合作的体制，企业应当把自己的部分做好，同时放弃别人做得更好的部分。

制造业是要大而专，而不要追求全。在激烈竞争的全球市场上，能集中精力做好主业就不容易了，精力分散的结果很可能是全面失守。

记者：有人认为，美国在制造业回归后对外需求会大大下降，中国的制造业如果失去了美国这样巨大的市场,会受到非常大的影响,你怎么看?

海闻: 出口不见得会有很大的下跌。美国也不可能完全把它的产业转移回去,另外,我们在美国市场上还有潜在竞争力。关键是我们能不能达到日本、德国这样的制造业水平,同时价格又低于日本和德国。这是有可能的,因为我们有规模经济。

记者: 所以最终的竞争力是来源于规模经济?

海闻: 对,这是国际贸易里面的一个理论。大家都进入工业社会了,在劳动力都很贵的情况下,一国能够出口什么产品就取决于这种产品的生产能不能达到一定规模。规模越大,单位产品的成本会更低,在国际贸易中更有竞争力。

但中国企业现在的规模还不够,就需要通过资本市场融资发展或进行行业内的兼并重组,这是中国工业产业升级的一个关键步骤。

记者: 你建议的大规模兼并,容易让人联想到巨型国企,你是否建议由国有资本主导并购呢?

海闻: 不是要国企去主导兼并,这种兼并应该是市场行为,应该由民营企业自发自愿地进行兼并和重组,由市场决定企业的转型或破产。

在规模经济方面,我们可以赢过日本和德国。日本有三家大型汽车企业,如果将来中国汽车产业也是三家巨头,那么每一家就都可以做得比日本的大,因为中国的市场要比日本和德国的大。

市场细分和专注产业链的某个部分也可获得"规模经济"

记者: 你的"规模化"观点,与德国式的市场极致细分、企业"小而美"思路,是否有冲突?

海闻: 这是另一种"兼并重组"路径。小企业可以通过兼并重组的方式,从多元化生产或整个产品的生产转变为某个零部件的专业化大规模生产,企业的产权还是各自拥有,但分工明确,各自生产产业链的一个细分部分。这也是规模经济的一种,每个企业把所有的精力集中起来做好一个部分,而不是整个产品。

记者: 兼并和企业升级似乎都需要很多的时间,你认为我们很快可以追上德国和日本吗？

海闻：我不认为我们可以很快赶上，这会是一个渐进的过程，130家汽车厂商慢慢合并为100家，然后再继续整合，这需要很多年。当然在未来10年内要赶上德国和日本也不太可能，但是我们至少可以缩小差距。

不能马上赶上德国和日本，并不意味着我们不需要加倍努力。不进则退，只有认清方向努力追赶，才能不断缩小差距。当然真正要做到像德国、日本这样的制造业，最起码也要二三十年。

记者：如果追赶不上是否就意味着中国的制造业失败了？

海闻：某个企业可能失败，某个行业的发展也可能不成功，但中国作为一个国家，制造业整体的发展不可能失败。制造业是差异化的产业，产品无穷无尽，没有一个国家的资源能够供应全世界所有的制造品。比如说，将来如果美国、日本、德国在豪华车领域做得非常好，中国也可以在中档车做得比它们更好。或是说，美日德在某一类豪华车做得比较好，中国可能在另一类豪华车也做得很好。总之，只要中国的制造业企业不断创新，不断发挥规模经济的优势，一定能够在某些领域里甚至在很多行业里成为世界领先。

中国经济会持续下行吗[①]

（2015年12月）

今天谈中国经济，主要讲四个方面的内容：一是当前的宏观经济状况；二是此次宏观经济下行的一般原因；三是这个阶段中国经济增长放缓的特殊原因；四是中国经济会不会继续下行。

当前宏观经济状况

大家对宏观经济比较关心，因为自2010年以来，中国GDP增速持续下滑，2010年是10.6%，到2011年变成9.5%，到2012年为7.7%，2013年也是7.7%，2014年下滑到7.4%。今年前两个季度是7.0%，到第三季度变成6.9%。长达5年时间的下滑且连续4年经济增长率低于8%，这是中国改革开放三十年来所没有过的。

大家对目前的宏观经济比较担心，因为现在的经济形势比国际金融危机后的2009年更加严峻。对比2007年GDP 13.9%的增长率，现在几乎掉了一半。即使6.9%，也有经济学家说高估了，理由是东北、华北等地区经济很不景气，大量企业开工不足或停业倒闭，增长率可能连4%都没有。还有一个理由是目前的用煤量、用电量、运输量等都非常低，说明经济活动少。

那么，中国目前的GDP是否被高估了呢？或者说，中国现实的经济状况

[①] 本文根据在深圳举行的"第二届大梅沙中国创新论坛"上的主题演讲录音整理。

是否比数据显示的还要糟糕呢？我认为不一定。因为当一国经济以制造业为主时，用煤量、用电量、运输量等通常是很重要的指标，但经济逐渐转向以服务业为主时，这些指标就不一定能够用来判断经济运行的状况了。从这个角度来说，用能源消耗的情况作为证明中国 GDP 被高估了的依据不是很充分。

相反，在某种情况下讲，现在的 GDP 还有可能是被低估的。现在出现了很多新兴产业，在 GDP 统计中还来不及涵盖，比如滴滴打车、互联网购物。这些都是这几年迅速发展起来的服务业，不知在统计方面有没有及时包括进去？在这个意义上讲，GDP 的增长率也有可能是被低估了。但不管怎么说，6.9% 的增长率应该讲已经是比较低了。

此次宏观经济下行的一般原因

当前出现的经济下行是改革开放以来持续时间比较长的一次，主要原因是什么？

第一，经济总量扩大以后增速早晚会放慢的。1978 年，中国 GDP 总量 3 600 多亿元，增长 10% 也就增加了 360 多亿元；2014 年 GDP 总量是 64 万亿元，如果增加 10% 是 6.4 万亿元，相当于 1978 年全年 GDP 的将近 18 倍，当然还有通货膨胀的因素。因此，随着经济总量的不断扩大，要保持高速增长越来越难了。这是所有国家早晚会遇到的问题。中国虽然处在经济起飞的过程中，但是随着经济总量的提高，增速肯定会越来越慢。这一点，大家都意识到了。为什么提出经济新常态？就是要大家以新常态来理解经济增速放慢，随着中国经济总量的增加，增速放慢是一个早晚的事。

第二，中国劳动力和土地资源成本正在不断上升。尤其是近年来资金大量投入房地产，造成大都市土地成本迅速上升。各地的最低工资在不断上涨，劳动力成本上升也很快。不过，对于劳动力成本快速上升的原因，还是有不同看法。不少人认为中国的人口红利已经没了，到了"刘易斯拐点"，出现劳动力短缺。我不完全同意。中国劳动力成本上升较快有其特殊原因，主要有两个：

一是城镇化受到制度阻碍。很多农村过剩劳动力没有被真正释放出来。随着经济发展，农业比重下降，农业劳动力也应减少。世界上发达国家的农业比重都很低，相应地，没有一个发达国家的农民超过5%。目前，中国农业产值已经下降到9%，但至少还有40%的人口生活在农村，多数在从事农业劳动。在这个意义上讲，农村的劳动力跟产值比重是不匹配的。农业的过剩劳动力还是存在的，劳动力流动的渠道不畅，很多过剩的劳动力没有被释放出来。这些过剩劳动力怎么释放出来？这就需要破除制度障碍。

二是政府对劳动力市场的过多干预。不断提高工人最低工资和超前的劳动法，这也是劳动力成本提升的原因之一。其实，工资的水平应该由市场决定。现在各个地方政府相互攀比提高最低工资，这对企业发展不利，对保持一定的竞争力不利。当然，最终对劳动力的充分就业也是不利的。劳动力成本的上升，造成出口成本上升，国际竞争力下降，经济增长速度放慢。原来很多传统产业在中国，现在很多转移到了越南等劳动力成本更低的国家去了。以前美国商店里面卖的纺织品虽然打着别的国家的牌子，但很清楚是中国制造的。当时纺织品有配额，中国配额不够用，就用其他国家的配额。后来配额取消了，纺织品是这些国家实实在在生产的。现在，美国商店里中国制造的纺织品已大大减少。这不是因为中国生产能力不行，而是生产的成本越来越高，当然也包括人民币不断升值的因素。

第三，周期性经济衰退。任何一个国家的经济都不可能永远处在高峰，只要搞市场经济，周期性的衰退是必然会出现的。改革开放以来，中国已经经历过很多次的轻微衰退，比如20世纪80年代初GDP增速也下行过，90年代初也下行过一段时间，最低的时候只有4%左右。到1997年东南亚金融危机以后，中国又进入了一段周期性的经济增长放缓，也持续了四五年，当时称之为"通货紧缩"。基本上每十年左右需要有一段时间消化过剩的产能，这是市场经济的必然规律。马克思早就讲过，市场经济一定有周期性的"危机"。这次下行应该归结为2008年国际金融危机引发的经济衰退的延续。由于2008年国际金融危机造成了恐慌，媒体报道使用了各种震撼的词语，比如"金融海啸"等。2009年第一季度中国GDP增速只有6.1%，因此政府出台了非常强的宏观刺激计划，使得一些过剩产能不但没有削减和调整，还通过房地产泡沫增加了。美国经济正好相反，美国在国际金融危机以后没有实行强刺激政策，而是依靠市场逐渐恢复，虽然没有像中国那样迅速回升，但经过六七年的缓慢增长，现在

081

开始复苏了，GDP 增长开始回到百分之三四的状况。2009 年出台的强刺激政策推迟了中国的周期性衰退，从某种意义上说，目前的经济下行是 2009 年经济衰退的继续。

第四，中国到了中等收入阶段，面临产业结构调整的问题。什么叫中等收入陷阱？中国会不会掉入中等收入陷阱？中等收入陷阱是指当一个国家的人均收入达到中等水平后，缺乏经济增长动力，既无法在工资方面与低收入国家竞争，又无法在尖端技术研发方面与富裕国家竞争，最终出现经济停滞的一种状态。而陷入中等收入陷阱的直接原因是产业结构没有及时调整。人们的收入达到一定水平后，需求发生了很大变化，旧的产业已经基本达到饱和，而新的产业没有能够及时跟上，这时不仅缺乏新的增长动力，也会出现旧产业工人的失业与贫困。这是一个"坎"。这个"坎"南美很多国家都没有顺利跨过。但是，也并不是所有国家都一定会掉入这个陷阱，关键是能不能及时做好产业结构调整。

中国过去是贫穷落后的农业国家，1978 年的农村改革拉动了第一波增长。解决了温饱问题后，产生了普通轻工业产品的市场需求。20 世纪 80 年代拉动经济的是轻工业，包括服装、自行车、手表等产品。下一个阶段，90 年代拉动经济增长的是耐用消费品，以家电为主的产业迅速发展。进入 21 世纪后，拉动经济增长最主要的产业是汽车和住房。这是一个物质需求比较高级的阶段。

在中国过去几十年的增长中，每个阶段都有一个产业转型的过程。从最早的农业到轻工业，从耐用消费品到汽车和住房，就如接力赛一样，接得好，经济发展就比较顺；接得不好，经济增长速度就会放慢。前几个转型，基本上是对物质的需求。从产业能力上讲交接比较简单，转型比较容易。比如最早在装配线上生产衣服、鞋子的工人，要转成生产手机、电视，甚至电脑、汽车等都问题不大，大多还是在装配线上工作，需要的主要是跟物质打交道的劳动技术。

到了中等收入以后的需求是什么？是生活质量，是服务业和高端制造业。从以物质生产为主的产业结构到以提高人们生活质量为主的产业结构转型比较困难，要求比较高。中国经济正在这个"坎"上，所以，经济增长放慢也是一个正常的或者可预见的情况。

经济增长放缓的两个特殊原因

总的来讲,从经济角度来看任何国家到了中等收入阶段,经济增长速度放慢都是有可能的。而对中国来讲有两个特殊原因,而且都是由制度因素造成的。一个是地方政府对经济过度参与导致投资过度和由此产生的严重的产能过剩;另一个是服务业的改革开放滞后,使得这些领域的发展远远不能满足社会的需求。

在市场经济中,政府不会过多参与经济活动。但是,在向市场经济转型的过程中,中国政府尤其是地方政府仍然在经济中起到很大的作用。地方政府积极招商引资的行为在发展初期起了推动经济增长的作用,但是也造成了目前的产能过剩。中国地方政府的经济行为还带有浓烈的政治因素。比如,中央提倡发展金融产业,各地就都开始建设金融中心;中央说要发展汽车工业,各地都上马汽车工业;中央说要发展战略性新兴产业,各地都去搞战略性新兴产业。这种不顾客观条件不考虑供求关系的行为是违背经济规律的,其结果是大量的重复建设和产能过剩。

无论产业如何先进或者如何具有战略性意义,一旦被过度投资,一定会出现产能过剩。比如汽车行业,以美国、日本、韩国为例,多数发达国家一般也仅有三家到四家的大型汽车公司,而中国的汽车企业多达130多家,有27个省、市和自治区都在生产汽车,这怎么可能不出现产能过剩?而且各地的企业还不同程度上得到地方政府的保护,消除这种产能过剩需要用比其他市场经济国家更多的时间。

另外,由于改革滞后,某些需求日益增长的产业没有得到及时的发展。比如,到了一个以服务业为主、以提高生活质量为目标的发展阶段,医疗、文化、体育、休闲、教育等都成为非常重要的产业。美国的医疗与健康产业基本上要达到 GDP 的 20%,但整个制造业也只占 GDP 的 20%。所以,美国的医疗健康产业相当于制造业的产值!文化产业在发达国家也很重要,美国文化产业的比重至少也占到 15%。这些产业是在追求生活质量阶段需要的产业。但是由于种种客观原因,中国的医疗健康、文化体育,甚至教育等产业都没有得到很好的发展。

我认为现在中国人不是没有消费能力，因为中国人现在在海外的购买力非常强，巴黎、纽约、东京高档商店里都是中国游客。所以我说中国不是没有消费能力，而是中国产品的质量和品牌不能满足中国的消费者。生活水平达到一定程度以后，买商品不仅考虑其使用价值，而且也考虑社会价值、心理价值、文化价值等。舒适、美观、有名、新奇等都是人们追求的东西。有些人可能认为这些东西是虚的，但恰恰这些东西是人们在收入达到一定水平以后愿意花钱购买的东西。

谈消费拉动中国经济的问题，关键不是消费能力不足，而是产品和服务的供给有问题。人们想要的东西买不到，人们不想要的东西大量过剩。究其原因，我认为还是中国的制度缺陷使得市场没有很好地发挥其调节资源配置的作用。

中国经济会不会继续下行

中国经济会持续下行吗？短期看我认为有可能。一两年之内有可能持续下行，因为这次经济下行的原因与1998年后的经济不景气不太一样。那时主要是总需求不足，各行各业都不景气，政府使用了货币政策和财政政策刺激总需求，经济就逐渐走出困境。现在的问题不只是总需求不足，还有产业结构的问题。有些产品卖不出去，也有不少商品和服务需求很旺，供不应求。同时，有些地区很不景气，也有一些地区则欣欣向荣，经济增长率超过10%。这是非常特殊的现象，产业和产业不一样，地域的差别也非常大，可以说是冰火两重天。这是结构性的不平衡而不是简单的总需求不足，但这种结构调整却不太容易。一般说来，从一种制造业到另一种制造业的转型相对比较容易一些，因为都是物质生产。但是，从制造业到服务业的转型就非常不容易，因为这是从跟物质打交道转变为跟人打交道。这种转型需要对劳动力进行大量的培训和教育。

包括新加坡、韩国和中国的台湾、香港在内的亚洲四小龙没有掉入中等收入陷阱，而是保持将近四十年经济高速增长，即使在1997年东南亚金融危机前夕，韩国都能有10%左右的增长。这是为什么呢？因为教育跟上了。当时这些国家和地区的教育非常普及。2011年北大代表团去台湾访问，宋楚瑜介绍台湾经验时特别强调教育的作用，目前台湾每个县至少有一到两所大学。当前经济转型的困难在于我们的教育没有跟上。无论是高质量的制造业还是现代服务业，都需要高科技和高素质人才，而中国大陆的大多数企业缺乏科技和人才。因此，中国大陆的产业结构调整需要更多的时间。

悲观的人觉得明年还会继续下行。我认为也不一定，下行与否不仅取决于结构调整得如何，也取决于政府的经济政策。政府的一系列经济政策正在启动，改革也在加快。今年以来已经五次降准降息，也对企业减免某些税收，同时也开始注重"供给侧"的改革和发展。政策从出台到产生效果需要一定的时间。一般来讲，货币政策至少需要一到两个季度才能开始产生效果，我们希望到明年中期或者明年年底这些货币政策能起作用。另外，即使明年继续下行，我认为下行的时间也不会很久了。经济增长永远是波动的，不会一直往下滑。中国经济现在只是交接棒过程中的减速，起飞并没有结束，工业化、城市化和农业现代化还远没有完成，仍有很大的增长潜力和空间。

另一方面，服务业比重在不断增加，已经占到中国经济的半壁江山，而且最近这几年的增长速度比较快。比如2013年服务业的增长速度是8.3%，2014年服务业的增长速度是8%，都超过GDP的增长速度。50%的GDP有超过8%的增长，一定会对整体的GDP增长速度有所贡献。

当前中央倡导"大众创业，万众创新"，不要小看这一举措，虽然一些创新创业可能不成功，但是资金向创新创业的流动实际上起到一个市场挑选行业的作用。这比国家直接投资某些行业或某些企业更加有效。现在，民间金融的投资对中国未来的经济会有很大的推动作用。

城镇化的深入发展和产业结构的全面调整会继续拉动中国经济的增长。毫无疑问，中国增长的动力没有用尽。中国还处在起飞阶段，大概还需要十年、二十年的时间才能够达到发达国家的水平。从长期来看，我对中国经济是很有信心的。长期来看，基础建设包括旧城改造等还有很大空间，人均住房、公路、铁路等与发达国家相比有很大的距离。未来一二十年，还有几亿农村居民要进城，而一个人在城市的消费是在农村消费的三倍左右。城市化会进一步通过增加消费来拉动经济。"一带一路"倡议可以进一步拉动出口。服务业的发展会逐渐成为中国经济增长的主要动力。发达国家的服务业在经济中的比重都超过70%，中国则刚刚达到50%；发达国家的医疗健康行业占GDP的20%左右，中国只有5%；发达国家的文化产业也占GDP的15%到20%，中国还不到4%。这些都是中国产业结构调整后发展的空间。

总的来讲，目前的下行可能还会继续几个季度，甚至一年。但是，我相信下行不会太久了，幅度也不会太大，因为大家都在努力。而且，相信以后服务业的统计数据也会更完善，新兴产业的发展也会被更好地反映出来。

供给侧结构性改革与稳增长并不矛盾[①]

（2016 年 3 月）

中国经济不会出现硬着陆

记者：近期公布的数据显示，2015 年中国 GDP 增速为 6.9%，2016 年经济增速会如何？有观点认为，中国经济面临硬着陆风险，你怎么看？

海闻：似乎不少人认为，目前中国经济状况非常糟糕，不过我认为，中国经济虽然仍在下行，但比较稳定。

中国经济会否硬着陆？对于硬着陆，通常的理解是，经济增速急剧下降，企业大量倒闭，工人失业严重等，这叫硬着陆。硬着陆的发生一般有两方面原因。一方面，硬着陆通常都是由危机导致的。这种危机可能是金融危机或者泡沫破灭，也可能是一个国家或者地区的政治、社会、军事危机。比如，目前俄罗斯所遭受的经济急剧下降，是由于乌克兰问题和由此带来的西方制裁等政治因素导致的。另一方面，硬着陆也是政府政策失效的结果。政府对经济下行无法干预——干预能力不足，或者干预失误，比如俄罗斯政府，它确实没有足够实力去干预经济。

中国目前不存在造成硬着陆的这两方面原因。到目前为止，经济也没有出

---

① 专访北京大学汇丰商学院院长海闻：供给侧改革与稳增长并不矛盾[N]. 时代周报，2016-03-01.

现严重问题。经济虽然已经连续下行五年了，但降速是平稳的，逐渐减弱的。中国政府既具有对经济调控的实力，到目前也没有出现重大失误。之所以没有出台较强的刺激政策，主要是为了尽快完成转型，必要时还是有能力控制的。因此，我认为中国经济不会出现硬着陆。

记者： 有观点认为，中国未来数年的经济增长率会下降到4%，你怎么看？

海闻： 我认为近几年不可能下降到4%。这种预测只是一种统计预测，也就是根据前面几年的数据来推算未来。比如，连续几年同比下降了1%，统计就预测下个年度也会下降1%。但是，经济发展从来不是线性的。这种预测只能作为参考。

实际上，影响经济增速的因素非常多。除了经济规律本身，还有政治因素、社会因素、国际因素等。同样面临经济下滑，短期内经济增长的速度，将部分地取决于政府的目标。如果经济下行影响到了社会稳定，那么政府就会出台更强烈的刺激政策；如果经济下行的状况还能忍受，政府可能会继续强调改革和转型。

我认为，目前中国经济已经处于这次周期的低谷或低谷区间了，也就是说中国经济不会再继续大幅下行了。最迟明年应该可以复苏，可能会回到7%以上。

可以肯定的是，至少五年之内，中国经济增速不会跌到4%。但是五年以后或者十年之后，中国经济总量很大了，起飞基本完成了，经济也很成熟了，GDP增速降到4%是有可能的——美国等发达国家现在的增速都达不到4%。

服务业将成为新的增长动力

记者： 你对中国经济增长的信心从何而来？你认为，中国经济继续增长的动力是什么？

海闻： 从大趋势上看，一个国家最快、最长的经济增长周期就是经济起飞阶段。经济起飞，是一个国家在整个历史中最重要的一个经济增长周期，像人体发育中的青春期一样。所以在青春期还没有结束的时候，经济增长基本动力就仍然存在，经济起飞阶段的主要动力是工业化和城镇化。

第一，工业化。经济起飞首先依靠的是制造业的发展，从低端到高端，然后依靠服务业发展，直到服务业占经济的70%左右，产业结构就基本"发育"完成了。

经济结构是与个人消费结构相匹配的。随着收入的增长，人们用于物质消费的收入比重逐渐下降。在发达国家，用在食品和制造品方面的收入比重，会在百分之二三十，剩下的则都是文化、艺术、教育、体育、医疗、健康、居住、休闲、法律等方面的消费。

我国目前的产业结构还没有完全发展成熟，服务业占经济的比重仍然较低。作为消费者，我们现在仍然缺乏医疗、教育、文化、法律等方面的服务。同时，我国的制造业也在进一步地改良和提升。产业结构调整过程中，仍然会产生经济增长的新动力。

第二，城镇化。工业化过程中，大批的农民进城务工并在城镇安家落户，这一过程中的基础设施建设、住房建设以及城镇新居民带来的消费，都会拉动经济增长。同时，城镇化又会使农业从传统农业向现代农业发展，农业劳动生产率也会提高。中国的城镇化还远未结束，所以起飞阶段的经济增长动力仍在。

记者：有学者称，亚非拉不少新兴经济体，因为急于向服务业转型，导致低效率服务业大量发展，而服务业人均产值增长的低下恰恰成为中等收入陷阱的原因。那么，如何判断正在高速增长的是高端、中端服务业，还是低端服务业？从政府的角度看，应当如何促进服务业的持续增长？

海闻：我国与拉美国家有一个明显区别：它们经历的仅仅是一个国家的发展过程，我国还经历了一个改革过程。我国有很多产业，经历了从原来的计划经济，即政府"管得太多"的经济向市场经济转型。

目前，我国的服务业，特别是高端服务业供给不足，无法满足消费者的需求，比如，老百姓看病难，大城市医院人满为患，教育资源尤其是优质教育资源严重不足。但中国高端服务业短缺不是能力问题，也不是资源问题，而是政策问题，需要改革开放。

所以，中国服务业的发展不需要政府去投资，而需要政策上的放松，尤其是对高端服务业的改革，这点非常重要。政策放开后，很多资源会自发流入高端服务业，带来高端服务业的蓬勃发展。同时，中端和低端的服务业，也会得到相应的发展空间。

记者： 有人认为，需要制造业的继续繁荣才能支撑服务业的持续增长，你怎么看？

海闻： 我不太同意这个观点，恰恰相反，我认为制造业的转型升级和再发展需要依靠服务业。亚洲的一些国家和地区成功地跨越了中等收入陷阱，很大程度上依靠的是服务业的发展。

最重要的是发展教育。教育本身是服务业，但它同时又能够使其他产业顺利转型升级。大量科学技术人才的培养，是服务业发展的一个根本条件。目前，我国大学生占人口比例远远低于发达国家。所以，若想让中国的制造业能够更好地转型升级，恰恰要注重发展教育。

同时，服务业的发展可以提升社会对制造业发展的需求。比如，作为服务业的医疗行业发展了，才会对医疗器械的制造、药品的研发和生产等有更多的需求。

另外，产品的提升，即制造业的附加值很多来自服务业，包括设计、营销、包装等。一件衣服，生产环节属于制造业，生产本身非常简单，但要把这件衣服做出品牌，就是服务业在起作用了。所以，只有服务业，特别是高端服务业发展到一定程度之后，制造业才能得到进一步的提升。

总的来说，从提升供给能力和满足新的需求两方面，服务业都可以带动制造业的发展。目前，我国在高端服务业方面仍然处于供不应求的状态，应该到了一个服务业增长比较快的时期。因此，如果能够加快改革开放，服务业每年增长超过 8% 是没有问题的。

宏观调控更趋精准

记者： 2016 年 1 月份贷款数据显示，1 月人民币贷款增加 2.51 万亿元，同比多增 1.04 万亿元，为历史新高，这被广泛理解为刺激政策、"政府加杠杆"，你如何看待贷款的快速增加？

海闻： 我在 2015 年的确曾经表示过，"要能够接受经济的起伏，不能 GDP

增速低于 7% 就马上出台刺激政策,将来经济的波动是一种常态,要适应这种常态",但在具体的时间点上是否需要采用刺激政策,政府有它的综合考虑。

毫无疑问,中国政府目前在加大刺激力度。政府对于 GDP 增速 6.9% 能不能忍受?应该说,可以忍受,但是现在可能有一些地方不能忍受了,政府就会根据大家的反映进行调整。现在大家呼声大了,政府就要多刺激一下,起到稳定社会的作用。

政府就像医生一样,每天根据病人的病情发展,决定增加药量还是减少药量。原来觉得问题不大,不刺激也不会太严重,但从目前的情况看,尽管去年进行了五次降准降息,经济仍然在下滑,政府发现"用药量"不够,可能得加大"药量"了。

我认为,目前政府希望今年经济降速到达谷底,不再下滑。今年 1 月份央行进行逆回购等操作,规模共 1 万亿元左右,实际上就反映了中央的这种态度。

记者: 此轮的政策与 2009 年的刺激措施有何不同?

海闻: 2009 年的刺激措施,主要是为了恢复大家的信心。当时的问题主要是外部引发的,中国内部的问题也主要是紧缩的货币政策造成的。2008 年发生的是国际金融危机,而中国的金融跟国际金融系统的联系并不紧密。危机虽然看上去很严重,但实际上对中国经济的影响并没有那么大。2009 年年初的主要问题是恐慌,一看全球股市暴跌,都说是"百年不遇",大家都恐慌,本能地收缩,经济下滑就更厉害。

目前的情况与 2009 年有两点不同。第一,国内的经济情况,要比 2009 年更糟糕一些:已经连续五年下滑。第二,目前的经济总量也比 2009 年大多了,同规模的刺激措施,影响力也会相对变小。所以,在影响力方面,1 月份增加的 2.5 万亿元贷款与当年的"4 万亿"元还是不能类比。

记者: 在"稳增长"的思路下,供给侧结构性改革会不会受到影响?刺激政策与供给侧结构性改革之间的关系是什么?

海闻: 供给侧结构性改革应该理解为调整供给的相关改革,供给侧结构性改革不仅仅是消除过剩产能,也包括增加有效供给、降低企业成本等。削减一些低端制造业的过剩产能是必要的,但同时还得提高服务业和高端制造业的产能。

供给侧调整和短期经济增长的目标，有时是需要权衡的。比如，在去产能中，要不要允许中小企业破产？企业大量破产后工人就业怎么办？所以有时这两个目标需要兼顾。

但"稳增长"和"供给侧结构性改革"并不是相互矛盾的两个政策，因为供给侧结构性改革的一个重要方面是发展满足人民群众需求的产业，从而起到推动经济增长的作用。

为什么进行供给侧结构性改革呢？这是因为中国目前既有反周期的问题，又有调结构的问题。造成经济周期性衰退的原因，既有总需求不足，也有总供给不足，而总供给不足的原因之一是企业成本太高。20世纪70年代两次石油危机造成企业成本大大提高，宏观经济出现了"滞胀"。所以20世纪80年代美国政府就采用供给学派的政策，进行减税，增加有效供给，促进了经济增长，同时也降低了通货膨胀。

中国经济目前也存在结构问题，这是微观问题。供给侧结构性改革要对某些产业，其中很多是国家控制的企业，使用具体政策进行调整。比如产能过剩的产业，想办法关停并转；而产能不足的产业，要通过改革和开放来促进发展。

所以，供给侧结构性改革既有微观的产业调整，又有宏观的刺激作用，它与稳增长其实并不矛盾。

记者：刺激政策是否会影响去产能？

海闻：不一定，要看贷款去向，即银行的具体操作。很重要的一点是，银行有没有独立的决策权，是不是真正的商业银行。

政府应当做的是规定银行贷款坏账率不能过高，控制好金融风险。银行本身应该是一个自我控制、追求利润的行业。它觉得这个企业不错，现在缺钱，就投放贷款；觉得这个企业前景不好，就不会再给贷款。

但如果政府干预银行贷款，就麻烦了。主要是地方政府会参与，地方政府有它的积极性，比如招商引资、地方保护，政府一旦干预，过剩行业和低效企业可能又会得到贷款。所以，当货币政策扩张的时候，金融改革一定要进一步落实，给银行更多以市场为基础的自主决策权。

在金融改革配套跟上的情况下，两万亿、三万亿元的刺激，都不会有问题。因此，还是要加快金融改革。

记者： 日前，周小川在接受媒体采访时称，中国2009年、2010年对全球GDP增长的贡献率超过50%，但这个贡献率不是常态，而现在中国对全球GDP增长的贡献率在25%左右，是比较接近常态的。你如何看待周小川这一判断？

海闻： 周小川认为25%"比较接近常态"，但是我认为这仍然是非常态的。将来所谓常态，就是应该跟我国在全球的经济比重相匹配。比如，我国的经济总量在全球占15%，那么我国的贡献率应在15%—20%，这属于常态。

不过，目前我们的贡献率超过我们本身的经济比例也是正常的，因为中国经济还处于上升阶段。

记者： 你认为中国的中高速增长还能保持多少年？

海闻： 我认为中国至少还有10年会属于中高速增长，这也是跨越"中等收入陷阱"的需要。经济增长不是线性的，是在波动中发展的，现在虽然不到7%了，但我相信未来中国GDP的增速一定还会有重回8%的年份。

中国经济"新常态"：
当前经济形势与未来发展①

（2016年6月）

今天，我就中国经济的几点看法与各位交流一下。本次会议的主题是"新常态"，所以我主要讲新常态下的宏观经济。

如何理解"新常态"？

我认为，可以从两个方面理解"新常态"。

一是"新"。"新常态"的"新"是与前三十年比较而言的，涵盖了三个维度。第一个维度是**增长的新速度**，第二个维度是**产业的新结构**，第三个维度是**增长的新动力**。二是"常态"。"常态"也就意味着这并非短期的现象，可能会持续十年、二十年，甚至三十年。

过去几年里中国的经济呈下滑态势，GDP 增长率连续五年低于 8%，这是中国改革开放三十多年来没有出现过的情况。在前总理朱镕基和温家宝的任期内，中国制定的 GDP 增长率目标至少是 8%。1997 年亚洲金融危机爆发后，时任总理朱镕基制定的 GDP 增长率目标是 8%；2008 年全球爆发金融危机后，时任总理温家宝制定的 GDP 增长率目标也是 8%。然而，中国的 GDP 增长率已经

---

① 本文根据在 2016 年 "中国留美经济学年会" 上的主旨演讲整理，原载于《重构：经济新格局与新思维》，收录本书时略有删节。海闻. 重构：经济新格局与新思维[M]. 北京：北京大学出版社，2017.

持续五年低于 8% 了，8% 显然已不再是合理的经济增长目标。2015 年中国的 GDP 增长率只有 6.9%，这是 1991 年以来 GDP 增长率首次低于 7%。2016 年上半年甚至更低，已跌至 6.7%。

经济增速放缓的主要原因

我认为，这一轮中国经济增速放缓不是简单的宏观经济周期问题，而是一些综合因素的叠加。主要有三方面的原因：

第一，经济增速放缓是长期的趋势。长期成本在不断增加，比如中国的劳动力成本和土地资源成本。劳动力成本的增长非常快，甚至超过了 GDP 的增长速度。劳动力成本上升，造成出口成本上升、国际竞争力下降、经济增长速度放缓。同时，土地成本也飞速增长，尤其是近几年来，资金大量投入房地产行业，造成大都市土地成本迅速上升，最终导致经济增长放缓。这就是我想阐述的长期趋势问题。但任何国家的经济在经历过一段时期的高速增长后，迟早都会放缓。随着经济总量的不断扩大，要保持高速增长越来越困难，这是所有国家早晚会遇到的问题，所以无须担心。

第二，经济的周期性波动。中国现在走的是市场经济道路，只要由市场来决定生产资源的配置，宏观经济的周期性波动就不可避免。改革开放以来，中国已经经历过数次经济周期的波动，不仅有国内周期性有效需求不足的原因，也有来自国际的外部冲击。2008 年的国际金融危机引发了新的经济周期性波动，与世界经济日益融合的中国也不可避免地受到了影响。美国政府干预较少，经济下滑得比较早，也比较严重，但经济调整得也比较早，目前已逐渐从衰退中恢复。中国在 2008 年金融危机时出台了较为强烈的刺激政策，导致本该放缓的经济没有及时放缓，现在需要回过头继续应对产能过剩的问题。可以说，目前经济增速放缓是 2008 年开始的周期性波动的延续。

第三，中国的产业结构面临"中等收入陷阱"的挑战。"中等收入陷阱"是指当一个国家的人均收入达到中等水平后，缺乏经济增长动力，既无法在工资方面与低收入国家竞争，又无法在尖端技术研制方面与富裕国家竞争，最终出现经济停滞的一种状态。而陷入"中等收入陷阱"的直接原因是产业结构没有及时调整。

我先来解释一下中国的经济周期。事实上，适应需求的产业结构调整一直是经济增长的主要动力。第一个周期的驱动力是什么？是农业。1978年改革开放时，中国首先要解决的是温饱问题，最重要的需求是对粮食的需求，所以农业的改革和发展拉动了最初的经济增长。第二个周期的驱动力是什么？在人民解决温饱问题后，对自行车、衣服、鞋子等普通轻工业品的需求增大，因此轻工业的发展成为20世纪80年代经济发展的主要驱动力。到了20世纪90年代，当时的需求是什么？是耐用消费品，以家电为主的制造业迅速发展，成为第三个周期的主要驱动力。20世纪末，随着耐用消费品的需求逐渐被满足，中国的经济增速再次放缓，这不仅是由于受亚洲金融危机的冲击，还因为国内经济增长的驱动力发生了变化。那么，耐用消费品之后拉动经济增长的驱动力主要是什么？是汽车和住房等产业。中国没有进行金融改革前，几乎没有私人贷款。人们虽有需求，但也无法获得足够的资金去购车和购房。21世纪以来，中国进行了金融改革，大家可以贷款购房购车了，经济增长又出现了新的高潮。过去十几年里，汽车和住房等产业的发展成为中国经济的新驱动力。

从最早的农业到轻工业，从耐用消费品到汽车和住房，就如接力赛一样，接得好经济发展就比较顺，接得不好经济增速就会放缓。前几个转型基本上源于对物质的需求，从产业能力上讲，交接比较简单，转型也比较容易。

人们的收入达到一定水平后，需求发生了很大变化，旧的产业已经基本达到饱和，而新的产业没有及时跟上。人们达到中等收入水平以后的需求是什么？是追求生活质量，是对健康、文化、教育等服务业和高端产品的需求。对于这些新的需求，产业却一时无法满足，原有的低端制造品出现过剩，于是便出现供需错配的问题。所以，中国的产业结构亟待调整。然而，从以物质生产为主的产业结构到以提高人们生活质量为主的产业结构转型比较困难，要求比较高。中国经济正是遇到了这个"坎"，因此，经济放缓也是一个正常的或者可预见的情况。

中国面临产业结构的问题

从中国的宏观经济数据中可以发现,这次经济增长放缓与传统的经济周期不同,与1998年或2009年的放缓也不同。1998年或2009年时,所有城市、区域和行业的增长均有所下滑。但是,这一次不一样,区域和行业之间的差别很大。就省份的数据而言,中国东北部地区的GDP增速极低,某些地区的GDP增速甚至为负值。但是,重庆的GDP增速竟然超过10%,深圳接近9%,广东、江苏等沿海地区的GDP增速也超过8%。可见,区域间的发展十分不平衡。同时,不同行业间的发展也非常不平衡。GDP在过去三年间整体呈下滑趋势,从7.7%跌至7.4%,再跌到6.9%。具体而言,农业的增速比较稳定地维持在4%左右,制造业的增速继续下滑。然而,服务业2015年的增速实际上高于2014年,从8%升至8.3%,超过GDP的增长速度。同时,批发和零售业的GDP增速达到12%,金融业的GDP增速接近16%。整体而言,服务业目前没有下滑趋势,相反,增长势头强劲。所以,这不是宏观经济的问题,而是产业结构的问题。

中国经济会硬着陆吗?

现在,各国都关心一个问题:中国经济会硬着陆吗?我在参加一些国际会议或研讨会时,发现很多人很担心中国经济会发生硬着陆的情况。樊纲教授给出了一些解释,我的论据跟他有所不同,但我们得出了相似的结论:中国的经济不会硬着陆。与美国及其他发达国家的情况有所不同,中国经济有两个特殊的因素。第一,中国仍然处于经济起飞阶段,经济增长的动力仍很强劲。第二,中国仍处于从计划经济向市场经济过渡的时期,政府仍然有较强的干预能力。

我们必须认识到中国正处于特殊的发展时期。从传统的农耕经济向现代的工业经济转型过程中存在一个特殊时期,是一个国家工业化和城镇化的过程,通常称之为经济"起飞期",也是一国经济发展最关键最重要的时期。多数发达国家在18、19世纪完成经济起飞,东亚和南美洲各国在第二次世界大战以后也纷纷起飞了，从发展中国家转型成为新兴工业国家。中国从20世纪90年代也开始进入这一时期。因此，在谈论中国经济时，不能只是与发达国家或尚未起飞的发展中国家进行横向对比，必须看到中国正处于一个特殊时期。

这一时期要持续多久，取决于工业化和城镇化的完成需要多长时间。经济起飞阶段有两个重要的变化：一是工业化。经济起飞前基本以农业为主，制造业的发展标志着起飞的开始。起飞中期以制造业为主导，而到了后期，服务业则变得至关重要，当服务业成为经济的主要组成部分时，起飞接近尾声。二是城镇化。在经济起飞的初期，多数人口居住在农村，之后人口开始向城镇迁移，出现城镇化进程。在起飞的后期，多数人口将居住在城市。每个经济体都将经历这样一个特殊时期。第二次世界大战后，韩国用了大约四十年的时间，从一个贫穷的经济体转型成为一个工业化经济体。中国从20世纪90年代才开始起飞，刚刚起飞二十多年。当然，起飞期的持续时间不是绝对的，也许中国所需的时间更短。但是，就中国经济的产业结构和城市化水平而言，我们仍然有很长的路要走。世界上发达国家的农业占经济的比重大多很低，没有一个发达国家的农业人口超过5%，而根据统计，农业占中国经济的比重已经低于10%，但仍然有47%的人口生活在农村，至少还有30%的劳动力依旧在农村，大量劳动力需要从农村地区转移至城市地区。

城镇化仍然会是经济增长的引擎，城镇化的深入发展和产业结构的全面调整会继续拉动中国经济的增长。中国还处在起飞阶段，大概还需要一二十年的时间才能完成转型。从长期来看，我对中国经济是很有信心的。中国仍然需要大力投资住房和交通等基础设施，因为数亿农村人口在城市化过程中会涌入城市。从农村人口转为城市人口也会产生巨大的消费需求，也将对经济增长产生巨大的推动力。

此外，中国仍处在从计划经济向市场经济转型的过程中，仍有着强有力的中央政府。中国政府具有对经济进行调控的实力，尤其在经济不景气的时候，能够及时出台刺激经济的财政政策和货币政策，不至于让经济失控而出现严重危机。虽然中国的经济已经连续下行五六年，但降速还算平稳。所以，我认为，目前中国经济不会硬着陆，经济增长放缓只是起飞期出现的波动而已。

经济的新结构

现在,随着经济的发展,物质不再匮乏,人们的需求也发生了改变。过去,许多制造业企业只追求低成本、低价格,但产品质量很差。如今,这些低端制造业已经产能过剩,亟待改变。总而言之,随着收入的上涨,居民的消费会越来越多地用于服务业和高端产品。

从发达国家或地区的产业结构来看,服务业占GDP的比重大多超过70%。但是中国的这一比重较低,近期超过了50%。但与发达国家或地区相比,中国的产业结构仍然有很大的调整空间。随着经济和收入的增长,服务业也越来越重要。服务业的发展,不仅可以促进消费,同时可以增加商品的附加值。消费者,尤其是年轻一代消费者,绝不只是购买商品,他们还关注品牌。中国已经进入了新的消费阶段,消费者的购买力很强。每逢节假日,巴黎、纽约、东京的高档商店里挤满了中国游客,中国游客的海外消费也逐年增长。所以,中国消费者有购买力,但是中国产品的质量和品牌无法满足消费者的购买需求。生活水平达到一定程度以后,人们买商品不仅为了其使用价值,而且也考虑社会价值、心理价值、文化价值等。有些人可能认为这些是虚的,但恰恰这些东西是人们有了一定收入以后所愿意花钱购买的。

中国经济将来的动力是什么?

未来拉动中国经济增长的动力究竟是什么?未来经济增长的动力主要来自四个方面:第一是转型升级的制造业;第二是城镇化拉动的基础工业;第三是改革发展的服务业;第四是"一带一路"开拓的国际新空间。

首先,通过转型升级,以高科技、高质量产品为主的制造业将继续拉动中国经济增长。目前为什么制造业下滑得如此厉害?主要是源于低端同质产品的产能过剩而优质制造品不足。中国的制造业企业规模小、实力弱,缺乏研发能力。通过供给侧结构性改革和企业的优胜劣汰,中国的制造业又会获得新的发展。

中国的制造业不仅要淘汰过剩的产能，更重要的是要通过兼并重组增强企业的实力，提高制造业的创新能力。制造业企业兼并重组的一部分障碍来自地方保护。为什么地方政府如此看重招商引资，鼓励和保护地方企业发展？传统的解释是，因为地方政府的绩效考核及晋升主要看GDP的增速。我认为另一个动机更为现实，那就是税收收入。将2012年美国地方政府与中国地方政府的税收来源进行对比可以看到，美国地方政府的主要税收来源为非生产领域，即销售税和财产税（占44.9%）和其他收入（占37.1%），企业和个人所得税只占18.1%（其中还包括个人所得税）。因此，它们不需要在当地建立如此多的制造业企业并加以保护。但是，中国地方政府的税收仍然有53%来自生产领域，包括企业的增值税、营业税和所得税。因此，税收方面急需改革，否则就无法从根本上解决重复建设和产能过剩的问题，也无法建立真正的市场机制来完成制造业企业的兼并重组和转型升级。

其次，通过改革加快的城镇化进程将继续促进基础工业的增长。人们会问，为什么中国的城镇化进程如此缓慢？中国的城镇化进程落后于工业化进程，并且出现了"农民工"和"留守家属"问题，这是由于中国特有的两个制度：一个是户籍制度，该制度限制了农村人口到城镇自由工作和生活的权利；另一个是农村土地制度，农民享有土地的使用权，但是没有土地的所有权。农民可以使用土地，但不可以出售。于是他们会担心：如果自己离开了，谁来照顾家里的土地？这最终就提高了农民进城的机会成本，阻碍了城镇化的正常进程。由于城镇化进程受到制度及劳动力流动渠道不畅的制约，许多农村剩余劳动力没有被真正地释放出来。中国的城镇化刚完成一半，还有很大的空间。未来一二十年还会有很多农村人口进入城市，城镇化进程将为钢铁、水泥、木材、水电、家用电器等基础工业带来新的需求。

再次，改革发展的服务业将成为未来经济的新增长点。发达的服务业是一个国家高度发展的标志，中国的服务业在经济中的占比远低于世界平均水平。电商渠道设施的完善和建设，将会为中国进一步发展消费服务业提供良好的基础。同时，中国也到了产品品牌建设的阶段。一方面，人们不想再购买品质低廉的产品和服务；另一方面，中国的教育、医疗、文化等产业仍然无法满足人们的需求。总体而言，中国的学生想上好大学还十分困难，越来越多的中国父母让孩子出国留学。当前经济转型的困难之一在于中国的教育没有跟上，而无论高质量的制造业，还是现代服务业，都需要高科技和高素质人才。另一个问题则在于医疗，中国的好医院很少，中国居民也没有家庭医生。为什么会出现这种供需失衡？这是体制问题，所以中国需要改革，改革滞后使得医疗健康、文化体育、教育等需求日益增长的产业没有得到及时的发展。

下面列举一些数据，大家可以看出这些行业的潜力。全球医疗卫生服务业占 GDP 的比重平均为 10%，美国为 17%，日本和英国约为 10%，而中国仅为 5.5%，这与发达国家 10% 的水平相比，意味着未来至少还有 5% 的增长空间。另外，美国的文化产业占 GDP 的比重为 20%—30%，日本为 20%，欧洲国家为 10%—15%，韩国为 15%。中国引进了大量的韩国电影和电视剧，而中国的文化产业仅占 GDP 的 3.8%。这个比例确实有点低，也可能是由于统计口径上的差异，但不管怎么说，中国的文化产业还是比较落后的。因此，中国的文化产业有很大的提升空间。

最后，"一带一路"倡议也将为未来经济增长拓展新的国际发展空间。以前，中国主要关注欧美国家，但是，现在这些国家的投资回报率越来越低，欧美市场基本饱和，需要寻找新的发展洼地。与过去相比，中国廉价劳动力的优势也不复存在，而欧美国家的市场也不如以前有活力。因此，中国政府正在寻求新机会，开始着眼新区域，提出了"一带一路"倡议。这一倡议覆盖 26 个国家，辐射的国家多于 60 个，涉及的人口数量几乎占世界总人口的一半，但 GDP 总量只占世界的四分之一，贸易总量也只占世界贸易总量的四分之一。中国会进一步加深与这些国家与地区的合作，这将为中国创造巨大的发展机遇。

宏观经济形势：
政府政策与未来增长动力[①]

（2016年6月）

我想简单向大家介绍一下中国当前的宏观经济形势，另外解读一下政府的某些政策，最主要的是谈一下中国未来增长的空间和动力。

中国当前的经济状况

我最近去了美国、新加坡、马来西亚等几个国家，国外对中国经济的看法是比较悲观的，有人认为中国经济很可能会硬着陆。确实，从中国当前的宏观经济状况可以看到，GDP连续五年下滑且增长率已经低于7%。2016年第一季度的GDP增长率（6.7%）比2015年全年（6.9%）还要低。可以说这是1991年以来没有过的现象。最近二十年来，中国经历过两次经济衰退：一次是1998年，1997年的东南亚经济危机以后，中国的经济增长遇到了挑战，当时的任务是保8%。另一次是2009年，2008年国际金融危机以后，中国经济又遇到挑战，当时的任务也是保8%。现在根本不敢再提保8%，因为目前GDP增长率可能连7%都不到。

过去一段时间，中国的经济发展是一直往下滑的，生产者价格指数还处在

[①] 本文根据在"2016北京大学汇丰金融论坛暨北京大学汇丰商学院EDP年会"上的主旨演讲整理，原载于《重构：经济新格局与新思维》，收录本书时略有删节。海闻. 重构：经济新格局与新思维[M]. 北京：北京大学出版社，2017.

负增长区间。当前中国经济增长放缓的主要原因是什么？这是大家比较关心的。我认为，当前中国经济增长放缓实际有三个原因：

第一个原因是经济增长的长期趋势。一个国家的经济不可能永远保持10%的高位增长，当前的增长放缓是一个正常现象，这就是我们说的新常态。从高速增长过渡到中高速增长是正常情况。

第二个原因是中国现在面临的宏观经济周期并没有结束。一个国家只要搞市场经济，经济就必然会有波动。1978年以来，全球经济发展经历了几个周期：20世纪80年代初全球有一个经济衰退，90年代初有一个经济周期低谷，21世纪初也有一个低谷。中国也一样，20世纪80年代初有一个增长低谷，90年代初有一个低谷，21世纪初也有一个低谷。2008年国际金融危机的时候，中国照理也应该有一个低谷，但由于当时4万亿元的经济刺激政策，中国的经济很快恢复了。如果当时没有这个刺激政策，中国可能会有一段时间的经济不景气，但可能会有一个较好的经济结构调整。就像一个人，本来过一段时间就要发烧、生病，但是如果没有让病自然发出来，而是强制压下去，那么问题并没有解决。可以说，这次仍然是2009年经济衰退的一个延续。

第三个原因是中国产业结构面临调整。对中国来说，这次的经济衰退又与前两次不同。1998年和2009年，几乎所有的企业都不景气，几乎所有的地区都受到了经济增长放缓的影响。但是这次不一样，这次经济衰退，全国的GDP增长率是6.9%，但是东北地区甚至华北地区的经济增长率，远远低于全国的平均数。这段时间，国家领导人赴东北调研，希望采取措施稳定东北经济。与此同时，华东、中部以及西南地区，经济保持了非常高的增长速度，最高的是重庆，2015年的经济增长率超过10%，沿海省份均超过8%，深圳是8.9%，在深圳根本感受不到经济在发生严重的衰退。如此说来，此次经济衰退不是一个全国性的问题，而是一个区域性的问题。经济增长不平衡的背后反映了什么？反映了产业的不同。

三大产业的增长速度不一样。全国GDP的增长速度在下滑，但是下滑最厉害的是制造业，农业的总体增长在放缓但基本稳定，而服务业的发展远远超过了其他产业。再看细分行业，全国的经济增长率2015年下降到6.9%，但农业的增长率基本稳定在4%左右，制造业下降得比较厉害，服务业虽然也下降，但是仍然保持了8%以上的增长率。

在经济继续下降的时候，2015年的服务业逆势而上，增长率从2014年的8%提高到8.3%；批发和零售业的增长比较明显，增长率从2014年的9.8%提高到2015年的12.1%；金融业的增长速度从2014年的9.7%提高到2015年的15%。所以说，今年中国反映出来的经济衰退，跟前几次的宏观周期不一样，其背后是产业结构的问题。为什么现在会出现产业结构问题？这里面既有经济体制的问题，也有国家进入中等收入时期必须进行产业结构调整，但又未及时调整所引发的问题。

当然，之前的经济衰退也有这个问题。中国经济增长过一段时期就会放缓，因为产业发生了变化，人们的需求发生了变化。比如20世纪70年代初，温饱问题都没有解决。改革开放以来，经济增长速度很快，首先解决的就是温饱问题。当人们解决了基本温饱问题以后，需求就发生了变化，当时的需求主要是自行车、收音机、缝纫机等。所以，中国在1984年进行了改革，对20世纪80年代的产业结构进行了初步调整，确定了一些民营企业如服装厂、自行车厂、收音机厂的发展，带动了经济的增长。到了90年代，这些需求被满足以后，经济发展又有一个放缓的过程。后来通过引进生产线，拉动经济增长，促进产业结构调整，从军工业走向耐用消费品生产。90年代末，需求本身再次发生变化。当时大家有钱，但是钱还不够多，基本的家电需求都满足了，下一步的需求是住房和汽车。可当时的金融机构并不能支持大家去买房子和汽车，再加上东南亚金融危机，经济发展在这种情况下就放缓了。21世纪以来，最主要的拉动经济增长的动力是住房和汽车。

现在又到了需要调整产业结构的时期。这次产业结构调整与之前还不一样，前面几个阶段都是对物质的需求，现在开始是对生活质量的需求。这次产业结构调整的挑战更高。中国不再贫穷、不再短缺，中国需要的是高质量的产品，包括金融、法律、文化、教育、医疗等，还包括制造业方面。所以，中国现在所面临的不仅仅是宏观经济周期放缓，更面临着一个新的结构调整阶段。为什么这次的衰退期比较长？从2009年开始，到现在已经七年了，可能还会延续一段时间。因为这次的结构调整不像之前的阶段，之前只是"感冒"，过一段时间就好了，现在是得了一个比较重的病，需要"动手术"，需要时间恢复。

所以要有思想准备，这次中国经济调整的延续时间，不像之前，3—4年就调整好了，这次可能需要6—8年的时间进行调整。

关于调整时间，有两种不同的观点。一种观点是"L"形趋势，但我认为这不是趋势，"L"形趋势是短期的，不会一直这样下去。另一种观点认为中国经济很危险，可能会硬着陆。什么叫硬着陆？经济出现很大的问题，企业大量破产、工人大量失业，这是所谓的硬着陆。这是悲观学者的评论，特别是国外媒体，对中国经济的评论很悲观，宣扬中国问题很严重。

我认为虽然经济在下滑，但是对中国问题的判断，还必须考虑两个特殊的因素，所以我不会那么悲观。

第一个因素，中国还处在起飞阶段。中国所处的历史阶段与欧美不一样，欧美国家已经完成经济起飞，现在处在高空稳定的状态，而中国正在起飞的过程中，这个过程是需要一定时间才能完成的。从这个角度来说，中国还处在青春期，不管是经济体制，还是增长潜力，仍然存在很多发展空间。

起飞需要一定的时间，需要足够的动力，否则会出问题。动力一定要存在，动力主要来自工业化和城镇化。开始"起飞"时，主要动力是农业，大部分人住在农村，从事农业工作；随后是工业，制造业的发展成为经济增长的重要动力。产业结构的变化，本身就是动力，就像火箭特有的动力系统，一节一节地推动火箭上升。起飞过程中另外一个动力是城镇化，伴随着工业的发展，农民会逐渐进城，这也是一国历史上独一无二的一段时期。在农耕社会，农民是不进城的；发达国家的农民已经不多了，收入不错，也不需要进城了。一个国家从70%左右的农村人口变成只有20%左右的农村人口，这个过程就是城镇化。中国还处在城镇化的过程中，发展动力依然存在。

我们也可以用人的成长周期理论解释。人在成长过程中也有这样的特殊时期，就是青春期。青春期是人长得最快的时候，虽然会得病，但是问题不大，在成长时期，很多小病随着身体的慢慢成熟，会被战胜。这就如同中国现在的情况，在这种情况下，应该相信中国的问题有其特殊性，但中国也有其特殊的潜力。

第二个因素，中国还处在从计划经济向市场经济的转型期。政府的力量还存在，这一点是欧美国家做不到的。20世纪90年代初，海湾战争以后，老布什在美国的声望很高，但是正好遇上经济衰退，他很想稳定经济，提出了一系列政策，比如减税政策、刺激财政政策、宽松货币政策等，但是政府没有实施政策的能力，国会不同意老布什提出的很多措施。在这种情况下，美国政府对经济的控制能力是有限的。但是中国不一样，政府绝对不会让中国的经济出现很大的危机，所以这一点也是应当考虑的因素。总之，看中国经济的问题，不能简单地去跟欧美发达的市场经济国家或者其他没有起飞的国家相比。

中国的政策

面对经济下行，政府通常会采取什么政策？中国现在有什么政策？1929—1933年，全球经济曾经出现过一次非常严重的衰退，即"大萧条"。大萧条从美国纽约股市的狂跌开始，引发了全球长达四年的经济衰退。2008年，全球股市也是大跌，有媒体报道说，这是百年一遇的金融海啸，用了很多严重的词来形容。但是，这一次与1929—1933年的不一样，因为人们在错误中学习和吸取经验教训以后，总会产生一定的纠正方法。就像治病，几十年前，得肺结核或痢疾就能死人，现在不会了，因为有了很多特效药。政府的宏观经济政策就是特效药之一，在经济不景气或出现严重衰退时，政府可以通过增加支出和货币供给来稳定增长，经济学称之为"凯恩斯主义"。1998年和2009年的宏观经济政策，基本上都是用积极的货币政策和财政政策来增加总需求，从而促进经济增长。

从2015年下半年到2016年第一季度，政府积极地使用了包括降准降息在内的货币政策来推动人们的消费和企业的投资。实施宽松货币政策的相关影响是，本国的货币就会相应地贬值。最近人民币持续贬值，人民币对美元的汇率从6.1、6.2到现在的6.7，引起了国际社会的关注。但经济不景气时本币贬值很正常，因为有利于出口。传闻美国要加息，因为美国跟中国相反，美国是病好了，经济要开始爬坡了。美国为了防通货膨胀，就要提高银行的利率；中国要防经济过冷，要升温，所以采取宽松的货币政策。美联储宣称要提高利率，这就会造成人民币的进一步贬值。只要中国经济不景气，美国经济过热，两国不同的货币政策一定会使人民币继续存在对美元的贬值压力。

从总需求角度来看，人民币贬值对中国经济也有刺激作用。货币贬值以后，出口就会上去，因为部分商品相对便宜了。货币政策最近广受争议，前段时间《人民日报》刊载了一位权威人士的文章，在学术界引起很大的争论和关注，这篇文章实际上代表了中央在一段时间里的两种不同的声音。一种声音认为，现在最主要的任务是保增长，所以要用更宽松的货币政策。另一种声音认为，现在不能再增加太多的货币，不能再提高杠杆，而是要调整产业结构。中央经济工作会议以后，基本步调一致了。认为中国目前所面临的不是总需求不足的问题，不是货币不够的问题，而是调结构的问题。

当然，经济继续下滑也不行，特别是东北，经济继续下滑就会导致更多失业。此时，可以让财政政策进一步发挥作用。什么是财政政策？就是政府增加开支，通过民生工程、基础设施建设，以及扶贫等直接投资，创造就业，拉动经济。扶贫实际上是一种财政政策，通过财政的转移支付，让生活水平比较低的人得到更多的收入，增强他们的消费能力，通过他们的消费增加总需求。像深圳这些财政较充裕的地方政府增加在教育、科研等领域的支出，也属于财政政策。

面对这样的经济衰退，传统的方法是通过增加总需求来拉动经济，主要方法是增加货币供给或者增加政府开支。现在的情况是要保证经济增长，但同时要调结构，否则不能解决经济衰退的根本问题。中国现在是在"发烧"，不仅要把"高烧"压下去，最主要的是还要把引起"发烧"的根本问题解决。"发烧"的原因可能是"长了一个肿瘤"，可能要"动手术"。所以，现在不仅仅是维持现状的问题，最重要的是调整结构。

中央现在对于调整结构的态度非常坚决，并要从根本上解决问题。调整结构就是除了刺激总需求，还要调整总供给。主要政策有：第一，减少过剩产能。像钢铁、水泥等行业的生产能力过强，这些产业在中国不是夕阳产业，造成产能过剩的是制度问题。不是没有需求，而是相对于需求，供给更大，这叫产能过剩。第二，对某些行业去杠杆。由于使用杠杆后，有更多的供给，就需要把过多的供给减下来。第三，降低企业的负担，我们称之为降成本。中国与20世纪80年代美国的供给政策不太一样，当时美国也出现过这样的情况，石油危机以后，企业成本很高，一方面通货膨胀，另一方面企业经营困难，即所谓的"滞胀"。美国政府开始还是用凯恩斯的办法去应对滞胀，结果没有解决问题。因为这是供给方面的问题，光靠刺激需求，解决了一个问题却让另一个问题变得更严重。里根上台后大量地给企业和个人减税，降低企业成本，这是20世纪80年代里根实行的供给学派政策。

中国总体需要增加供给，局部需要减少供给，要让企业在不景气的情况下有生产能力。但中国企业的负担比较重，所以要减轻企业负担，降低企业成本。最近的"营改增"就是降成本的一个措施。要发展供不应求的产业，这是补短板。我们如何理解中央一会儿说保增长，一会儿说调整结构？实际上两个目标都要保证。保增长，确保经济不要大幅下滑，但同时要坚定不移地调整结构，"手术"一定要动，再不动，经济衰退的根本问题就解决不了，将来又会出现新的问题。这就是总体思路：一方面要保增长，仍然要用财政政策和货币政策，特别是针对一些经济特别不景气的地区和行业；另一方面，要调整结构，要在总供给方面进行调整，使供给和需求更加平衡。

治理过剩产能的具体措施：一方面，通过关停并转淘汰"僵尸企业"；另一方面通过城镇化增加需求。此外，应控制对过剩产能行业的贷款和投资，对产能短缺的产业放松管制、降低成本、鼓励创新等。

中国经济未来增长的动力

我们不仅看现在，还要看未来。企业家能否成功，最重要是在于有没有眼界，越是不景气的时候，越要看到希望，乐观的心态能不断推动社会的进步。企业家要乐观地去分析将来的潜力。我个人认为以下四个方面是未来推动中国经济增长非常重要的动力。

第一，改革和发展服务业。一个国家发展程度越高，服务业的比重越大。因为服务业与居民消费相关，百姓在吃饱穿暖后，会将更多的钱用在健康、文化、娱乐等消费上。中国人已经开始进入这个阶段。每次从上海出发的游轮都是满的，而且游轮公司是由外国企业经营的，说明它们很早就看到了中国未来的发展机会。我们自己怎么能够更好地看待中国将来的发展机会？

中国服务业产值占GDP的比例现在才刚刚达到50.5%，世界平均水平是

70%左右，美国服务业产值占GDP的比例接近80%。美国的农业很发达，但产值只占GDP的1%，美国的制造业也很发达，包括军事和航空，但是产值只占GDP的20%左右。

服务业对中国经济发展的拉动主要表现在以下几个方面：一是服务业让居民消费更加方便。互联网、电商的发展使得商品的购买和支付更加便利，促进了消费增长。2015年我国的零售业务增长速度超过12%，零售渠道的逐渐完善为中国进一步的消费增长提供了很好的基础。

二是服务业提高产品的附加值。中国的制造业不应仅注重生产，还应注重品牌建设。欧美许多产品价格很高，主要是因为品牌。名牌包为什么那么贵？因为品牌价值高。而品牌的建立主要靠服务业。中国确实到了重视品牌建设的时候了。中国制造业的发展已经能够生产出质量非常高的产品，但由于缺乏品牌而附加值不高。所以现在不只是产品质量问题，更是怎样发展服务业建立自己品牌的问题。

中国服务业的潜力在哪里？以两个行业为例——医疗健康行业和文化产业。美国的医疗健康行业产值占GDP的17%，几乎相当于整个制造业产值（GDP的20%）。这是一个国家经济发达的表现。国家越发达，越重视医疗健康。因为物质生活基本得到满足，可以把大量的钱用在健康上。日本的医疗健康投入约占GDP的10%，英国也是10%左右，世界平均水平在10%左右。中国医疗健康行业的产值目前占GDP的5.5%，说明还有增长空间，距离达到日本的水平至少还有5%的空间。

美国的文化产业产值也占到GDP的20%以上，也相当于制造业的产值。人们的生活水平提高到一定程度后，就会增加对音乐、艺术、电影、体育等文化产品的需求。日本的文化产业的产值占GDP的20%，韩国约为15%。中国的文化产业的产值只占GDP的不到4%。这里可能有一些统计分类上的不同，但总的来说，中国文化产业存在很大的发展空间。

中国的文化产业有两方面的问题：一是体制；二是能力。体制上要给予更大的自由；能力上要有更大的提高。美国有些电影的前瞻性很强。比如《阿凡达》，除了歌颂扬善惩恶的价值观，也是一种科学的引领。前段时间热映的《火星救援》，也可以从电影里看到很多未来的东西。这些文化和艺术，不仅满足人们的需求，同时也在开拓人们的视野，引领国家的科技发展。

第二，城镇化拉动的基础产业。 中国的城镇化刚刚走了一半，还有很长的路。没有一个发达国家的城镇化率是低于90%的，但中国的城镇化率现在只有50%。日本只有2%的居民是农民，韩国的这一比重是5%。首先，城镇化对基础设施的需求很强。中国的高速公路与发达国家相比，还远远不够。我对美国的第一个印象就是，你可以开车到达任何一个地方，很多地方进去以后可能也就是一个小镇，没有多少人，但是高速公路基本上都可以到达。虽然中国的高速公路等交通设施建得也不少，但与发达国家的差距仍较大。城镇化进程中，农民进城以后需要家具、家电等基础设备，这些行业并不是完全的夕阳产业，只是相对过剩而已。其次，新型城镇化带来了对包括环保、节能等产业的需求，还有两亿农民要进城，他们具有很大的消费潜力。

第三，创新和整合的制造业。 制造业的发展首先是技术创新。技术创新既包括应用型创新，也包括基础科学的突破。所以创新不仅仅是企业的事，还包括科研单位。现在企业和科研单位对创新的投入仍然不够。知识产权的保护也不够。除此以外，商业模式创新也非常重要，尤其在移动互联网时代。制造业怎样与互联网结合？怎样与服务业结合？

中国面对的短期宏观问题比较容易解决，但是长期要解决的是产业结构的问题，包括服务业的改革开放和制造业的兼并重组。现在制造业都是"小而全"，这在经济发展的初级阶段是可以的，因为短缺和贫困，人们购买商品以价廉物美为重。到了中等收入阶段，人们需要的是高质量名品牌的制造品，而这样的产品需要大量的研发投入和高级的生产设备。中国很多企业实力不强，却生产很多产品，精力分散，产品质量达不到要求。所以，中国的制造业需要兼并重组。这不仅仅是为了淘汰过剩产能，更重要的是为了提高未来制造业的科研创新能力。制造业企业将来必须加强研发，才能保持高精尖水平，但研发是要有实力的，比如，辉瑞制药每年有100亿美元的科研投入，通用汽车每年有40亿—50亿美元的科研投入。中国的企业将来也都应该有这样的实力。

第四，"一带一路"倡议国际化发展。 中国企业之前的目光主要投向欧洲和北美这两个发达地区，现在这两个地区的市场基本饱和了，发展空间有限。于是，企业就要分析哪里有未来发展的潜力。"一带一路"倡议确实是一个新的市场开发点。"一带一路"倡议辐射的国家超过60个，相关国家的人口约占世界人口的一半，但GDP总量只有世界的四分之一，贸易总量也只有世界的四分之一。如果这些国家的经济总量能够占到世界经济总量一半的话，将会带来极大的发展机遇，这就是"一带一路"倡议的经济增长的潜力。

对中国来说，短期利益是市场开发，长期利益是成为一个世界大国的重要机遇。我们不能完全从经济角度考虑，还要从国际关系角度考虑，要让其他国家分享中国经济增长的成果。这是一个非常重要的高度。中国走出去不仅仅是为了转移过剩的生产能力，也是为了今后作为一个大国崛起的时候有更多的朋友。

尽早开征房产税，大力发展资本市场[①]

（2016年10月）

日前，北京大学汇丰商学院院长海闻教授在主持2016北大金融论坛的间隙接受了本报记者专访。他表示，现时各国经济出现分化，面临各自不同的结构问题，都需要调整经济结构。他认为中国经济已处于"L"形的底部，经济走出低谷要看新兴产业、服务业以及高端制造业的发展。对于楼市调控政策，他建议应尽早开征房产税，并大力发展资本市场，让民间投资者有更多合意的投资渠道。

各国都需调结构

全球经济不景气之下，各国普遍实行负利率，但随着边际效益递减，大量发行货币对经济增长所起的作用有限。对此海闻教授表示，现时全球经济没有明显的好转，但也没有更坏。切实稳定的好转可能需要等待一段时间，或者需要采取除了货币政策以外的其他措施。"有时候经济周期就好像人患感冒，你吃不吃药都需要7天的时间才能恢复，所以可能需要等待一段时间。"他表示，美国经济复苏稍微好一些，加息预期增强，经济处在复苏阶段，而其他国家可能面临各自不同的问题。现在全球各国的经济都面临不同的情况，而不是像以

---

① 李颖.海闻强调大力发展资本市场[N].香港商报，2016-10-31（A7）.

往那样，一不景气了都不景气，一好转了都好起来。从某种意义上讲，这不仅仅牵涉到全球性的宏观经济周期问题，而且涉及每个国家自己的经济结构问题。所以每个国家必须按照自己的节奏来进行调整。

中国经济已见底

海闻指出，中国的问题也不仅仅是一个普通的宏观经济的周期性问题，好的地方有超过10%的增长，差的地方甚至出现负增长。所以这不仅仅是宏观问题，更是一个各地的产业结构问题。

海闻认为，中国经济目前已经处于"L"形的底部，他的判断依据来自今年前三季度经济增速都是6.7%。他指出，看经济不能仅看制造业，也要看新兴产业、服务业以及高端制造业的发展。经济走出底部到底需要多长时间仍未可知，但是经济再坏下去的可能性也不是特别大。

呼吁尽快开征房产税

现时中国民间投资低迷，一方面很多资金找不到合意的投资渠道；另一方面，楼市限购前，资金更纷纷流进房地产而不流到实体经济。海闻表示，一方面，房地产一定要加以限制，要尽早开征房产税，解决空置率高企的问题。他说："最近有报道说，一个地方检察院的职员拥有380套住房。如果开征房产税，他根本不敢拥有这么多房产。所以我认为，除了限购，房产税应尽快出台。"

"我们现在增加房地产供给，不是要盖更多房子，而是要让空置的房地产在市场上流通，让一家人占有好几套房子这种现象得到遏制。很多北方人到海南买房子，一年只去一趟，也造成资源浪费。正是因为拥有房子没有任何成本，所以房产税要征，至少让人们的资本不再一窝蜂投进楼市里。"

进一步开放资本市场

他指出，人们愿不愿投资还取决于我们的产业是否能够转型，包括资本市场是否能够进一步开放。此前资金都蜂拥入房地产，一个重要原因是老百姓没有很好的投资渠道。但采用限购等手段，人们会想方设法躲避这一政策，更核心的办法还是要透过税收制度来防止人们炒房，降低空置率，而杜绝这种现象的最好办法就是开征房产税。这样，空置率就会下降，供给就增加了。

海闻还指出，与此同时要搞好中国的资本市场，增加直接投资。现在很多人找不到很好的投资渠道，股市只能容纳很小的一部分投资，还有很多直接投资找不到去处，要将类似PE（Private Equity，私募股权投资）等直接投融资市场更好地发展出来。

"现在不是老百姓不投资，不是企业缺钱，问题在于企业和老百姓没有足够的信息，好的企业找不到钱，也有很多人的钱找不到去处。因此，一方面要抑制房地产的泡沫，特别是抑制房地产的投机需求；另一方面要更好地开放资本市场，让人们的钱有更多的去处。"海闻表示。

要有针对性地提高持有税、遏制投机炒作[①]

（2016年10月）

"金九银十"中最值得期盼的"楼市黄金周"，在多地密集出台的调控政策中宣告破灭。经济学家、北京大学汇丰商学院院长海闻接受记者专访时表示，调控政策"治标不治本"，抑制投机，要提高房产持有成本，同时大力改革并发展资本市场，让资金有正常的回报渠道。

海闻表示，短期内限购对房价飙升会起到一定程度的遏制作用，同时也会限制部分买房的需求，长期来看并不能解决问题。对低收入老百姓来讲，政府要保证他们有房子住，而不是保证他们一定要拥有房子，政府可以建一定数量的廉租房。

较多的商品房市场购买群体被"赶入"楼市，海闻对此表示，抑制商品房的投机炒作，根本还是要把资金引开，加快资本市场的改革与开放，让资金有正常的回报率。他认为，目前的沪港通、深港通也在给资金提供更多的投资选择，资本市场发达后，资金就不会视房产为主要投资标的；此外，出台房产税，限制大量资金涌入楼市，提高房产持有成本和房产空置成本，让购房者不会轻易去持有过多除自住房以外的房产。

"土地是稀缺要素，面积有限，资金涌入房地产开发，一方面造成楼市整体的供过于求；另一方面炒高房价提高预期，出现'鬼城与抢房齐飞'的现象，

[①] 毛丽娟. 专家建言加持有税遏炒楼[N]. 大公报，2016–10–24.

有些城市过热,有些城市房子却卖不出去,降低了对整个环境和资源的利用效率。"海闻建议,将房产税和永久产权政策同时配套推出,明晰房产的产权、保障房产持有人的权益,但也有针对性地提高持有税,遏制投机炒作。

人民币不会急促贬值

对于近期人民币加入 SDR(Special Drawing Rights,特别提款权)后再次出现的贬值,海闻分析,人民币相对美元贬值有两个原因:一是中国经济处在恢复过程中,实行相对宽松的货币政策;二是美国经济恢复得不错,美元表现得比较坚挺,人民币相对美元自然也就贬值。

"人民币最近贬值幅度稍大,但是贬一段时间后,可能会稳定,或者过段时间回升一点、再贬一点都有可能",海闻强调,"出现较快大幅贬值的可能性不存在。"他预计,两三年内,人民币估计不会升值,但也不会大幅度贬值,贬值太多,对国际和国内经济都会产生较大影响,美国也无法承受。

今年前三季度中国经济增长率为 6.7%。海闻称,宏观经济已在底部运行,明年是否企稳回升,要看很多具体情况,目前处在比较稳定的状况。

他不认为是劳动力减少而导致经济增长放慢,带动经济增长还是要靠全要素生产率的提高。"未来机器取代人,低端产业用人越来越少,一方面劳动生产率会提高,但另一方面,低端产业被机器替代的劳动力可能会找不到工作。"随着农业机械化时代的到来,服务业占比提升,市场对新一代劳动力的素质要求逐渐提高。他建议开放教育资源,降低城市化过程中农民进城后子女就学的门槛,让更多的孩子进入城市上学,接受更好的基础教育。

经济不会硬着陆
人民币难一贬到底[①]

(2016年12月)

转型中的中国经济将走向何方?人民币接连贬值何时到头?供给侧结构性改革是由政府还是市场主导?中国能否跨越中等收入陷阱?日前,就在中央经济工作会议召开之际,一场头脑风暴——2016北京大学汇丰商学院经济论坛暨EDP年会亦在深圳展开。面对记者关心的话题,著名经济学家、北京大学汇丰商学院院长海闻给出了他的分析解读。

短期稳增长,长期调结构

随着增速放缓,中国经济如何转型备受关注。对此,海闻于论坛后接受专访时指出,现时中国经济最主要的问题是经济仍处于下行区间,政府的主要目标就是稳增长。他认为,中国经济下行既有周期性因素,也有结构性因素;在短期稳增长前提下,长期而言要坚持调结构,否则难以跨越中等收入陷阱。

---

① 李颖.经济学家海闻接受本报专访:经济不会硬着陆,人民币难一贬到底[N].香港商报,2016-12-29(A1).

产业结构差异导致经济冷热不均

中国经济增长已连续五年低于 8%，而且 2015 年首次低于 7%，2016 年继续下滑，今年前三季度增速为 6.7%。在海闻看来，中国经济增长放缓有三个原因：第一，中国经济仍处于起飞过程，从初级阶段的高速增长到中级阶段，增速放缓很正常；第二，中国还处于 2008 年以来的宏观经济周期，调整尚未结束；第三，中国面临产业结构调整。

海闻亦指出，现时中国经济不仅存在宏观经济周期问题，还存在深层次的产业结构问题。三大产业中，农业、制造业和服务业的增速不一样，下降最快的是制造业，过去三年增速从 7.8%、7.4% 下降到 6.0%；而服务业增速始终保持在 8% 以上，批发和零售业增速超过 12%，金融业增速超过 15%。

产业结构差异，导致各地经济冷热不一，冰火两重天。为什么深圳经济增长仍然很快？海闻认为，主要因深圳服务业包括金融业发展很快，其他服务业增速亦超过了 9%。比较各地经济，最糟糕的是东北地区，辽宁、吉林、黑龙江去年增速分别是 3.0%、6.5%、5.7%，都低于全国平均水平。今年辽宁甚至可能是负增长（今年前三季度为 –2.2%），河北、山西等也比较惨淡。与 1998 年和 2009 年不同，那两年是总需求不足，全国经济遇冷，而这次经济热的地方如重庆等去年增长率超过 11%，福建、江苏、广东、山东、浙江等沿海省份增速都超过 8%，所以这次经济下行不是全国性的，完全反映了产业结构上的问题。

升级制造业，开放服务业

海闻指出，说到调结构，一要消除过剩产能，二要增加短缺产业有效供给。在消除过剩产能的同时，还须提高企业效率，降低成本。中国企业的成本和负担从全球来讲是比较重的。此外，要不断发展新兴产业，鼓励创新，提升供给。

他强调，要重视服务业改革开放，现时中国服务业占 GDP 比重仅略超 50%，跟发达国家（地区）比差距很大。发达国家医疗产业占 GDP 比重平均是

10%，其中美国为 15% 以上，中国只有 5%；美、日、韩文化产业占 GDP 的 15% 至 20%，中国只有 4% 左右。在这两方面中国均有很大的提升空间。

海闻表示，要促进制造业兼并重组和转型升级，否则没有出路。"中国现在并不缺乏消费能力，而是企业不能提供很多高端的产品，高科技和高质量的制造业仍是短板。因此，企业要加强研发能力，而提高研发能力则需要企业有足够的实力。中国企业需通过兼并重组来形成规模经济，提升高质量产品的研发和生产能力。"

"币策财策"须一齐发力

海闻接受采访时做出明确判断：中国经济不会硬着陆；经济增速不会继续大降，也不会出现工人大量失业、企业大量破产的情况。原因在于：其一，中国还处在青春期和起飞阶段，有很多增长动能；其二，当前仍处于从计划经济向市场经济的转换过程，政府还是强有力的，中央政治局会议多次提到"稳中求进"——换句话讲就是绝不会让经济出现大问题，"中央有这样的调控能力"。

海闻表示，当前政府宏观经济政策短期是稳增长，主要措施是增加总需求，具体采用的是财政政策。"财策"（财政政策）是政府掏钱，但不应再去建工厂、办企业，而是通过民生工程、精准扶贫、基础设施等增加总需求。"这是以财策促经济的重要手段"。

"币策"（货币政策）方面，最主要是通过降准、减息等措施增加货币供给。同时，此举一定会造成人民币贬值。目前，中国经济仍处于下行状况，而美国经济则处于趋热阶段，中国减息而美国加息，人民币对美元贬值实际是一个很自然的结果，不应惊讶。

人民币不会一下贬到位

人民币要贬到多少才是底？海闻认为不会一下子贬到位，而是贬了之后，控制一下，上升一点，稳定一段，然后再贬一下。最终贬到何种程度，取决于中美两国的货币政策。如果中国经济继续不景气，那么人民币还会继续贬值；

如果美国经济持续向好，美元还会升值，不仅对人民币，对所有货币都升值。

海闻表示，面对总需求不足，宏观决策是通过币策、财策使需求增加。可以看到，在财策和币策双重作用下，一方面GDP会稳增长；另一方面通货膨胀亦会轻度回升。2016年第三季度，通货膨胀率已有所上升：9月份PPI（Producer Price Index，生产者物价指数）自2012年3月以来首次由负转正，CPI（Consumer Price Index，居民消费价格指数）同比涨幅亦在扩大。

供给侧结构性改革应由市场主导

海闻特别强调，供给侧结构性改革应由市场而非政府主导。他表示，首先需要弄清楚，供给侧结构性改革是政府从原来的需求管理到现在的供给管理，还是从管理到不管理。这既是理论问题，也是现实问题。

他指出，现在有些人对供给侧结构性改革的理解，变成了政府管理供给，这是有问题的。当前，产能过剩的一个重要原因就是，前段时间供给的增加不是从市场需求出发，而是受各地方政府发展规划的影响。

地方政府不能再搞一哄而起

"比如，中央说要发展汽车工业，于是全国27个省、自治区、直辖市都建了汽车厂，一下出现130多家汽车厂，那么汽车产业当然会出现过剩。前段时间是钢铁、水泥过剩，不久汽车也会有问题。中央说发展金融，所有地方都在搞金融；中央说创新创业，所有地方都搞孵化器。"海闻说道，"当然，我不是说创新创业本身有问题，但这种一哄而起的产业发展，就是产能过剩的主要原因，是政府过多参与经济的结果。现在，如果还要政府去调节和管理供给，很可能又会出现同样的问题。比如说政府现在去产能，各地政府都砍钢铁、砍水泥，很快钢铁和水泥又会变得短缺了。"

海闻指出，"供给侧结构性改革的核心不是简单地调节供给，也不是所谓的供给管理，而应该是供给机制的改革，由市场来决定供给，而不是由政府来决定供给。"

转型方能跨越中等收入陷阱

海闻接着指出，现时中国经济的转型升级，与二十年前所说的转型是不一样的。二十年前的转型是从计划经济转向市场经济，从农业社会转向工业社会；而今天，中国经济进入一个非常特殊的阶段，中国进入了中等收入阶段，产业转型更多是从低端制造业转向高质量的制造业和服务业。"不能及时顺利地完成转型，中国经济就有可能掉入中等收入陷阱"。

所谓中等收入陷阱，是指第二次世界大战之后许多发展中国家在经济起飞达到中等收入阶段后缺乏增长动力，既无法在工资方面与低收入国家竞争，又无法在尖端技术研制方面与富裕国家竞争，最终出现经济停滞的一种状态。"中国现在很接近这一状态，GDP 增长连续五年下降就是一种迹象。"海闻称。

从长期看中国仍有很大的发展空间[①]

（2018年12月）

在刚刚结束的中央经济工作会议上,"稳"依旧是关键词,"六稳"被着重强调,这激发了业内人士论道宏观经济政策走向的热潮。

2018年12月22日,北京大学汇丰商学院院长海闻接受采访时指出,当下中央经济政策也开始转向,从前段时间的稳金融,转变为稳经济。海闻表示,稳金融意在防范金融风险,主要是去杠杆,在宏观经济政策中,是比较紧缩的政策,要控制货币的过度供给。而现在谈稳经济,恰恰相反,意在提供一个比较宽松的货币政策,增加货币供应,刺激经济的增长。而这一细微之差实际上也反映了目前国内的经济状况。

GDP全年增速不超过6.6%

国家统计局数据显示,经初步核算,前三季度GDP按可比价格计算,同比增长6.7%。分季度看,一季度同比增长6.8%,二季度增长6.7%,三季度增长6.5%。

海闻在此基础上推断,今年全年GDP增速不会超过6.6%。

对于经济增长放缓的原因,海闻指出,中国经济不可能永远保持高速增长,如今中国已经进入历史新阶段,即一个很特殊的产业结构转型的阶段——

[①] 杨坪.海闻：从长期看中国仍有很大的发展空间[N].21世纪经济报道,2018-12-23.

中等收入阶段。

而目前国内经济不景气，海闻认为与前段时间的宏观政策有关。

"中国有许多问题需要解决，例如房地产泡沫、金融风险，所以政府要对付一个时期的主要矛盾，而这些主要矛盾通常是相冲突的，例如要对付金融风险、房地产泡沫，必定对经济有所伤害，反过来要刺激经济的时候，很可能又把泡沫继续搞大。"海闻说道。

在他看来，前段时间经济可以接受，所以政府主要应对金融风险，在这种情况下，政策基本是收缩型的，对中国经济的复苏并没有起到积极的作用。同时，中国还面临长期的体制改革问题，**这次的经济下行，很大一部分原因在于改革没有到位，对民营企业产生了不好的影响和舆论导向，这是对国内经济的伤害。**

不过，海闻也指出，政府现在已经看到了问题，希望扭转趋势。

出口增长是暂时的

同时，海闻还表示，目前中国经济发展也受到了国际关系的影响。

但值得注意的是，在贸易摩擦背景下，前三季度的对外出口却显著增长。

统计局数据显示，前三季度，货物进出口总额达 222 839 亿元，同比增长 9.9%，增速比上半年提高 2.1 个百分点。其中，出口达 118 585 亿元，增长 6.5%，提高 1.8 个百分点；进口达 104 254 亿元，增长 14.1%，提高 2.5 个百分点。进出口相抵，顺差为 14 331 亿元，比上年同期收窄 28.3%。前三季度，规模以上工业企业实现出口交货值 89 729 亿元，同比增长 8.1%。

海闻认为，**在中美贸易摩擦压力之下，目前出口较上半年显著增长是暂时的。**

"在关税没有增加之前拼命进口，（这种现象）是在认为贸易战将继续打下去前提下的短期行为，可以理解为，我们知道明年要涨价，于是现在赶紧购买。所以现在短期的出口增加，尤其对美国出口增加是短暂的，意味着要把明年甚至后年进口的东西提前进口，明年甚至后年的出口可能会急剧下降。"海闻说道。

经济增长动力在何方

面对经济增速放缓和国际关系等方面的压力，如何破局成为重中之重。

海闻认为，未来经济增长的动力第一在服务业，结合发达国家产业结构来看，美国服务业占 80%，而中国刚刚过 50%，服务业对经济的拉动不仅在消费，还在产品的附加值。

第二是城镇化。城镇化在中国方兴未艾，它意味着农村人口向城镇移民。目前农业的产值只占 GDP 的 8% 左右，但农业人口仍占总人口的 30% 以上，而没有一个发达国家农业人口占比超过 5%。

第三是创新与整合制造业。制造业目前面临几大挑战：一是技术创新；二是模式创新；三是规模经济与制造业的兼并重组，中国未来的制造业需要大而专。

第四是"一带一路"的全球发展倡议。现在欧美市场很困难，也基本饱和。"一带一路"倡议有发展潜力。"一带一路"辐射国家超过 60 个，占世界人口的一半，但是 GDP 只有世界经济总量的四分之一，说明这是一个洼地，将来可以有更多的机遇。

"中国经济现在面临着挑战，尤其是短期挑战。中央正在调整政策，包括宏观经济政策，从原来的稳金融变成稳经济，所以我们可以看到未来中央的宏观经济政策将有所转向，会促进需求。从长期看，中国仍处于起飞阶段，我们仍然有很大的空间可以发展。"海闻说道。

中国未来经济二十年：机遇和挑战[①]

（2019年1月）

从1978年改革开放，到初步建立社会主义市场经济体制，再到全面深化改革，中国经济逐步实现了从传统经济向现代经济的伟大跨越。改革开放四十多年来，我们从一个贫穷落后的农业大国，一跃成为世界第二大经济体，并向发达国家行列迈进。如今，经济增速放缓是因为我们处在一个特殊时期。我们该如何实现跨越，迈向新的高度？央视财经《中国经济大讲堂》特邀知名经济学家、北京大学原副校长海闻为您深度解读。

如何看待当前的经济指标

当前的中国经济碰到的是改革开放四十多年来比较大的挑战。这和经济周期有关，只要搞市场经济，每过十年左右就会有一个周期和调整，这个是很正常的现象，所有市场经济国家都会出现这种情况。不仅如此，短期的因素还包括2018年中国的经济增长受到了外部条件变化的影响，包括中美之间贸易方面的纠纷等。除了长期的放缓和短期的波动以外，中国现在还有一个特殊原因，那就是正好我们进入了中等收入阶段。

当一个国家的人均GDP发展到了5 000美元左右或者以上时，经济会遇到新挑战，这个挑战在人均GDP只有2 000或3 000美元时不会有，在人均GDP

[①] 本文根据央视财经《中国经济大讲堂》讲座整理。

达到很高水平时，也不会有，所以这是个转折点：人们更看重生活质量。这个阶段的挑战比较大：主要是看供给能否满足人们不断增加的需求。

在进入中等收入阶段以前，人们所关心的是物质生活，在20世纪70年代末，我国改革开放首先解决的是吃饱饭的问题；20世纪80年代，我国主要解决的是穿衣服、戴手表等轻工业的问题；到了20世纪90年代，我国追求的是耐用消费品，也就是满足了自行车等需求之后，人们还需要电视机、冰箱、空调等；这些解决了以后，21世纪以来，人们最主要的需求是汽车和住房，改善居住条件和出行条件。这些基本上是物质方面的需求。而到现在，人们开始追求生活质量，比如清洁的空气、优质的服务，以及健康、文化、教育等方面。

所以产业结构到了需要大转型的阶段。这是我们现在存在的主要问题，也是我们现在提出供给侧结构性改革的原因。人们的需求到了新的阶段，但供给跟不上。比如对教育的需求，不是学校盖了房子就有教育，还需要有优秀的老师，需要科技的发展。对衣服的需求不仅为了保暖，还需要有品牌，需要有时尚感，让人感觉衣服很好看、很独特。人们对健康的需求增长很快，需要有大量的医生、护士，而培养这些医生和护士并不简单，医务人员要跟人打交道，要能够真正判断人的健康，医治人的疾病，这都是很大的挑战。

以前我国也进行过产业转型，比如从生产普通的电视机到生产液晶屏、高清晰度的电视机，但这个生产过程不是一种质的变化，而更多是技术的升级。但现在，一个产业要从满足人们对物质生活的需求，转变为满足人们对生活质量的需求，不仅需要高科技，还要有高素质的人来提供这样的服务，所以这个转型不那么容易。

通过总结全国现在的经济状况可以看到，我国有些省份的GDP增长超过10%，福建、广东、浙江、江苏超过8%，也有一些省份只有2%、3%。分行业来看，农业的增长速度是3.9%—4%，这个很正常，因为这与人们的消费有关；制造业是百分之六点几；而服务业仍然保持8%左右的增长。

所以，每个地区、每个行业都不一样。有些地区刚刚起步，像西藏、贵州等，经济增长非常快，但是有一些地方增长非常慢。

那么，增长快和慢的背后是什么问题？是产业结构的问题。一些仍然以传统产业为主的省份，经济增长就很慢，因为生产出来的产品缺乏市场，人们不再需要这些低端产品了。但有一些地区，比如广东，产业结构是以高科技、高端服务业为主，看不出经济有衰退的迹象。所以，不能用一句话来评论中国经济，说中国经济现在不景气。对中国经济的评价不能像盲人摸象一样，根据一个地区或者一个行业，甚至一个企业的情况简单下结论。

总之，当前中国经济面临的发展过程中的产业转型问题，不是简单的宏观周期问题，不是简单的总需求不足问题，也不是简单的外部环境的问题。这个转型要比以往困难一些，需要更长的时间，需要科技的发展和人才的培养。所以，在当前经济的这种情况下，找到新的增长点，需要一定的时间。

中国经济如何完成"起飞"

中国是一个转型中国家，还处在改革之中，这是中国有别于其他国家的特点。美国经济学家罗斯托描述说，一个国家在历史上有两个大的阶段：一个是传统经济；另一个是现代经济。他把从传统经济到现代经济的转变过程比喻成飞机起飞。一个国家或迟或早都会起飞，但必须具备一定的条件才能起飞。最早起飞的是欧美国家，二战后起飞的主要是东亚和南美。20世纪50年代，韩国和中国的经济非常相似，以农业为主，人均国内生产总值在100多美元。在20世纪60年代以后，韩国等发生了突变。这些国家通过引进外资，搞经济特区，出口贸易拉动。经过20世纪60年代后的四十年的变化，它们都进入了新兴的工业经济，不再是发展中的经济。

中国可以说是从20世纪90年代初开始起飞的。这个阶段有几个特征：一方面，中国工业发展越来越快，大量引进制造业；另一方面，农民开始进城，越来越多的农民到城市里打工落户。这是两个很重要的标志。

在起飞以前，经济的增长速度很慢。起飞开始时有一段时间会有一个很高的经济增长速度，然后又逐渐放慢。人们最早的需求是生存，吃饱饭很重要；然后就要满足物质生活，满足物质生活又是由低端逐渐向高端转化；当物质生活逐渐被满足以后，就要追求生活质量，一国就逐渐进入了一个现代经济或者发达经济的阶段。

经济起飞阶段有两个特征：第一，增长速度很快；第二，结构发生变化。

一个是产业结构的变化，在起飞开始的时候，基本上是以农业为主，然后以制造业为主，最后又变成以服务业为主。到起飞结束的时候，基本上这个国家的服务业要占到百分之六七十，才算进入了现代经济阶段。中国现在服务业占比刚刚超过50%，从这个意义上来讲，我们在产业结构上还有距离，还没有达到起飞完成时所需要的产业结构。另一个是社会结构的变化，在起飞刚开始的时候，大部分人口是住在农村的，然后开始向城里迁移。到了起飞结束的时候，90%以上的人口居住在城镇，不再从事农业生产。

在起飞阶段，经济增长速度会很快。一方面，工业化使得大量过剩的农业劳动力转移到工业，大大提高了劳动生产率，制造业的发展促进了经济的增长。另一方面，城镇化的过程也会促使GDP增长。GDP是用市场价值衡量的商品和服务，在自给自足的农业社会中，由于农民的很多消费是不经过市场的，因此GDP是被低估的。当农民进城后，他们的消费模式也从自给自足转变为通过市场购买，其市场价值被统计进去了，GDP也会增加。另外，社会分工越来越细，GDP也会增加，因为原来由自己承担的部分劳动或者服务，现在由其他专职的人员负责了，这些服务就有了市场价值，也会被统计到GDP中。

因此，大家不用太担心起飞过程中GDP增长太快的问题，超过10%的增长率并不意味着经济过热。我国这个历史阶段GDP增长较快，除经济增长必要的动力外，还有一些额外的、特殊历史阶段所产生的GDP。当然，我们更需要关注的是GDP增长背后的就业机会，我们必须保证有一定的城镇就业机会来吸纳从农村里转移出来的劳动力。

中国是一架大飞机，我们起飞的过程可能需要比别人更长的时间。但更准确地说，中国还不是一架飞机，而是一个机群：有几架飞机（沿海一带）已经飞到了快要接近发达国家了；但是有些飞机才刚刚开始起飞。对于年轻人来讲，中国还是有很多机会的，中国的经济仍然会保持相对较高的增长速度。

中国经济未来增长靠什么

现在，很多人认为中国劳动力成本越来越高，人口红利已经消失了，很多劳动密集型产品已经被别的国家替代了，土地资源、自然资源也越来越少。那么，中国经济未来增长靠什么？

大力发展服务业

第一个重要的增长点是服务业。当人们收入很低的时候，人们日常开销的大概百分之八九十都要放在饮食上面。经济增长以后，吃的总量在增加，但占消费支出的比重在下降。人们开始把更多的钱花在制造品上，但到了一定阶段后，基本物质需求得到基本满足，服务业消费所占的比重就会越来越大。

现在，中国的服务业仍然只有发展潜力。首先从健康医疗行业来看，到了一定程度以后，吃的、穿的、住的都不是问题了，人们最关心的是健康、教育和文化。经济越发达，人们愿意花在健康医疗方面的收入比重越来越大。美国的文化产业占GDP比重比较高，占25%。日本和韩国的比重也比较高。现在虽然我们也不错了，但文化产业占整个经济的比重仍比较低。

服务业为什么会成为中国经济增长的一个新的关注点呢？

服务业本身就是一个产业。GDP里包括物质的和非物质的，服务业大部分提供的是非物质的部分，所以服务业本身是经济的组成部分。服务业发展会推动经济增长，也创造很多就业。同时服务业又帮助人们通过为消费提供更多的便利，进一步拉动经济。一个国家越发达，拉动经济的方式越靠市场，靠消费，而不是靠投资。所以，美国70%左右的GDP来自消费的拉动，中国现在的比重刚刚超过50%。如何通过消费拉动生产呢？服务业起了很大作用。

另外，服务业还会提高各行各业的劳动生产率。比如大数据行业属于服务业，需要人们收集、运用海量数据。大量数据被运用以后，生产效率就被提高了。大数据可以实现更精准的分析，包括在销售、运输等方面，劳动生产率通过大数据的分析和运用后，也会大大提高。

服务业还会增加产品的附加值。产品的附加值不仅是制造业带来的，很大程度上也来自品牌。现在，人们在意的不仅仅是商品的使用价值，还追求它的品牌，追求经济学中专门研究的"炫耀性消费"。所以说，不要认为服务业不创造价值，服务业是增加附加值的很重要的一部分。因此，在中国摆脱了短缺阶段以后，未来服务业对经济的推动会越来越大。

加快实施城镇化

城镇化会继续成为拉动经济增长的动力。城镇化是经济发展过程中的必然趋势，中国现在至少还有 30% 的人口将来要居住在城镇，相当于还有将近 5 亿人将来要生活在城镇。

到 2017 年年底，中国的城镇化率为 58%。城镇化滞后于工业化，需要改革。城镇化的过程中需要大量的基础建设，拉动经济增长。同时，农民进城有两个必然需求：一是工作需求；二是生活需求。这也是拉动经济增长的重要动力。

创新整合制造业

制造业转型升级的方式有二：创新和整合。制造业不仅要在科技上创新，还要在商业模式上创新。比如，文化产业也会带动制造业，美国好莱坞大片里面的很多道具都是在东莞生产的。再比如，人们都有健康的需求，需要有更好的检测仪器、更好的医疗器械等，这也都属于制造业。我们称之为新需求引领的制造业，也是创新引领的制造业。

目前，中国制造业中很多企业的特点是小而全：每个行业都有很多企业，而不少企业又涉及很多行业。比如汽车制造业，美国有三大家，日本有三大家，韩国有三大家，中国则是 130 多家。除了几家大的企业，大多数中国车企的产量都有限，这就需要整合。这种小而全的模式，在经济发展初期没问题，因为市场空间足够大，竞争没那么激烈，即使精力分散涉及很多行业，企业照样能够盈利。但到了经济发达的时候，产品质量要求越来越高，经济全球化则使得市场竞争也越来越激烈，稍微差一点就会被淘汰。所以，在全球化的背景下，制造业企业必须专注且有一定的规模，原因有二。

第一，专注并有规模才有能力搞研发。国际上一些大公司每年的研发费用高达百亿美元。如果公司小，还在到处投资房地产等，分散资金和精力，怎么可能去跟这些专注研发的企业去竞争呢？

第二，降低成本的需要。未来的十年，到了中国制造业需要兼并重组的时候。美国在 20 世纪 90 年代末为了应对全球化挑战，掀起了一场非常大的兼并重组浪潮。这波兼并重组不是政府主导的，而是企业之间的行为。比如波音和麦道的合并，康柏和惠普的合并，以及银行界大量的合并，上市公司不断重组兼并，以此形成更强的科研能力和市场能力。中国的制造业要想未来能够适应需求，既能创造很好的产品，同时又能降低成本，就要兼并重组整合，去获得更好的效益和规模。

推进"一带一路"建设

"一带一路"倡议既是中国将来发展的空间，也是发展以后的国际社会责任。一个国家也像一个企业一样，到了一定程度后就应承担一定的国际社会责任，只有这样才能够使大家共同地、更好地发展。如果全世界对中国都"羡慕嫉妒恨"，那么就不利于中国进一步的发展。"一带一路"倡议是一个非常好的倡议，因为它的增长潜力非常大。"一带一路"国家人口占世界人口的一半，而 GDP 只有全球 GDP 的四分之一，贸易总量占比大概也只有四分之一，所以相对还比较落后。从另外一个角度来讲，也就意味着还有更大的发展空间。

如何发挥中国经济潜能

深入推进改革开放

改革开放四十多年，中国取得了很大成绩，但也出现了一些问题，如环境污染、贫富差距等。这些问题都是经济增长中很难避免的。如何解决这些问题？是回到过去的不发展、均贫富老路上，还是进一步深化改革来解决这些问题？要从根本上解决这些问题，就需要深入改革。

一是发挥政府的作用。市场经济中，政府除了监管和调控，一个重要的职能是解决市场失灵的问题。环境问题、贫富差距问题、公共设施问题，都属于市场机制无法解决的问题，需要政府通过管制、税收、转移支付等措施来解决。但是，一定不能通过压制企业和弱化市场的方式来解决这些发展中出现的问题。

二是发挥民营企业的作用。中国改革开放之所以能够成功，就在于通过发展民营企业，把人民群众的创造力、积极性调动起来了。民营企业的发展不仅有利于促进经济增长，也有利于创造就业，减少贫困，缩小贫富差距。目前，影响民营企业发展的真正问题不是融资，而是营商环境和市场准入。

所以说，深化改革开放，一个是政府的职能的进一步转换，减少对经济和企业的直接干预，更多地承担起解决市场失灵的责任。另一个是进一步改善民营企业的营商环境，发挥民营企业发展经济和促进社会进步的积极性和创造力。中国取得改革开放的成就，原因之一就是充分发挥了民营企业的作用。现在有一些产业跟不上人民群众的需要，如文化、医疗健康等方面。可以通过体制改革，引导民营企业在这些领域发展以满足人们的需求。总之，未来的十年或二十年，中国经济能否更好地发挥潜能，很大程度上取决于能否进行更大力度的改革。

开放也很重要。开放不仅是为了出口更多的商品和服务，也是为了更好地融入世界，给中国未来的发展创造一个更好的国际环境。一个国家就像一个企业一样，弱小的时候，人们不会有很多的要求，但是当一个企业或一个国家变得富有的时候，人们对这样的企业或国家的要求自然不一样了，希望企业或国家负起一定的社会责任。所以，对外开放不仅是为了目前的经济增长，也是为了更长远的可持续发展。

面向未来培养人才

中国未来的发展需要什么样的人才？

首先，需要创新人才。现在教育体制基本上还是以考试为主，没有激励大家的创造力。另外，文理也没有得到很好的结合。将来的创新不是一个领域的突破，可能是很多领域综合的结果，所以教育要进一步改革。

其次，需要国际人才。中国越来越融入世界，如何能够有更多的国际人才？所谓"国际人才"不仅是学英语，还要懂得别国的历史、文化、政治、经济、法律，甚至宗教。要学会与不同体制不同文化的人打交道，要能积极主动地参与国际事务。

同时，需要有高素质的技术人才。人才是个体系，一个国家不仅要有尖端的科研创新人才，还要有许多能将科研创新应用到产业的技术人才。从另外一个角度看，随着科学技术的不断创新和产业结构的变化，我们必须有一大批能够应用这些新科技和适应新产业的技术人员。

能否培养出这些人才取决于教育事业的改革和发展。在教育方面，除了正常的中小学、大学的学位教育，还要有很好的继续教育机制，让人随时可以回到大学（比如社区大学）上课，以适应新的变化，而不是像现在这样非要通过高考。随着技术的进步，一些人的工作被机器做了，这些人必须学习新技能，否则，技术进步了，人们反而失业了，收入会降低，社会贫富差距反而会扩大。所以，在未来产业发展过程中，不仅要发展人工智能，还要让工人能跟上技术的发展，及时适应新的工作，这是我们在设计未来整体发展时必须提前考虑的。

我们要特别注重农民工子女的教育。20世纪80年代，"亚洲四小龙"经济起飞时，高中普及率在95%以上。而中国现在城市的高中普及率刚刚超过90%，农村还不到40%。如果没有受到最基本的教育，人们就无法适应未来的产业需求。

另外，还要注重婴儿和儿童的教育。人类大脑的早期发育需要外界提供足够的营养和教育，尤其是0到3岁，是大脑发育的关键时期。婴儿早期也需要教育，虽然婴儿不会说话，但从一开始就要给他唱歌、讲故事、陪他玩，这样他的大脑才能及时发育，智商才会提高。世界银行发布的《2019年世界发展报告：工作性质的变革》中专门提到，当工作性质发生变革时社会如何适应，其中最关键是人力资本的培养，要从婴儿抓起。总之，科技要发展，人的培养也一定要跟得上，否则科技进步不能落实，还会产生一系列的社会问题。如果教育问题解决得不好，人才培养也就不能满足中国未来发展的需求。

维护稳定的国际环境

任何一个大国崛起一定会面临国际挑战。有人曾进行研究，历史上16个大国崛起的过程中发生了12次战争。这在逻辑上可以理解，因为大国崛起打破了原有的平衡，所以，我们一直说要和平崛起。

从20世纪90年代开始，中国已经面临国际环境的不利变化，但矛盾与冲突并不严重，主要有两个原因：第一，中国一直在进行市场经济导向的改革，这是非常重要的一个改变。第二，中国于2001年加入了世界贸易组织，并承诺继续按世界贸易组织的原则进行改革和开放。党的十八届三中全会提出"使市场在资源配置中起决定性作用",中国也一再强调"开放的大门只会越开越大"。

当然,中国的发展并不是令所有人都高兴的,我们要通过更加深入的改革与开放来消除国际上的不利因素,积极参与国际事务,遵守国际规则,承担大国义务,与世界各国分享中国改革与发展的成果,不给敌对势力任何借口来阻止中国的发展。其中有很多事情要做,要在国际上树立这样的形象:中国的发展对其他国家都是有利的。同时也要很好地处理各种关系,如果处理得好,这些势力就无法真正阻挡中国崛起。

推进粤港澳大湾区一体化，引领"双循环"发展新格局[①]

（2020年11月）

粤港澳大湾区是连接国内国际两大市场、引领国内双向开放的地方，是综合性国家科学中心的重要承载区域，也是"一带一路"的重要支撑区域。在"双循环"发展新格局的背景下，大湾区如何践行新发展理念，推动更高质量发展，更好地参与"一带一路"的高质量建设？

日前，广东海丝研究院邀请北京大学校务委员会副主任、汇丰商学院院长海闻教授撰文，探讨如何理解"双循环"，以及未来如何实行"双循环"战略，以下为文章内容。

最近比较热门的话题是"双循环"，我想谈谈对"双循环"的理解。首先介绍一下"双循环"政策出台的背景。当前，影响中国经济的主要是三个方面：

一是新冠疫情的暴发，直接影响了中国经济，但这个问题现在不是特别大了。二是最近几年来中美关系的恶化，也影响了中国经济。中美关系的演变当然有一系列原因，有经济利益的冲突，有经济体制的冲突，有国际地位的竞争，有美国国内政治的因素等。三是世界经济的衰退，根据国际货币基金组织的估计，今年全球的经济增长应该是负的。这次疫情实际上又加剧了中美关系

[①] 本文原载于微信公众号"广东海丝研究院"。

的恶化。疫情和中美关系恶化这两方面又进一步推动了世界经济的衰退。保护主义、反全球化，以及各国考虑经济安全的思潮也影响了中国的经济发展。

国际政治和经济形势对中国的贸易投资有很多不利的影响，一些国家把自身的经济问题怪罪于中国经济的崛起，例如一些国家宣传因为中国的制造业发展让这些国家的工人失去了工作机会。中国经济的发展，对美国超级大国的地位提出了挑战。疫情的暴发使得民粹主义和保护主义的理论不断蔓延，对中国的国际贸易和对外投资都产生了一些负面影响。

正是在这样的背景下，中央提出了要加快构建"以国内大循环为主体、国内国际双循环相互促进"的新发展格局。

如何理解中央"双循环"战略部署？

我认为逻辑应该是这样的："双循环"的提出是面对当前国际形势的一个务实的举措，也就是说当国际上遇到一些困难时，我们仍然要积极发展。同时，我们国内也具备了继续拉动经济发展的条件，所以要从这个角度去理解为什么是国内大循环为主。

最近出现一些舆论，似乎一提"以国内大循环为主"就是要完全建立自己的市场体系，回到我们自力更生、自给自足的状态。针对这种倾向，中央一再提出，**以国内大循环为主体不等于要放弃国际经贸合作**。

我们应如何进一步地开展国际合作，来引领和充实"双循环"？

应当清醒地认识到，逆全球化和反全球化的现象只是暂时的和局部的。虽然今年的疫情加速了这种趋势，但全球经济的交流合作是不可能消失的。全球化有一定的经济规律，这个经济规律告诉我们**全球化经济发展的因素继续存在**，包括三个方面。

一是利益的驱动。从经济的角度来说，哪里的资源更便宜，企业就会去利用哪里的资源。资源的全球配置一定会给各国的经济带来好处。所以说，利益仍然是驱动各国合作的一个重要因素。谁能继续坚持这样一种合作，谁就能够得到更大的利益。**二是科技的推动**。科技的推动使国际交流更加便利。不像一百年前，国际交流有很多技术上的障碍，现在数据时代，我们的通信合作非常便利。**三是产业链分工**。现今世界，产业链的分工使得很多产品的制造不可能完全由一个国家来完成。

因此，我们还是要坚定地相信以国际合作为基础的全球化能够使各国互利共赢，而不要因为遇到一些暂时的困难而失去最重要的方向，自己把自己封闭起来。

单纯的国内大循环有没有可能？

我们也做了一些讨论，比如说中美真的脱钩会怎么样？中国与西方国家脱钩的影响是什么？与中国脱钩对美国是损失，对世界是损失，对中国同样也会带来很多问题和严峻挑战。

第一，我们每年向美国和西方出口的大量商品如何解决？如果这些商品被带回自己的市场，或者创造一个新的市场，那么这个市场能不能承接我们这样的制造能力？我们的制造业生产的商品很难完全由本国市场来消化，也没有另外一个可替代的市场能够消化我们的生产能力。

第二，我们的科研能否完全靠自力更生？中国有足够的人才和能力，我们自己能干，但千万不要忘记我们历史上闭关自守的过程。我们是可以生存下来，但是怎么能够让一个国家发展得更好？千万不要忽视过去四十多年改革开放给我们的技术创新所带来的能力和动力。

第三，也不要认为我们国家可以生产所有的消费品。工业品不能仅满足生活的最低需要，在生活水平达到一定高度以后，人民对美好生活的追求使得对商品和服务的需求更加多样化。每个国家的资源和能力都是有限的，没有一个国家能够生产出能够满足人们所有需求的产品。

第四，能否保证原材料或中间产品的多样性和低成本？从生产的角度讲，一国也不可能拥有生产商品所需要的所有原材料。经过四十多年的改革、开放与发展，中国已经具备了很强很全面的制造能力，但在很多关键元件、原材料领域，如芯片、航空发动机、特种矿产等，仍然依赖进口。与美国和西方经济脱钩，势必会影响到中国经济。

所以，当我们讨论"双循环"时，千万不能理解为分裂的两个循环，而应该以国内的循环更进一步去促进国际循环，同时以国际循环提升国内循环的质量。

未来如何实现"双循环"新格局？

面对不利的国际形势，我们一方面要做好依靠国内市场发展的准备；另一方面仍然要坚持对外开放，不能被动地退回封闭状态。坚持国际合作恰恰是发展"双循环"新格局的一个重要方面。

"一带一路"肯定是我们国际合作的一个重要方向，出发点不仅是为了中国经济的发展，也是履行大国责任的一部分。我们还要与所有的国家加强合作，当然也不排除和美国的继续合作。我们不怕事，但同时我们也要发挥智慧来解决中美之间的摩擦。

未来的国际合作中有两个关键词：一是**规则**；二是**共享**。什么叫规则？我们在发展初期，企业会出现一些不合规则的行为。但是发展到了一定程度，企业要有社会责任，国家也要有国际责任。一国越是发展得好，就越要遵守规则，因为其他竞争对手的要求也越来越高。只有在同一个规则下比别人做得更好，别人才无话可说，无理可挑，才能赢得国际的尊重。

规则不仅要遵守，规则还要对等。当我们还很弱小的时候，别人对规则是否对等不是很在乎，但当我们在竞争中越来越占上风时，别人就会强调对等。比如说关税，发达国家的平均关税是3%，我们目前的平均关税是6%。2001年我们加入世界贸易组织时，我们一方面还比较弱，另一方面承诺会继续改革和进一步开放。随着中国经济的发展，欧美国家在贸易上逐渐处于弱势，尤其是美国，三十多年来对华贸易都是逆差。于是，欧美国家便更加关注规则，强调对等。它们的逻辑是，要么中国把关税降下来，否则它们就把关税涨上去。因此，我们应该在下一步的开放中进一步降低贸易和投资的壁垒，在企业和国家层面上，都要越来越强调在对等的规则下进行竞争与合作。

什么是共享？以企业为例，企业发展初期注重的是自己的发展，发展到一定时候，要注重与别人分享发展成果。一个国家和企业一样，开始发展时可能注重的是自身的经济增长，但到了一定时候，就要开始对国际社会承担责任。

中国改革开放四十多年，我们取得了很大的成就，我们也要关注如何和其他国家共同分享中国改革开放的成果。

总而言之，以国内大循环为主并不意味着回到闭关锁国，我们过去的成功得益于改革开放，我们未来的发展也同样离不开全球合作！作为一个历史悠久且负责任的大国，作为人类命运共同体的倡导者和建设者，我们更应该在推动经济全球化、投资和贸易自由化方面发挥中流砥柱作用。粤港澳地区本身是中国改革开放的排头兵，在全球趋于保守、民粹、封闭的环境中，我们更应该高瞻远瞩，勇往直前，成为推动高质量发展的动力。中华民族伟大复兴不应该仅仅是中国的繁荣富强，也应该是对世界进步和发展的推动，也只有世界各国合作共赢和共同发展，中华民族的崛起才能和平和顺利。

消费——新阶段经济增长的最基本动力[①]

（2022年6月）

5月25日至29日，2022新京智库春季峰会在线举行。峰会主题为"应变局开新局，高质量促发展"，共设八场主题论坛，直面当下的挑战与机遇。

北京大学校务委员会副主任（原副校长）、汇丰商学院创院院长海闻教授应邀出席峰会，并担任由15位国内顶级专家学者组成的新京智库专家委员会委员。在"2022·经济之策：大内需 新消费——统一大市场，消费新变局"主题论坛上，海闻教授发表了题为《消费——新阶段经济增长的最基本动力》的主旨演讲。

经济越发达，消费对经济的拉动作用越大

海闻说，从总需求角度来讲，拉动GDP的"三驾马车"分别是投资、消费和净出口。政府的宏观调控对拉动GDP增长也起到了一定的作用。在这"三驾马车"中，消费是经济增长的最终目标和根本目的。GDP的增长是为了让人民有更多的收入，人民收入的增长是为了能够更多地消费，提高生活质量，从而满足人民对美好生活的追求。同样，投资和出口的最终目的，也是为了获得更多的收入，最终都是为了消费。"投资是要生产商品和提供服务，最终也是为了满足消费需求；出口的一个目标是创造就业机会，从而创造收入，使我们

[①] 本文发表于《新京报》客户端，记者王萍。

有更多的钱能够消费，同时我们可以通过出口收取外汇，来进口别的国家的商品和服务，同样也是为了消费。"

海闻认为，虽然投资、消费和净出口对经济增长都有拉动的作用，但在达到中等收入水平的经济中，消费尤其重要，是经济增长的基本动力。在工业革命之前的农耕社会，经济不发达，物资短缺，需要不断提高生产力来生产足够的物资来满足人们生存的需求。因此，在经济不发达的阶段，投资对经济的拉动是主要的。"但工业革命以后，尤其是当一个国家达到中等收入水平以后，也就是在我们称为'当代经济'的状况下，消费不仅是满足物理上的需要。新阶段的社会主要矛盾是人民日益增长的美好生活需要和不平衡不充分的发展之间的矛盾。在这种情况下，投资和生产主要是围绕消费进行的，只有满足消费的投资才是有效的。"

当一个国家达到一定的发达程度，经济增长就主要靠消费拉动。海闻列举了包括美国、英国、法国、德国、日本等工业化较早的国家2020年的统计数据，家庭消费在GDP中所占比重均超过50%，包括政府在内的社会总消费超过70%；韩国等经济起飞的国家，家庭消费占GDP的比重也达到了46%，社会总消费接近65%。"经济越发达，消费在经济中的比重就会越大，也说明消费对经济的拉动作用越大。"

促进消费，要保证"未富人群"的就业和收入

海闻指出，相比之下，中国现在的家庭消费在GDP中所占的比重不到40%，社会总消费只有55%。新阶段如何促进消费？海闻认为，应该从需求和供给两方面来努力。

海闻认为，需求方可以分成"未富人群"和中高等收入人群。其中，经济方面刚刚脱贫的"未富人群"在中国的比例非常大，促进这部分人的消费非常重要。"我们相信这部分人有很大的基本消费需求和未来消费潜力。从经济学的规律看，他们的'边际消费倾向'会比较高。也就是说，在收入比较低的情况下，由于购买力有限，他们还有很多基本的物质需求没有得到满足，这个时候新增的收入中投入消费的比例会比较高。相比之下，收入比较高的人，他们

的基本生活需求得到满足了，这个时候他们新增的收入可能用于储蓄和投资的比例会比较高。所以从这个意义上讲，我们促进消费，一定要关注"未富人群"，关注他们消费能力即可支配收入的提高。"

"促进消费表面上看只是一个消费问题，实际上还是一个收入问题和就业问题。"海闻说，要促进这部分人群的消费，先要保证他们的收入，尤其是税后的可支配收入。从根本上说，促进消费，先要通过各项政策保证"未富人群"的充分就业，从而保证他们的收入。"特别是当经济不景气的时候，政府要通过宏观调控保证经济的增长，最主要的是保证这部分人不会因经济衰退而失业。所以，现在我们谈到当经济需要稳定的时候，很重要的就是要稳定就业，让人民的收入稳定，才能保证消费稳定，才能保证经济稳定。"

当然，减免税收和发放消费补贴等措施，也是通过增加这部分人的可支配收入来促进消费。

除宏观调控稳定经济外，保证就业还要鼓励企业创造更多的就业机会，尤其是要重视民营企业对就业的贡献。"中国的民营企业，提供了超过80%的就业机会。由于他们的就业条件比较灵活，多数岗位门槛比较低，对于"未富人群"来讲，就业的机会比较多。所以，从这个意义上讲，我们一定要促进民营企业的发展。"同时，从长远来看，还要提高这部分人群的教育水平，提升他们就业的能力。

促进消费，要充分发挥市场机制

对于中等以上收入的人群，海闻说，促进这部分人的消费要通过市场机制来了解他们的消费需求，使得生产的商品和提供的服务符合他们的需要。海闻认为，当收入达到一定程度之后，人们的消费需求会发生质的变化。消费已经不只是满足生存的需要，更多的是为了满足自己的兴趣，满足自己对美好生活的追求。

如果说，在贫穷和短缺的时代，生产者还能知道人民群众的基本需求，还可以通过计划经济的方式来进行生产和提供消费品的话，那么对于达到中等收入以上的人群来说，生产者已经无法通过计划经济来满足人民复杂多样的需求了。人们会持币待购，只有当商品和服务能够满足他们需求的时候，他们才会去消费。这也是我们所说的，当收入达到中等以上水平时，经济会从"生产者主权"逐渐转变为"消费者主权"。不再是企业生产什么人们就消费什么，而是企业要根据消费者需求来决定生产什么。要想充分了解消费者需求，就必须充分发挥市场机制。只有通过市场，生产者才能获得消费者最准确最直接的信息，生产出来的商品和服务才能真正被消费。

促进消费，要发展能满足人们需求的生产

"当然，促进消费不仅是需求方的问题，还有供给方的问题。生产者必须提供人们愿意消费的产品。"海闻说，需要建立一个充分和公平竞争的市场体系：这个市场的营商环境要好，企业能够通过这个市场发现大家需要什么样的产品。同时，通过利润的动力和竞争的压力，让企业积极地关注市场，不断改进自己的产品和服务。"一个充分的积极竞争的市场，包括营商环境的改善，不同体制企业的公平竞争，是生产者能够准确了解消费者需求，从而促进消费的重要条件。最近我们也谈到了要建立统一大市场，这对促进消费是非常重要的。这样可以打破地方保护，消除市场分割，使得真正好的产品能够惠及全国，这也是促进消费的重要措施。"

要想更好地满足消费者的需求，还需要推动"供给侧"的改革和发展，尤其是在服务业方面。海闻认为，随着收入的提高和物质生活的满足，人们更多地会在服务业方面消费，比如医疗、健康、教育、文化、艺术、体育等方面。目前，这些方面之所以还不能满足人们的需求，主要是供给不足，而供给不足的主要原因是缺乏改革和发展，没有足够的企业，尤其是民营企业，能够进入这些领域来提供足够多的优质产品和服务。

同时，也可以通过进一步的开放来发展能满足消费的供给。"国内的生产者发现通过进口我们本来没有的产品，满足了消费者的需求，这实际上也是一种非常重要的信号，甚至在某种意义上来讲也是促进中国同类企业发展的重要机遇。"

对于我国未来消费的需求和潜力，海闻认为，医疗健康、文化艺术、优质教育，以及品牌产品的消费这四个方面都非常重要。

在医疗健康方面，海闻认为，当人们的物质生活达到一定水平以后，最终希望的是健康，在满足基本的消费之后，很多人会把剩下的钱放在健康上。除就诊和医药外，医疗健康还包括体检、陪诊、保健、医疗器械等医疗健康产业。海闻举例，从医疗健康占GDP的比重来看，世界平均水平为9%，现在中国只有5.7%。发达国家每千人医生护士数都是超过10的两位数，而我们只有4.7。虽然落后，但也说明存在潜力，"医疗健康服务是将来消费的重要领域。"

同时，文化艺术和优质教育也是将来非常重要的消费领域。海闻说，目前，中国的文化产业占GDP的比重也与日本、韩国等有一定差距。"大家生活水平提高了，物质生活满足了，这个时候人们对非物质生活的需求，比如演艺、娱乐、工艺美术等方面的消费需求就会增加。"在教育方面，名牌大学、一流学院、优质师资等还远远不能满足人们的需求；职业教育、职业培训、继续教育等也将满足人们不断提升自我的需求。"教育既是为了提高劳动生产率，也是一种消费，不要把教育纯粹视为大家找更好的工作的一种手段，到了一定阶段，教育在某种意义上讲也是提高人们生活质量的一种服务。"

海闻说，还有一个重要的消费领域就是对品牌产品的消费。按照世界银行的标准，目前中国已经达到中等收入水平，中国的一些大城市已经进入中高收入阶段。这个时候人们对消费的概念已经进一步发生变化，人们需要的是高质量、高科技的品牌产品，包括很多价格很高的奢侈品。此时人们的消费不是物理需求，不是物美价廉，而是为了美，为了显示自己的特殊性，甚至是某种心理的需求。"所以从这个角度讲，我们要跳出传统的消费概念，要更多地满足现代人对产品和服务的理解，满足现代社会的消费需求。"

"12万亿"够吗？
解读宏观经济政策[①]

（2022年6月）

今天一个学生问我：2008年金融危机，政府用4万亿元恢复了经济。这次政府用12万亿元来刺激经济，够不够？

我的回答：不够！当然，我所说的"不够"并不是指数量不够，而是仅靠货币政策和财政政策来恢复经济，不够。

我之所以这么说，主要是因为两次经济下行的原因是很不同的。造成2008年下半年开始的经济下滑，主要原因是国内宏观政策的偏差和国际金融危机的冲击，或者说是总需求收缩引起的衰退，而造成这次经济下行的因素则复杂得多。

2008年经济不景气的国内原因，主要是2008年上半年治理通货膨胀的措施太猛。从2007年1月到2008年6月，中国人民银行16次调高银行存款准备金率，从9%一直调至17.5%，仅2008年6月份一个月就上调了两次，货币供给急剧下降，引起总需求萎缩。

国外原因，主要是2008年9月发生的国际金融危机，造成中国对外出口下降，从前几年近30%的增长，骤降到2009年第一季度的-19.7%。国内企业恐慌减产，个人收入和消费减少，总需求进一步收缩。因此，政府通过4万亿元的措施，不仅增加了当时需要的货币供给，更重要的是制止了恐慌趋势，恢

[①] 本文原载于微信公众号"北大汇丰智库"。

复了企业信心，总需求增加，到2009年下半年经济基本恢复了。

目前这一次的经济下行，不仅有短期经济波动的原因，也有影响长期增长的经济体制原因；不仅是消费、投资、净出口等总需求不足引起的传统经济衰退，更重要的，供给和预期也出了问题。除"需求收缩"外，还有"供给冲击"和"预期转弱"。

供给冲击，包括外部的和内部的冲击。从外部来看，最近几年的中美冲突对中国的产业链造成很大的负面影响。美国政府不断扩大打压中国科技企业的范围，多部门多批次把中国实体列入清单进行制裁，禁止美国企业合作。拜登上台以来，行动更积极，除继续对中国高科技企业打压外，还企图联合亚洲和欧洲国家，重组国际产业供应链。同时，疫情蔓延、宽松货币、俄乌战争等引发的全球通货膨胀也会最终提高中国企业的生产成本，冲击总供给。

从内部来看，今年以来的疫情扩散和严格管控，出现了封城封区、物流受阻、原件断供、停工停产的情况，也严重影响了国内的供给。4月份，工业生产出现了负增长。其中，长三角地区规模以上工业增加值同比下降14.1%，东北地区规模以上工业增加值下降16.9%。

预期转弱，包括消费预期和投资预期的转弱。这是因为消费和投资能力的下降，同时也反映了居民和企业对未来的信心不足。近年来，除了国际国内经济与贸易状况的恶化，国内民营企业的营商环境以及生存环境也变得更加严峻。不仅融资问题没有在机制上得到有效解决，一些业务也因为没有国资背景而受到影响。在舆论方面，甚至出现将个别企业的问题扩展到对发展民营企业的质疑。由于对未来发展的不确定性预期，当前民营企业普遍缺乏扩大投资的意愿，不少企业出现低价出售资产甚至破产的倾向。此外，经济持续下行，不少行业遭到整顿，就业机会减少，财富和收入减少或增长缓慢，也制约了居民的消费。

总之，中国经济目前面临的不是简单的总需求不足问题，而是包括国际产业链重组、总供给冲击、预期转弱等多方面的挑战。企业投资和个人消费，不仅取决于货币供给的多少和利率的高低，还取决于未来的收益和预期的收入。如果对未来的收益缺乏信心，就会出现"流动性陷阱"，即使再多的货币、再低的利率也不一定能够拉动投资和消费。

因此，要想让中国经济尽快复苏，回到健康发展的轨道，不仅要出台短期有效的货币政策和财政政策，还要防止疫情防控中的形式主义、官僚主义和"泛政治现象"，更要在基本的经济机制上进行调整，理顺宏观政策刺激经济的微观关系，让增加的货币真正流向需要资金发展的民营企业。我们需要重回以市场决定资源配置的改革方向，创造以法治为基础和以公平竞争为原则的营商环境。同时，构建以国际规则为基础和以对等互利为原则的高水平对外开放新格局，尽力维护现有的多边贸易体系，维护外商的信任和信心。只有重塑民众和企业的信心，12万亿元才能真正发挥拉动经济的作用，否则只会带来新的通货膨胀，使经济进入滞胀状况。

党的二十大进一步明确了扩大内需对未来经济增长的重要性[①]

（2022年10月）

党的二十大报告中有关经济发展和扩大内需的表述有哪些新意？为什么必须增强消费对经济发展的基础性作用？就此，北京大学校务委员会副主任、北京大学汇丰商学院创院院长、北京大学原副校长海闻教授接受新京智库专访。

记者：党的二十大报告中提出的有关经济发展和扩大内需的表述，有哪些新意？

海闻：从经济学者的角度来看，党的二十大报告对于经济发展和扩大内需的表述中**新意之一是强调"高质量"**。报告高度强调和重申"高质量发展是全面建设社会主义现代化国家的首要任务"，意味着中国未来发展要从重视"数量"转向提升"质量"，从"规模扩张"转向"结构升级"，从满足"最大"转向追求"最强"。这对各级政府和企业在未来制定发展规划都具有重要的指导作用。

新意之二是提出了"把实施扩大内需战略同深化供给侧结构性改革有机结合起来"。这不仅进一步明确了扩大内需对未来经济增长的重要性，也指出了满足内需的重要保障。经过四十多年的改革开放和发展，中国人民的收入水平和消费水平都达到了一个新的阶段，在基本的物质生活得到满足之后，人民群

[①] 柯锐.海闻：二十大进一步明确了扩大内需对未来经济增长的重要性[N].新京报，2022-10-20.

众对健康、教育、环境、文化，以及高质量的产品和服务的需求不断增加，但我们在这些方面的供给还没跟上。因此，加快和深化供给侧结构性改革以满足人民群众对美好生活的需求非常必要。

新意之三是强调要"着力提高全要素生产率"。全要素生产率是用来衡量除去所有有形生产要素后的生产率。全要素生产率的提高主要来自技术进步、效率改善、规模效应等。**从这个意义上说，中国未来的发展不能仅依赖生产要素的不断投入，更要注重技术进步、制度改革、管理效率提升等在经济发展中的作用。**

记者：实施扩大内需战略同深化供给侧结构性改革有机结合起来，需要怎样做？

海闻：我们先要搞清楚现在和未来的内需是什么。随着中国经济进入中等收入阶段，人民的消费需求也发生了很大的变化。在改革开放初期，对供给的要求并不高，生产出来的商品，基本上能满足人们的需求。那个阶段的主要问题不在供给方面，而在如何提高人们的收入和消费能力方面。

人们的需求随着收入的提高在不断变化，从最初的吃饱穿暖，到耐用消费品，再到汽车住房，人们对生活物资的需求逐渐得到满足后，开始进入一个追求生活质量的新阶段。除对商品的高质量、高科技、高品位的要求外，人们对医疗健康、居住环境、文化教育、交通信息等的需求不断增加，对供给也提出了更高的要求。如果说，当年随便生产一个产品都能卖掉，那么现在如果一个产品不环保，可能免费都没人要。

要满足人民群众对高质量美好生活的需求，中国目前的供给侧就必须进行改革，包括政府方面的和企业方面的。**在政府方面，要构建高水平的社会主义市场经济体制，充分发挥市场在资源配置中的决定性作用，不断创造市场化、法治化、国际化的营商环境。充分发挥企业尤其是民营企业在满足人民需求中的创新主体地位，同时做好反垄断、反不正当竞争、保护知识产权等监管和服务工作。**

在企业方面，要通过机制改革，加强对高质量产品和服务的研发，抓住新一轮科技革命和产业变革机遇，注重推动科技成果向现实生产力转化，推动产业转型升级，提升企业的市场竞争力，提供满足人民群众对美好生活新需求的产品和服务。

记者： 深入实施扩大内需，为何、如何增强消费对经济发展的基础性作用？

海闻： 拉动经济增长的总需求虽然包括投资、消费和净出口，但在经济发展到一定阶段后，消费尤其重要，是经济增长的基本动力。这是因为，当一个国家达到中等收入阶段以后，社会的主要矛盾已经不再是如何满足人们生存的需求，消费也不仅仅是满足物质上的需要。在这种情况下，**推动经济增长的主动力逐渐从投资转向消费，生产主要是围绕消费进行的，只有满足消费的投资才是有效的，只有满足消费的商品和服务才有市场价值**。经济也会逐渐从"生产者主权"转变为"消费者主权"的经济。

这一点，也可以从发达国家的情况来说明。美国、英国、法国、德国、日本等工业化较早的国家目前家庭消费在 GDP 中所占的比重均超过 50%，包括政府在内的社会总消费超过 70%；韩国等战后经济起飞的国家，家庭消费占 GDP 的比重也达到了 46%，社会总消费占比接近 65%。经济越发达，消费在经济中的比重就会越来越大，也说明消费对经济的拉动作用越来越大。

消费在我国经济增长中的作用也越来越重要。尽管今年上半年的净出口增长了 58.8%，投资也增长了 6.1%，但由于疫情等原因，消费降低了 0.7%，结果是，上半年的 GDP 只增长了 2.5%，主要拖累因素就是消费不足。

如何增强消费对经济发展的基础性作用？需要从需求和供给两个方面努力。**需求方要不断提高人们的收入，提升人们的消费能力**。如何提高收入，又取决于如何创造更多的就业机会和企业如何不断改进技术，提高劳动生产率。因此，政府要鼓励企业创造更多的就业机会，尤其要重视民营企业对就业的贡献。

同时，也要合理地做好收入分配工作。通过税收和补贴的机制，为低收入群体提供必要的消费支持。由于低收入人群的消费需求相对更大一些，收入的边际消费倾向也更高一些，对他们的收入补贴也可以更多地促进基础消费。党的二十大报告中也强调了要实施就业优先战略，要完善分配制度，要健全社会保障体系等，这些对于促进消费都是非常必要的。

消费能否很好发展还取决于供给方面的努力，也就是说，取决于企业能否提供人民群众想要的消费品。党的二十大报告中提到的把"把实施扩大内需战略同深化供给侧结构性改革有机结合起来"就是**要发挥供给方面对消费的促进作用**。通过改革和创新，产业结构不断升级，企业生产更多满足现在和未来消费的产品，使得消费真正成为拉动经济增长的基础动力。

二、论国际贸易

我们需要重回以市场决定资源配置的改革方向，创造以法治为基础和以公平竞争为原则的营商环境。同时，构建以国际规则为基础和以对等互利为原则的高水平对外开放新格局，尽力维护现有的多边贸易体系，维护外商的信任和信心。

全球化与千年回合[①]

（1999年7月）

世界贸易组织将于今年年底开始就服务贸易、农产品贸易以及投资等问题举行新的一轮谈判。由于这轮谈判将跨越两个千年，人们亦称之为"千年回合"。

与关税及贸易总协定八轮谈判的世界政治经济背景不同，千年回合是冷战结束、世界贸易组织成立之后举行的。冷战结束后的最大特点是全球经济一体化进程加速，在经济全球化过程中举行的这一轮谈判，不仅反映了全球化的要求，谈判的结果也必将对全球化进程产生深远的影响。

全球化趋势

无可置疑，全球化已是当今时代最基本的生活事实之一，无论从经济、政治、文化、环境哪一个方面来讲，国与国之间的相互影响、相互依存关系都在加强。任何一个国家或民族，无论愿意还是不愿意，都已不能孤立于世界经济和国际社会来寻求生存和发展了。

关于经济全球化的具体含义，可以从三个方面来理解：**首先，全球化是生产的全球化，它意味着各种生产要素——资本、技术和信息甚至劳动力等在全世界范围内日益自由地流动。**这种流动的动因是各个国家的厂商追求利润最

[①] 海闻. 全球化与千年回合 [J]. 国际贸易, 1999(07):17–19. DOI:10.14114/j.cnki.itrade.1999.07.004.

大化。厂商总是希望能在一个更大的范围里选择自己最适宜的生产技术和生产方式，在最适宜的地方组织生产，从而尽可能地降低成本，取得有利的竞争地位。毫无疑问，能在全世界进行选择当然是最好的，无数个厂商这样做的结果必然是资源在全球范围内的流动和配置。**其次，全球化也是消费的全球化**。不论哪一个国家的消费者，都希望能以最小的代价获得最好的商品和服务。如果可能的话，消费者亦希望在全球范围内进行选择，选择的范围越大，用同样价格购买到的商品和服务的质量就越高，消费的品种也就越多。这种需求也会促进世界贸易的不断增长和消费选择的全球化。**最后，全球化还意味着某种全球规则的确立**。在一个相互依存程度不断加深的世界里，竞争与合作都是不可避免的。日趋激烈的国际竞争必然促使各个国家的厂商和政府努力寻求某种共同接受的规则。规则的确立意味着秩序和稳定，意味着对其他行为主体的行动进行合理的预期，以减少不确定性，降低交易成本，从而扩大经济活动的深度和广度，增大可能的收益。

　　从理论上说，在全球范围内的生产与消费可以达到有限资源的最佳配置，应该是人类的最佳选择。但由于各国经济、政治、历史和文化上的差异，全球化的进程是极其艰难缓慢的。几百年来，各国之间既有贸易和合作，又有掠夺和战争，各国以邻为壑的政治经济政策导致了许多恶果。人类在痛定思痛之后，终于意识到全球合作的重要性，从而迫切要求建立某种规则。第二次世界大战以后国际货币基金组织、世界银行和关税及贸易总协定的建立就是这种要求的反映。除此之外，大量区域经济组织，如欧盟、东盟、亚太经合组织、北美自由贸易区等的出现也反映了国际合作的加深。

　　20世纪90年代以来，经济全球化有骤然加速的趋势。究其原因，首先是经济的发展。从需求方面来看，战后各国经济和贸易的发展大大提高了人们的生活水平，人们的消费从以生活必需品为主逐渐变成以耐用消费品和服务为主。以高新技术为主的制造业和服务业应运发展，逐渐成为世界生产和贸易的主要部分。其次是科技的发展。如果说企业追求利润的动机和消费者需求的变化是全球化的动因的话，那么20世纪90年代科技的发展则为这种全球化提供了操作上的可能性。电子产业和信息产业的迅速崛起，使得跨国经营更加方便，各国的生产消费日益融为一体。最后，冷战结束后，原来的计划经济以市场为导向的改革以及封闭国家的开放也为全球化提供了政治和经济上的必要条件。90年代以来，苏联和东欧计划经济国家纷纷转向市场经济，东欧各国更以早日加入欧盟为改革目标。中国经济的改革开放使中国日益成为世界经济的一个重要组成部分。原来比较封闭的国家如印度等也采取了一系列对外开放促进市场竞争的经济自由化措施。这一切都极大地便利了国与国之间的经济交往，也加深了彼此之间的相互依赖。第二次世界大战以来，经济全球化趋势主要表现在以下几个方面：

国际贸易

国际贸易始终是衡量全球化水平的重要指标。1997年，全世界进出口总额超过11万亿美元，比1950年的1 134亿美元增长了近百倍。1980年世界贸易额占全球国内生产总值的28%，1985年这个数字是29.8%，而1995年已达到35%。这意味着世界上超过三分之一的国内生产总值直接与国际交换有关。与此同时，贸易结构也发生了变化，服务贸易（银行、保险、运输、电信、旅游等）在国际贸易总额中的比重在1981年为17%，1996年则提高到19%。

国际金融

20世纪80年代以来，在以美国为首的西方国家中出现了一股放松金融管制和促进金融创新的热潮。资金在全球的流动速度加快，新的衍生金融产品不断涌现，各国的金融市场逐步一体化。90年代以来，许多发展中国家也加入这一潮流，纷纷放松资本管制、开放国内金融市场，增强本币的可兑换性。1980年全球资本市场交易量为5万亿美元，1992年达35万亿美元。1995年7月，全球多边金融服务贸易谈判达成协议，大大消除了国际金融一体化和经济全球化的障碍。

跨国公司

跨国公司是全球化过程中最活跃的力量之一。由于技术的进步和市场的开放，跨国公司在全球范围内的直接投资不断上升。跨国公司的对外直接投资不仅提高了其资本和技术的收益率，也提高了资本输入国的生产能力，并引起该国进出口量的增长。目前跨国公司的贸易占国际贸易总额的 40%。

信息和人员的全球流动

在现代经济增长中，信息和人力资本这类"软"因素的作用越来越大，目前世界信息产业的产值已经超过 1 万亿美元，跃居钢铁、汽车等许多传统产业之上。信息技术的发展使得即时生产、网上交易等新的生产和交易方式成为可能，是经济全球化过程中最重要的增长引擎。

必然结果

经济全球化的趋势不可避免，但进程则不会一帆风顺。全球化的进程充满矛盾和冲突。阻碍全球化进程的主要有以下几个方面的问题。

一是世界各国的经济制度仍然存在巨大差异。这种差异不仅存在于市场经济与转轨经济之间，也存在于发达国家与发展中国家之间。在许多国家，市场竞争机制并不完善，国家对经济的干预仍很严重。

二是各国经济发展的水平相差很大。这种发展阶段和水平的差异使得各国在全球化过程中所得到的利益以及付出的调整成本都很不同。因此，发达国家和发展中国家在实现贸易和投资自由化的速度和程度上以及开放的领域方面都存在着不同的意见。

三是全球化中出现的问题及这些问题对经济造成的伤害影响了人们对这一趋势的信心。全球化的进程加深了各国经济的相互依赖关系，因此一旦世界经济发生危机或波动，各国都难以幸免。最近几年出现的拉美金融危机和东南亚金融危机都或多或少地引起了人们对金融自由化和经济全球化的警惕和怀疑。

一方面，世界上绝大多数国家相信全球化是一个必然的发展趋势，并希望积极参与全球化进程；另一方面，各国又要从本国利益出发解决相互之间由于经济和发展水平不同所带来的矛盾和冲突。而解决这些矛盾和冲突的最好方法是各国之间的协调与合作，于是，多边贸易谈判也就成为必然。

即将于今年年底开始的新一轮谈判——"千年回合"是世贸组织成立以来

第一次主持的谈判。历史上，在关税与贸易总协定框架下一共举行了八轮谈判，它们是：日内瓦回合（1947）、安纳西回合（1949）、托奎回合（1951）、第二次日内瓦回合（1956）、狄龙回合（1960—1961）、肯尼迪回合（1964—1967）、东京回合（1972—1979），以及最近的乌拉圭回合（1986—1994）。前五个回合全部为关税谈判。从肯尼迪回合开始，谈判焦点开始转移到非关税贸易壁垒和农产品贸易上来。历时八年的乌拉圭回合谈判不仅进一步在降低关税和非关税壁垒上取得了进展，还首先讨论了包括服务贸易、知识产权、贸易政策和监督的透明度等方面的问题。关税与贸易总协定框架下八轮谈判的深入和发展反映了不断加快的经济全球化进程。同时，全球化进程中不断出现的新问题也需要通过进一步的多边谈判来解决。

对即将开始的"千年回合"谈判，各国普遍寄予厚望。已经定下的议题是农业和服务贸易，尚未定下但很有可能进行谈判的议题，包括投资政策、竞争政策、环境保护政策、政府采购和贸易便利问题。议题之难，范围之广，也是历次谈判都没有的。"千年回合"即将进行的议题，非常清晰地展示出全球化进程在各个领域将迈进的方向。"千年回合"是全球化进程不断深入的需要，也是全球化发展的必然结果。

促进全球化

"千年回合"多边谈判所涉及的问题既多又难，在每个问题上都有对立的各方，但是，如果能在所提出的议题上达成共识，则将进一步推动经济全球化进展。

贸易自由化方面

坚持世贸组织的非歧视原则是"贸易便利"议题的中心。与之相关的简化贸易程序、加强各成员方的市场准入等方面的协商，都是朝着降低非关税壁垒、降低国际贸易成本、提高公平竞争方向展开的。在这些方面的进步必将带来国际商品贸易和服务贸易进一步自由化的局面。

国际资本流动方面

新的一轮谈判把世贸组织的透明度、非歧视性（最惠国待遇和国民待遇）、政策约束等原则扩大到投资领域，以降低各国限制市场准入和限制市场竞争的可能性，同时也减少各国为吸引外资而相互竞争、提供补贴和减免税收的做法。而服务贸易的进一步开放，更加强了投资政策谈判的效果，资本的国际流动将更加便利也更为有效。

全球市场竞争方面

世贸组织的三大协议——GATS（The General Agreement on Trade in Services，《服务贸易总协定》）、TRIMs协议（Agreement on Trade-Related Investment Measures，《与贸易有关的投资措施协议》）和TRIPs协议（Agreement on Trade-Related Aspects of Intellectual Property Rights，《与贸易有关的知识产权协议》）中均含有与竞争政策有关的条款，但是目前对竞争政策的规定还有漏洞，所以竞争不足和限制市场竞争的行为在国际贸易中，尤其是在政府关于企业的政策中常常出现。在这方面深入协商，如果能取得实质性结果，就可以提高世界市场的竞争水平，而竞争会给全球数量广大的消费者带来收益。

环境保护方面

贸易或要素流动经常使环境问题成为全球化问题。第一，一国的生产和消费可能对其他国家产生有害的影响；第二，对环境保护的不同要求也会影响各国的生产成本和竞争能力，从而造成竞争的不公平；第三，贸易和投资自由化导致的生产扩张可能会增加污染；第四，一些国家可能会利用本国的环保政策来限制贸易和投资。因此，在"千年回合"中，环境保护亦可能被列为一个重要议题。由于环保政策不是贸易政策却影响贸易，因此，必须在更高透明度和更客观的分析之下来讨论环保和贸易的关系。"千年回合"对环境保护问题的协商希望在达到保护环境目标的前提下，保证有关措施不会成为限制贸易的手段。

总之，在跨越两个千年之际，世贸组织134个成员方即将开始新一轮贸易投资谈判。这一盛举既反映了经济全球化的趋势,也是全球经济一体化深入发展的要求。过去的一千年中,人类社会的发展,已使经济全球化成为不可避免的趋势。无论从人类的主观愿望还是从客观现实来说,经济全球化进程都表明人类社会正在向新的社会经济体制迈进,其意义绝不亚于工业革命。同时,全球化进程也会给各国经济带来不同程度的冲击,引起各种各样的矛盾和冲突。即将举行的"千年回合"将为协调和解决这些矛盾与冲突提供机会。千年回合的谈判可能是艰难而漫长的,但可以相信全球化的趋势将迫使谈判取得成果,谈判的结果亦能进一步推动和加快全球化的进程。

如何看待中国加入WTO[①]

（1999年12月）

记者：您怎么认识中国加入WTO？

海闻：对于中国入世（指加入世界贸易组织）的问题，**要从全民的利益而不仅是从生产者的利益来考虑，要从中国未来的发展方向和中国在世界经济中的地位来考虑**。经过二十多年的改革开放，中国已不再是贫穷、落后、保守的中国，我们已经有能力参与世界竞争。我们不应总想着我们是发展中国家，我们应该有信心向一个发达国家努力。**入世的最大好处不是某些具体的得失，而是要建立一个有助于发挥我们潜力的现代经济体制**。如果从这一点出发，入世对中国经济发展的影响是深远的。

记者：可以认为这是我们自十一届三中全会以来的又一大进步吗？

海闻：是。这意味着中国改革将进入一个新的时期。

记者：入世能解决我们目前的经济困难吗？于长远肯定有利吗？

海闻：短期的经济困难总会不断出现，入世有助于从长远解决体制上的问题从而推动长期增长。

记者：请问您认为我国在各方面是否已为入世做好准备？是否在经济上有足够的竞争能力？有没有健全的法律和法规来维护本国各方的利益？

海闻：不能说我们已经做好了万全的准备，也不会有完全准备好的时候。世贸组织在不断发展，新一轮谈判即将开始，如果我们今年不入，我们就不能

[①] 许俊. 就中国加入WTO访海闻教授[J]. 中国经贸导刊,1999(24):33–34.

二、论国际贸易

参与新的游戏规则的制定。新的谈判又会加入许多内容，而新的要求只会更高。所以晚加入不如早加入，签了协议有了压力，准备起来更有迫切感和方向感，与世贸组织要求的差距也会缩短得更快。竞争是各方面的，有的行业（如纺织机电）中国本身就有竞争力，加入世贸组织后有利于发挥这些行业的优势。有些行业现在看起来没有竞争力，但有潜力。在有保护的情况下，人们因为有惰性不去努力，而一旦有竞争，不见得就一定不行。当然，法律制度需要健全，但法律法规的制定不仅要保护本国，也要保护外国企业在中国的利益。世贸组织有国民待遇的规定。外资企业搞得好，对中国经济的贡献同样是重要的。

记者： 面对入世，中国政府应该做何准备？是否应该着手解决权力寻租问题？

海闻： 面对入世，政府要做的至少有两件事：第一，根据WTO的原则调整政策，包括增加透明度。这样一来，利用权力寻租也就不那么容易了。第二，加快体制改革，为中国企业加入国际竞争提供条件（包括金融信息等方面的服务），至少要减少阻碍中国企业发展壮大的各种条条框框。

记者： 加入WTO对中国老百姓意味着什么？

海闻： 意味着我们可以享受更多低价高质的产品，也意味着我们需要更加努力地工作。

记者： 中国入世之后，对劳动就业有何影响？

海闻： 加入世贸组织，中国的产业结构会出现一些变化。有些行业会萎缩而出现失业，另一些行业会因发展而增加就业。总的来说，由于外资的进入，就业机会应该增加。另外，加入世贸组织，也意味着中国经济体制的进一步改革，打破国家垄断和金融业的改革会有利于民营中小企业的发展，而中小企业应是主要的就业渠道。

记者： 有一种看法，入世后，在短期内将导致很多失业，您同意吗？

海闻： 进口行业会有一些失业人数增加的现象，但是外商投资还会创造一些就业机会。另外，加入世贸组织意味着市场经济的深入发展，非国有企业发展还将创造大量的就业机会。

记者： 长期来看加入WTO会不会给中国的部分企业带来灭顶之灾？

海闻： 对效益不高又不努力改进的企业，也许会。但对大多数中国企业来说，入世意味着机遇和挑战。

记者：对外资开放的领域是否也意味着对内资开放？您怎么看国务院办公厅对于电信和广电不能相互渗透的通知？

海闻：入世的根本意义是对所有企业的开放，以及建立起公平竞争的经济体系。

记者：有人说："入关（指加入关税及贸易总协定）是宁予洋人，不予家奴"（因为对外开放的许多领域对内不开放），对吗？

海闻：对外开放的同时，也意味着对内必须开放。

记者：中国土地资源有限，提高生产率后怎么转移剩余劳动力？

海闻：正因为中国土地资源有限，中国农业（尤其是粮食）没有比较优势，所以需要发展劳动密集型的中小企业和劳动密集型的农业（如蔬菜瓜果以及花卉等经济作物）。

记者：加入WTO后关税的下降，对我国的汽车行业有多大影响？我们是不是可以以比现在低得多的价格购买私人汽车呢？

海闻：汽车关税的降低必然会增加汽车的进口，但同时会迫使本国汽车降价。对于中国汽车行业来说，失去了以往的垄断和被保护地位，日子当然不会像以前那么好过。如果不努力提高效率，必将存在被淘汰的危险。加入WTO后，中国的小型汽车厂会被逐渐淘汰或兼并以实现规模经济（不一定被外企兼并），而大企业会继续存在（中国主要汽车生产厂都已合资），并会更加努力地降低成本和提高质量。**受益的当然是中国的汽车消费者**。不过，关税降低并不一定意味着私人买车会便宜很多。为了限制城市汽车消费，政府有可能会征收较高的消费税。

记者：入世后，中国的服装行业将受到什么具体影响？

海闻：入世对中国的服装行业应是一个好消息，中国在这方面有比较优势，但因美国等国纺织品配额政策的限制，中国的优势没有得到充分发挥。成为WTO成员后，中国参与新一轮的谈判，有助于中国企业进一步走进欧美服装市场。当然，扫除制度上的障碍并不等于中国企业一定能够扩大出口额，能否真正立足于欧美市场，还取决于中国服装业能否真正生产出质高价廉、受人欢迎的服装。

记者：有人说，在等待了十三年之后，现在以如此高的代价入世有必要吗？还不如早先就同意这些苛刻的条件，省得费口舌。这真的是双赢局面吗？

海闻：怎样看待代价问题？**降低关税、开放市场不能说是代价**，吸收外资、进口国外商品有利于发展中国的生产力（我国是一个劳动力充裕而资本技术不足的国家）和提高人民生活水平。人民生活水平的提高不仅体现在货币收入的增加上，而且表现在可选择商品种类的增加和价格的下降方面。入世的条件不能算是苛刻，这些条件对大多数 WTO 成员方来说是已经实现了的。世贸组织一百多个成员方的平均关税是 6%，发展中国家的平均关税是 14%，发达国家是 3%。我们入世的条件是 17%。至于为什么谈了十三年，原因很多，有中国方面的，也有美国方面的。另外，中国开放的条件和需要程度也有一个变化的过程。贸易与投资本身就应是双方获利的。

记者：入世后，老百姓购房时，能否从外资银行贷款？贷款利息及期限等与目前的国内购房贷款相比，有何不同？

海闻：根据中美双方的协议，中国会在入世五年之后对外资银行全面开放人民币业务（两年后在部分地区开放对企业的人民币业务）。老百姓购房也应可以从外资银行贷款，利息和期限会不断根据当时的宏观经济形势和消费者个人状况而调整，但总体来说会比现在方便。

记者：入世后，由于关税下降，对我国的进出口顺差将有什么影响？

海闻：加入 WTO 后，中国的进口保护程度必然会降低，而对美出口已比较自由，因此，中国对美国的顺差可能会减少。但另一方面，中国出口企业的竞争力会进一步加强，中国企业面对的国际贸易环境也会进一步得到改善，短期内应该不会有太大太显著的影响。

记者：既然"有更多的纺织品让美国人自由挑选，有什么不好"，美国为什么仍坚持中国纺织品出口配额呢？

海闻：和中国一样，美国也有部门利益。

记者：我国的信息产业总的来说还是较弱小的，入关以后该怎样面对竞争呢？特别是家电企业所面临的竞争将会更加残酷，它们该怎样做呢？

海闻：不要小看中国的家电产业，事实上，中国的家电已经开始进入欧美市场。对于家电行业，不是我们担心，而是美国人在担心我们的家电会大量进入他们的市场。美国工会在反对中国加入世贸组织，认为我们会抢了美国工人的工作。

记者：请问，中国入世对商品市场和金融市场都有什么主要的影响？是否将会开放保险业？我国的保险公司有何出路？

海闻：商品市场，将会有更多的进口商品或外资合资企业生产的商品。但对美国和其他国家的商品市场来说，也会有更多的中国商品。金融市场，外资银行会进入中国金融市场，对企业和个人提供比现在更好的服务。竞争也会使中资银行提高效率，但**最终中资银行仍会占据主要市场（从外国经验来看，在同等质量的服务下，本地服务业占有文化地域上的优势）**。保险业，会开放。我国的保险公司不得不努力工作，争取"保民"。保险业是一种"引导的""潜在的"市场。服务得好，需求就会增加，市场就会扩大。外国保险公司的进入，会减少中国保险公司的市场份额，但不一定减少营业额。竞争使服务质量提高，参加保险的人越来越多，饼做大了，大家都得到好处，老百姓也从中得益。

经济全球化与中国的选择

（2000年2月）

经济全球化的内容是什么

首先，经济全球化**是生产的全球化**，企业在全球范围内寻找便宜的资源。例如，一家公司不会只使用本国的生产资源，而是中国的工资水平低就用中国的劳动力，美国的资本便宜就用美国的资本，中东的石油便宜就用中东的石油，资源配置不再受国界的限制。

其次，经济全球化是**消费的全球化**，不仅在本国市场上购买消费品，也在国际市场上购买消费品。美国人的衣食住行和各种耐用消费品现在基本上全球化了，实际上也没有几个国家只消费本国的产品，除非闭关锁国。

最后，经济一体化是**体制的趋同或一体化过程**。从逻辑上来讲，企业在同一个国际市场上竞争必须有一个公平的竞争规则，而全球性的规则就意味着体制的趋同。例如，中国的国有企业常常因为补贴而受到美国和欧盟的反倾销反补贴指控，但实际上中国国有企业的社会福利、养老负担是很重的，但就是因为是国有企业，体制不同，规则不同，美国人就说有补贴，是倾销，是不公平竞争。最后由于两国企业在同一个国际市场上竞争，通过竞争与合作，会形成一个双方都接受的竞争规则，结果是或者大家都没有补贴，或者都补贴（一般

---

① 海闻. 经济全球化与中国的选择 [J]. 中国国情国力, 2000(02):32-33.

不可能出现），总之，会逐渐在一个规则下竞争。

经济全球化的主要原因是美国人的称霸野心吗

经常看到有人写文章说：全球化是美国化，是美国称霸世界的战略。事实上，**全球化首先是经济发展到一定程度的必然结果**。经济的发展会产生两个方面的结果。一是人们的收入随经济的发展而不断增加，二是企业的生产能力随科技的进步而不断提高。收入增加到一定水平，基本的生活需要都满足了，随之而来的是对服务和品质的消费需求的增加。前几年大家买普通相机，现在要买数码相机。随着经济的发展，生产能力和供给能力大幅度提高，从而企业有能力生产各种高科技产品。高科技产品的一个特点是需要大量的研发，波音的每一种新机型、福特的每一种新款汽车都需要大量的研发。知识经济需要大量的研发工作，而研发有很强的规模经济性，所以，在开发出新产品后，如果小批量生产，就不能弥补大量的前期研发费用，是一定会亏本的。只有大规模生产才有足够的收入补偿研发费用，而国内市场规模是远远不够的，大规模生产必须以全球市场为目标。只有预期能在全球市场上占有足够多的市场份额，企业才愿意研发新产品。所以，由于生产的固定成本增加，就必须有较大的生产规模，生产规模的扩大形成了一个全球市场，也就产生了消费的全球化，企业也拼命地向全球扩展。不仅美国人如此，今后中国人一旦研究开发出一种新产品，也会希望把它卖到全球市场。既然消费全球化了，有限的市场容量必然会导致竞争，产品必须不断改进以争取更多的市场份额，从而必然会导致生产的全球化。因此，**经济全球化有其内在的经济原因**，美国的称霸野心并不是经济全球化的主要原因。其实，美国人对全球化也是心怀疑虑的，担心墨西哥、中国的廉价劳动力会降低美国工人的工资，担心工厂会迁走影响就业等。

其次，冷战结束后的世界政治经济环境为全球化创造了政治条件。如果冷战没有结束，经济上肯定有全球化的要求，但政治上却不可能。

最后，信息产业革命为全球化提供了技术上的可能。网络使国际贸易、国际金融发生了巨大的变化，使全球性的商业操作成为可能。

概括地讲，全球化是生产力的发展已经到了需要生产关系进行相应变革的时候出现的。这里的生产关系指的是全球范围内的资源调配关系。如果把全球化比作当年的资本主义革命，那么信息产业革命就是当年的工业革命。资本主义创造了前所未有的生产力，可惜的是当时中国没赶上，反而因落后挨打了一百多年。当年西方进行工业革命的时候，中国不知道。但是中国对现在的信息产业革命是了解的，知道全球化是一个趋势，知道信息产业革命的重要性，中国不能再错过这个机会了。

经济全球化的现状

第二次世界大战后，经济全球化的进程和现状主要表现在以下四个方面：

首先，**国际贸易和投资的增长**。1950年全球总贸易额为1 130亿美元，1997年已达11万亿美元，增长了97倍，远远超过GDP的增长速度，贸易额已达GDP的35%，其中服务贸易占总贸易额的四分之一左右。1980年的国际投资额为5万亿美元，现在已近8万亿美元，增长也是非常快的。

其次，**区域一体化的加速**。区域一体化分几个层次。亚太经济合作组织（Asia-Pacific Economic Cooperation，APEC）属于最低层次上的合作，是一个进行自愿协作的谈判场所。层次再高一些的合作就是自由贸易协定（Free Trade Agreement，FTA）。合作层次最高的是区域一体化组织，也就是欧盟。经济发展到一定程度之后，市场就要扩大，如果不对外开放，就无法实现规模经济。例如，德国只能有一家汽车厂，这样才能达到足够的生产规模，但是如果只能有一家汽车厂，就会出现垄断，会损失效率和牺牲消费者利益。怎么样才能既没有垄断，又有规模效益呢？唯一的办法就是让各国的企业规模尽量扩大，同时开放国界使欧洲变成一个大市场。这样即使法国和德国都只有一家汽车厂，它们也必须在欧洲范围内互相竞争，因而既不会产生垄断损失效率，又有规模经济。

再次，**跨国公司的发展**。跨国公司的贸易量已经占全球贸易总额的40%，在国际经济中起着很重要的作用。

最后，**世界贸易组织的成立**。世贸组织的新一轮谈判被称为"千年回合"，主要谈市场准入、农业和纺织业问题。世贸组织的成立和新一轮谈判反映了全球化的必要性和必然性，同时也说明全球化进程有着各种各样的困难，所以才要通过谈判解决问题。主要的困难在于世界各国的经济体制和发展阶段存在巨大差异。从经济体制上来说，有社会主义市场经济，有少数寡头控制的垄断资本主义经济，还有一般的开放市场经济。有些问题是不同发展阶段的问题，例如，在发展初期，农产品有比较优势，价格较低，不需要保护；但是在发展的较高阶段，农产品没有比较优势，价格较高，农业保护就比较厉害，如日本、欧洲。如何取消农产品保护是一个很大的问题。我们希望通过世贸组织，通过多边谈判来解决问题，而不是打贸易战。

经济全球化的利益分析

美国在签订《北美自由贸易协议》的时候，一些利益集团反对，认为自由贸易区会引起资本外逃，使美国工人受到外国廉价劳动力的冲击。但是美国的经济学家一致认为自由贸易是双赢的安排，应该搞自由贸易区。由于受计划经济的影响，中国经济学家在考虑国际经济问题时，往往只考虑生产者利益，不考虑消费者利益。进口消费者以前没有消费过的商品，从而得到更多的消费者剩余，很多中国经济学家好像没有看到这一点。简单地讲，全球化有以下几个好处：

首先是**贸易所得**。从生产者的角度来说，贸易有助于优化资源配置，帮助企业发挥比较优势，还能通过扩大市场得到规模经济的好处。从消费者角度来说，贸易能够加强竞争，降低商品的价格，还能够使消费者消费到更加多样化的商品。例如，桑塔纳汽车刚进入中国的时候，中国的汽车行业还有很强的保护，有几年时间桑塔纳汽车连颜色都不用变，仍然供不应求。后来中国又引进了本田雅阁、通用别克等，桑塔纳就不得不推出新车型了，否则它就没有市场了。更重要的是，有的产品原来国内不生产，有需求但无供给，进口商品后消费者能够消费到以前得不到的商品，消费者的利益也增加了。

其次是国际贸易投资会带来**正外部效应**。美国的麦当劳、肯德基进入中国以后，中国的餐饮业也开始有快餐了，服务也好了。而且这种技术外溢与技术转让是不同的，是不需要支付成本，也无法阻挡的。一些乡镇企业家就经常出国找"点子",以得到开发新产品的启发。现在的知识创新有很强的外部性,有时科学家或工程师们在一起聊聊天,就能从交流中得到启发,找到解决问题的方法。信息产业的科学家都要往硅谷跑,就是因为在和同行交流的时候能够得到很多启发。如果没有开放交流,就不能获得这些收益。

经济全球化的结果

经济全球化的结果一是经济体制趋同,二是绝对生活水平提高。相对生活水平能否提高还不是很清楚,但绝对生活水平提高是肯定的。绝对生活水平提高就是把蛋糕做大,尽管某国占的份额可能比以前小了,但是由于蛋糕比以前大了,所以实际生活水平还是提高了。就中国的情况来看,自改革开放以来,一般老百姓的实际生活水平的确都提高了。相对生活水平有没有提高,或者说各国之间的差距是越来越大还是越来越小,也是我们关心的问题。我们应该更重视绝对生活水平的提高。比如说,中国和美国做生意,美国人赚了8块钱。中国人只赚了2块钱。尽管美国赚的钱比中国赚的钱多得多,但是如果不做生意,美国固然赚不到8块钱,但中国也赚不到2块钱,实际生活水平也就没有提高。相对生活水平有无提高是一个实证问题,但根据国际贸易中斯托尔帕－萨缪尔森的"要素收益相等化"理论,中国和美国等发达国家的贸易会缩小劳动力收入之间的差距。事实上,经过这么多年的改革开放,中国与西方发达国家的差距的确在缩小,即中国人民的相对生活水平也提高了。

中国是否应尽快加入世界贸易组织

总体来讲,中国加入世界贸易组织有以下几个好处:

首先是贸易收益。贸易收益不仅仅是出口创汇,还包括进口收益。开放市场后老百姓能够用更少的钱买到更多的优质产品,从而消费者福利会有很大的增加。衡量一国的生活水平和福利不能看名义收入,而要看实际收入,如果商品价格低,同样多的钱能够消费更多、更优质的商品,生活水平和福利显然更高。日本的收入水平是非常高的,但物价也非常高,一碗面要1 000日元,而美国1美元能购买8包方便面。从实际购买力来说，显然美国人的生活水平更高，因为他们享受了全世界最便宜、最优质的产品。18世纪的重商主义认为一定要有贸易盈余，钱流进来才算盈利了，否则就是吃亏了。这种认识是很狭隘的。

其次，加入世界贸易组织可以利用多边体制解决争端。 现在中国的贸易是双边体制，和美国签一个最惠国待遇，和加拿大签一个最惠国待遇，用双边谈判解决贸易纠纷，而双边谈判并不是解决贸易纠纷的好办法。多边体制不需要逐个国家谈判，可以享受"最惠国待遇"。同时，多边体制有利于贸易纠纷的解决，至少有一个权威机构来仲裁。

再次，加入世界贸易组织能够参与制定全球贸易规则。 中国必须在世界贸易组织的下一轮谈判开始之前加入世界贸易组织，否则就不能参与下一轮谈判，也就不能在谈判中维护自己的利益，只能等到谈判结束后被动地接受谈判结果。乌拉圭谈判的时间长达8年，下一轮谈判还不知道要多少年才能结束。

最后，加入世界贸易组织能够加快国内改革进程。 中国现在需要建立以前没有的现代企业制度、现代金融制度，但是，在具体问题上的意见不一致，理论上也说不清，只能不讨论。一旦与国际接轨，就可以靠外部压力来加速改革进程。加入世界贸易组织将对中国的下一步改革起很大的推动作用。

综上所述，中国应该尽快加入世界贸易组织，而不要计较某些领域内的小得失。对于一些大家关心和担忧的问题，我们也可以从不同的角度来看。

关于**关税问题**。现在发达国家的平均水平是3%，发展中国家的平均关税是14%，WTO成员方的平均水平是6%。中国承诺到2005年关税降至10%，仍然高于WTO成员方的平均关税水平。

再就是**民族工业问题**。什么是民族工业？如果麦当劳的资本中60%是中国人拥有的，雇员100%是中国人，土豆是东北的，牛肉是河北的，这时麦当劳是不是民族工业呢？牌子问题是不重要的，只要能增加中国的GDP，只要增加就业和税收，就对中国经济有好处。现代企业所有权异常复杂，已经很难用品牌来区分是不是民族工业了。许多日本汽车就在美国生产，而许多美国汽车却是在加拿大生产的，因此，很难说哪个是美国的民族工业，哪个是日本的民族工业了。现在统计中用GDP取代了GNP（Gross National Product, 国民生产总值），也说明对于国家来说 GDP 更重要。一些外国人在中国办的企业已经落地生根了，其利润也仍然投资在中国，应该给这些企业平等的待遇。

关于**农业问题**。有人认为要像日本、韩国那样对农产品进行保护。但是，日本、韩国当年搞农业保护的时候，并没有 WTO 的限制，而中国再搞农业保护，与世界贸易组织的原则是不相容的。而且，中国的农产品正在逐渐丧失比较优势，价格高于国际市场价格，搞农产品保护会造成效率损失，而且以后再取消保护时会遇到非常大的阻力。总之，现在不实行农产品保护的代价小于现在搞保护以后再取消保护的代价。而且，中国目前还不具备保护农产品的能力。日本、韩国等国对农产品的保护都发生在农民比例较低的时候，保护和补贴少数人是可行的。中国的农业人口仍超过 40%，对这么大比例的人口进行保护和补贴也是不现实的。中国不能搞农产品价格保护，而应该支持农业发展。具体来说，可以加大农业科技的投入，引导农民从事有比较优势的劳动密集型农业生产，如花卉、蔬菜等，以及加快人口从农业向非农产业的转移。

贸易和投资有一定的替代关系，但不是绝对的。美国的关税很低，贸易很自由，但美国也是吸收外资最多的国家。其实，吸引外来投资有时可以促进对外贸易。从中国的出口看，现在外商投资的洗衣机、冰箱已经进入了美国市场，机电产品的出口已有相当的规模。目前，我们吸引了很多外商在汽车领域投资，也促进了中国汽车工业的发展。相信在不久的将来，中国的汽车也会走向全球市场。

总之，**积极地参与全球化进程是中国在 21 世纪快速发展的一条捷径。**

加入 WTO 对中国经济的深远影响[1]

（2000 年 4 月）

1999 年 11 月 15 日，中美两国代表签订了中国加入 WTO 的双边协议，标志着中国十三年"复关""入世"谈判基本结束。虽然还有中国与欧盟等的谈判，但中国加入 WTO 的主要障碍已经扫除。原因当然不是由于 WTO 受美国控制，而是美国提出的市场准入条件比任何其他国家都高。如果中国企业能够面对美国资本和商品的竞争，那来自其他国家的竞争也就算不上什么了。另外，从最惠国待遇的角度讲，与美国达成的双边协议，其他国家也自然也适用，不用再谈了。从这个意义上说，中美双边协议的签订预示着中国加入 WTO 的大局已定。

中国加入 WTO 在即，国内自然掀起了一股"WTO 热潮"。各行各业也都纷纷开始研究中国入世对本行业的影响：我们必须面对 WTO 给我国经济带来的机遇和挑战。

中国加入 WTO 的最大机遇是什么？最大的挑战又是什么？在这个问题上，我们不仅要看到各行各业的具体问题，还要更深入、更全面地研究加入 WTO 对中国经济的长期影响。应当说，**加入 WTO 对中国的最大机遇是可以充分利用经济全球化来加速自己的经济发展，而面临的最大挑战是如何加速经济体制改革**。

中国为什么加入 WTO？有两个大的背景需要考虑。一个是全球化的大背

---

[1] 海闻. 加入 WTO 对中国经济的深远影响 [M]. 北京：中国金融出版社，2000.

景,另一个是中国改革的大背景。20世纪90年代以来,世界上全球化的趋势越来越明显,且在不断加速。什么是全球化?简单概括,全球化就是人们在全球范围内从事生产和消费。全球化实际上是一个经济发展使各国相互依赖日益加深的过程,也是一个构建无边界经济的过程,其表现之一是生产的全球性。换句话说,生产者可以不再局限于本国的资源,而利用全球资源来从事生产。我们以前强调自力更生,自给自足,觉得我们能用自己生产的东西就用自己生产的,自己实在没有的再通过进口。现在的生产者不必过多地考虑本国资源的局限性,而是哪里的资源便宜就用哪里的。充分利用全球资源,不仅可以弥补本国资源的不足,还可大大降低生产成本。

中国加入 WTO 不仅意味着中国可以更自由地向其他 WTO 成员出口商品,也意味着中国更全面彻底的开放。我们通常只把扩大出口称为机遇,却很少想到我们的进一步开放亦是一个加速经济发展的机遇。对于整个经济来说,开放市场,允许外国商品和资本进入中国,并不只是所谓的"加入 WTO 的代价",开放市场本身会给中国经济的发展带来很多的有利因素。

第一,开放市场扩大进口有利于中国充分利用全球的资源。中国虽然"地大物博",但由于人口众多,自然资源相对稀缺。在封闭经济中,我们不得不通过不断提高单位土地面积产量来为自己提供粮食,不得不通过支付昂贵的价格来使用自己的石油,也不得不通过抑制消费的办法来保护自己的森林资源。事实上,中国自然资源的稀缺并不代表全球资源的不足。相比之下,美国、加拿大、澳大利亚等国有丰富的土地资源和森林资源,中东也有充足的石油资源,我们进口粮食、石油、木材和纸浆等,实际上就是进口土地、矿产和森林,这对于改善中国的资源配置非常有利。

从理论上说,中国不加入 WTO 也可以进口这些资源产品,但实际上不容易做到。没有机制上和法律上的保证,任何一国缺乏比较优势的行业是不易开放的。局部的和行业的利益往往会被置于全局利益之上。加入 WTO,承诺市场开放,撤销保护,看上去对本国资源产品生产行业不利,但从长远看,有利于中国合理利用稀缺资源,有利于长期持续发展。

第二,开放市场,融入全球经济,迫使企业面对来自全球市场的竞争,有利于中国企业提高效率。人们通常把竞争视为一种挑战,从企业的角度来说这是对的，而从一国经济整体来看，可以更多地把加强企业间的竞争视为一种提高效率、加速发展的机遇。靠中国自己来加强竞争并非一件容易的事，尤其是目前不少行业仍由国有企业垄断。各种利益集团的存在，加上保护民族工业的理论，使得这些行业长期受到保护，效率低下。打破国有企业在这些行业的垄断仅靠国内的改革是不行的，而开放市场，允许外国商品、服务和资本进入中国的市场，就容易建立起一个竞争的经济体制。因此，开放市场虽然给中国企业带来冲击，但对中国经济的长期发展来说，亦是一次不容错过的机遇。

中国的改革已经进行了二十多年，目前已进入了一个关键的阶段，中国的经济体制究竟向何处去？对此，在理论上仍然争论很大。加入世贸组织，则给了中国一个确定下一步改革目标的机遇。我们可以不必再沉溺于理论上的争论，面对全球化的现实来改革我们的经济体制。能否迅速而成功地完成我们的体制改革则是对政府的最大挑战。

中国必须加快经济体制改革有两方面的原因：一是来自全球竞争的压力；二是来自帮助中国企业参与竞争的动力。换句话说，只要我们参与经济全球化的进程，我们就不得不改革现有的体制。为了让我们的企业能在全球竞争中立于不败之地，我们也要积极改革现有的体制。

经济全球化的结果之一是体制的趋同。原来各国的经济体制各有不同，有计划经济，有市场经济，市场经济中又有国家干预多的和国家基本不干预的。20世纪90年代以来，许多国家都对原来的经济体制进行了改革。改革的方向不是加强计划，而是加强以市场为主的经济调节。不仅原来的计划经济国家进行了体制转轨，一些本来就是市场经济但不太开放的国家，包括日本、印度、韩国，以及南美洲的许多国家，也进行了大幅度的改革。改革的总体趋势是使原来比较封闭的、政府干预比较多的经济向开放的、自由的经济发展。这些国家的改革并不都是自愿的，它们的改革也非一帆风顺，但一国若要参与经济全球化的进程，就不得不更加自由，更加开放。道理很简单，大家在一起竞争、合作，必须遵守同一个游戏规则，所有的企业都要在同一个规则下进行操作。WTO的原则之一是"公平竞争"，含义是在同等的条件下竞争。竞争市场上的企业不能有政府补贴，除非大家都有补贴。因为大家都享受政府补贴的可能性不大，所以结果一定是谁也不能补贴。同样，竞争的领域里不能有政府的投资。

如果国有企业竞争不过外国企业，外国企业也许不在乎国有企业得到什么样的补贴，但一旦国有企业比外国企业更有效率，外国企业就会从体制上、政策上挑毛病。中国企业也许在目前竞争中处于劣势，但我们应该做好准备。而要做到这一点，必须从现在开始就在体制上、企业产权改革上下功夫。

从积极帮助中国企业参与国际竞争的角度来讲，我们也必须加快经济体制改革。目前的体制不仅制约中小企业的壮大，也妨碍大型企业的发展。中国的国有大型企业，虽然资产不少，但企业的产权问题并没有真正解决。一个企业运行的好坏，仍然主要依靠上级机关的监督管理、企业领导的个人素质以及政府政策的倾斜。企业仍然缺乏有效的激励机制、创新机制和监督机制。在政策的有效保护下，这些企业或许尚能维持经营，但在外商投资进入后的直接竞争（包括人才市场上的竞争）中是否能立于不败之地则令人不敢乐观。非国有企业的发展也同样受到体制的制约。中国为什么没有像微软那样的企业？并非因为中国没有企业家，也并非因为中国是发展中国家，而是因为我们目前的法律制度、金融机构、产业政策等都还没有为企业家创造出一个能够大展宏图的环境。面对入世后的国际竞争，如何能够加速经济体制改革，为中国的企业发展创造条件，这的确是摆在各级政府面前的首要问题。

中国离 WTO 越来越近了，等待了十三年的大门即将为中国打开。对于中国入世的问题，要从全民族的利益，从中国未来的发展及在世界经济中的地位来考虑。经过二十多年的改革开放，中国已逐步摆脱贫穷、落后、保守，我们已经有一定能力参与国际竞争。我们不应老想着自己是发展中国家，我们应该有信心向一个发达国家努力。阻碍我们进步的主要因素不是我们的能力和资源，而是我们的观念与体制。入世的最大意义不是某些具体行业的得失，而是要建立一个有助于发挥我们潜力的现代经济体制，从而使中国更加繁荣富强。如果从这一点出发，入世对中国经济发展的影响是深远的。

海闻浅论：经济卷

WTO 与中国民营经济 [①]

（2000 年 12 月）

我今天主要讲两个问题：一是为什么要发展民营企业；二是加入 WTO 对中国民营经济的影响。

为什么要发展民营企业

为什么要发展民营企业？这个问题似乎已经不用再讨论了，中国经济改革开放了二十多年，民营企业无疑发挥了重要作用。今天我从 WTO 的产权机制要求或市场经济体制要求来谈谈为什么必须发展民营企业。在这之前，我想把这个"民营企业"再好好定义一下，因为民营企业的概念现在还是很模糊的。民营可以是"国有民营"，但实际上我们讲的民营企业就是"民有"或者是"非国有"。这个问题非常重要。我们企业改革了这么多年，大家都认识到政府不能直接经营企业，所以要政企分开。但同时很多人认为产权和经营可以分开，政府可以拥有一定的产权，国有企业仍然存在。

产权在 WTO 中是一个非常重要的问题。WTO 有两个最重要的原则。一个是**自由贸易**，包括贸易和投资方面的自由化，要求各国不断降低影响投资和贸易的壁垒。另一个是**公平竞争**，反对各种影响公平竞争的补贴或政策，反对企

[①] 熊清华，首届中国民营企业交易会组委会论坛部. 首届中国民营经济论坛论文集粹[M]. 昆明：云南人民出版社，2001.

业的倾销等不公平竞争行为。在 WTO 的规则下，国际贸易和投资的主体应该是民营企业，国际的竞争应该是民营企业之间的竞争而不是各国政府之间的竞争。企业之间的竞争就要求有一个公平的竞争机制，其中最重要的一点是，任何国家的企业不能有政府的直接支持，包括政府的补贴等，更不用说由政府直接拥有这些企业。

换言之，WTO 是一个市场经济的组织，而市场经济的主体是民营企业。中国加入 WTO，承认并愿意接受 WTO 的基本原则，就表明中国今后的经济体制不能是一个纯国有的体制，参与国际竞争的主体应该是民营企业。

加入 WTO 对我们民营经济有哪些影响

加入 WTO 对我们民营经济有哪些影响？第一，加入 WTO 会对民营企业开放更多的领域，包括金融、交通、通信、贸易等领域。第二，加入 WTO 给民营企业提供了更多做大做强的发展空间。

中国为什么没有出现像比尔·盖茨（Bill Gates）那样的大企业家？中国为什么还没有微软这样的跨国民营企业？不是中国没有这样的企业家，也不是不能做成这样的民营企业，关键是中国还缺乏让民营企业做大做强的营商环境。企业的发展，不仅要靠自己资本的积累，很大程度上还需要资本市场的融资支持。加入 WTO 后，随着金融业的改革开放，包括资本市场的发展、外资银行等金融机构的进入等，民营企业的融资环境应该得到很好的改善。

国有企业在竞争领域的逐渐退出，也会给民营企业提供更大的发展空间。国有企业退出，并不是没有国有企业，而是使国有企业集中在有关国家安全或国计民生的重要领域。在竞争领域的部分国有企业可以通过民营化来转型。所以未来民营企业不仅包括现在的民营企业，还包括以后那些通过民营化转型的国有企业。民营化了的国有企业将成为未来民营经济的一个重要组成部分，今后这些企业如果在机制上也获得了现在民营企业的自主性和灵活性，将在国际上更有竞争力。

加入 WTO 后中国的经济与金融[1]

（2001 年 2 月）

入世对中国最大的影响就是对原有经济体制的触动

记者：您研究的领域是国际经济学和发展经济学，今天主要想就加入 WTO 与我国经济发展的有关问题对您做一下采访。首先想请您谈谈入世对中国最大的影响是什么。

海闻：加入世贸组织对我们的影响我觉得有几个方面：**一个是对经济体制的影响**。世贸组织是一个以市场经济为基础的经济体系。中国加入世贸组织本身就说明：第一，我们离市场体系已经很近了，所以我们敢加入；第二，我们现在愿意以市场经济作为我们最终的改革目标，我们的改革最终就是要建立一个有效的市场经济体系。所以说，加入世贸组织对我们最大的影响就是对原有经济体制的触动。比如，我们现在还有许多不符合世贸组织规定的地方，包括产权制度、政府行为等，这些都会随着加入世贸组织而进一步得到改变。政府对经济的直接干预会越来越少，政府对企业的补贴也会越来越少，更多民营企业将参与国际竞争，这是对我们经济体制最大的挑战。实际上，中国决定加入世贸组织，也就表明了中国已经决定要走这条路。而且我们一再声明，我们并不想去改变世贸组织的规则，我们会遵循世贸组织的规则，也就是说，我们会

---

[1] 王黎静. 入世，看中国经济与金融 [J]. 现代商业银行, 2001(02):18–23.

沿着这条道路走下去。加入世贸组织也使我们的改革有了一个比较明确的目标和动力。一方面有了目标，就是知道我们下一步要改成什么样子；另一方面，我觉得也让我们有了压力。改革是一件比较难的事情，没有人会没事去搞改革，一般都是遇到了问题，有了压力才去改革。改革会出现利益的再分配，因此就会有很多阻力。因为在改革的过程中，一定会有一些人失去既得利益，从而千方百计地阻挠改革。当然，如果不加入世贸组织我们也可以改革，但是就会缺乏压力和动力。而加入世贸组织等于把国内的改革变成一种国际上的承诺，这样的话，压力就大了。而且从改革的角度讲，也可以主动利用国际上的压力来推动国内改革。

加入 WTO 的**另一个影响是对资源的重新配置**。目前我们的资源基本上还是以国内经济结构为主进行配置的，加入世贸组织意味着中国会日益成为世界经济的一个组成部分，资源就会在国际范围内重新进行配置，我们有优势的资源如人力资源就可以得到更好的应用。相反，我们缺少的那些资源，则可以通过国外进口得到弥补。比如，我们缺乏土地、森林、石油等，就可以通过进口资源密集型产品来弥补这些资源的匮缺。进口用我们稀缺资源生产的产品不叫"让"，实际上是对我们更加有利。因为进口粮食、纸张、石油等，实质上就等于进口土地、森林和矿产资源。进口自己的劣势产品，出口自己的优势产品，这实际上对我们更有利。有人说，进口是好事，可我们这么落后，拿什么去出口？这种担心是多余的。经济学最基本的原理早已告诉我们：国际贸易要保持基本平衡。进口越多，实际上也会出口更多。况且经过二十多年的改革开放，我们的生产能力和出口能力已达到相当高的水平，我们已有很大的贸易顺差。所以，我们的问题不是没有东西出口，而是进口太少。另外，我们很多市场的开放，如金融、通信，包括高科技领域的开放，实际上对于我们发展这些行业是有好处的。总之，资源会得到更有效的配置和利用。

体制上存在的问题

记者：现在距离加入 WTO 的时间已经越来越近了，但是我们国家经济生活中存在的体制和结构性问题仍很多。最近看到您在一篇文章中提到"阻碍我们进步的主要因素不是我们的能力和资源,而是我们的体制。"我很赞同您的观点。您认为要加入WTO,我们在结构和体制上最大的不适应在哪里?如何尽快采取措施来改变这一状况?

海闻:我们在体制上存在的问题:第一,**国有企业的产权制度仍然阻碍着企业更好地发挥作用**。这种产权制度使得企业缺乏有效的创新机制和监督机制。换句话讲,在现有的产权制度下,作为一个工厂的厂长,他的收益与他所承担的风险,与他的努力程度不能够很好地结合起来的话,他就不可能有很大的积极性创新。在当代国际竞争中,创新是非常重要的,你必须有这个动力,拼命去做,才不会被淘汰,但创新的确有一定的风险。那么,风险和收益到底怎么才能够结合起来?目前我们的国有企业的体制还不能很好地解决这个问题。**第二,缺乏监督机制**。如何防止企业出问题?这也是国有企业体制很难解决的问题,就是说,要靠别人去管,而不是企业自己觉得我要好好做。另外,从总体上存在的对民营企业的歧视,妨碍民营企业成长。这种歧视包括法律上的和经济上的,包括贷款、集资方面。尽管有时也有几位民营企业的明星人物出现,但总体上讲,民营企业在贷款、上市等方面还是受到歧视。很多行业对民营企业还是封闭的。但是民营企业是中国经济的重要的一块,加入世贸组织以后民营企业要很快长大。**第三,政府对经济总体的干预还是过多**。加入世贸组织以后,无论从效率上,还是从WTO的公平竞争原则上,政府对经济的参与和干预应该是越来越少,政府应做一些其他方面的工作,而不是直接发命令。

国外刺激民间投资一般主要通过降息或减税

记者:无论从财政的承受能力,还是从经济的长远发展上讲,单纯依靠政府投资来支撑经济发展都不是长久之计。因此,今后扩大投资需求的关键在于启动民间投资,这一点在理论和实务界都已形成共识。在这方面,发达国家有哪些可供我们借鉴的经验?

海闻:国外刺激民间投资一般主要通过降息或减税。目前降息对中国民间投资作用不大,因为银行对民营企业的贷款并不多。税收方面我们则做得正相反。收了很多税,然后由政府去分配资源,由政府决定投资在什么地方。实际上，应该是少收税，让企业多留下一些钱，让企业去投资。当然有些地方是需要国家来投资的，比如公共设施、教育，以及非生产性或非营利性的行业，但是生产性的，包括电力、通信等行业都应该让企业去投资。企业投资比政府投资有两个好的地方：第一，它比较谨慎，一般会认真地分析利弊和风险；第二，假如投错了，政府承担的风险也小一些。有些项目并非一次性投资就能解决问题，投好了没什么事，投不好，还要不断往里面加钱。而民营企业如果遇到风险，无法经营了，可以破产。还有一点，我觉得让民营企业投资也可以避免腐败。政府投资具有相对的不确定性，投资很容易变成各个部门千方百计到上面去要钱、要项目，这里面的腐败使得投资收益大大降低。所以，与其政府把钱收上来再做投资，还不如通过减税，把这个钱放到民间，放到企业里，让企业去投。

加入世贸组织会给我们一个新的发展契机

记者：我们国家现在的经济增长速度很大程度上是靠积极的财政政策拉动的。加入WTO后，这种政策拉动的效应是否会降低？如果真是这样，又如何去保证适度的经济增长？

海闻：加入世贸组织以后，我想政府政策的影响力会逐渐遇到挑战。从总体上讲，中国的市场化程度会进一步加深，市场化程度加深以后，市场的力量就会发挥更大的作用。作为参与者，政府当然也是影响市场的一部分，但是政府对整个经济的影响力度会降低，尤其是财政政策。政府不再直接投资生产性项目，财政政策拉动经济的力度会减弱。不过，这并不是说，政府的宏观政策就一定无效。

相反，在加入WTO后，政府货币政策间接拉动经济的作用力会加大。一般来说，在市场化程度比较低的情况下，民营企业比较少，这些企业基本不是靠银行贷款来发展。在这种情况下，降息等货币政策对经济增长并没有太大的影响力。加入WTO后，民营企业不断增加，银行等金融系统也更加市场化，在这种情况下，政府可能会更多地通过调节利率或货币供应量的货币政策来刺激经济。

在加入世贸组织以后，政府对经济的直接刺激作用会减弱，货币政策和财政政策主要用于宏观调控，这对经济的短期稳定有作用，但长期增长还得靠社会本身的经济要素，包括资源的多少、资源的配置、生产力的提高、技术的革新等。

我再补充一点，就是关于增长率问题。改革开放后，我们经济的增长率很高，其实政府财政政策的作用只是一部分，高增长更多是因为改革开放使得中国长期被压抑的生产力被释放出来了。但是如果没有进一步的制度变化、资源增加或技术发展，这种高增长率不会长期持续。加入世贸组织会给我们一个新的契机，让我们可以在体制上不断改革，可以进入更大的国际市场，可以进行资源的重新配置，也可以得到更多更新的技术。这样，除原有的经济增长因素外，我们又注入了一些新的因素，这些都会使中国的资源得到更有效的利用。所以，总的来讲，我对未来五到十年的经济增长还是比较乐观的。

如果机制没改好，又去上市融资，其实风险更大，后果更坏

记者：金融是现代经济的核心，加入 WTO，金融业受到的冲击可以说是首当其冲，您觉得目前我国金融业存在的最大问题在哪里？如何尽快改变这一状况来适应未来国际竞争的需要？

海闻：金融业有几个问题，其中最大问题是我们的银行还不是真正的商业银行，没有按市场经济中的商业银行在操作，从而缺乏在国际金融市场上的竞争力。我们现在基本上是国有银行，对银行的资金控制，包括银行的行长都是由政府来任命和调动的。银行的问题实际上和国有企业的问题一样。最近，就银行上市问题谈得很多，银行上市的目的是什么？我想无非有两个：一个是为了融资；另一个是通过上市改革产权机制。银行原来是 100% 国有的，现在通过上市让其他的股东来监督，然后逐渐变成市场化的商业银行。不过，目前我们大部分国有企业和国有银行并没有通过上市来改变管理机制，人事、财务、经营、决策的机制和权力还和以前一样，只不过上市以后企业或银行有了更多的资本。我觉得国有商业银行如果不是抱着通过上市来改革产权机制，包括决策机制、激励机制、创新机制、监督机制这样的目的的话，上市以后并不会解

决什么实际问题，上市和不上市差不多。

大多数国有银行并不是真正的商业银行，这还体现在政府对它们的控制和干预方面。中国的银行有很多非银行的政府功能，比如说提供政府的政策贷款等。很多本来商业银行不应该做的事情，银行不得不做。

政府一方面束缚银行的手脚，另一方面又给它们很多特权，包括垄断地位。政府规定的存贷利差，保证了银行的利润。因此，我们银行的服务态度、服务意识、服务范围都比外国银行落后很多。加入WTO以后，外资银行进来了，它们不仅资金雄厚，更重要的是有服务意识。以我们银行目前的情况来看，当然会受到一定的冲击。不过，我相信这是短暂的，因为外资银行进来后，国有银行就不能像以前那样"当老爷"了。如果我们的银行能通过自己的努力来改进，应该是可以赶上去的，因为我们有本土优势。服务业中的本土优势很重要，因为在本国土地上竞争，从语言文化、人际关系、商业网络这些方面，本国企业都有优势。但一个基本条件是，本国银行必须与外国银行有同等的服务质量、同等的竞争意识，否则，就会在竞争中被淘汰。欧洲一些国家的银行体系全部开放，但是市场上最活跃的还是本国银行，就是很好的证明。所以，关键是我们的银行能不能提供同等或更好的服务。在这一点上，我们现有的国有商业银行需要改变。

民营银行早晚要发展，不能怕

记者：最近就民营银行问题讲得很多。您如何看待民营银行的发展？

海闻：民营银行早晚要发展，不能怕，我们现在总是怕，总是怕民营银行会卷款逃跑。仅怕不行，全世界有那么多民营银行，有些国家比我们还穷，在法律上、制度上比我们还不健全，它们也有民营银行，也没有出大问题。所以，我想发展民营银行主要还是观念问题而不仅仅是监管问题。

让民营银行发展有两个原因：一是它本身是中国经济的一部分，它有这个权利去发展；二是它也能促进现有银行的改革。实际上，你不能等着外国银行进来了再改。在外资银行大举进来以前，鼓励民营银行本身就是一种准备。换句话说，在更激烈的竞争开始以前，我们内部就已经开始竞争了，那么等外国银行进来时，我们的银行实际上也已经比较成熟了。政府要放开竞争，然后在出问题的时候就能学会管理，管理的技术一定是从遇到问题、解决问题中学会的。

消费是有台阶的，这个台阶就需要完善的金融服务来平缓

记者：近两年国家采取一系列措施来刺激国内消费需求，您如何看待这个问题？

海闻：在经济不景气或衰退时，通过一系列政策刺激需求，作为一种短期政策是可以的，但长期的经济发展不能靠政府不断刺激需求来实现。需求通常是不需要刺激的。到了一定时候，人们就会花钱。现在为什么不愿意花钱？原因可能有两个：一个是对前景缺乏信心，不知道未来生活会怎么样；另一个可能是人们的消费水平正好到了一个新台阶。其实花钱也是有台阶的。比如说买汽车，月收入 3 000 元以下的时候可能不会想买汽车；在 3 000—6 000 元的时候，每月有了剩余，但想买汽车还需要很长一段时间的积累。在这一阶段，消费和收入不是同比例增长的，人们收入增加很快，但消费可能增加不多，因为人们需要储蓄以便购买更高一个台阶的消费品。

还有一个原因可能与我们的金融体系有关系，因为现在我们的消费到了一个大东西买不起、小东西又不想买的阶段。消费遇到了有长远需求但当期收入不足的"坎"，这时就需要有金融方面的服务。发达国家的消费者不是等攒够钱再去买汽车、买房子，而是有多少先花多少，不够的部分从银行贷款，逐月偿还。这样金融服务就帮助消费者把这个"坎"给跨过去了，把消费的不同台阶平缓过去了。这就是为什么经济发展到了一定程度，人们生活水平达到一定阶段后，金融系统就要发展，因为消费者要买汽车、买房子，这时的收入仍是缓慢增长的，而消费却是一个台阶接着一个台阶的。从一个消费台阶到另一个消费台阶之间的资金坡度，就需要靠金融系统来平缓。

现在给高工资不算什么，关键是有没有能力始终给高工资

记者： 加入世贸组织以后，人才的竞争会很激烈，您能否再谈谈这个问题？

海闻： 人才竞争是一个很重要的问题。现在国内垄断行业如电信、银行等的工资都很高。它们有垄断利润，所以也付得起高工资。外国企业进来以后，未必就给得出比我们这些垄断行业的工资高很多的工资。但关键是，现在通过垄断能够付得起这个高工资，等到入世以后，还有没有能力保持这个高工资？所以实际上还是一个总体效益问题，总体效益高了，能付得起和人家一样的工资，人才在哪干都一样。现在很多银行也在提高管理者的待遇，但我要提醒一点：现在给高工资不算什么，因为现在还没有参与真正的竞争，关键是外资银行进来以后，还有没有能力始终给高工资。现在通过高工资把人才留住，这个作用是短暂的，人才看重的还有工作环境、发展前景等。即使支付高工资，现在能付，也不等于将来还能付得起。如果仅仅靠垄断地位获得垄断利润来支付高工资，长久不可持续。因此，最关键的人才竞争，还是靠企业效率和工作环境的提升。

如何面对反倾销[1]

（2001年3月）

记者：近年来中国企业被外国指控倾销的事件屡屡发生。在1987—1997年，在受反倾销措施影响最大的美国贸易伙伴中，中国仅次于欧盟和日本，名列第三。GATT及WTO各成员提起的反倾销调查案达2 196件，其中247件是针对中国产品的。从1979年起，我国产品已累计遭到近400起反倾销起诉，直接影响出口100亿美元以上，成为全球受反倾销损害最大的国家。可以说各国的反倾销已经影响到中国对外贸易的发展。为什么中国企业会遇到这么严重的反倾销指控？中国的企业是否存在倾销行为呢？

海闻：首先我们需要说明一下什么是"倾销"。倾销是指企业在国外出售商品的价格低于国内市场的价格或低于生产成本。根据这个定义，不少中国企业的确存在倾销行为。但倾销并不一定是不道德的行为，也不一定是不公平竞争。在许多情况下，倾销只是企业为了在外国市场上销售产品而不得不采取的降价行为。如果一个企业在本国市场具有较强的垄断力量和较大的市场份额，它就能在国内市场上定较高的价格。但在国际市场上，企业一般会遇到比国内市场更加激烈的竞争，产品的市场份额就会小，价格弹性大，企业没有办法卖出与国内市场一样的高价，就会出现倾销。比如中国的汽车在国内价格很高，如果要出口，必定是倾销，因为以国内汽车市场这么高的价格在国外根本卖不出去。在国际经济学中，这被称为"国际价格歧视"。这种倾销是企业实现利

---

[1] 海闻.如何面对反倾销?[J].中国经贸导刊,2001(08):10-11.

润最大化的一种理性选择。当然，中国企业也有低于成本的倾销。这些年许多企业为了获得出口产品的机会，不懂贸易规则，互相杀价，使得出口价格低于生产成本；同时，由于政府过分地强调出口，有些企业为了完成出口任务而不计成本不怕亏损出口，这些都造成了中国企业的确存在着并非理性选择的倾销行为。

并不是所有的倾销行为都应遭到进口国的反对，只有当倾销对进口国造成伤害时，进口国的同行竞争企业才可以要求实行反倾销措施。从本意上来说，反倾销是用来制止不公平贸易的手段。但在实践中，由于直接的关税保护被限制，许多企业都把反倾销作为保护自己利益反对外来竞争的一种手段，它们会千方百计地利用各种条件来实行反倾销措施。对中国企业倾销指控的增多，从积极的方面来看，正表明中国企业出口竞争力的增强，出口价格和数量已经威胁到别国企业的经营和发展。如果中国企业太弱，价格再低也不会引起外国企业的反倾销。但另一方面，中国企业产品出口遭受的反倾销之普遍，也表明了中国企业面临一个普遍的问题，即许多国家仍然把中国视为一个非市场经济国家。这是一个容易被抓住把柄的问题。在一个非市场经济国家中，由于政府的干预和参与，外国企业可以认为出口产品的国内价格不是真正的市场价格，而是一个得到了政府补贴的低价格。在这种情况下，外国企业就可以用第三国同类产品的国内价格来作标准。一比之下非市场经济的产品出口价格就显得低多了，倾销的必要条件也就具备了。只要中国是"非市场经济"，进口国的企业就会千方百计地利用这一点来使用反倾销的武器以达到保护它们自己的目的。

记者：中国加入世贸组织以后面对的反倾销指控将会减少还是增多？中国从1992年宣布实行社会主义市场经济，到现在几乎所有商品的价格都已经放开，由市场定价。为什么其他国家还把中国当作非市场经济国家呢？加入世贸组织以后中国是否就被当作市场经济国家了？

海闻：从保护公平竞争的目的出发，WTO允许成员方在面对倾销时运用反倾销的武器来保护自己的利益。

中国加入WTO之后面对的反倾销指控不会立即减少，因为在相当长的一段时间里中国仍然会被视为"非市场经济"，中国企业的出口价格会被认为太低，被认为是不公平竞争。各国企业仍然会对中国产品采取反倾销措施。同时，中国出口的迅速增长引起了其他国家的格外关注。

在外国看来，中国还是非市场经济国家。为什么呢？一般来说，非市场经济有两个特征：第一，政府对市场价格的控制；第二，政府对企业的直接参与。中国在市场价格的决定过程中，政府仍有很大的影响力。我们仍然有大量的国有企业或国有控股企业，而国家又对一些企业有政策性补贴。因此，它们认为中国国内的市场价格有扭曲，不能算市场经济。从目前中国和美国达成的协议来看，在中国入世十五年之内，各国仍然可以以非市场经济名义对中国的产品进行反倾销。虽然欧美对市场经济国家的企业也有反倾销措施，但对非市场经济中的企业实行反倾销措施则更为容易。市场经济下，对于一个和政府没有任何关系的企业，说它有倾销行为，必须拿出证据。而对于非市场经济国家，可以不用拿出证据，只要说它价格不正常，援引第三国的价格一比较，说它构成倾销就可以用反倾销来制裁它。西方国家认为，把非市场经济国家的价格或成本作为与其出口产品价格进行比较的基础是根本靠不住的。因此，必须以某一市场经济国家或"替代国"中可比较产品的价格作为参照标准。比如中国出口到欧洲的彩电，价格并不低于国内市场价格，只是它们认为中国国内市场的价格不正常，就援引第三国如新加坡的彩电价格，认为那才是中国彩电应有的正常价格。替代国的选择有时候并不科学。在原本不存在倾销的情况下，却有可能因选择了特定的替代国而使倾销得以成立。

外国企业看到中国许多出口产品是国有企业生产的，很多企业在股份制改造后还是国家控股，还有大量的国有成分，就认为这些企业产品的定价不正常。目前的情况是，外国企业凭一个产权结构就可简单地以非市场经济名义来假定你有倾销行为，而我们的企业必须一个一个地去证明自己的成本和价格未受政府干预，且没有政府的补贴。这个逻辑是：对于非市场经济国家的企业，进口国可以轻易地假定它有罪（倾销），它必须去证明自己无罪（没有倾销）；而对于市场经济国家的企业，是被假定无罪的，你说它有罪就必须拿出证据来。所以，我们的企业比市场经济国家的企业更容易遭到反倾销指控。

随着中国企业出口竞争力的增强，外国对中国的反倾销指控会越来越多，中国加入 WTO 并不能马上解决这个问题，因为非市场经济的问题不能一下子解决，需要进一步的谈判。更重要的是，中国还需要一定的时间来改革。

记者：面对外国对中国大量的反倾销指控，去年以来中国也采取了一些反倾销措施。对多国进口商品实施反倾销措施或进行调查。有影响的反倾销案包括去年4月13日中国对原产于日本和韩国的进口不锈钢冷轧薄板实施临时反倾销措施；12月20日中国对原产于英国、美国、荷兰、法国、德国和韩国的进口二氯甲烷正式进行反倾销立案调查等六起。有人称这是以牙还牙。应该怎么看待这个问题？

海闻：反倾销是为了把价格抬上去从而提高本国企业竞争力，把倾销的外国产品赶出本国市场并非一定对本国有利。以牙还牙的目的也是一样，是为了抑制外国对我们的反倾销，而不是真正为了把外国的产品赶出去。在势均力敌或对方更加依赖中国的情况下，以牙还牙能够起到一定的威慑作用，但如果两国实力相差很大而中国相对弱小，以牙还牙反而会伤害自己。这里主要是谁更加依赖谁的问题。双方都搞反倾销，肯定对两个国家都没有好处。如果外国企业出口到中国的产品只占其总出口的一小部分，而我们出口到外国的产品占中国总出口的很大部分，双方都搞反倾销，我们吃亏会更大。在这种情况下，如果我们对几种不重要的产品反倾销，则威慑力不够；如果我们对重要的进口产品反倾销，则结果是会伤害我们自己。有许多进口商品是我们自己生产不了或者生产成本太高的，不进口势必对自己不利。

以牙还牙主要是为了威胁对方撤销对本国产品的倾销指控，但要权衡利弊谨慎使用。第一要看能否达到目的。成功的例子是韩国的"大蒜反倾销案"。去年韩国对中国大蒜进行反倾销，我们就宣布对韩国出口到中国的十种商品实行反倾销，迫使韩国撤销了对我们大蒜的倾销指控。其实我们并不想真正进行反倾销，只是作为一种维护自己利益的手段，结果是双方都不搞反倾销。双方都真的以牙还牙，坚持反倾销，互不相让，不见得是一件好事。因此，如果不能成功地使对方撤销反倾销指控，应尽量不采用以牙还牙的手段。

第二要仔细考虑对哪种商品实行反倾销。最坏的情况是外国对我们反倾销，我们也对它们反倾销，而我们选择的反倾销商品却恰恰是我们需要进口的东西。比如说对新闻纸实行反倾销就是一个错误的选择。无论从国内需求、生产成本，还是从资源和环境保护的角度看，我们都应进口新闻纸。不进口对中国自己造成了损失，反倾销反错了产品，结果我们还要去生产那些浪费资源、污染环境的新闻纸。中国是一个森林资源稀缺的国家，应该大量进口纸张这样的森林资源密集型产品，没有必要对新闻纸进行反倾销。

当然，反倾销的手段有时候还得用，但是利弊不能只从生产者的角度，而是应该从全社会的角度来权衡。

记者： 面对日益增多的对中国产品的反倾销指控，中国官方和企业应该如何应对？在国外往往是一个大企业牵头或者行业协会牵头，许多小企业纷纷响应，共同向政府施加压力使政府实施反倾销。中国将逐步弱化政府对企业的管理，因而行业协会的作用会越来越大。中国的行业协会在企业面对反倾销指控时有何作用？

海闻： 应对外国的反倾销，要由政府和企业共同努力。对政府来讲，要在体制改革上发力，要加快企业的非国有化改革。对于产权改革的重要性，我们不仅要从效率的角度，也要从国际竞争规则的角度来认识。前面提到的为了完成出口任务不惜自相残杀和政府过分强调出口而导致的低成本出口，都与国有产权有关，当然也与企业经营者的短视行为有关。

另一方面，我们也可以看到，在许多起对中国的反倾销调查中，中国企业根本不去应诉而甘愿退出市场。除一小部分是因为应诉成本太高外，大部分是因为不负责任，这正是某些国有企业的表现。有效的产权安排能够减少企业在出口中的倾销行为，并激励企业在遭遇反倾销诉讼时为了自身的利益积极应诉，从而减少因反倾销造成的损失。前面已经提到，外国对中国的反倾销指控中有很多把"中国是非市场经济国家"作为理由，这是因为中国的体制和国际竞争规则不相容，容易被人抓住把柄。深入的产权改革可以使中国的企业和外国的企业在相同的规则下竞争，不至于授人以柄。同时要进一步减少政府对企业的干预和扶持，尤其是对产品的行政定价和对企业的财政补贴。只有摘掉"非市场经济"的帽子，我们才能从根本上解决我们目前遇到的问题。

对于企业来说，也应努力做到产权独立、经营自主。许多出口企业都希望得到政府的补贴，可是有一得必有一失，这边你拿钱、拿补贴、拿优惠，那边你就会受到反补贴、反倾销的起诉。

面对着随时可能发生的反倾销指控，企业要做好准备，随时应对。要使财务处理符合国际标准。要把账算清楚，如果请律师应诉的费用低于退出市场的损失，就应该积极应诉。这里没有一个固定的模式，行业协会并不能替代律师，在应对反倾销方面不能起直接的作用。当然，如果某个行业中遭反倾销起诉的企业比较多，行业协会可以组织企业联合请律师，或提供某些法律咨询服务。

如果非国有企业即民营企业遭到外国利用"非市场经济"的幌子进行的反倾销诉讼，应该积极应诉。云南马龙的做法很值得借鉴。1999年1月，欧盟对中国出口的黄磷进行反倾销调查。作为涉案企业的云南马龙被简单地以国有企业为由定为"非市场经济"，而事实上，云南马龙管理者拥有股权，公司30%的股票已经上市，因此不存在政府对公司管理的干预。该公司在股份制改造中，资产折旧也不存在明显的政府补贴问题。虽然公司的许多原材料供应商属于国有企业，但其生产投入是由市场决定的，定价也是由供需双方自行确定的。因此，云南马龙及时提出市场经济地位的申请。经过一番周折，欧盟终于在调查之后做出给予云南马龙市场经济地位的决定。这个案例为中国许多企业提供了很好的借鉴。加入世贸组织之后，中国的出口企业应该运用世贸组织的规则，对每一次倾销指控进行充分论证，维护自己的利益。

WTO 与强国梦 [①]

（2001 年 5 月）

WTO 这个题目，已经谈得很多，也谈了好几年。1999 年中美达成协议以后，大家就一直认为好像马上要加入 WTO 了。《人民日报》网络版有一个栏目叫"强国论坛"，请我去做嘉宾，讨论为什么要加入 WTO，结果发现网上反对的人很多，很多人对中国加入 WTO 有疑虑。无论是支持中国加入 WTO 的，还是反对中国在这种情况下加入 WTO 的，都在考虑一个问题，即加入 WTO 对中国到底有什么好处？主张保护的也好，主张尽快加入的也好，都认为是为了要增强国力，要实现强国梦。因此，我觉得咱们可以在此探讨一下，加入 WTO 对我们实现强国富民的理想，到底是有利还是不利。

我就从社会福利来谈。加入世贸组织，明显地我们要进口更多的产品，同时我们也能够出口更多的产品。出口，大家可能比较愿意，因为我们有收入，我们有就业，大家可能在这方面没有什么太大的争论。然而，加入世贸组织，也意味着我们要进口很多东西。传统的宣传总是说，进口是一种"代价"，说为了能够更好地出口，我们不得不付出一定的代价开放我们的市场。把开放市场中的进口，视为我们加入 WTO 不得不付的一个门票。于是，大家又开始讨论，这个门票要有多贵？我们需要付出多高的价格来获得这张门票？有人觉得要价太高了，"不行，我们不能进去"。问题是，**开放进口对我们来说，到底是一个代价，还是增加我们社会福利的一件好事？** 这是我要分析的第一个问题。

[①] 赵炬，桂平. 世纪大讲堂 凤凰卫视强档栏目：第 1 辑 [M]. 沈阳：辽宁人民出版社，2002.

毫无疑义，进口本身也是富民的一个重要措施。我们出口可以赚钱，**但是赚钱的目的是什么？**赚钱的目的归根结底是消费。恩格斯批评早年的重商主义者就像守财奴，他们看到黄金就高兴，觉得黄金就是财富，其实黄金是不能吃、不能用的，除非能换成其他东西。所以，我们出口挣来的外汇到底用来干什么？外汇储备再高，如果不用，谈不上是对人民生活的改善。所以我们出口的目的，最主要还是为了用挣来的外汇去换取更加便宜的、质量更好的商品和服务。衡量一个国家居民的生活水平，不能仅看收入多少，还得看实际购买和消费了多少。如果说一种情况是我们一年赚了很多钱却买不了几样东西，另一种情况是我们赚钱不是很多，但能买很多东西，因为东西都很便宜，那么这两种情况到底哪个更好？哪一个真正是在富民？

如果讲经济学课，我可以给你们画很多图，可以说明我们的福利在什么地方。最简单的一个道理，我们每个人，每一个家庭，每天都在"进口"很多东西，我们要吃饭，要穿衣，这些都不是自己生产的。我们去商店里买东西的时候，一定很开心，实际上就和进口的道理是一样的。我们拿了这些钱，到全世界买东西，买了很多我们喜欢的、物美价廉的，甚至国内都没有的商品，就是对我们生活本身的一种改善！所以**开放市场，无论是出口还是进口，都是富民措施。**

第二个问题，有人就提出来了，说进口好，我没有钱怎么办？大家都想买啊，可是要付钱的，人家外国人不会白给你。**能否通过加入世贸组织，创造更多的就业机会？这是人们担心的一个问题。**加入世贸组织，对我们创造就业有没有好处？就某一些行业来说，可能会减少一些工作岗位，可是同时应当看到，在别的行业有更多的机会被创造出来。所以，**对外开放能否创造更多的就业机会，不能仅看某个行业，要从经济整体来看。**应该讲，自由贸易的影响，是资源的重新配置。有人说你能算准吗，到底创造多少就业？其实是不用算的。我们很多的经验教训都可以说明，只要能够比较自由地开放市场，人们就可以找到他们想做的事情。很多工作不是我们政府能够想出来的。政府只要把不必要的限制放开，群众的创造力是无穷的。

举个例子，有个农民到上海打工，一般来讲，进城打工的都想到工厂去，但这个农民给人家打扫卫生，后来发现上海人特别爱养花，养花没有土，他就开始想，怎么把这土运进去。于是，他租下了郊区的一块地，把适合种花的土包装成可运送的标准商品出售给养花的人，他甚至把这件事做成了一个企业。

开放自由贸易，某些行业可能是萎缩了，但是并不等于整个经济萎缩了，也不意味着工作机会减少了，因为在出口以及和出口相关的服务领域，我们会开发出更多的工作机会。再者，加入世贸组织不仅是贸易问题，还有开放投资的问题。**允许大量外商资本进来，本身就是创造就业的重要渠道**。在中国，我们最大的资源是什么？是劳动力。我们最缺的是什么？是资本和土地。外商投资，就增加了我们可用的资本。我们虽然不能进口土地，但可以进口土地密集型的产品。因此，加入WTO，进口更多的土地密集型产品与引进资本，可以弥补我们短缺的资源，也可以创造更多的就业机会。

第三个问题，有人质疑，如果按照现在的比较优势来分工，那么中国有劳动力的比较优势，这是不是意味着我们所有人都要去做鞋子，都要去做玩具，那么我们的高科技呢？如果我们不进行一定的保护，我们的高科技产业怎么发展？国家怎么强大？这又涉及我们的强国梦。我们为什么要保护呢？很多人的一个基本想法就是，通过保护，我们能够建立起自己的工业体系，能够建立起自己的汽车工业、自己的飞机工业、自己的高科技产业，但是，事实并非一定如此。我想这个问题又要分成两个部分来分析。

第一，保护能不能发展高科技？能不能把高端制造业发展上去？国际贸易中有一个"幼稚产业"（也可直译为"新生儿产业"）理论，意思是落后国家的新兴产业就如新生儿一样，无法与国外强大的对手竞争，就如新生儿不能与大人打架一样，需要通过国家的保护，使新生儿长大，长大后才有可能与外国成熟和强大的企业竞争。理论上似乎很有道理，但是现实情况并非如此。企业和新生儿不一样，新生儿一般情况下一定能长大，哪怕营养不太好，他也能长大，除非生理上有问题。但是企业就不一定，因为保护，企业有可能永远长不大。在政策保护下，企业不用努力都能获利，它为什么要长大？为什么要去提高效率？没有效率的提高，将来又怎么可能去同国际强大对手竞争？现实中，我们有很多的实证研究证明，保护并不一定能促使科技和先进制造业发展。以美国为例，美国也曾经保护当时国内的新兴铁器制造业，保护了二十年后，发现该行业的生产方式没有变化，市场份额也没有增加，贸易保护并没有让本国的这一"幼稚产业"长大。再来看中国的企业,我们的汽车行业保护了多少年?花了多少钱去发展汽车行业?结果仍然不尽如人意。保护到底能不能真正达到我们的目的?现在看来是达不到,不用说现在,我敢说,持续保护下去,仍然会是这样。

第二,有了高科技,是否就能够发展成产业?一个国家的科技,或者一些重要行业的发展,需要有一定的市场条件。也就是说,一些高端的制造业,只有在老百姓达到一定富裕程度的时候才能发展起来。富民强国,我们以前的想法是只有强国才能富民,事实上**只有富民才能强国,民不富,国也不会强**。为什么很多高科技的产业首先出现在美国,出现在发达国家,而不是在中国?其中一个重要原因,是因为中国的人均收入还没达到富裕的程度。高科技的产品可以研发出来,但无法形成产业,因为价格太高而卖不出去。**一个高科技产业的形成,在很大程度上还取决于市场**。最近有一个例子,美国的摩托罗拉公司设计了一个铱星系统,一个拥有77颗卫星的通信系统。科技上非常先进,可以在全世界任何一个角落、任何一个地点,随时通过卫星进行通话。可是这个铱星系统从正式宣布投入使用到终止使用不足半年时间。为什么失败了呢?因为缺乏市场,每分钟费用需要3—7美元,没有多少人用得起。这个耗资50亿美元建立的通信网只有5.5万名用户,收入远不足以支付成本,不得不破产。汽车产业也一样。我们可以设计一种全世界最先进的汽车,这种产品可以从研究所里做出来,但是不一定能真正形成一个产业。

中国现在到了什么阶段?我们现在已经到了一个可以发展汽车工业的阶段了,特别是经济型轿车。我们一直想发展汽车,但有些事着急也没用,如果没有一个较大的市场,产业也发展不起来。尤其是研发成本和生产设备成本很高的产业,规模经济非常重要。如果没有一定的生产规模,产品的平均固定成本就下不来。价格上不去,成本下不来,企业就会赔本以致破产。那么,规模经济靠什么呢?主要靠足够的市场容量,要有大量的人能够买得起这个产品,这个产业才能真正发展。

中国人谁不想国家强大?我在海外待了很多年,回国的最主要原因就是觉得我们这一代中国人有责任让国家富强起来,而且历史给了我们最好的机遇。但是怎么样来发展中国的高科技,怎么样使中国强大?这个路子确实要走好。

最主要的，就是政府做任何事情，首先一定要考虑怎么样让老百姓富起来，富起来包括创造就业机会，包括满足消费，包括提高生活质量。富民是强国的基础，只有富民，才能够有真正意义上的强国。加入WTO，实际上是我们走向富民强国的一条必由之路。

我们再回过头来考虑一个问题：如果我们不加入WTO会怎么样？有人也会说，不加入WTO，我们的出口也挺好，发展也挺快。可以这么说，在前一阶段我们的出口的确发展得挺快，可是终究会遇到瓶颈，如制度瓶颈、环境瓶颈、技术瓶颈、资源瓶颈等。我们也不能只出不进，不让别国的产品进来，连续数十年的巨额的贸易顺差，这都是不可持续的。我们也不可能说，我们的发展永远只是建立在自有资源的基础上。现在大家都在搞全球化，各国都在合作，如果我们不尽快地加入这个全球的经济体系，那么我们就会被孤立，我们的富民强国之梦就会更加遥远。

所以，我今天要讲的，更多的是一些大道理，都是从国家长远发展的视野谈问题。尽快加入WTO，融入全球经济体系，是一条寻求富强的必由之路，不走不行。当然，加入WTO还有一些具体的问题需要面对。政府现在要做的，不是去帮助企业竞争，而是给它们松绑。政府管得越少，企业的求生能力和竞争能力可能就越强。从现在开始，政府真正要做的是两件事情。

一是做好收入再分配工作。加入WTO，意味着我们的产业结构会出现一些调整，有些缺乏比较优势的行业可能会受到冲击。现在问题没出现，大家都觉得加入WTO是好事，可是一旦加入，很可能会出现一些行业的衰落和工人的失业。对于因此而失去工作的人，政府可以通过失业救济或特殊的补贴来做好再分配的工作，保证他们的基本生活水平。现在在分析加入WTO对中国经济的影响时，有人把农民减少也作为一个结果，这是不对的。中国即使不加入WTO，工业化和城镇化也会导致农民的减少。但是，在加入WTO以后，还是会有一些行业受到冲击的。这种情况下，政府一定要做好收入再分配工作，将负面影响降到最低。

二是推动教育改革和发展。加入WTO，中国的教育应该有一个很大的调整和发展。面对全球化的开放局面，我们需要培养更多的国际化人才。国际化人才不仅要有熟练的语言，更需要开阔的眼界、深厚的理论、合作的精神、沟通的能力等。教育本身要开放，请进来，走出去。培养的方式、课程的设置、各类学校的发展，都要适应新的形势。这也是政府需要做的事情。

总之，加入WTO，我们的愿望和目标，就是让老百姓富起来，国家强大起来。我想这就是WTO和强国梦之间的关系。

主持人： 下面咱们看一看网友对您的提问。第一位网友说，我知道林毅夫教授是您的上司，他是北大中国经济研究中心的主任，您是副主任，但他认为中国不应该像韩国那样生产汽车，而是应该生产汽车零部件。可是海教授，为什么您跟他"唱反调"，认为中国离开汽车工业似乎活不了了？我赞同林教授，反对您。中国没了汽车工业，只会让中国的天空更干净。

海闻： 我们几年前就讨论过韩国模式。在20世纪90年代，国内占主流的意见就是要走韩国的路，走日本的路，通过政府支持来发展汽车生产，从而建立自己的汽车工业。我最近翻译了一本保罗·克鲁格曼的书，他在书里就谈到了战略性贸易保护政策的利与弊，然后讲了很多韩国和日本的例子。东南亚金融危机发生，韩国的路子出了问题，日本的经济也不像前两年了。

我同意林毅夫的观点，我们可以发挥自己的比较优势，生产某些国际品牌汽车的零部件。但是我并不认为我们可以不发展汽车产业，我想我谈过加入WTO的汽车工业，我说是，加入WTO可以使中国的汽车工业更加健康、蓬勃、有效地发展。我是这么说的。

主持人： 在这一点上，可以认为您与林毅夫教授想的是不一样的，他讲的是要不要无所谓。

海闻： 我是说汽车工业很重要，当然应该要。但是，中国的汽车行业是不是只指我们自己的品牌呢？有些人一说中国的汽车工业，就只强调我们自己的品牌，没有包括在中国生产的外国品牌的汽车。我的观点是，只要在中国土地上生产汽车的厂商，包括大众、本田、福特等，都是中国汽车行业的一部分。

主持人： 在上海生产的德国大众公司的桑塔纳、在广州生产的日本本田，全是中国的车？

海闻： 就是中国的车。你不要总想着这是外国的车，这就是中国的车。

主持人： 下一个问题，是"关起门来寻开心"这位网友提的。他说：咱们中国是不是有点傻，明知道入世会带来那么多不利——下岗、汽车受冲击等，为什么非要加入？等到咱们发展强大了，他们求咱们加入，咱们来个半推半就假装不加入，那该多好。

海闻：我刚才讲，其实我们现在不是为了人家入世，是为我们自己入世。所谓的代价，没有想象的那么大。目前的下岗问题，与入世没有关系。即使没有入世，我们也有下岗。

主持人：那入世后下岗会更多啊。

海闻：但同时也有更多上岗的啊，不能只看一面。入世以后，一些地方的工作可能是少了，可是另外一些行业，包括劳动密集型制造业和服务业，可能会发展更快，提供更多的就业机会。包括金融、法律、文化、艺术等在内的高端服务业也会发展，会创造更多的岗位。中国入世对就业的影响，我们必须把两个方面的情况加起来一块看，不能只看负的，还要看正的，然后算一下，一定会有正的岗位增加量。特别有意思的是，咱们在说加入WTO中国失业会增加，同时美国人也在担心失业，担心中国加入WTO后美国工人会失业。其实，美国人的担心是有道理的，因为本来他们劳动力相对稀缺，工资很高，与中国开展自由贸易后，会进口更多的劳动密集型制造品，同时资本的自由流动又使得一些美国企业搬到中国去了，美国的劳动力变得不再稀缺了，工作机会也会减少。中国加入WTO，美国人觉得工作会丢了，中国人也觉得工作会丢，那么工作都哪儿去了？实际上中国加入WTO，两国的产业结构都会有所调整，都会有一些行业工作机会减少，而另外一些行业工作机会增加。

主持人：您的意思是美国那边失业，因为咱们这边有劳动力，工作拿到咱们这边来了，是吗？

海闻：对呀，有些行业他们不得不退出啊。美国在纺织业、玩具制造业、制鞋业等领域早就退出了，现在电视机也退出了，大多是进口的。过几年说不定钢铁工业也得退出。美国和日本不一样，一旦某个行业失去比较优势，说退出就退出，然后再想办法去发展新的产业，如IT行业、医疗健康行业。日本就犯了不痛快退出的错误，当一些行业失去竞争力，日本有很多暗的保护。其结果是，一些失去比较优势的行业上上不去，下下不来，而新兴产业的发展又不多。为什么日本20世纪90年代以来经济一直萎靡不振？原因之一就是没有及时完成产业结构调整。"亚洲四小龙"的崛起对日本没有太多威胁。中国一起来，就替代了它的机电产业，不仅是彩电、冰箱、洗衣机等，现在连电脑也开始受到中国的挑战，东芝电脑现在在中国已经不稀奇了，中国的电脑很快会超过和替代它。所以，遇到挑战如果不进行产业结构调整，那就很容易陷入困境。

主持人：现场观众有什么问题，可以直接与海教授对话。

观众：海教授，请问一下，中国入世以后，短期内会不会出现一些混乱现象？如果会的话，中国政府有没有能力控制住局面？谢谢。

海闻：我认为不会出现混乱。因为加入WTO，不是一天两天的事情，我们已经准备了很长时间。入世后的关税下降和市场准入也是有时间表的，是一个逐渐的过程。而且，一旦决定入世，人们就对各种结果有了预期，反倒不会惊慌了。所谓混乱，一般是在没有预计到而突然发生时产生的。现在虽然还没有公布加入WTO的具体条款，但是我想，人们已经开始有预期了，所以我认为不会有太大的混乱。中国加入WTO是一个渐进的过程，有一个调整期。话说回来，如果真的出现混乱，相信中国政府也能控制局面。可以针对问题出台一些措施，减缓矛盾，总之，到时候一定有办法。

观众：请问海教授，加入WTO对中国的政治体制改革有什么影响？

海闻：我觉得，从长远看，应该会有影响。**加入WTO，有利于减少国有企业和民营企业之间的差别**。允许外国企业进来，马上面临的就是对中国的私营企业开不开放的问题。现在我们有哪些不平等？第一是国有企业和私营企业不平等，很多行业私营企业不能进入，贷款方面不能一视同仁。当然，国有企业也有很多抱怨，那么好，咱们努力达到平等。加入WTO，我觉得至少可以在经济上，逐渐实现不同体制企业间的平等。**加入WTO有助于缩小政府的权力**。WTO要求政策要有透明度，要公开。现在的问题是，政府掌握的信息，老百姓不掌握，企业也不掌握。因此，加入WTO从长期来讲，对于增加透明度，缩小政府权力应该有好的效果。

观众：您刚才提到，应该把某些国有企业置身于竞争的环境中，让它们去接受冲击，我理解是机会均等的原则。但是从另一个层面上讲，我们的国有企业在科技实力，还有经济实力，包括管理体制上都和外国企业有很大的差距，怎么样解决这种不平等造成的问题和影响？

海闻：我不认为这叫"不平等"，不平等通常指规则，不是指实力。这个问题是我们自己造成的，换句话说，有个人从小没好好学习，到了考试的时候，这个人说：我学习成绩没有他好，所以呢，你应该给我单独出题，否则不平等。我认为中国国有企业的这些问题，本身是垄断造成的低效率，现在到国际上竞争，这本身没有什么不平等的问题。其实外国的私人企业反而有可能认为国有企业有政府支持，竞争不公平呢。面对竞争，有两条路，一条是改革，包括产权改革。这些当然需要有政府的支持，所谓的支持，不是给钱，而是给政策，放松对国有企业的限制。另一条路是，如果觉得竞争不过，可以放弃，也可以支持民营企业的发展，让民营企业发展壮大，去参与国际竞争。

观众：我想问的是，突然把它置于竞争环境中，可能这个企业本来是很有潜力的，但是可能就这一下，我能不能用这个词，就把它扼杀了？

海闻：对，我同意，如果真的很"突然"，这种情况是可能的，但现在没有那么"突然"。一个是我们开放的时间表不是突然的，另一个是外国企业的进入也不是突然的。这个时间其实已经足够长了。现在有一种观点，认为我们还没准备好。但是，如果到现在还不签入世协议，我认为会永远准备不好！我们已经准备十三年了。为什么十三年都没有准备好？如果我们这次不签协议，再过十三年，可能还不会准备好。所以我觉得，这并不是一个突然不突然的问题，而是一个是否准备的问题。只有签了协议，让大家觉得这是真的了，才会认真去准备。

观众：我想问一下，您刚才说，加入WTO对中国农民几乎没有什么影响，但是我想问，假如加入WTO，外国那些农产品，譬如说泰国的水稻、美国的小麦，还有伊朗的荔枝，它们会不会对中国的农产品市场造成很大的冲击？假如在这种冲击之下，农民大批失业了，就像您刚才说的，假如中国有80%的农民仍在田里种地，中国是不能强大起来的。但是农民大量失业，按照目前中国农民的情况，他们能去干什么呢？

海闻：加入WTO对中国农业的冲击有多大？根据我们现在达成的协议，中国会进口一些农产品，但不超过中国整个农产品消费的5%。换句话讲，最多只有5%的农民有可能受到冲击，当然这是太过简单的一种对比。进一步分析，中国需不需要进口农产品？我认为是需要的。中国人多地少，土地是相对稀缺的资源，进口土地密集型的农产品，相当于进口土地。

我们会不会进口像小麦、大米那样的粮食？当然会，但不一定会造成很大冲击。一方面，我们南方地区可能从泰国进口大米，另一方面，我们北方地区可能向韩国和日本出口大米。相比泰国，我们没有大米优势，但相比韩国和日本，我们有生产大米的比较优势。这是一种资源的重新整合，净进口量估计不会那么大。现在吉林、辽宁在与韩国谈粮食贸易，因为它们也要开放农产品市场。WTO是一个总体，不仅我们开放，韩国、日本也要开放它们的农产品市场。它们开放以后，就会从中国进口。这样的话，我们进口一点，同时也出口一点。

另外，不种水稻，不种玉米，不种小麦，是不是农民就失业了？不一定！农民可以去发展劳动密集型的农产品。我去过山东的一个地方，他们就瞄准了日本市场，专门生产蔬菜。收获以后立即加工，马上冷藏，新鲜蔬菜运到日本去，附加值很高，比种粮食的收入高得多。

还有一点，我们现在种地的环境代价已经太大了，沙尘暴越来越厉害，迫使我们退耕还林。今后农民种地的机会成本也会越来越高，为什么呢？现在农民不断进城，到城市发展，这是任何一个国家在工业化过程中必然出现的现象，原因不在于是否从外国进口农产品，而在于城市里的工资在不断提高。除非农民的收入能够跟城市里面同样速度地提高，否则农民就会不断进城工作。如果城里的工资收入每年增长10%，农民的收入也每年增长10%，那么农民还有可能继续在农村种地，否则谁也挡不住农民进城。

如何提高农民的收入？如果人均土地面积仍然这么多，粮食价格又涨不上去，那么农民靠什么增加收入？一种趋势是减少农民，其结果是剩下农民的人均土地就越来越多。比如有10亩地（1亩地约为666.7平方米），原来10个人种，现在走了5个人，剩下5个人继续耕种。即使亩产量没变化，粮食价格没变化，但是人均土地多了，每个农民的收入也会增加。所以说，农民离开土地进城打工，无论对出来的农民工，还是对留在农村的农民，都是好的事情。

下一个问题是，城里如何为农民工提供更多的就业机会？政府需要做什么？能为农民提供更多非农就业机会的，主要是民营企业，所以要大力发展民营经济。政府要做的，是把一些妨碍农民进城安居乐业的措施去掉。农民可不可以贷款？可不可以允许他们借一些钱去做小生意？我相信，加入WTO以后，特别是信息产业发达以后，配送系统、服务业需要大量的人，还有家政服务。总之，随着经济的进一步发展，越来越多的农民会离开农业，离开农村，从事非农工作。即使中国不加入WTO，这个过程也会发生。

观众：我认为，现在我们国家很多企业自身存在问题，仍然需要国家给予一定的帮助，在大部分企业不接受保护的情况下，是不是应该给某一部分企业特定的优惠？

海闻：我们既然要加入WTO，就不应该再继续进行不符合WTO规则的保护。我们现在的主要问题，不是保护太少，而是保护太多。现实中，保护的弊端会多于保护的好处。早在20世纪70年代，国际上一些经济学家在理论上提出了所谓"战略性保护政策"，提出在垄断竞争的国际市场上，政府的"战略性保护政策"所得到的效益比不保护更大。但在一段时间后，人们发现，在理论上可行的保护政策，在实践中问题百出。著名经济学家克鲁格曼后来专门写了一篇文章《自由贸易过时了吗？》(Is Free Trade Passé?)，分析保护和自由贸易的利弊。主要的结论是，尽管自由贸易有很多缺陷，但是贸易保护有更多的缺陷。在这种情况下，他还是强调要崇尚自由贸易，"自由贸易没有过时。虽然它已经不像以前描述的那么完美，但是与保护主义相比，它仍然是现实中的最优政策"。

我们可以从一个美好的愿望出发去保护某些特定的行业或企业，可是在具体执行的过程中，经常会出现完全出乎我们良好愿望之外的问题。如果存在政府的保护政策，所有的利益集团都会想方设法地寻求保护，结果原本希望促进某些行业发展的保护政策最终导致了另外一些利益集团寻租的结果。即使这是一项有利于国家利益的保护政策，政府相关部门信息和知识的局限性也可能最终保护了不该保护的行业或企业。因此，如果允许政府给某一部分企业特定的优惠，其结果不一定能达到目标，所带来的社会代价，远远超过保护带来的社会利益，超过不保护所带来的损失。所以，综合而言，不宜给任何竞争企业任何特殊的保护政策。

主持人：问您最后一个问题，请您务必用一句话回答。您研究WTO和强国梦之间的关系，请您用一句很感性的话说说它们之间的关系。

海闻：加入WTO是中国实现强国富民之梦的必由之路！

"入世"对中国经济的影响[①]

(2001年9月)

加入WTO将对中国经济产生三个重要的影响。

第一是促进中国外贸总量的增长,特别是从发达国家的进口将大幅上升。由于加入WTO后一些外贸壁垒将被消除,同时出口环境得到改善,外贸总量必然会增长。特别是很多消除的壁垒是针对美国或欧盟国家有比较优势的产品,同时由于中国对这些国家有很高的贸易顺差,所以无论客观上还是主观上,这些国家都会增加对中国的出口;并且,中国未来五年将保持较高的GDP增长率,随着收入的提高,民众也越来越关注消费,所以进口将有很大的增长。

第二是将极大地改变中国的经济结构。当然,影响效果不会立竿见影,这可能要到五年后才会显现出来。它将会通过两个渠道显现出作用。**第一个渠道是通过更加自由的贸易,**中国将越来越集中地发展自己具有比较优势的劳动密集型产业。通过计算发现,中国在基础制造业具有比较优势,而在食品、燃料、化工和机器制造等产业不具有比较优势。这也就意味着,中国的基础制造业将有可能在中国加入WTO后有迅猛的发展;而相反,不具有比较优势的产业可能会面临外国竞争者的强劲挑战。**第二个渠道是通过外国直接投资(Foreign Direct Investment,FDI)影响中国的经济结构。**现在的FDI多集中于劳动密集型的产业。中国加入WTO后,我们估计,FDI的结构可能会发生变化。到那时,外国资本可能会投资于一些高科技等资本密集型的产业。特别需要注意的

---

① 海闻. "入世"对中国经济的影响[J]. 中国经济快讯,2001(43):5-6.

是，由于中国服务业的放开，在服务业上的直接投资将会增加。综上可见，加入WTO后，中国的产业结构将向着具有比较优势的方向进行调整。那些依靠中国稀缺资源的产业将在竞争中缩减，而那些符合中国比较优势的产业将在国际竞争中不断扩大。

第三是将促进中国市场经济体制改革的深入发展。中国的改革不同于苏联和东欧的改革，中国采用的是一种"摸着石头过河"式的渐进式改革。在初期，由于改革使每个人都受益，所以改革进行得比较顺利。可是，随着改革的深入，一些重大的根本性的问题渐渐浮出水面，一些集团的利益将不可避免地受到影响，这时，我们不会再听到帕累托改进（Pareto Improvement）带来的笑声。但是，如果中国加入WTO，中国将遵守WTO的规则，而这将作为一种外力迫使中国深化经济改革。这将在以下两方面表现出来：第一，民营经济会得到更大的发展。随着加入WTO，民营经济要求"国民待遇"的呼声越来越高。以往在信贷、准入等方面对民营经济的限制将被取消。从这个角度看，实际上有助于中国的市场化改革。第二，国有企业将面临严峻的挑战。WTO的原则之一是保证贸易和国际竞争的公正，对国有企业的补贴等非市场行为将受到限制，国有企业的改革将不可避免。

全球化视点[1]

(2004 年 12 月)

青年华商峰会：一个全球化的视点

记者： 作为青年华商峰会专业委员会成员之一，您对这次峰会怎么看？

海闻： 我觉得创意非常好。21 世纪，中国经济的主要任务之一是融入全球经济，然后利用全球化加快中国的发展。怎样融入？发挥全球华人的作用就是一个很好的切入口。中国改革开放之初，世界各地的华人到中国来投资。另外，现在的经济模式与很多年前也很不一样了，华人也在不断适应新的潮流，不断改变发展战略。现在的年轻华人，可能对整个世界的趋势更有远见，精力也更加旺盛，而且所涉及的行业也更加具有前瞻性。这次组织者的着眼点是非常有远见的，他们看到的不仅是全球，而且是未来。

未来的货币政策

记者： 中国现在已经融入全球化的浪潮中，并成为世界经济的重要组成部分。现在美元贬值，对中国有什么压力？

海闻： 美元贬值会引起人民币升值的压力。假设人民币在这种压力下升值

---

[1] 海闻, 张寒, 尹力俭. 全球化视点 [J]. 新远见, 2005(01):86–87.

了，对中国经济会带来一些不利的影响，比如会对我们的出口竞争力产生一定影响，特别是对美国的出口。出口下降，会对宏观经济造成影响，从而进一步影响我们的就业。中国现在正处于转型期，大量农村人口正在向城市转移，就业对中国目前来讲非常重要，而且很多就业岗位是与出口加工贸易有关的。

记者： 人民币会不会升值？

海闻： 一个国家的汇率可以由市场决定，这是浮动汇率机制；也可以由货币当局决定，这是固定汇率机制。我们来讨论一下，人民币该不该采取浮动汇率。我认为目前条件不成熟。

浮动汇率的好处：一方面币值能够反映市场供求，另一方面可以使国内有一个独立的货币政策，不受外界干扰。假如出现通货膨胀，如果采用浮动汇率，就可以减少货币供给，提高利率，通货膨胀就会被控制住。但浮动汇率对一个国家的对外经贸会产生不确定性，会给对外投资和国际贸易带来汇率风险。

中国暂时不应该使用浮动汇率，因为浮动汇率需要很好的金融体系来适应国家的货币政策，需要有由市场决定的货币利率和外汇的自由兑换。我们现在这些条件都还没有具备，采用浮动汇率可能带来汇率风险和不确定性。

我们再来考虑人民币在固定汇率下应不应该升值。我觉得目前有升值的压力，但现在还不应该升，因为目前在中国并不存在一个美元可以自由兑换的市场，在这种情况下，美元与人民币的汇率并不一定反映人民币真正的市场价值。具体来说，美元的供给基本上是自由的，经常账户和资本账户上的"双顺差"使得美元的供给很充足，形成了人民币的升值压力。但另一方面，对美元的需求却不是能够自然满足的，即人们兑换美元是有限制的。

从长期来看，还是应该加快金融体制改革，在控制风险的基础上，逐步放开对外汇兑换的限制。满足一些需求后看看人民币到底还有多少升值压力。如果真的放开以后仍然有升值压力，再调整也不迟。另外，目前对人民币升值的压力和预期都很高，投机动机也很强，在这种情况下，人民币更不能马上升值。

记者： 为什么？

海闻： 压力特别大的时候，不能揭盖，揭盖会造成井喷，先要纾解压力。这就像门口挤了很多人，不能马上开门，要先疏散一些人后才能开门。

加快全球化进程

记者： 全球化是必然趋势，但凡事都是利弊共存，比如加入 WTO 后，中国企业频频遭遇反倾销指控，这也是全球化的结果。您如何看待这个问题？

海闻： 加入 WTO 以后，关税和非关税的保护会越来越少，所以，很多国家通过采取反倾销的手段来保护本国企业。为什么中国会受到这么多的反倾销指控？中国采取了外向型的发展战略，出口增长很迅速，对进口国的企业形成竞争压力，出现对中国出口商品进行反倾销的情况很正常。当年的日本、韩国，也遭受过很多反倾销。中国仍然存在的一部分计划经济体制，在我们加入世贸组织的十五年之内，其他国家仍然可以把中国视为非市场经济，这也给了进口国借口对中国企业进行反倾销指控。

中国怎么办？短期内，企业应该积极应诉，尤其民营企业，可以证明自己是在市场经济机制下运营的，没有政府补贴，采用的是市场定价。从实际情况来看，应诉之后成功的概率是很大的。通过对反倾销诉讼的应诉，尤其是最后胜诉，不仅减少了中国企业的损失，还提高了对方起诉的成本，让对方不敢轻易起诉中国企业倾销，这一点很重要。长期中，我们还是要进一步按照 WTO 的要求进行市场化的改革，尽快完成向市场经济的过渡。

记者： 入世之后，中国市场将更加开放，银行、电信、保险、汽车，还有零售，应该说是受冲击比较大的几个行业，有人担心这些行业久而久之会被外资吃掉。您认为主动求变应该怎么做？

海闻： 从全局来看，不会出现人们所担心的那种局面。而且，中国企业只有面对竞争才能学会改革、创新、发展。如果不开放，中国企业永远不会准备好。另外，开放也让企业有了改革的目标。比如沃尔玛来了，如此强的实力，如果悲观地看，中国企业的市场份额可能一下减少很多，但乐观地看，中国的零售企业可以开始学习沃尔玛，然后再夺回失去的市场份额。外企进来一是迫使中国企业好好干，二是为中国企业提供怎么干的样本，所以对中国企业来讲，有很好的促进作用。如果中国的服务业能够达到与外企一样的效率和质量，作为本土企业，应该更有市场优势。

记者： 全球化，除了市场、体制、经济方面的问题，是否还有观念、文化全球化方面的问题？

海闻： 的确如此。观念有时候会阻碍发展，我觉得目前国内有两种观念是很危险的，一是狭隘的民族主义，这会影响我们的开放和正确对待与利用全球化。二是进入市场化的工业社会后仍残存的自给自足、农耕社会意识，这也会阻碍中国的国际经贸合作和市场经济的发展。所以，观念和文化的全球化，从某种意义上来讲更重要。

二、论国际贸易

中国对外开放与贸易发展[①]

（2003 年 12 月）

主持人：今天讨论的话题是中国对外开放与贸易发展的问题。

网友：海闻教授，有学者认为按照美国的算法，2002年中国对美国的出口额占中国2002年GDP的10%以上，也就是说，中国过于依赖对美国的出口了，您对此如何看？中国应该如何调整对外贸易政策？

海闻：这里面有两个问题，一个是"是否过于依赖"；另一个是"是否需要调整"。按照中国海关的数据，其实我们对美国的出口额没有那么大，2002年大约占中国总出口的21%。美国和我们的统计方法是不一样的，他们把中国出口经过香港产生的附加值都算在中国出口上面，夸大了中国的出口值。稍微调整一下大概占GDP的7%至8%。到底这算不算依赖呢？仅从出口来说很难说对美国的依赖有多大。实际上对GDP的贡献应该是净出口，有些国家的开放程度高，进出口的总值甚至可以超过它的GDP，所以从这点来说我并不认为中国对美国的依赖已经达到非常危险的地步，现在谈不上过于依赖。

那么，是否需要调整呢？调整不调整不是由政府说了算的，很多是由市场、企业来决定的。企业也在考虑，也在不断寻找，考虑哪个市场对它更好。现在政府希望出口到其他的市场，但是企业仍然出口到美国市场，这是因为美国的市场更大，美国人的购买力更强。按照市场的规律，如果出口到美国比较困难，企业就会逐渐转向其他的市场，比如欧洲市场或日本市场。政府能够帮

[①] 北京大学中国经济研究中心. 展望中国：中国经济展望论坛[M]. 北京：中信出版社，2004.

助企业做的就是在与别的国家谈判过程中希望别国更加开放其市场，使我们的产品出口到欧洲或到日本能够获得更多的利益。

主持人： 请问海闻教授，2003年美国对中国的反倾销立案已达7起，有媒体评价美国"抡起了反倾销大棒"，对这个问题您怎样看？

海闻： 我觉得不应该感到很惊讶。中国遭受反倾销指控很多，既有一般的原因，又有特殊的原因。**一般原因是中国采取了外向型的发展战略**，出口多了一定会对其他很多国家造成压力。中国改革开放后很多企业的竞争力越来越强，对别国的压力也越来越大。从这点来讲，反倾销指控增多是中国出口能力增强的表现。日本、韩国早年起步的时候也遭到了反倾销，这也是中国遭遇反倾销的一般性原因。

中国遭受这么多反倾销指控的**特殊原因就是中国的经济体制**。因为我们仍有大量的国有企业存在，所以其他国家视中国为"非市场经济"。美国对中国企业进行反倾销指控的主要依据就是认为中国是"非市场经济"。应当看到，只要有空子可钻就没法让别国不钻这个空子。关键是怎么应对这个问题。

我们应该积极应诉。反倾销必须满足三个条件：第一是倾销存在；第二是进口国同行受到伤害；第三是倾销和伤害有因果关系。有时企业为了争取出口，为了要达到一定的指标，常常在出口中竞相杀价，自己把价格压得很低，存在倾销。但是倾销存在并不等于外国政府和企业可以采取反倾销的行为，因为还有另外两个条件需要满足。我们出口的很多产品是低端产品，虽然通过压低价格扩大了市场份额，但并不一定真正对别国同行造成伤害。低端产品降价不一定对高端产品造成伤害。因此，我们的应诉以无伤害结案的成功率是很高的。**如果我们应诉成功率提高，美国企业采取反倾销措施的成本也相应提高**。在积极应诉方面，政府要进行引导，企业也要有积极的态度。**最根本的是要加速产权改革，在国际竞争中尽可能按照国际规则办事**，尽可能避免政府的补贴，这样也避免被人家用非市场经济作为借口。

主持人： 这些律师或者经贸界的人士，特别是能够在国际上应诉的人才，中国是很需要的。

海闻： 我们确实需要人才。中国加入世贸组织后，在这方面的人才需求突然增加。这对我们来说也是一个巨大的挑战。我们要了解国际规则，而且要用这些规则去反击，也要用这些规则去限制别人的行为。**在国际规则下从事商业活动、解决商业纠纷，这是最重要的一点。**我们不能想当然，不能用自己的价值标准去判断国际事务。有时候我们觉得自己有道理，但在国际规则下也许没道理。我们的企业家要懂得国际规则，在制定企业发展战略时也要从国际要求出发，即使许多企业目前只在国内经营，我们的律师、会计师也必须与国际接轨。

主持人：海闻教授，您曾经谈到中国加入世界贸易组织对于民营企业来说是一个历史性的机遇，您能就这个问题谈一谈吗？

海闻：民营企业参与竞争的前景非常广阔，而且是中国企业未来参与国际竞争的主力。世贸组织有很多规则，但归纳起来主要是两个：一个是自由；另一个是公平，这是市场经济的基本原则。所谓公平，就是要求企业在竞争中没有政府的背后支持。所以，国有企业在国际竞争中往往会遇到挑战。现在很多反补贴和反倾销问题都与国有企业和政府行为有关，所以未来真正在国际竞争中有希望获得成功的是民营企业。

加入世贸组织后，中国民营企业应该有很好的发展前景，一个机遇是领域的开放。原来很多领域是不允许民营企业经营的，加入世贸组织从法律上来讲也给中国民营企业一个进入这些领域的理由：**既然外国的企业可以进入，中国的民营企业为什么不可以进入？**入世给中国民营企业带来的另一个机遇是融资。金融改革和开放可以为民营企业带来更多的筹资渠道。中国民营企业大多比较小、发展速度慢，还没有多少民营企业认真考虑过成为跨国公司的战略。这需要一个过程，需要一段时间。

网友：请问海闻教授，今年中国对外贸易进出口顺差比去年减少了，而且进口增大，中国银行最近有官员预计未来几年可能出现贸易逆差，如果出现逆差那将会怎么样？

海闻：短期内有可能出现贸易逆差，**一个原因是我们降低关税和非关税壁垒。**中国入世是中国单方面降低了关税壁垒，在这种情况下我们的进口肯定会增加，我估计2005年左右进口会增加不少。**另一个原因是中国经济正在发展，经济发展得越快对进口产品的需求增加得越快。**从这两个方面来考虑都有可能出现短期的贸易逆差。短期的贸易逆差对中国经济并不会有很大的影响，因为现在我们已经有十几年的贸易顺差。但是我估计中国不会长时间出现贸易逆差，一个原因是中国的劳动力比较充足，在很长一段时间里，**出口成本会保持较低水平**。另一个原因是**中国人的储蓄率比较高**，不会出现当前消费长期超过当前生产的情况。因此，在相当长的一段时间里仍会以顺差为主，应该不会出现长期的贸易逆差问题。

主持人：海闻教授，现在有很多中国企业开始"走出去"，其中一个重要方面是出口，还有一个方面就是并购。您觉得并购，特别是跨国并购对于中国企业参加国际竞争的意义何在？

海闻：在某种意义上来讲这也是中国企业走向世界参加国际竞争的一种捷径。中国企业参与国际竞争**主要有两种途径：一个是自己搞投资，创品牌，打出去；另一个是兼并别国企业**。当外国企业失去优势或者经营不善时，中国企业可以对它们进行兼并，成为它们的所有者，然后利用它们的资源，使用它们的品牌，这是非常重要的战略发展思路。这样做，也可以减少贸易上的矛盾。现在中国企业经常遭受反倾销，那我们就并购它们的企业，买它们的品牌，甚至在它们的地方生产，这样有可能减少许多矛盾。

现在的关键是观念问题，怎样能在观念上进行调整。我想在市场经济中，在经济全球化中，企业的观念必须开放，可以把自己的品牌打出去，也可以借用人家现成的东西，利用外国企业成功的地方，比如市场份额、营销渠道、品牌在老百姓中的声誉等。中国企业走出去的时候有几个问题要考虑：第一，自己的企业是不是足够成熟，不要大家一窝蜂，结果到外面做很多赔本的生意；第二，企业要了解别的国家的法律，具体并购的时候需要非常谨慎，不能接很多烂摊子。

网友：有学者称世界经济正在复苏，明年美国进行总统大选，欧盟也会有10个成员加入，您认为目前中国如何更好地进一步开放？

海闻：世界经济复苏给了中国经济发展的新机遇，美国总统大选和欧盟新成员的加入实际上给中国经济带来了更多挑战。面对机遇和挑战我们所应该做的事情包括：**第一，充分利用经济复苏的机会加快我们的发展**，因为中国的转型还没有完成，而且我们面临巨大的挑战，大量的农村人口将随着工业化的过程到城里来，进入非农行业，国际经济复苏对我们的出口和就业是非常好的机会，所以要充分利用。

第二，面对新的挑战，我们要加速开放。 其实开放并不是一种代价，开放本身对我们的促进作用也是非常大的。但是，有时候为什么要控制开放速度呢？一方面是为了国内的调整，开放中有调整成本，且调整成本不能过大，所以要逐步开放。另一方面是为了谈判中的讨价还价，暂时不开放是为了让人家更加开放。

第三，我们要注意世界经济中区域贸易发展的特殊情况。 在全球还不能实现多边自由贸易而区域自由贸易正迅速发展的情况下，我们要注意别国搞双边和多边的自由贸易区对我们造成的负面影响。中国应该积极参与双边和多边的自由贸易活动，包括与东盟，以及日本、韩国的自由贸易探讨，甚至可以考虑与美国合作。

第四，加速本国的体制改革。 中国要融入世界经济，加速本国的经济体制改革是非常重要的。只有当中国经济体制能够适应国际竞争的时候，中国才真正地融入了国际体系。

贸易和对外开放[1]

（2004年12月）

主持人：中国的进出口总额达到1万多亿美元，但是在全球贸易中只占6%的比重。海教授，您认为应该怎么评价中国在世界贸易格局中的地位？

海闻：这说明在国际贸易的总额中，我们已经进入前三名，但是，整个份额相对来说并不是很大。这与中国的经济总量是有关系的，从经济总量的角度看，中国现在还属于发展中国家。一方面，我们应该看到改革开放特别是开放的成果，1万亿美元本身是一个里程碑，表示我们开放到了一定的程度。另一方面，也说明我们的经济发展仍然有很多路要走，与第一和第二的差距其实还是很大的。

主持人：多年来，中国一直在提倡"千方百计扩大出口"。一些学者认为，现在到了反思贸易政策的时候了，您怎么看这个问题？

海闻：一个国家发展的阶段不同，发展重点和主要倾向也会有所不同。一般来说在发展中国家，初期作为一种发展战略，出口增长得更快，而因为购买力有限，进口一定是滞后的。我们采取的是出口导向型，是以出口带动经济增长，所以在初期出口增长得很快。到了新的发展阶段，自然就会增加进口。这几年一方面我们的出口增长速度还是很快；另一方面进口增长速度也很快。但是，我觉得确实现在从观念上应该开始转变，不要总认为只有出口是好事，进口是不好的。

---

[1] 北京大学中国经济研究中心. 展望中国2005[M]. 北京：中信出版社，2005.

我们现在仍然有这样的观念：进口都是不得已的，不得不进的时候才进口。实际上，在收入到了一定水平以后，进口是改善生活的一个很重要的部分。有钱了就要买东西，这是一个简单的道理。

还有一点必须认识到，如果我们现在不进一步开放进口，那么会阻碍我们将来的出口。如果说我们只想出口，不开放进口，时间长了我们的出口也会遇到很大的障碍。

外汇储备：与外贸关系有多大？

主持人：我们现在有5 400亿美元的外汇储备，有些学者认为太多了，美元的贬值给我们带来了压力，有些学者提出应适当控制贸易出口的比例，让汇率与贸易之间能更好地协调。怎样看两者之间的关联性？

海闻：理论上说，外汇储备和美元贬值没有必然的联系，主要看储备什么货币。现实中，绝大多数的外汇储备是美元。如果储备欧元，那么外汇储备以美元计反而升值了。这是不同的概念，要看中央银行到底怎么调配结构，多少是美元，多少是欧元或者其他货币。

对于出口比例，我们既然要走向市场经济，就不能动不动就想人为去控制各种比例。我们现在不知道多少比例是合适的，对这个问题我觉得说说容易，操作起来很难，怎么才算合适？包括外汇储备，多少合适？外汇储备不能没有，也不能为了储备而储备，但我们的外汇储备到底是过高还是太低？对这个问题不同的研究有不同的看法。

我想再补充一点，我们现在外汇储备这么高的原因之一，是对使用外汇的需求控制得太严。人民币目前还不能自由兑换，资本市场并没有开放，随着中国越来越多地参与国际事务，这个问题早晚要解决。

人民币汇率：固定好，还是浮动好？

网友：发达国家在人民币汇率上向中国屡屡施压，中国本身也存在结构调整的巨大压力。您认为针对人民币的汇率，短期和长期应该采取什么样的策略？

海闻： 人民币和美元挂钩之后，美元相对于日元和欧元大幅贬值，人民币也跟着贬值。这对别的国家是有压力的，它们出口到中国更加困难，所以它们就要求人民币升值。美国因为长期的对华贸易逆差，也要求人民币升值。总的来讲，现在国际上形成了一个要人民币升值的压力。怎么来解决这个问题呢？我觉得不是简单升值就可以解决问题的，升值会带来很多负面影响，会带来很多对外关系的不确定性。汇率浮动是好的制度，但是也存在很多弊病。浮动汇率的好处是可以更好地调整国内经济，不利的地方是一旦浮动就会给贸易和投资带来很高的汇率风险。我们可以用固定的汇率制度，也可以用浮动的汇率制度，关键看哪个相比之下对中国更适合：我们要一个更确定的对外经济关系，还是要一个更加灵活的货币政策？

现在我们的对外经济关系非常重要，尤其是与美国的关系。这几年正好是我们加入WTO的初期阶段，美国和中国有很多的投资和贸易，此时人民币汇率的浮动所带来的影响是非常大的，带来的不确定性也会很大，对中美关系的影响也非常大。

目前汇率浮动对我们实行独立的货币政策也没有太大的帮助。人民币的利率还没能由市场决定，在这种情况下，浮动汇率带来的好处不大，带来的坏处是比较明显的。因此，尽管现在有压力，但是我们还是应该顶住，而且是可以顶得住的。

主持人： 顶住的成本是不是很高？

海闻： 现在实行浮动汇率导致的成本可能会更高。

主持人： 对于汇率制度要不要调整，国内对这个问题也有很大的争论。

海闻： 汇率和股市及其他金融市场是很不一样的。对股市，政府最好不要干预，但是汇率涉及国际经济，有时需要政府干预。一个国家可以采取市场经济但是同时又是固定汇率。固定汇率不是错的东西，也是市场经济选择的一种。欧盟现在就把所有12个国家的货币变成一种货币，即欧元，实际上就是在12个国家实行了固定汇率制度。还有的国家在1995年之后干脆使用美元，不能说采用固定汇率就不是市场经济，采用浮动汇率就是市场经济。

贸易摩擦，到底是谁惹的祸？

主持人：2004年西班牙发生了纵火焚烧中国鞋商仓库的事件，类似的事件很多，是不是我国已经进入贸易摩擦多发期？有学者认为近年来我国成为全球遭受反倾销调查最多的国家，从1979年到2004年8月底一共有34个国家664起针对中国产品的反倾销和反补贴保护措施的案件，我们是不是进入了贸易摩擦多发期？

海闻：贸易摩擦肯定会增加，就像我们现在汽车多了车祸也多了一样。总量在增加，但贸易摩擦涉及的量占整个贸易额的比重并不是太高。

这个问题要从两个方面看。从好的方面看，反倾销增加说明中国的贸易增长确实引起了别的国家的关注。反倾销很重要的条件是倾销对当地产业产生威胁了，这说明我们出口的实力确实越来越强。这是从好的方面去认识。

但是我们也不能无动于衷，我觉得要尽量想办法减少贸易摩擦。一是企业要遵守国际规则，企业要在外贸中学习国际规则。二是制度上的改革要加快。现在实际上很多欧美国家反倾销用的理由是"非市场经济"。尽管我们也知道这是借口，但我们要通过加快改革不给它们这个借口。

中美贸易：逆差是关键

主持人：最近美国提起对中国木制卧室家具的反倾销诉讼，前一段时间是对虾和一些棉织品的反倾销诉讼，请您评价一下现在的中美贸易关系。

海闻：总的来讲，两国之间的贸易发展很快。现在美国已经超过日本，成为我们第二大贸易伙伴。双边关系越来越密切，这是一件好事。但是长期以来，美国对中国一直存在巨大的贸易逆差。这也是美国要求人民币升值、对中国企业反倾销以及其他很多问题的重要原因。中美贸易的不平衡，有很多的原因，很多学者也做了研究，既有美国的问题，比如我们要进口一些高科技产品，美国不同意，也有我们不够开放的问题。为此，我们也可以努力做一些改进，比如说进一步开放市场。可以说有很多因素导致这样的贸易逆差，但是现在面对现实，我们还是要做一些事来减少这种摩擦。**我们千万不要忽视中美贸易不平衡问题，美国现在主要的精力在反恐，反恐问题一旦解决，中美贸易的不平衡就会引起中美其他方面的摩擦。**

入世三周年：变化有多大？

网友：请问为什么早在佟志广做首席谈判代表的时候，就把内贸的问题拿过去谈？法国人七年前就说："谁控制了法国的商贸流通业，谁就控制了法国经济，谁就拥有了法国"。为什么咱们国家不以为然，是什么原因？

海闻：这也不是我们可以选择的。加入世贸组织并不仅仅是降低贸易壁垒，世贸组织的一个基本的精神是，凡是影响到贸易的国内政策都要进行调整，也就是说需要完全开放市场。不是说我们的谈判代表不知道内贸有多重要，而是 WTO 的基本精神就是世界经济一体化，不再有内外之分了。加入 WTO，不是仅把关税降下来就行的，大家要的是整个市场的国际融合。

网友：入世三年了，在一部分老百姓看来，入世没有带来太大的变化，也没有出现预想中的洋货蜂拥而入的场景。您认为入世究竟给中国带来了什么？

海闻：虽然入世以后进口没有很快增加，但是允许进口平抑了国内的价格，像汽车就是这样，虽然进口没有增加很多，但这是一种威胁。如果国内的价格继续保持较高水平，人们就更愿意从国外进口。虽然没有表现为进口商品增加很多，但是很多产品的价格因为开放而下降了。

全面开放：直面外资挑战

网友：在中国入世以前，人们普遍担心跨国公司的进入会极大地威胁本土企业的生存和发展。请您评价一下这种担心的情况是否真的发生了？

海闻：跨国公司肯定要进来，不过从入世谈判到跨国公司进来有一个过渡期。2005 年以后，可能有更多的跨国公司来中国投资。但是跨国公司进来，并不一定意味着中国企业的失败。第一，跨国公司进来是有限的，中国这么大一个市场，跨国公司不可能占领全部市场。第二，在跨国公司进来的过程当中，中国的企业不是没有变化的。跨国公司进来的过程，也是中国企业向跨国公司学习的过程，很多经营管理都是在竞争中改进的。当中国企业的服务质量和生产规模等与跨国公司的接近时，市场就形成了一种新的均衡。大家之所以会担心，是因为假设中国的企业将无动于衷，但是这种情况是不可能出现的。

网友：面对这样的全面的开放，中国如何平衡保护民族产业与加入全球化浪潮的关系？

海闻：什么是民族产业？指中国人拥有的？可是中国人也可以拥有外国公司，比如沃尔玛现在开到中国，过两年我们有了资本，也可以把沃尔玛买过来。举麦当劳的例子，中国人也可以开麦当劳，只要出 200 万元资金。土豆是中国的，牛肉是中国的，员工也是中国的，连资本都是中国的，只不过名字不是中国的，为什么不可以叫民族企业呢？在全球化的过程当中，很难界定什么是民族企业。民族企业的概念应该逐渐从我们的字典里面消失。

世界贸易格局的调整，每个国家都要付出代价[1]

（2005年6月）

记者：此次纺织品贸易争端，是否体现出中国作为一个贸易大国越来越对现有世界贸易格局产生威胁，中国和世界都将为之改变？

海闻：不是威胁，我认为，应该说中国对其他国家产生"挑战"。中国的崛起肯定会对世界经济格局造成影响，世界各国面临如何适应这一新局面的问题。当然在适应的过程中，会产生矛盾，这是正常的。目前，中国已成为重要的制造品生产大国，这不仅是对发达国家同行，也是对发展中国家同行的挑战。对于这种挑战带来的问题，需要从两方面解决：一方面是我们需要做的，我们在对外经贸活动中要更好地按照世贸组织的规则来行事，也要学会照顾别国利益；二是其他国家需要做的，它们应该接受中国发展的事实，学会适应中国发展带来的变化。

中国具有比较优势的产业的发展，对世界其他国家同类行业必然形成一种挑战。面对挑战，它们要么提高竞争力，要么选择放弃，转向其他行业。欧美的纺织业就是这样一种情况。在全球化的过程中，各国没有比较优势的产业都会面临这种选择和调整。世界贸易格局的调整，每个国家都要付出代价。

记者：中国要想真正提高自身的贸易实力，以后和欧美还会有其他不可避

---

[1] 曾娜. 世界贸易格局的调整，每个国家都要付出代价——访北京大学中国经济研究中心教授海闻 [J]. 商务周刊, 2005(12):42-43.

免的贸易冲突，那么中国应该坚持哪些原则，守住哪些底线？

海闻：这里没有绝对的概念，主要视具体的利益情况而定。比如，中国在加入WTO谈判时，就确定了几个行业必须守住，如金融、通信等。这主要出于对国家利益及行业利益的综合考虑，认为这几个行业暂时不能完全开放，但有个时间表，慢慢开放。例如，在这次人民币汇率争端中，人民币不能在美国的压力下升值，这是原则，但并不是说永远都不能动。很多原则和底线是相对的，是一个时机的问题，最根本的原则是国家利益。要考虑短期利益和长期利益的平衡、经济利益和社会利益的平衡。如果会引起国家经济衰退、社会动乱，那么绝对不能做。欧美国家也是这样，政策的实行与否也主要考虑对经济和政治的影响。因此，如果发生贸易冲突，中国的原则和底线也是根据中国综合利益来决定的。

记者：国家综合利益如何平衡，中国能从原先日本与美国的贸易摩擦中借鉴什么呢？

海闻：在听取各个利益集团的意见之后，由政府进行分析判断。比如人民币升值的问题，有人认为不该升，但也有不少人认为该升，这个时候，就需要政府来判断升值的利弊。也要考虑美国的行为，如果美国真的急了，不升值就有可能导致中美之间的贸易摩擦升级，这就需要衡量升值的利弊。

中国的发展模式与日本相似，都是以出口带动经济发展，只不过中国的规模更大。日本崛起过程中，确实对美国、欧洲带来压力和挑战，所以它们之间的贸易摩擦大一些。面对美国的压力，日本的态度是顶得过就顶，顶不过就放。有些经验值得学，比如适当的妥协和开放；有些做法却不能学，比如日元的升值就不能仿效。

我们可以从日本、韩国借鉴的经验教训是：**在贸易发展过程中，一定要注意协调地开放，不要等到矛盾积累多了，形成冲突了，才在别人的强迫下开放**。中国有一些理念需要变，重商主义的影响还很大。

记者：WTO的主要原则是自由贸易，矛盾双方一向对此理解不同，自由贸易的原则在当年美日以及现在的中美摩擦中表现一样吗？我们应该怎么办？

海闻：自由贸易的原则大家都是赞成的，所以在摩擦中都指责对方没有实行自由贸易，其中还有**均衡贸易**的问题。日本早年对美国贸易顺差巨大，美国就说日本不开放，为此设定了一个VER（Voluntary Export Restraints，自愿出口限制）来限制从日本进口汽车。同时，美国联合其他发达国家来打压日元升值。现在中美之间的摩擦也是因为贸易的不平衡，美国同样指责中国政府操纵货币，要求人民币升值。同时，中国也认为美国实行保护主义，既对中国的产品实行不公平的反倾销措施，也对美国向中国出口的产品实行限制。

当年面对来自美国的压力，日元大幅升值，结果是日本经济出现了将近十年的停滞。尽管日元升值并不是全部原因，但绝对是造成日本出口下降、制造业外移的重要原因之一。同样，如果中国目前人民币大幅升值，也会影响我们的出口能力，并影响宏观经济以及就业，对中国经济很不利，其负面影响很难估计到底有多大。同时，也会对美国造成不利影响，影响美国对中国的投资，反过来也会对中国不利，影响中国的就业。因此，我们必须顶住压力，保持汇率的稳定。

我们确实应该看到，我们离自由贸易还有一定的距离，我们现在还有很多开放的余地。因此，与其处处被动应对压力，不如主动按WTO的规则进行调整。

记者： 20世纪90年代时日本扩大内需，房地产高速增长，导致经济泡沫。中国是否应该扩大内需，减少目前的对外依存度？

海闻： 日本是在日元升值后，出口不景气了才着手扩大内需。如果人民币不升值，中国并不需要刻意扩大内需。再说，内需不是想扩大就能扩大的，也需要有相应的购买力。一国在比较穷的时候，国内购买力比较低，需要努力生产和出口去赚外国人的钱。中国现在不是简单地减少进出口、减少对外依存度的问题，我们不应去限制进出口，而应去掉一些原来刺激出口和限制进口的措施，让进出口回归自然的状态。此外，中国的贸易依存度高也并不可怕，尤其是现在中国的贸易主要为加工贸易，承担外国企业的外包项目，在进口原料再加工出口的过程中，我们主要赚取的是劳务费，表面看似乎进口依存度大，实际上创造的附加值并不大。

记者： 国际市场上很多国家指责中国产品价格低，那么我们为什么不能提高产品价格？如果中国的产品高端一些，贸易摩擦会小一些吗？

海闻： 如果是正常的企业行为，那当然要提价。我们有些企业现在存在着一些不正常的行为,如相互间不计成本的竞争、以出口多少作为政绩考核指标,政府还制定了出口的增长指标,这些都是计划经济的残余。随着改革的深入,民营企业越来越多,政府干预减少,企业自然会根据市场行情和成本来定价,也会根据市场情况来决定投资和生产。

目前,中国仍处在工业化转型的过程中。在很长一段时间内不应该急于求成,有些行业到了一定阶段自然就发展了。而贸易摩擦并不是只有出口低端产品才存在,到了高端,有可能摩擦更大。等我们出口飞机了,就不会有摩擦了吗?目前只有美国和欧盟出口飞机,它们之间的摩擦一点也不小。因此,不要指望出口高端产品就没有摩擦了。低端产品的贸易摩擦对象以发展中国家为主,而高端产品的贸易摩擦对象会变成发达国家,较量会更激烈。

记者: 20世纪90年代日元的升值,导致日本长时期的经济衰退,许多经济学家都说现在的中国很像当年的日本,那么中国现在应如何选择呢?

海闻: 虽然中国现在和日本当年一样面对美国要求货币升值的巨大压力,但中国现在与日本当年仍有不同。

第一,中国还有减轻人民币升值压力的空间,因为我们的人民币还不能自由兑换,我们的资本项目还基本没有开放。目前,人民币的确有升值的压力,主要来自大量的贸易顺差、外商投资中的资本净流入、大量的投机货币。在中国的美元市场上,只要供给在不断增加,人民币升值压力就不断增加。如果在自由兑换的体系下,升值压力可反映真实的市场情况,但目前人民币不能自由兑换,这意味着外汇市场上另一半(需求)是被控制着的,卖美元是自由的而买美元受到严格限制。这种情况下,美元当然会跌,而人民币就自然有升值的压力,但这种扭曲的市场上的美元价格并不反映美元的真实汇率。如果说当年日本面临的日元升值压力确实反映了其市场状况的话,人民币现在的升值压力则是在市场没有开放的情况下的压力,并不代表真正的市场汇率,人民币是否被高估还不一定。第二,美国的压力日本当年是顶不住的,而我们现在是顶得住的。20世纪80年代冷战期间,日本非常依赖美国市场,因此一旦日美之间发生冲突,日本经济将损失很大。但是,中国现在比日本当时更加独立自主,更加强大。第三,日本当时并不知道升值后出现的严重后果,但我们现在已经看到了日本当年的教训。

人民币升值所带来的金融不稳定性以及对经济的损害，都是目前无法控制和估量的，因此我还坚持人民币不能升值的观点，但减轻人民币升值压力的事也必须做。我认为至少有两件事可做：一是采取措施增加从美国的进口，减少中美贸易顺差，以减少美国要求人民币升值的借口。这种人为的进口增加也可能会带来一些损失，但这种损失和花费是可控制和估量的。二是加快人民币自由兑换的改革。人民币自由兑换，即人们可以自由买卖美元等外币，是中国金融改革的重要一步。一般来说，一国货币实行自由兑换的初期都会贬值，我们可以用实行自由兑换时的贬值压力来冲抵现在的升值压力，从而保证人民币汇率的稳定。因此，现在也许是人民币实行自由兑换的最佳时机。

抓住机遇,让企业在调整中升腾[①]

(2008 年 10 月)

世界经济从 2007 年开始就出现了令人眼花缭乱的问题。我把这些问题归结为两个方面:一方面是由于美元下跌和次贷危机引起的全球金融动荡;另一方面是由于粮价和油价上涨引起的全球性通货膨胀。金融动荡主要来自发达国家,而通货膨胀则源于发展中国家在经济起飞过程中的调整。

无论是发达国家还是发展中国家,其 2008 年的经济增速相比 2007 年肯定要下降。人们的收入会减少,一些国家会出现失业。因为通货膨胀,生活水平会下降,尤其在发展中国家,这就是为什么很多国家都对通货膨胀采取严厉措施。

我们还看不到这次世界经济的波动深度有多大,但现在看来好像已经开始出现一些回转。它是就这样结束了呢,还是会来一次更加猛烈的变化?我们无法判断,但是它对每一个国家的经济结构的调整都是有影响的。中国的出口结构肯定要调整,出口产品不能再靠大量低成本劳动力的优势,而是要想办法提高产品质量。同时,中国经济可能不能再以外国市场为主要推动力,而要转向以国内市场为主要推动力。

多哈回合是世贸组织成立以后第一次大型多边谈判,也是中国加入世贸组织以后参加的第一次、第一个回合的谈判。实际上,这个谈判的目标很大,它主要希望能够进一步降低关税,进一步消除贸易壁垒促进全球尤其是发展中国

[①] 海闻. 抓住机遇,让企业在调整中升腾 [J]. 当代经济, 2008(10):1.

家的经济发展。可是，经过七年谈判，最终没有达成协议，或者说到目前为止，原来设定的目标并没有让每一个国家都满意。

多哈回合谈判失败对世界经济的影响，可以从两个方面来考虑。第一，从某种意义上讲，失去了一次推动世界经济发展的大好机会，尤其是当世界经济处于一个比较困难、问题很多的时期。如果多哈回合能够达成协议，那么各个国家的关税会大幅下降，会给各国出口带来更多的机会。这不仅可以使一个国家更多地向其他国家出口，也可以为其他国家提供更多的就业机会。所以，这有利于全球经济的增长。可以乐观地预想，如果多哈回合谈判成功，世界经济会出现一波新的增长。

第二，一个比较长远的影响就是，人们可能会怀疑世贸组织现有的通过多边谈判来解决贸易矛盾的这种自由化机制。世贸组织成立后的第一轮大型多边谈判就没有成功，很自然，大家会对这种机制产生怀疑：今后到底该走什么路？是不是还要回到双边的或者单边的？甚至不信任的多边机制。多哈会议的前景怎么样，我比较乐观，或者说没那么悲观。这个谈判没有成功，并不意味着这轮谈判彻底失败了，因为它很可能再谈。就像上一次乌拉圭回合的谈判，谈了八年，最后大家还是在一定条件下各自作出让步，达成了乌拉圭回合的成功，同时也建立了世贸组织。我希望再过一两年世界经济形势会变得更好一些，能把这个谈判继续下去。

在全球化的过程中，实际上我们受到的国际影响是比较大的。国际市场由美国的次贷危机、美元下跌引起的经济动荡，因油价、粮价上涨引起的通货膨胀，都会影响中国的出口、生产和就业。金融危机使得资本市场的风险增大、不确定性增加，这种不确定性会影响投资。同时，美国的次贷危机、美元的贬值使得美国经济实力有所下降，尤其是进口需求下降了。而美国仍然是中国最大的出口国之一，所以美国需求的下降必然会影响我国的出口。另外，人民币升值一方面意味着我国的进口能力增强，另一方面也意味着出口价格的上升，或者说出口成本的大幅提高。针对这个情况，政府需要采取一些措施，企业也必须接受一些挑战。从政府的角度看，要抑制通货膨胀，更重要的是要给企业，尤其是出口企业、劳动密集型企业减轻负担，设法使企业降低成本。唯一能够帮助企业摆脱困境的办法是减税。

经济发展不可能永远处在热的状态，总是有冷有热。经济不景气时，恰恰是企业需要调整的时候，对现在的中国企业而言，要调整出口结构，不要全部出口到欧美国家，不要再以美国为主要市场；也要调整产品结构，有一些产品已经过度生产了；还要加强管理，进一步优化资源，降低成本。如何利用这样一个经济不景气的阶段，通过调整优化企业，在新一轮经济增长中抓住新的机会，是我们现在必须应对的问题。

积极参加国际贸易谈判，推动国际贸易自由化[①]

（2009年7月）

我主要谈两个问题：第一个是对当前贸易情况的看法；第二个是怎样促进贸易自由化。

第一个问题，对当前贸易情况的看法。我国今年的贸易量下降得很厉害，WTO报告下降10%。贸易下降，我认为总的来讲还是金融危机和经济衰退的结果。金融危机本身是贸易相关的，金融危机引发各国尤其是发达国家的经济衰退，需求大量衰减，其他国家的出口也跟着下降。中国的出口也下降了，但不是因为贸易保护主义。由于中国的出口很多是加工贸易，出口的下降也影响了原材料和中间产品的进口，所以中国的进口也下降了。

总的来讲，我认为这次金融危机虽然来势凶猛，但比1929—1933年那次危机要好得多。由于各国政府的干预，并没有出现"百年不遇"的大萧条。到目前为止，尽管贸易严重下滑，但总的来讲，应该还是一个短期可控的状态。我们应该理解，对于当前的金融危机和经济衰退所产生的贸易下降，我们需要给予一定的时间来恢复。所以，我们需要有一定的耐心。

当然，批评贸易保护主义永远没有错，促进贸易自由化的任何行为，都有利于加快恢复的进程。我们不要做贸易保护的事情，也不要轻易批评别人是贸

[①] 海闻. 积极参加国际贸易谈判，推动国际贸易自由化 [C]// 中国国际经济交流中心. 第一届全球智库峰会演讲集. 北京大学, 2009:2.

易保护主义,因为有的时候互相批评反而会激起贸易保护情结。

第二个问题,怎样促进贸易自由化。贸易自由化不是一个经济理论问题。理论上很清楚,自由贸易对大家都有好处,但实际上这是一个政治经济学问题。它不但涉及每一个国家利益集团,还涉及每一个国家的政治敏锐性,例如民族主义情结。所以,讨论这个问题有时候比较难,就算是经济学家,有时观点也不一致。

当然,我们最好是通过多边贸易谈判达成协议。为什么很多事情我们要谈判?为什么要通过这些组织谈判?实际上是很多国家政府,希望利用外部的压力,来减轻内部利益集团的压力。所以,从这个方面来讲,积极地参加国际贸易谈判,实际上是有利于各个国家推动自由贸易的,也是帮助各个国家克服利益集团和政治压力的手段。

另外,我认为大国更应该发挥促进自由贸易的作用,实际上贸易保护主义主要是大国存在的问题。欧盟和美国、日本、俄罗斯、中国,是占全球贸易比例最大的国家和地区,能否通过自我约束和相互协商来保证基本规则的遵守和全球经济的协调?我认为可以从总量上要求大国保持一个基本的贸易平衡。所谓的贸易平衡,就是这个国家的进口占世界总进口的比重和出口占世界总出口的比重相当。如果一国进口很多,出口很少,可以通过某些政策增加出口。现在德国、中国、美国存在贸易不平衡。当然,德国和中国都属于贸易顺差国,美国是贸易逆差国。

虽然在现实中,贸易保护会继续存在,各国仍然会努力地从本身的利益出发制定贸易政策,但从全球的角度来看,抑制贸易保护、促进自由贸易,是有利于各国人民的,我们也要不遗余力地去推动。

警惕大企业威胁论[1]

（2011年8月）

在7月初刚刚发布的2011年《财富》（Fortune）杂志世界500强企业名单中，中国的上榜企业数量达到了69家，超过了日本，仅次于美国的133家。

值得注意的是，在中国（除港澳台地区）上榜的61家企业中，除华为、沙钢等少数几家是民营企业外，其余均为国有企业。

中国国有企业的异军突起，似乎引起了其他国家的高度警惕。其实早在十多年前，中国国有企业处于低潮、中美正在就中国加入世界贸易组织艰难谈判之际，当时的美国人就意识到中国国有企业在未来可能对美国企业产生竞争威胁。

在接受记者专访时，北京大学副校长海闻认为，"9·11"事件改变了中国历史，因为在此之前，美国实际上已经确立了抑制中国的方针，但因为"9·11"事件，美国不得不将重心放到反恐问题上，这就让中国企业的发展壮大得到了一个相对宽松的外部环境。现在，美国人回头发现，"强大"的中国国有企业已经站在自己跟前。

美国人会如何采取行动？中国的企业又如何才能形成强大的国际竞争力？

美国的伎俩

美国抑制中国国有企业的伎俩之一就是它可以去世界贸易组织告中国国有

---

[1] 郑景昕. 海闻警惕大企业威胁论 [J]. 英才,2011(8):90–91.

企业"不公平竞争",或者在美国国内通过反补贴、反倾销来抑制中国商品进入美国市场。

"在国际竞争中,当企业间没有利益冲突时,是不会在乎竞争企业的性质的,或者在没有对自己产生威胁时,企业是可以容忍的。"海闻告诉《英才》记者,现在中国国有企业看起来很强大,美国人可能已经将它们视为自己的威胁了,并且将想尽办法不让这个问题继续存在下去。

因此,美国一定会抓住中国国有企业的"性质"作为压制中国国有企业扩张的一种手段。在美国,政府可能和企业的利益一致,也可能不一致。当企业面临破产时,政府可以不救助,最终由市场来决定企业的命运,但在中国,情况有所不同,政府作为国有企业的大股东,很可能会为了企业利益或者救助企业而破坏市场规则。

中国该如何未雨绸缪?

海闻认为,国家之间的利益冲突最终会回归到一个规则上来。世界贸易组织正是第二次世界大战激烈冲突之后的产物,经历残酷的战争之后,人类终于明白,大家坐下来,建立一个公平的规则要比打仗好得多。

虽然中国的经济总量已经跃居世界第二,但是一旦中美两国在此问题上发生尖锐的冲突,很可能出现的情况是大多数发达国家站在美国一边,因为它们会认为是中国违反了公平竞争的原则,从而使中国在道义上就先处于被动地位。

"当年日本、德国崛起后为什么发生了两次世界大战?就是因为新崛起的势力对原有势力产生了威胁,在有能力的情况下,原有势力会本能地压制新势力,新势力肯定不服气,自然会反抗。这个矛盾处理不好就会爆发,而我们现在就是要想办法减少这些矛盾,尽量避免冲突。"海闻说。

从长远利益角度来看,中国自身亦不能等问题出现了才去改,而应该懂得国际规则,遵循国际规则。"作为一个世界大国,不但要对中国人民负责,也要对世界人民负责,从这个角度来讲,我们还是要努力按国际规则去办,而不是说我大,我不怕你。"

整合创造竞争力

美国的企业不断重组兼并，因为它们在准备全球竞争，高新技术企业必须有规模，才能降低成本，具备全球竞争力。

中国已经出现了数十家颇具规模的大企业，但这些企业可能还没有真正形成国际竞争力。以今年进入《财富》杂志世界500强企业的61家中国（不包括港澳台地区）企业为例，其中有9家竟是负利润的。

海闻发现，某些中国企业能够做大的原因是这个企业涉足了许许多多的行业，而不是在同一个行业中，将企业的规模做大。相反，在很多行业里，中国存在企业过多、行业集中度过低的问题，从而无法发挥规模经济效应。

如今世界上大部分贸易是工业化国家之间的贸易，而且主要是工业品之间的贸易。这种经济特征决定了，规模经济成为企业主要的国际竞争优势。如果一个企业没有规模，它可能连生存的机会都没有。

以美国为例，虽然美国已经有许多世界级的大企业，但美国企业仍在不断地兼并重组，因为它们不断在准备新的全球竞争。高新技术企业必须有规模，才能降低成本，具有全球竞争力。

"波音和麦道已经是美国最大的两家飞机制造公司了，但它们还要合并，因为它们要与空客竞争。医药公司也是如此。研发一种新药的费用非常高，没有足够的企业规模，几乎不可能拿出高额的资金去开发新药。"

海闻担心国内企业存在过于多元化的倾向。由于人力与资源都是有限的，因此如果没有专业化，企业就很难实现规模经济。

海闻告诉记者一组对比数据：美国只有70多家医药批发企业，而中国有17 000多家；韩国3家汽车企业占据韩国国内85%的汽车市场份额，而中国前3家汽车企业共占据市场份额还不到30%。

很明显中国企业如果想拥有国际竞争优势必须从国内的行业整合开始。

中国如何从贸易大国走向贸易强国[①]

（2016 年 12 月）

现如今，中国正从依赖劳动力投入转向全要素生产率驱动的增长，而全要素生产率的来源包括技术进步、组织创新和生产工艺改进。在国际贸易领域，如何通过技术进步、组织创新和质量提高，使中国从贸易大国走向贸易强国？在这一进程中，有哪些国际经验值得中国借鉴呢？

2016 年 12 月 3 日，第十六届中国经济学年会在华中科技大学举办，华中科技大学经济学院记者就"中国如何从贸易大国走向贸易强国"，专访了中国经济学年会理事长、北京大学汇丰商学院院长海闻教授。

中国贸易为何"大而不强"？

记者：2016 年政府工作报告提出，我国要"从贸易大国迈向贸易强国"。您认为"贸易大国"和"贸易强国"有什么不同？

海闻：简单来讲，"贸易大国"强调数量，而"贸易强国"意味着更高的产品质量和附加值。产品质量不仅包括科技含量，还应该包括品牌价值。很多欧洲的产品都是如此，既有技术，又有品牌。

因此，"大国"与"强国"的区别，也可以说是"量"和"质"的区别。需要澄清一点："贸易强国"并不等于大额贸易顺差。随着一个国家的经济发展，

[①] 本文为"第十六届中国经济学年会"期间华中科技大学学生记者毛海欧的采访文章。

贸易顺差会逐渐减小；许多发达国家是贸易强国，但国际贸易中的经常项目是逆差。

记者：您认为中国贸易"大而不强"的原因是什么呢？

海闻："大而不强"是历史发展阶段的问题。中国的国际贸易从起步到现在也就三十多年，不能要求中国马上成为贸易强国，也不能要求中国马上在技术和品牌方面跟欧美发达国家展开竞争。

中国一开始选择了加工贸易，我认为这是正确的选择。在当时的发展阶段和经济环境下，中国只能选择开放和发展，而加工贸易是发挥比较优势的现实渠道。不过，经过三十多年的改革开放，如今中国应该考虑怎么成为贸易强国。

记者："大而不强"的一个表现是产品科技含量不高，您认为导致中国产品科技含量不高的原因是什么呢？

海闻：**科技含量不高和原创性不足的根源在产业结构**。中国的制造业没有发展到需要高科技含量和原创性的水平，所以出口的产品也没有达到相应的水平。贸易问题实际上是产业发展问题，我们没有及时对产业进行转型升级。产业转型和升级需要至少提前十年考虑，如同接力赛，两个选手要提前准备，接棒那一刻才能顺利交接。过去十年，我们主要在发展房地产，制造业的转型升级迟迟没有跟上，从时间上来说略晚了。

同时，我们缺乏大而强的企业。技术创新和研发需要规模经济，如果企业规模不够，研发就没有实力。国外的大型制造业跨国公司规模很大，专业性很强。美国的制药行业企业在不断兼并，辉瑞成为首屈一指的制药公司。有许多制药厂，但每个药厂都很小，没有足够的研发能力。因此，企业达到一定规模是实现研发的必要条件。

记者：为什么中国制造业企业没有达到适度规模？

海闻：这既有历史发展阶段的原因，也有中国经济体制的原因。中国的企业规模不由市场决定，而受各地政府的影响。以汽车行业为例，全国有27个省、直辖市和自治区有汽车厂，有的汽车厂一年只生产几万辆车，为什么还可以存活下去？原因是有地方保护。

体制和税收制度使地方政府加强对本地企业的保护，地方保护是制造业企业小而全的重要原因之一。规模过小导致制造业企业不能形成研发和技术创新的规模经济，没有研发和创新使得企业的竞争力无法提升，进而造成我国出口产品缺乏质量和品牌的竞争力。

当然，中国制造业企业没有达到适度规模，还与服务业的发展有关。

记者： 您认为服务业会对贸易强国建设有什么影响呢？

海闻： 产品设计、营销以及金融服务等都是服务业，对制造业的转型升级非常重要。以营销为例，市场上很多产品不完全是靠技术取胜，主要的竞争力可能体现在品牌优势，而品牌建设属于服务业。

因此，提高中国出口产品的附加值，不仅要改善技术、提高质量，还要在设计、营销、品牌建设上下功夫，也就是微笑曲线的前端和后端都得提升。

记者： 除了质量不高，目前中国出口增长也陷入低迷，这如何理解呢？

海闻： 中国正处于转型期，国内劳动力成本增长很快，使原有产品的竞争力下降，而新产品竞争力尚未形成，所以就会看到目前的现象，但这不会是一个长期问题。2008年全球国际危机尚未完全过去，世界经济不景气也是中国出口低迷的原因之一。另外，前段时间人民币升值较快，也影响了出口增长率。近期人民币开始贬值，贸易状况可能会好转。

记者： 也就是说目前出口只是处于"阵痛期"，怎么渡过目前的"阵痛期"呢？

海闻： 第一，取决于中国制造业的转型升级和服务业的改革开放。第二，还取决于国际经济形势的好转。

记者： 目前中国企业大规模地"走出去"，对贸易是否有促进的作用呢？

海闻： 有替代，有促进，取决于"走出去"的类型。如果"走出去"的都是劳动密集型的产业，会替代我们的出口；如果对外投资的领域和中国产业是互补的，处于国内产业链的前端或者后端，可能可以起到促进出口的作用。

记者： 那么应该如何建成贸易强国呢？

海闻： 这是一个循序渐进的过程。要建成贸易强国，有几个方面需要努力：

第一，体制机制改革。包括财政税收改革，改变地方政府行为；简政放权，地方政府少干预经济运行。就目前来说，我认为中国的财政税收改革是缺乏关注的。

第二，促进和支持服务业的发展。服务业的改革和开放对贸易是非常重要的，国内总体对服务业的发展还不够重视。服务业的内容是丰富的，包括法律、金融、咨询，对制造业发展和国际贸易非常重要。

第三，重视教育和人才培养。既要培养技术人才，也要培养服务业人才，尤其是高端服务业人才。

记者：中国在教育方面的投入力度是非常大的，但经常看到本科、研究生毕业后难以就业，是不是存在就业市场与学生培养不匹配的问题？

海闻：中国的人才体系还存在一些问题，但由于时间所限，我这里只以高考为例谈谈看法。高考本来应该是选拔优秀人才的制度，但现在成了追求公平的制度。高考现在已经成为整个教育系统的指挥棒，中小学教育都围绕高考进行设计，导致初级教育不是为了培养人才，而是为了高考。这种制度对培养创新人才是不利的。

新背景下"一带一路"经贸合作的战略思考[①]

（2017年7月）

"一带一路"国家的基本状况和特点

"一带一路"倡议直接涉及的国家有26个，更广义来看总共涉及68个。若不算中国，这68个国家人口占世界总人口的46%，但GDP只占全球GDP的17%，贸易总量约占全球贸易额的26%。这一方面说明这些国家还有待发展，另一方面也说明存在巨大的发展潜力。这些国家也与中国有较多的贸易往来，68个国家现在与中国的贸易总量大概占中国贸易量的38%，其中占中国出口的36%和进口的42%。

"一带一路"倡议的背景

有两方面的背景必须考虑。

第一个背景是**中国发展的新方向**。也就是说经过四十年的经济发展以后，中国需要有新的市场。当前，欧美市场基本饱和，而"一带一路"的这些国家

[①] 本文根据在国际金融论坛（International Finance Forum，IFF）举办的2017丝路联盟国际大会上的演讲编辑整理。

恰恰是潜在的市场。同时，资源也是我们发展的瓶颈，"一带一路"倡议又可以提供很多的资源。

第二个背景是**中国发展的新责任**。企业的主要任务是把自己做大做强，获取更多利润，但是发展到一定程度以后，企业也有责任。中国现在也是这样的，经过四十年的发展，我们已经是世界第二大经济强国，而且世界对中国承担大国责任的期望也越来越高。这种责任包括两个方面：一是要分享中国的发展成果；二是要分担世界共同发展的责任，来帮助欠发达国家发展。因此，"一带一路"倡议不能单从中国经济发展的角度来思考，还必须从中国在世界经济中所承担的责任角度来考虑。

当然，这也涉及中国的可持续发展。一是市场资源的可持续；二是资源和环境的可持续。

在新背景下对"一带一路"经贸发展的战略思考

第一，**对外投资不能只考虑中国利益，也要从相关国家的利益出发**。中国的对外投资要结合当地需要。例如中国在缅甸有较大规模投资，但缅甸人可能认为中国人在掠夺当地资源。而美国、日本在缅甸的投资很多在教育、卫生方面，更受当地人欢迎。再如外国也有评论，认为中国在进行过剩产能的输出。除帮助相关国家进行基础设施建设外，还应重视帮助当地解决就业问题。

第二，**从贸易的角度，进口和出口思路应有所转变**。过去，中国在贸易上经常追求贸易顺差，从1991年到现在（指2017年）有二十六年的贸易顺差。在"一带一路"倡议下，中国应更多地开放市场，甚至要准备好对这些国家有贸易逆差。

中国已经成为世界第二大经济体，如何帮助"一带一路"国家的发展呢？对它们开放市场非常重要。帮助这些国家的经济起飞，也能够使中国在未来的几十年中更好地发展。

第三，**加快人民币的国际化**。更多使用人民币结算，才能够使中国与这些国家的经贸关系得到更进一步的发展。"一带一路"倡议可以给人民币国际化创造机会。

  总之，当考虑"一带一路"倡议的时候，不能只站在中国的立场来考虑问题，而是要从中国的长期发展、中国的国际责任的角度来考虑。

要用冷静、客观、开放的眼光看待中美贸易争端[①]

（2019 年 12 月）

"这次中美贸易争端应该促使我们清醒，认清差距并反省不足。要克服贸易争端给我们带来的困难，先要看清我们内部存在的问题，坚持改革开放，给予社会尤其是企业家更多的信心与机会，只要内部齐心协力，任何外部困难都能克服"，海闻教授在采访中如是说。

2019 年 12 月 13 日至 15 日，第十九届中国经济学年会在南开大学举行。年会期间，中国经济学年会理事长、北京大学校务委员会副主任、北京大学汇丰商学院院长海闻教授接受了南开大学学生记者的采访。

记者： 中美贸易争端对中美两国的经济社会发展都产生了较大影响。您认为中国应该如何把握主动，在危机中寻找机遇？

海闻： 中美贸易争端当然不是好事，对双方都不利。但能否将坏事变好事，关键在于我们怎么认识和处理这件事，并从中吸取经验教训，促进未来的发展。

第一，我们要用冷静、客观、开放的眼光看待中美贸易争端。中美贸易争端的确反映了美国政客们不希望中国强大的心态，但冷静和客观地看待这场贸易争端，可以促使我们从近年来的盲目自大状态中清醒，看清楚中美两国之间的差距在哪里，我们自身的不足在哪里，并将这种压力转变成我们不断提高的

[①] 本文为"第十九届中国经济学年会"期间南开大学学生记者吴晓雯的采访文章。

动力。中国日渐强大，国际上对我们的要求和预期也在不断提高。要想真正成为世界强国，真正得到各国的尊重，我们应该主动检视自身在尊重知识产权、保证公平竞争、遵守国际规则等方面存在的问题，从而不断进步和完善。

第二，外部压力不可怕，重要的是我们内部要团结，要让老百姓、企业家对国家发展充满信心。从经济角度上讲，企业家的信心和实力尤其重要，因为他们能够创造就业机会，对于人民物质生活水平的提升有实质性的推动作用。客观而言，现在国内企业家的信心是不足的。要改变这个情况，我们就要更加深入地反思和检视我们的政策和措施。只要内部齐心协力，任何外部困难都能克服。

第三，一定要警惕民粹主义。不可否认，当今世界上有很多对中国不友好的势力，但我们不能因此敌视所有西方国家。在这种情况下，不断弥补我们自己的不足更显重要，因为只有这样才能争取中间派的支持。得道多助、失道寡助，让世界人民更多地了解中国，理解中国，才能取得真正的胜利。一味地宣扬西方对我们的歧视，只能引发民粹主义，进而走向倒退和封闭。

总之，我们要坚持进一步改革开放。

对内，我们要重视民营企业和市场规则，使市场在资源配置中起决定性作用，发挥好政府在市场失灵方面的监管和调节作用，从而给予企业家创新创业的信心。

对外，我们自我完善，让世界各国人民了解中国，理解中国，不给反华势力任何借口。

三、论改革与开放

面对国际政治经济形势的变化，中国有两个选择：一是我行我素，不惜与世界各国经济脱钩；二是扩大开放，坚持改革，与世界各国合作共赢。毫无疑问，中国目前选择的是后者，中国应采取的办法就是进行"更大范围、更宽领域、更深层次"的改革开放。

公共财政必须承担公共卫生职责[1]

（2003 年 12 月）

SARS 冠状病毒（以下简称 SARS）的出现和扩散，暴露了我国公共卫生系统的缺陷。只重视生产性投入而在公共支出方面认识不足，不能不说是 SARS 对我们造成巨大冲击的原因之一。公共卫生问题难以用市场之手来解决。我国的公共卫生事业投入非常少，农村医疗卫生条件落后，防疫防病体系脆弱，带来很多隐患。SARS 给我们以触动，政府需要承担起更大的责任，调整公共财政政策，让公共卫生问题回到政府解决的轨道上来。

传染病的防治监控：外部性和公共品

什么是公共卫生？顾名思义，公共卫生是关系到一国或一个地区人民健康的公共事业。公共卫生的具体内容包括对重大疾病尤其是传染病（如结核病、艾滋病、SARS 等）的预防、监控和医治，对食品、药品、公共环境卫生的监督管制，以及相关的卫生宣传和健康教育等。这次对 SARS 的预防、控制、治疗都属于典型的公共卫生职能范畴。

传染病（如 SARS）的防治监控之所以属于公共卫生职能范畴，主要原因在于它的外部性。一个人得了肺癌而不去医院治疗，结果至多是自己的死亡，而一个 SARS 病人如果不被隔离治疗，可能会传染给许多人。因此一个 SARS 病

---

[1] 海闻. 公共财政必须承担公共卫生职责 [J]. 医院管理论坛, 2003(12):5-7.

人发病的时候，除了他本人的身体受到损害，还威胁到许多其他人的健康。这就是传染病的外部性。

防治与监控传染病、改善环境卫生条件等工作被划为公共卫生职能范畴的另一个原因是这些工作的成果是一种公共品。公共品的特点是既无排他性，又无竞争性。也就是说，一个人享用公共品并不能排除别人对公共品的享用，同时也不会减少其他人使用该物品的效用。一个国家的卫生环境搞好了，疾病减少了，传染病消灭了，全国所有的人都可以从中获得收益，而这种收益不会因人数多少而发生变化。这就是公共品的特点。

解决公共卫生市场失灵要靠政府干预

外部性和公共品的一个最大问题是成本和收益的分离。在享用公共品时，每一个人都获得了收益，但在收费过程中，并不是每一个人都愿意支付，因为不付费也可享用（无排他性）。一个 SARS 病人如果没有被及时隔离治疗，可能造成许多人感染甚至死亡，但是这个 SARS 病人却不会也不可能为这个社会灾难支付全部成本。外部性和公共品使得公共卫生事业的个人成本和社会成本不一致，个人成本和收益也不一致，无法采用谁支付谁受益或谁损害谁支付的办法来解决。正是这种外部性和公共品，使防治监控传染病和改善环境卫生等工作与一般的医疗卫生服务有不同的特点，不能通过市场机制来解决。这是一个典型的市场失灵情况。

解决市场失灵的主要办法之一是政府的干预。政府可以通过强制组织和使用公共财政的方式来改善公共卫生。但如果政府不够重视或管理缺乏效率，也会出现政府失灵的情况。改革开放以来，我国大部分生产和服务领域引进了市场机制，医疗卫生领域也不例外。医疗卫生中很大一部分服务通过市场供求来调节，许多盈利水平较高的医疗服务得到了迅速发展。但是政府在"哪些该由市场解决，哪些该由政府负责"的事务区分上并不清楚，在医疗卫生领域引入市场机制时，对无法通过市场发展的公共卫生部分投入不足，从而出现了公共卫生事业资金短缺、技术落后、队伍松散的局面。这次 SARS 在全国的肆虐也多多少少反映了我国在履行发展公共卫生职能方面的不足。我们必须清醒地认识到，政府在公共卫生方面的职能是不应改变的。

公共财政的主要作用应是生产公共品和在市场失灵时进行调整

由政府来履行公共卫生的职能必然会涉及公共财政。公共卫生方面的支出，应该由政府纳入财政预算。政府必须这样做，主要原因也是公共卫生的外部性和公共性。对于公共品而言，人们不会也不可能支付他们所获得的实际利益或造成的实际损失，所以政府不得不通过税收来强制人们缴纳用于公共卫生的费用，然后通过财政拨款实际使用这些经费。

实际上，公共财政的主要用途应是生产公共品（国防、环境、公共卫生、基础教育、基础科研等）和在市场失灵（包括宏观和微观）时进行调整，而不是用于那些能靠市场调节资源的经济建设项目。遗憾的是，在发展过程中，各级政府把大量的公共财政收入用于经济建设，而在公共卫生方面投入不足。

公共财政还必须义不容辞地承担起应对公共卫生危机的责任。危机防不胜防，公共财政的作用不仅在于预防危机，更在于当危机出现时迅速应对。

一场SARS给中国人带来很多不幸，但一场SARS也让我们清醒，至少，让我们更加懂得公共卫生和公共财政的重要性。

医疗体制改革"雷区"待避[1]

（2004年6月）

目前，我国医疗市场存在不平衡的状态，看病难、医疗费用过高、医生收"红包"等现象处处表明医疗市场的不完善。这一切归根结底是体制的问题。

我国医疗卫生体制改革滞后与医疗市场的特殊性有关。我国医疗行业必须改革，要明确改革的思路，简单地讲，就是认清问题，调整好利益关系。

医疗体制改革要处理好公平与效率的关系。政府要有基本的判断力，开展各项工作必须符合百姓的愿望。另外，在处理市场与政府关系的问题上，一定要澄清几个误区：

误区1：医疗行业是市场失灵的，所以必须由政府主导办公立医院

医疗行业的确存在市场失灵，但不等于整个医疗行业不存在市场。除了市场失灵的部分，如何通过改革在其他方面发挥市场的资源配置作用呢？改革没有现成的模型，需要进一步探索，特别是对于政府部门该管什么、不该管什么一定要把握好尺度。在公共资源不足的情况下，政府应该考虑如何发展私立医院和私人诊所以满足人民群众对医疗服务的需求。政府可以通过行政手段、法律手段来购买服务，私立医院也可以像公立医院一样提供公益性医疗服务。政府的职能是对各类医院进行指导和监督，并给予相应的财政补贴。

---

[1] 海闻. 医疗体制改革"雷区"待避 [J]. 中国卫生产业, 2004(06):33.

误区 2：医院产权不重要

有人认为，企业改革中的产权改革重要，但医院改革中的产权改革不重要。一些医院的改革，只重视管理制度，不考虑产权方面。其实，产权并不仅与利益分配有关，很大程度上也决定管理的合法性和责任性。无论公立还是私立，只有产权明晰，责任到人，管理才能体现出权威性，才能落实到位。产权不清，责任不明，缺乏激励机制和管理的合法性，很难提高效率。

误区 3：高估政府行政部门管理医疗的能力

不少人觉得，医疗需要靠政府，各级政府的财力和能力能够为人民提供满意的医疗服务。其实，大众医疗保健服务无法完全靠政府提供。政府先要管理好公立医院。医疗保健是一项非常专业化的服务，医疗管理部门一定要制定专业的规章制度，聘请专业的医疗卫生人员和经营管理人员来负责。

误区 4：低估市场机制的作用

在市场经济环境下，医疗管理也必须依靠市场发挥作用。比如，收费要管，但不一定要政府部门去管，可以让市场机构如保险公司去管。在美国，医生不敢让病人做不必要的检查，就是因为受到保险公司的制约。

医疗改革是一项艰巨的任务，有几个问题需要注意：

一是深化医院产权改革。

医疗改革也可以像国有企业改革那样"抓大放小"。对于一些入不敷出经营困难的地方公立医院，可以引进民间资本。当然，政府也要保留一部分公立医院，包括搞科研的大型医院、对弱势人群提供基本医疗服务的医院等。

二是加强政府的医疗管理职能。

医疗行业引进民营医院或诊所，并不等于政府可以放松管理。恰恰相反，政府对医疗行业的监管更要加强。一方面，对公立医院一定要管到底，要出钱投资，不能让医院自负盈亏。另一方面，对非公立医院，更要加强监督管理。此外，政府要保护消费者，完善药品管理；要加大公共投入，建立紧急救援系统等。

三是加强对政府的监督。

解决医疗行业的市场失灵问题，需要政府提供一部分医疗服务，也要求政府加强管理。政府如果缺乏监督，会出现官僚主义、贪污腐败等政府失灵的问题。因此，要加强对政府工作的监督，使之在医疗管理上做到真正的公开、公正、透明。

我国医疗体制改革是一项艰巨的任务。必须改，而且必须改好。

关键在于改革支付结构[①]

（2006年7月）

最近，医疗体制改革问题再次成为大家热议的话题。去年国务院发展研究中心的相关研究人员出具了一份"中国的医疗体制改革不成功"的报告，他们认为"不成功"，却被媒体炒作成了改革"失败"。其实成功不成功是针对改革的目标而言的，对此我们先要追问的是：当初改革的目标是什么？

医疗领域从20世纪80年代开始进行改革，当时医疗行业面临的问题是缺医少药，因此当时的目标是发展医疗事业。从加快医疗行业发展这个角度来说，我们的医疗体制改革是成功的，但是医疗体制改革真的已经取得成功了吗？恐怕我们缺乏肯定回答的信心，毕竟在改革过程中还存在许多问题。

之所以认为改革不成功，有人认为在于医疗费用的增长超过GDP的增长，医疗费用占GDP的比重越来越高。然而，这个问题在我看来恰恰相反，医疗比重的增加是正常现象，是经济发展的必然结果。从发展经济学的角度来说，人的消费有层次和阶段之分。处于贫穷阶段时，人们的收入主要花在吃穿上面，而在解决了温饱问题之后，人们会在教育、文化、医疗卫生上面增加消费。在物质生活得到满足之后，人们会把越来越多的收入用于医疗健康。我国目前医疗费用占GDP的5%左右，过去几年医疗费用的增长率保持在13%左右，这些数据看似很高，但是如果对比其他国家的情况，则并非如此。澳大利亚的医疗费用占GDP的9.3%，英国占7.9%，法国占11.1%，美国占15%。可见，经

[①] 海闻. 关键在于变革支付结构[J]. 中国医院院长，2006(15):7.

济越发达，医疗费用占 GDP 的比重越高。因此，仅从数据来看，无法说明医疗体制改革不成功。

针对看病贵的问题，一些学者和专家说要降低医疗费用，降低药品价格，提出由国家严格控制医疗费用。实际上，在市场经济中，企业需要获得一定的利润。无论是医疗还是药品，服务成本和研发成本均较高。一旦国家控制的价格使企业无利可图或出现亏损，这些药品和服务就会从市场上消失，形成有价无货的局面。所以，通过控制医疗费用的简单手段来解决看病贵的问题并不是治本的措施。

其实，我们面临的看病贵、看病难问题来自以下三个方面的原因：

首先，我们的医疗费用支付结构存在问题，医疗开支中自费的比重太高。发达国家老百姓看病多依赖保险公司和政府支付，患者个人支付的比重不高。患病实际上是一种风险，健康时不用支付费用，一旦生病，费用就很高。所以，解决看病贵的问题，需要用防范风险的办法。平时支付少量的资金购买医疗保险，一旦有病则主要由保险公司支付。对于穷人，则由政府来提供基本的医疗保险，这样穷人一旦有病也能看得起。

其次，我们医疗开支中的药费比重太高。据统计，我们的药费占医疗费用的 52%，韩国是 28.8%，其他国家大多在 14% 至 25%。这个问题的主要原因是我们的以药养医政策。目前各个医院基本需要自负盈亏，而医生护士的人力资本价格被政府严格控制，医院就只好多卖药品，多做检查，开大处方和做各种检查就成了普遍的创收渠道。政府控制医疗价格，又要求医院自负盈亏，又没有第三方监督医院的行为，医院肯定会充分使用该项权力，药费和检查费用自然也就上去了。

最后，我们的公共财政在医疗投入方面逐步下降。目前，政府的财政投入只占医疗费用的 20%。一方面，医疗费用在上涨；另一方面，政府的作用却在不断下降，从而也加大了个人在医疗健康方面的支出压力。

以上三个问题既有来自政策方面的，也有来自管理方面的。在我看来，解决问题的基本思路是**解决支付的问题**。把贵变成便宜，似乎保护了消费者的利益，但结果是医疗服务更加短缺，看病更难。所以，我们要做的是从机制上进行重新调整和设计。

对外开放对中国经济发展的作用及挑战[①]

（2008 年 3 月）

关于对外开放对一个国家经济发展的作用，在发展经济学里有很多成熟的理论，包括资金、市场、技术、就业等方面的理论，在此不再赘述。我主要想谈一下过去三十多年**对外开放对我们这样一个处于转型过程中的发展中大国经济发展的贡献，以及开放给我们带来的特殊挑战**。我要特别强调中国的特殊情况，探讨发展经济学现有理论还不太涉及的方面。

我国的特点是什么？第一，我们是转型中的国家，是一个从计划经济走向市场经济的国家。在发展经济学里还没有很成熟的理论对此进行解释。第二，我们是一个大国。在国际经济学中，大国与小国的地位是很不一样的。在开放过程中，许多小国能做的事大国不能做，也有许多大国能做的事但小国做不了。因此，在讨论对外开放对中国经济发展的作用时，我们必须强调中国除"发展中国家"外的两个特点：转型和大国。

对外开放对中国经济发展的作用

对于一个转型中的发展中大国来说，对外开放对中国经济发展的特殊作用主要体现在：对建立市场经济体制的作用、对培育企业家的作用，以及对稳定经济的作用。

[①] 海闻. 对外开放对中国经济发展的作用及挑战 [J]. 国际经济评论 , 2008(03):46–48.

对建立市场经济体制的作用

在总结体制转型经验教训的时候，人们通常将中国与东欧国家或苏联进行比较，认为我们比它们做得成功。20世纪90年代，中国经济增长很快，人民生活水平不断提高，而俄罗斯和东欧国家的经济则出现很多问题。很多人认为这是因为我们搞的是渐进式的改革，而它们是休克疗法，其实我并不认为中国和苏联在转型中成败分明的关键在于改革的速度。因为苏联和东欧国家也搞过曾被我们称为"修正主义"的渐进式改革，我们改革开放之初学的正是匈牙利、南斯拉夫的改革，可是它们的渐进式改革最终也没有成功。从理论上说，20世纪90年代俄罗斯和东欧国家的改革比我们彻底，但经济发展不如我们成功，为什么？很重要的一点是我们是在开放中改革，而它们虽然进行了改革，但并没有开放。打破一个旧的体制比较容易，但更关键的是能不能建立一个新的更有效率的体制。在这一点上，中国做得比较成功：最主要就是通过对外开放、引进外资而逐渐建立了我们的市场经济体制。20世纪90年代初，我专门去考察过俄罗斯经济，所见种种表明它根本就没有开放。虽然俄罗斯在法律上强调私有化，可是它并没有用私有经济的力量来创造一个新的竞争的市场机制。

对培育企业家的作用

从计划经济向市场经济转型，不仅需要体制转型，还需要有能在市场中发挥才能、组织资源、创新创业的企业家，这是市场经济的微观基础。经济学基本理论告诉我们：一个经济的发展除土地、资本、劳动力等基本生产要素外，企业家的精神与才能也非常重要，这在开放的现代市场经济中尤为重要。俄罗斯的资本、劳动力、自然资源的情况都很好，但转型遇到了很大困难，在很长时间里经济得不到很好发展，其中一个重要原因是缺乏企业家。

怎样改革企业？怎样培育企业家？不可能把所有人都送去培训，只能通过开放来学习，通过"请进来，走出去"的方法来培育市场经济所需要的大批企业家。随着我们开放的不断深入，越来越多有实力的企业进入中国，技术的外溢效应也越来越显著，我们的企业家和企业正是在这个过程中得到了锤炼和成长，而这显然对中国经济的改革和发展起到了不可忽视的作用。

稳定大国经济的作用

对外开放对转型和发展的另一个重要作用是稳定大国经济。计划经济造成资源配置扭曲，在生产能力还不足，供给还不能保障的情况下，市场化的改革在短期内会引起价格暴涨。引进外商直接投资不但可以增加供给，平抑价格，还可创造就业，提高收入。对于开放市场引进外资的做法，人们经常会担心国家的经济安全问题。加入世贸组织以后，很多人又开始担心外资"垄断"问题，比如说外资已经占了某个行业的70%，就认为外资垄断了这个行业。其实对于一个大国，我认为这些担心都是不必要的。我们要看到，对于中国这样的大国，即使有70%的外资，也并不意味着外资已经对我们的经济产生了威胁，因为这些外资不是一家企业，而是很多家企业，它们无法形成垄断。这正是大国相对于小国的优势，像中国这样的大国，是世界上没有任何一家跨国公司能够控制得了的。而且，我们还可以利用多家外资企业的竞争促进经济发展。

对外开放对中国经济的挑战

当然，作为转型中的发展中大国，我们在开放过程中也面临许多挑战，以下几点是我们需要关注的：

开放条件下兼顾内外均衡的政府政策

在开放条件下，政府的各项经济政策需要兼顾内外均衡。例如，目前我们一方面面临通货膨胀，这是国内问题；另一方面人民币升值，关乎对外经济。这两个问题不可能同时解决：要想抑制通货膨胀，就要紧缩银根，人民币升值压力更大；想保持人民币币值的稳定，通货膨胀就不易控制。另外，我们还需要对通货膨胀的原因进行深入研究，不同条件下产生的通货膨胀需要采取不同的对策。20世纪90年代的通货膨胀是由国内需求拉动的，实行紧缩的宏观政策就能解决问题，但是现在的通货膨胀到底是由国内总需求增加引起的，还是由国际通货膨胀输入引起的？我们的政府必须学会在开放经济条件下处理和以前不同的宏观经济问题。

开放经济中的政府制定政策一定要注意协调。有时候政府在制定政策解决国内问题时往往会忽视在对外经济方面的影响。每个部门都在做自己应该做的事，如调整汇率、紧缩贷款、节约能源、保护环境、增加税收、提高工资等，每个部门都认为自己做的事很有必要。例如，为了改善国内经济环境和缩小贸易顺差，我们可能要抑制加工贸易的发展，可是当所有部门同时采取抑制政策的时候，我们的外贸就会受到很严重的冲击。

国际竞争中的国有企业改革

要坚持开放下的国有企业改革。我们通常会在经济不太好的时候想起市场机制，想起经济运行的基本原理，然后搞改革，但是当我们的经济发展得很好时，就容易忽视改革。现在我们处在一个经济发展得很好的时期，我们的国有企业业绩不错，那么改革是不是需要继续？2008年正值改革开放三十周年，有人说要反思，但反思什么？不是反思我们的开放，也不是反思我们的改革，而是要去看我们做得不够的地方。我们发展市场经济，出现了贫富差距、环境污染问题，这些本身就是经济发展中必然会出现的问题，这些问题需要解决，但并不是说我们改革得太多了，改革错了。加入世贸组织前，美国政府派出经济学家跟我们谈，他们担心中国加入世贸组织之后，国有企业不再改革了。我当时就跟他们讲，中国的改革不是为了别人，而是为了自身的长远发展。但现在我倒有点担心，我们的国有企业经营不错，就不谈改革了，只谈国际竞争力。可是从长远来看，问题仍然很严峻。这种竞争力是在国有企业具有垄断地位时的竞争力，而一旦在国际市场按照国际规则行事，这种竞争力就不再有效。而且，在WTO的规则下，国有企业本身是受到限制的。不能在我们出现问题的时候才想到改革，在我们很成功，经济发展很好，企业运营很出色的时候也要想到改革。当然，这是比较难的。现在我们面临的就是在我们似乎很成功的时候能不能坚持改革。

改革开放步伐和国内的产业结构调整

我们要坚持对外开放，但同时我们必须考虑国内产业结构的调整以及由此带来的成本。在对外开放的同时，各个行业也必须对国内民营企业开放，而且要加快开放步伐。目前为止,仍有很多行业不允许国内民营企业进入,或进入门槛很高,如金融、通信、石油等。在这种情况下开放,市场只能被外国的跨国公司占领。当今中国,最具有活力的还是民营企业,它们在过去三十年为中国经济的发展作出了巨大贡献。目前,解决我们的就业问题、出口问题,很大程度上依赖民营企业。从长远看,中国经济的主体应该是民营企业。所以,我们应该让民营企业更充分地发挥其作用,帮助我们的民营企业更快地成长起来。

从封闭到开放,国内原有的产业结构必然会根据比较优势进行调整。这种调整势必会对不同的行业产生不同的影响。一些行业会得到更好的发展,另一些行业则会因开放而受损。开放不仅有收益,也有成本。因此,我们既不能因为某些利益集团的反对而不开放,也不可只顾开放而造成国内某些行业的急剧萎缩,要把对外开放的步伐与国内产业结构的调整结合起来。

开放对不同要素不同地区收入差异的影响

开放对国内收入分配的影响,不仅对每个要素不一样,对每个地区也是不同的。这个问题在外国有很多人研究,我们现在也要关注这个问题。理论上说,开放有利于本国充裕要素,不利于本国原有的稀缺要素。对中国而言,开放对各地区的发展会产生什么不同的作用?作为一个发展中的大国,我们各地区的发展是很不平衡的。中西部和沿海地区本来就存在差异,开放会使这种差异扩大还是缩小?我们曾经做过一项研究,发现20世纪90年代后中国东西部之间的收入差距扩大了,而这种地区间收入差距的扩大与我们的贸易模式和开放政策的不平衡有关。在过去的三十年中,我们的开放政策更多地向沿海地区倾斜,东部沿海地区总是获得比中西部地区更好的开放条件。加快产业升级的出口战略进一步发挥了沿海地区的比较优势,而地区之间的贸易壁垒、市场分割和地方保护主义等又阻碍了这种优势向西转移,从而使地区之间的发展更不平衡。

处理好国际政治与经济的关系

虽然我们不希望在对外开放中将经济与政治联系起来,但事实上这两者很难分开。今后二十年,我们将处在一个特殊的国际关系阶段。我之所以说它特殊，是因为我们比过去强大了，发达了，有影响力了，但还不够强大，不够发达，不够有影响力。很多问题三十年前大家根本不关注，例如反倾销。1982年我到美国的时候，中国出口的某些商品卖得绝对比在中国国内便宜，可是从来没有人反倾销，因为出口数量少，对美国经济没有什么影响。现在为什么反倾销这么严重，因为我们已经对它们的经济产生影响了，而且中国经济的发展越来越快，这种影响也越来越大。所以，要正确处理未来二十年中国的国际关系问题，不能仅考虑我们自己，仅谈我们的战略，也要思考其他国家的反应。

怎样处理好政治与经济的关系？很多东西可能不仅是经济利益的问题，有些还涉及政治利益问题。比如我们与美国的贸易顺差问题，学者和官员认为这不是中国的问题，是美国人储蓄率太低，是别国贸易顺差的转移，是美国人对我们的高科技限制等。这些说法都没错，但仅争辩不能解决问题。必要时我们不得不采取一些特殊的措施以缓和与其他国家的利益冲突。有时看上去是吃亏了，实际上赢得了更多的发展空间，我称之为在国际经济贸易关系中的"公关"工作。我们必须让别国感觉到它们从中国经济的发展中获得了利益，而不是仅感觉受到威胁，这个关系我们必须学会处理。

面对全球化的理念转变

我们必须看到，中国虽然改革开放很快，可是我们的很多理念还停留在传统经济和小农经济阶段，和全球化下的市场经济会有冲突。比如自力更生、自给自足、肥水不流外人田等，这些理念我们认为是很好的，可是和市场经济不吻合。市场经济的核心之一是分工交换。对外开放就是参与全球范围的分工和交换。发挥比较优势不仅要生产和出口相对成本低的产品，还意味着要放弃或少生产自己相对成本高的产品。再比如对进出口的态度，我们一直重视出口，控制进口，实际上这是对财富的错误理解，是重商主义的理念。还有民族主义，民族悲情主义，包括强调民族企业，总希望强调自己民族拥有的东西，总怕被人欺负。这些理念都可以理解，但在开放的过程中必须转变，否则将不利于我们处理好国际经济与政治关系，也不利于我们进一步发展。中国已不再是一个贫穷落后受人欺负的国家了，我们是一个迅速发展的大国，大国的开放理念是应当领导世界潮流。

供给侧结构性改革可从三方面入手[1]

（2015 年 12 月）

近日，由华东师范大学、中国经济学年会秘书处共同主办的第十五届中国经济学年会在沪举行。年会期间，中国经济学年会理事长、北京大学校务委员会副主任、汇丰商学院院长海闻接受了《上海金融报》记者的专访。

记者： 近日，国家主席习近平主持召开中央财经领导小组第十一次会议，会上首次提出"供给侧结构性改革"。在您看来，如何理解供给侧结构性改革这个提法？它反映了经济发展怎样的新特征？

海闻： 中国目前的经济下行不仅仅是周期性衰退，实际上，目前中国经济出现的主要是结构性问题，表现为一些行业供大于求的同时另一些行业供不应求。

现阶段，很大程度上需要通过调整供给来满足市场需求。供给侧调整有两层含义：第一，对于供大于求的行业需要进行整合，消除过剩生产力，提高效率；第二，对于供不应求的行业，如高质量高科技的制造业，以及文化、健康、教育等相关服务业，需要增加供给来满足社会需求。

此外，现在中国的经济问题，还包括供给缺乏效率，政府要重视提高企业的劳动生产率，降低企业成本，包括给企业减税、降费等，这些都属于供给方面的政策。

记者： 您此前也曾提到造成中国经济下滑的原因是多方面的，包括劳动力

---

[1] 陈健. 供给侧改革可从三方面入手[N]. 上海金融报, 2015-12-01(A07).

成本上升以及周期性经济衰退，此外还有制度因素等。在您看来，最后一个原因即制度因素体现在哪些方面？如何改进完善？

海闻： 的确，当前宏观经济发展遇到的问题有些是不可避免的，例如长期的经济增速放缓和周期性的衰退，这是市场经济国家共有的。但是，中国目前存在一些阻碍经济转型升级的特有问题。经过三十多年的快速增长，中国经济已经逐渐步入中等收入阶段，传统的产业和产品的生产能力很强，但人们对这些产品的需求增长开始放慢，住房、汽车、服装等曾经拉动经济增长的动力开始减弱。在基本物质需求得到满足之后，人们注重追求生活质量，更需要高科技、高质量的产品和服务，而这是目前中国经济发展中缺乏的。其中一个原因是政府对企业创新的重视和支持还不够，例如在知识产权保护和鼓励企业加强科研投入等方面还很缺乏。

从产业的角度来看，服务业的发展也存在一些制度障碍，阻碍着提高生活质量相关行业的发展。服务业产值在发达国家的 GDP 中占的比重很大，中国仍然偏低。目前，医疗、教育、文化等领域的改革仍然滞后。医疗方面，没有很好地发挥医生的积极性和价值，医生基本被限制在公立医院里，并没有成为提供广泛医疗健康服务的主体；而医疗服务要深入广大家庭，就需要通过家庭医生、诊所等形式。此外，要通过大力发展医疗保险的方法解决看病贵的问题，而不是过度地控制医药价格。药价低会导致药厂研发新药的动力下降。

在某种程度上，教育也是服务业。政府除为全民提供必要的基础教育外，也要通过体制改革，充分发挥民间的力量，大力发展高质量的高等教育以满足日益增长的需求。同时，大力发展教育，包括职业教育，也是为经济转型升级提供高质量人力资本的必要条件。

记者： 当前经济增速放缓，您形容为"两个交接棒中的减速"，那么在您看来如何处理好新旧经济发展衔接的关系，防止经济增速的过度下行？

海闻： 政府不要不分具体条件地推动企业转型，要密切观察经济转轨过程中出现的问题，例如有些地方税收锐减、政府债务负担加重等，尤其要注意失业率。我这里说的失业率不是城镇登记的失业率，而是包括农民工在内的实际失业率。当失业率很高的时候，产业转型可能要放缓，要考虑到传统产业退出后的社会代价。同时，政府要加快对新兴产业的改革开放，尽快消除影响这些产业发展的制度障碍，使这些产业能够较快地发展起来。政府要做好产业转型升级的基础性工作。长远来看，要重视教育，教育不仅为将来的产业发展培养领导者，也为新兴产业培养合格的劳动者。

对企业来讲，**转型升级有三条道路：转行、提升产品质量、行业内的兼并重组**。转行，现在来看，方向很可能是服务业。提升产品质量，需要加大研发投入，提高创新能力。兼并重组，既可以兼并其他同行，也可以被同行兼并。政府要打破地方保护主义，要允许企业破产或被外地企业兼并。制度上也要适当调整，服务好企业的兼并重组，但不要强迫，也不要引诱，兼并重组是企业的市场化行为。

未来，技术创新或模式创新会成为经济发展新动力。在支持创新方面，政府要做两件事：一是加强知识产权保护；二是加快金融改革，发展资本市场，让企业更多地从间接融资转向直接融资。目前我国资本市场还不够发达，企业直接融资渠道还比较少，要通过金融改革增加创新企业的融资渠道。

改革为中国经济发展赋能[1]

（2017 年 3 月）

2016 年，中国经济增速没能"保 7"，这是自 1991 年以来的新现象。未来的经济发展将会怎样？政府提出了哪些应对措施？这些措施又给行业带来了哪些影响？

三大原因延缓增长

中国经济增速放缓，有三方面的原因：**长期趋势、短期波动、结构调整**。长期来看，中国经济不可能永远高速增长，调整到中高速是必然趋势。短期来看，是经济周期的影响。市场经济一定会有周期。最近的经济发展，源于 2008 年国际金融危机产生的周期。此外，中国目前面临产业结构调整、中等收入陷阱的挑战。

上述问题交织在一起，对中国经济带来了较大挑战。现在进入新的调整阶段，即进入追求高质量生活的阶段，也就是所谓的经济新常态。在经济新常态中，反映的是结构的问题。分产业看，农业的增长是比较稳定的，大概在 4%；制造业不断下降；服务业则逆势而升，一直保持在 8% 以上的增长。所以，虽然经济总体不景气，但零售业增长超过 12%，金融业增长超过 15%，可见这是不同产业冷热不均导致的。

---

[1] 海闻, 聂国春. 改革为中国经济发展赋能 [N]. 中国消费者报, 2017–03–15(D06).

分地区看也是如此。如果到东北、华北，就会觉得经济面临挑战，看到制造业面临挑战，但中国有一个地方经济增长率超过了 11%，这就是重庆。而且，沿海地区如广东、山东、浙江、江苏 GDP 增长率都超过了 8%。地区发展不平衡，这也是现在中国经济的特殊现象。

那中国经济到底会不会硬着陆？其实研究中国问题要看两点：一是要看与中国相匹配的历史发展阶段。例如，同样出现楼市火爆的现象，中国所处的历史阶段与日本不一样。20 世纪 80 年代末日本楼市价格暴涨是在城镇化完成后由资产泡沫导致的，而我国目前还处在城镇化进程中，短暂楼市价格上升可以通过增加供给来消化。二是要看到中国正处在经济体制转型的过程中。从计划经济向市场经济转型，政府还有相当大的控制权，政府的力量至少可以防止经济变得更坏。正因为如此，中国经济不会硬着陆。

经济仍处于起飞阶段

美国经济学家罗斯托认为，任何一个国家、任何一个经济都有两个大的阶段：一个是传统经济阶段；另一个是现代经济阶段。从传统经济阶段到现代经济阶段，中间有一个特殊的阶段叫作起飞阶段。

起飞阶段有什么特点呢？一是增长速度很快，二是结构发生很大变化。在起飞之前，一个国家主要的产业是农业，起飞后主要是制造业，最后接近现代经济的时候就以服务业为主。

除了产业结构的变化，社会结构也会变化。起飞之前，大部分人是住在农村的，然后随着工业化的推进，城镇化不断发展。到起飞结束的时候，绝大部分人是居住在城镇的。

起飞是一个国家非常特殊的历史时期。韩国和新加坡大概用了四十年的时间完成起飞，由此来看，作为一个大国，中国完成起飞也起码需要四十年的时间。目前，中国的产业结构调整进程还只完成了三分之二，中国起码还需要十几年的时间来完成产业结构的调整。而在社会结构的调整方面，中国最起码还要一二十年的时间来完成城镇化。

因此，现在 6.7% 的经济增长只是一个短暂现象。个人以为，权威人士所讲的"L 型"只是短期 L 型，而不是长期 L 型。现在中国经济遇到的问题，实际上是属于产业结构调整的特殊阶段的问题。过去，政府调控经济主要通过财政政策和货币政策来扩大总需求。这次政府也意识到，目前中国经济不仅存在总需求不足的问题，还存在产业结构调整的问题，所以提出了供给侧结构性改革，一方面要减少过剩产能，另一方面要弥补供给不足。可以说，未来的经济增长主要靠新的动力，靠改革开放来进一步挖掘我们的潜力。

未来三方面的改革

改什么？我认为主要包括三方面：**一是促进市场进一步发展；二是加快城镇化；三是产业调整**。促进市场的发展，先要改革政府职能。地方政府要减少对企业经营的干预，要负起纠正市场失灵、加强监管以确保公平竞争、保护消费者权益等方面的责任。供给侧结构性改革并不意味着应该由政府简单地来调节供给。供给侧结构性改革的核心是供给机制的改革。

加快城镇化进程，必须改革现有的户籍制度和农村的土地制度。城镇化是一个国家在起飞阶段重要的经济增长动力。为什么我国城镇化滞后？主要因为两个制度：一个是城市的户籍制度，阻挡了农民在城市安家落户。目前，中国农业占 GDP 的比重已下降到 9% 左右，但农村人口仍超过 40%，农业劳动力占比也超过 45%。要推进城镇化，一定要放松城镇的入户限制。另一个是农村的土地制度，农民有土地的使用权，但没有产权，土地不能由个人处置，从而使得农民不能彻底离开农村。

虽然中国城镇化似乎进行得比较快了，但是与发达国家相比，在交通等基础设施建设方面仍然有很大的发展空间。另外，城镇化会大大促进消费。一些研究表明，城里人的人均消费是农村人的 3 倍。所以，真正的拉动消费是靠越来越多的农民进入城市，而不是靠一时的家电或其他产品下乡。

促进服务业发展、调整产业结构，也涉及改革。这主要有两方面：一个是服务业的改革与开放；另一个是制造业的整合与创新。产业结构的调整与人类的需求和消费紧密相关，随着经济的增长，收入增加以后，农产品的实际消费会增加，但在消费中的比重会下降。制造业一开始也会增加，但是到了一定程度后，人们对物质需求的增长速度会逐渐放慢，会更多地追求生活质量，追求物质以外的服务。医疗、教育、文化、艺术的发展，可以直接满足人们的需求，而设计、营销，甚至法律等的发展，可以提高制造品的附加值。例如，高通是一个高科技企业，但是高通公司要聘很多律师，为什么在高科技公司中律师那么重要？因为公司要维护知识产权，要想办法获取它创造的每一分价值。这从侧面反映了服务业对经济发展的重要性。

结构调整空间很大

美国的农业非常发达，但占 GDP 的比重只有 1%。美国的制造业也很发达，但也只占 GDP 的 20%。美国近八成的 GDP 来自服务业，而我国服务业占 GDP 的比重刚刚过半。从全世界来看，服务业占比的平均水平在 70% 左右，可见中国在三大产业的结构调整方面还有很大空间。

从一些主要行业也可以看出这种差距。比如健康医疗，在美国占 GDP 的 17%，世界平均是 10%，中国不到 6%。日本、韩国都有将近 20% 的文化产业，中国近年来虽然发展很快，但在 GDP 中的比重仍不大。

另外，教育也需要调整，如果教育没有跟上，那么产业结构调整是不可能实现的。以中等收入陷阱为例，东亚和南美一些国家都遇到了这个问题，但前者解决得较好而后者在达到中等收入后长期徘徊，最主要的原因就是教育拖了后腿，没有足够的人才去发展新的产业。如果中国教育不改革、不发展，转型升级和产业结构调整也会遇到困难。要完成结构调整的目标，先要做好农民工的职业培训，要做好劳动力的继续教育和培训。同时，也要更好地建立不断培养创新人才的机制。

对于制造业来说，要想生产出更好的产品或更高技术的产品，企业必须不断创新。除技术创新外，还有商业模式的创新。此外，未来的企业必须有规模，企业有了一定的规模，才有实力从事研发，才能通过大量生产降低成本。企业可以通过自身发展获得规模经济，也可以通过兼并重组来获得规模经济，后者也是下一阶段中国制造业发展非常重要的一个方向。

总之，未来中国经济的潜力很大，中国起飞至少还要一二十年才能真正完成。但是，能不能把潜力挖掘出来取决于改革，只有改革才能为中国经济发展赋能。

再改革、再开放，
中国如何进一步推动全球化[①]

（2020年10月）

2020年10月16日，由澎湃新闻与复旦大学中国经济研究中心联合主办的"浦东与深圳联动创新研讨会"在沪举行。北京大学汇丰商学院院长海闻教授在会上进行演讲。本文由演讲实录整理并略加补充而成。

2020年是深圳经济特区成立四十周年，庆祝之际，国内又一次热议"改革开放"。实际上，四十年来，我们一直在谈改革开放，但是改革开放的内涵却在悄悄地发生变化。所以，我们有必要探讨"再改革"和"再开放"。

内涵变化的"改革"和"开放"

刚开始我们谈"开放"，最主要是指"引进来"，吸引外商来华投资，发展出口导向的劳动密集型制造业，同时希望发达国家对中国开放，以便中国向国外出口更多的产品。后来我们谈"开放"，更多是指中国企业"走出去"，而对外资的引进已经不那么积极了，甚至有人认为，既然现在中国已经有足够的资本，有没有外资都无所谓了。

"改革"的内涵也在悄悄地发生变化。我们最开始谈"改革"，基本上指的

[①] 海闻．浦东与深圳联动创新研讨会｜中国如何进一步推动全球化[EB/OL].(2020-10-26)[2024-03-12]. https://www.thepaper.cn/newsDetail_forward_9716267.

是对原有束缚生产力的旧政策、旧体制的改革。比如在计划经济时,价格受到控制,企业不能由私人办,人员不能自由流动,工作不能由自己找。那时候的改革,都在放开这些控制和限制,其主要目的是激发人民群众的积极性和创造力,提高资源配置的有效性。在深圳建立经济特区并尽可能放开各种限制,就是一个最典型的例子。

现在我们还在谈改革,但更多是在谈怎么解决遇到的问题,把一些解决问题的新措施都称为改革,甚至对一些倒退的政策也用了"改革"的名义。例如,有人对涨价不满意,就用行政手段控制价格;一些民企出现问题了,就将它们国有化。所以,我们今天谈"再改革""再开放",不是讨论要不要继续改革和开放的问题,而是要讨论如何改革、如何开放,以及向哪个方向改革、向哪个方向开放的问题。

十字路口的经济全球化

今天我们在此讨论的是"再改革、再开放,中国如何进一步推动全球化",所以主要谈国际问题。过去四十年,是中国改革开放的四十年,也是人类历史上新一轮全球化的四十年。技术的进步、中国的改革开放、冷战的结束、世贸组织的建立,使得经济全球化得到了迅速的发展。但是,中国与美国以及西方国家之间的矛盾,也在全球化过程中不断累积。

在全球化过程中,中国通过改革开放,从国际上获得了市场,获得了资源、知识和技术,充分发挥比较优势,积极参与国际分工合作,国内经济快速发展,人民生活水平不断提高,国家综合实力不断增强。相比之下,在过去四十年中,美国相对落后了。

一方面,美国仍然自以为是地不断地参与战争或发动战争,持续消耗其实力;另一方面,美国作为资本充裕的国家,在全球化的过程中,虽然资本获益较多,但劳动力的收入增长不仅相对慢于资本的收入增长,也相对慢于中国的劳动力收入增长。这是全球化的自然结果,也是国际贸易理论早就揭示了的。

回顾过去四十年的全球化过程,中国很自豪,因为我们从中获得了长足的发展。因此，我们要坚持全球多边主义和经济全球化。但美国很后悔，认为他们在全球化过程中吃亏了，相对落后了，所以现在反过来反对全球化，要搞保护主义和单边主义。经济全球化到了一个十字路口。

经济全球化中的中美五大矛盾

虽然由于利益冲突，各国国内反全球化的力量始终存在，但美国推行的"美国优先"和"遏制中国"政策，对全球化进程造成了极大的冲击。因此，如何缓和美国与中国的矛盾冲突，成了世界各国进一步推进经济全球化面临的重要问题。

目前，我们与美国的矛盾冲突错综复杂，按照顺序来看，可以分为五大矛盾。

第一个矛盾是贸易不平衡

这次中美关系的恶化是从贸易争端开始的。其实这个问题由来已久，美国保持对华贸易逆差有近三十年了。20世纪90年代就发生过贸易摩擦，美国要对中国的产品征收高关税，中国马上就提出也要对美国的产品征收高关税，最后两国通过谈判实现了和解，大家继续做贸易。

由于美国储蓄率低，又拥有美元作为国际结算货币的优势，美国不仅对中国是贸易逆差，对许多国家都存在贸易逆差。但是，随着美国相对地位的下降，美国政府已经不能再忍受这种贸易的不平衡。他们要求要么中国把关税降下来，要么美国把关税提上去；要么中国对美国企业开放更多的市场，要么美国也要对中国企业关闭市场。

第二个矛盾是知识产权保护问题

关于知识产权保护，从20世纪90年代开始，美国对中国发起了七次"301调查"（相关法律依据是美国《1974年贸易法》第301条规定），其中在1991年、1994年、1996年三次是与知识产权保护有关的特别"301调查"。

第三个矛盾是经济体制的不同

世贸组织和联合国不一样，联合国是任何主权国家都可以加入的，而世贸组织本身是市场经济国家的俱乐部，只有市场经济国家才能加入。加入的过程也与联合国不同，不是三分之二多数通过，而是需要全体成员同意才能加入。世贸组织的核心理念有两个：自由和公平。所谓自由，就是推动更自由的贸易和投资，关税只能降不能涨，非关税壁垒只能消除不能增加。所谓公平，就是强调体制和政策的公平，比如国民待遇、贸易最惠国待遇等。同时允许各国对不公平竞争进行反补贴、反倾销等。因此，有政府补贴的国有企业、政府主导资助的贸易和产业政策、政府对市场的干预（危机时除外）等，都被视为不公平竞争的非市场经济行为。

尽管中国当时仍然有大量国有企业，政府对经济有很强的干预，2001年各国还是同意中国加入世贸组织，只是加了一个条件：在十五年内世贸组织成员方仍然可以以"非市场经济"的名义对中国的产品实施反倾销和反补贴措施等。

在中国国有企业占有很大比重的情况下，当时美国为什么同意中国加入世贸组织呢？原因有两个：第一，中国当时的国有企业并不强大，效率低下，亏损严重，所以美国并不害怕，不认为中国的国有企业对美国是一种威胁。第二，中国当时正在推进国有企业改革，并在加入世贸组织前，废除了数千条与世贸组织原则不一致的规定。中国也承诺要继续改革，各国预期中国能在十五年里完成相关改革，获得世贸组织框架下的"市场经济地位"。

十五年过后，中国要求世贸组织承认中国的市场经济地位，但除一些小国外，大多数发达国家都坚持不承认中国的市场经济地位。原因也有两个：第一，中国的国有企业变得非常强大。2020年的世界500强企业中，中国（不含港澳台地区）占了124家，其中80家是国有企业。第二，中国明确表示，要把国有企业做大做强。

为什么美国和西方国家以前并不很在乎中国的国有企业和政府的干预，现在却当作一个重要问题呢？以前中国企业弱，人家就不在乎。但现在中国企业变强了，西方国家认为，它们的民营企业与中国的国有企业在国际上面临不公平的竞争。

第四个矛盾是政治和意识形态方面的不同

除经济体制外，中国的政治体制和意识形态也与美国和西方各国不同。中国改革开放后，政治和意识形态方面的冲突已经淡化。这些方面的不同并不影响各国之间的经济合作。但是，最近几年这些方面的不同被强化了，逐渐成为中美冲突的重要原因之一。美国认为中国的政治制度和意识形态是对西方世界的威胁，呼吁"自由世界"联合起来，反对和抑制中国。

第一个和第二个矛盾比较容易解决。一方面，中国的关税正在逐步下降，市场也在不断开放；另一方面，我国本身也需要加强对知识产权的保护。因此，通过努力，这些方面的矛盾和冲突是可以缓解的。然而，第三个和第四个矛盾是根本性的，很难调和。不过，政治体制与意识形态方面的不同，除美国拿它作为抑制中国崛起的理由外，到目前为止，其他西方国家并没有将它视为与中国经贸合作的主要障碍。

第五个矛盾是有关世界领导权的问题

中国已经成为世界第二大经济体，并且还在继续快速发展，未来成为世界第一大经济体已毫无悬念，且在政治和军事上又非常独立和强大。因此，在反恐战争基本结束后，美国认为中国已成为它作为"世界领袖"的最大威胁。只要中国继续按照自己的道路发展和美国继续坚持在国际上的霸权主义，这一矛盾基本无解。

全球经济的两种可能趋势

毫无疑问，这些错综复杂的矛盾冲突，是经济全球化的障碍。近期，这些矛盾冲突变得异常直接和尖锐。我认为世界经济未来会有两种可能的发展趋势和结果，何去何从取决于中国和美国的决策与行为。

一种可能的趋势是，美国继续奉行目前抑制和孤立中国的政策。这一点，目前看来不可能改变。美国的对华政策已是两党共识，美国的共和党、民主党两党从来没有在中国的问题上像现在这样一致。因此，不论谁上台，都将继续打压中国。

美国政府从政治目的出发，可能会以国家安全为由，用行政手段干预经济，强制企业与中国脱钩。同时，美国国内经济政策转向"向中国学习"，也搞国家对产业的支持。如果民主党执政，会更倾向于通过使用政府的权力来影响经济。美国还希望联合西方发达国家以及印度等国，形成一个以美国为核心的反华联盟。

中国方面则针锋相对，以牙还牙。美国和西方国家驱赶我们的企业，我们也驱赶它们的企业。它们不用我们的技术，我们也不用它们的技术。它们不给我们市场，我们也不给它们市场。企业必须有政治立场，否则别想在中国市场上赚钱。我们自力更生，奋发图强，解决"卡脖子"技术和产业，靠我们自己的市场发展经济。

如果以这样的态势发展下去，原有的企业之间的竞争会逐渐转化为国家之间的竞争，原有的国际经济与技术合作会逐渐转化为以中美为首的两个对立的经济与技术体系间的竞争。现有的国际多边体系和国际组织不能有效发挥作用，甚至名存实亡，经济全球化变成经济与技术的对立和两极化。这将是一种令人遗憾的结果。

另一种可能的趋势是，美国继续奉行保护主义和单边主义政策，继续抑制和孤立中国，**但中国则加快加深市场化、法治化、国际化方面的改革，更大程度、更广泛地开放中国的市场，逆势推动经济与技术的国际合作，努力团结各国，维护现有的多边国际体系，继续推动经济全球化。**如果我们真的有勇气、有能力做到这一点，相信我们至少能减缓与美国以外的各国之间的矛盾或冲突，也能分化美国国内的政治力量，粉碎美国少数政客企图建立反华联盟的企图。

要实现第二种可能，我们必须缓解或消除以上提到的各种矛盾。贸易不平衡和知识产权保护方面的问题是这次中美贸易摩擦的"导火线"，但也是相对比较容易解决的问题。为什么？

以深化改革和开放化解矛盾冲突

贸易不平衡不仅限于中美之间，全世界很多国家的贸易都不平衡。

中国要解决的主要是制度上的对等，即进一步降低关税和非关税壁垒，进一步落实入世承诺，开放中国的市场，尤其在金融等服务业方面。制度上对等了，如果美国对中国仍然有大量的贸易逆差，那就不是中国的问题了。经过入世后二十多年的实践，中国企业也得到迅速成长，在国际上也具备了很强的竞争力，应该有能力面对更大程度的开放。况且，随着一国经济的增长，进口会越来越多，贸易不平衡的问题也会得到缓解。

知识产权保护问题也比较好解决，因为中国现在也到了需要保护知识产权的时候了。2019年11月24日，中共中央办公厅、国务院办公厅印发了《关于强化知识产权保护的意见》，表示将全面强化知识产权保护。

其实，中美贸易谈判第一轮达成的协议就是解决这两个问题的第一步。通过进一步的开放，中国与美国以及其他西方发达国家在贸易和投资方面的矛盾可以得到缓解。

事实上，面对逆全球化的单边主义、保护主义，中国已经加大了开放的力度，包括加大金融开放、设立新的自贸试验区等。中国比以前更加开放了，但能不能真正吸引外资？能不能真正缓解与美国和其他国家在贸易投资方面的矛盾？这很大程度上取决于改革，改革和开放是缺一不可的。我们只有深化以市场为基础的改革，开放才能够真正地做得更好。

除了贸易和知识产权方面的矛盾，中美之间真正面临的是经济体制、政治体制和意识形态、国际影响力方面的矛盾和冲突。这些基本矛盾是无法解决的，但这并不等于不能缓和。

比如国有企业，我们是否可以借助"竞争中性原则"来解决可能出现的不公平竞争问题？我们能不能更大力度地支持民营企业的发展，让更多的华为、比亚迪、阿里巴巴、腾讯、大疆发展壮大，参与国际合作与竞争？我们的政府能否进一步减少对经济的干预和直接参与，着重解决"市场失灵"问题，营造对民营企业更友好的营商环境？

继续推动经济全球化

面对当前的国际形势和美国企图建立反华联盟的特殊背景，在外交上，我们要团结一切可以团结的力量。最近刘遵义教授谈道，"如今中国面临的最大风险是再次与世界其他国家隔绝"。中国必须继续积极参与世界经济，贡献自己的力量，维护国际秩序。我们千万不能与其他国家隔绝。虽然这种情况不大可能出现，但一定要警惕这种思潮和趋势。

虽然在经济体制、政治体制、意识形态等方面，西方发达国家是与美国一致的，但西方世界也不是铁板一块。中华人民共和国成立之初，即便在西方各国围堵中国的情况下，我们也努力与法国、英国等发达国家搞好关系，如今我们更有条件来反制美国对中国的围堵。我们一定要认清形势，不能被美国孤立，而要让美国的保护主义和单边主义被孤立。

争取与更多国家在现有的世贸组织多边体制下达成共识，继续推动经济的全球化——这个结果是理想的，也是不容易的，但我们必须争取！

面对当前逆全球化形势，中国如何坚持改革开放？[1]

（2020年10月）

近年来，经济全球化遭遇了前所未有的阻力，商品、服务、资本和各类资源的全球流动受阻，在这样的背景下，我们一定要坚持和加大市场导向的改革和开放，多方发力应对美国对华的遏制政策。

经济全球化的进程会终结吗？

我们先来了解一下为什么会有经济全球化。推动经济全球化的主要力量是通过全球市场获得利益。市场越大，分工越细，交换越广泛，一国的获利就越多，经济就越发展。所以，全球化是各国追求经济发展的必然结果。

20世纪末以来的二十多年里，经济全球化达到了新的高度。推动这一次经济全球化的主要力量是科技的发展，尤其是在运输、通信、金融等方面的技术突破，使得全球分工合作变得更加便利，成本更低，收益更大。1995年世贸组织的成立，又为经济全球化奠定了原则和制度基础。

然而，**经济全球化的过程中也出现了获利和发展的不平衡**，最明显的是中国的崛起和美国的相对衰落。近年来，除各国的利益集团如发达国家的劳工组

---

[1] 海闻.面对当前逆全球化形势，中国如何坚持改革开放[J].中国经济评论，2020(02)：18–21.

织和发展中国家缺乏竞争力的企业等传统反全球化势力外，美国的政治变化，包括"美国优先""中美脱钩"政策，进一步推动了逆全球化的趋势。而新冠疫情的暴发不仅在客观上阻断了或者减少了各国之间的经济和社会交往，由此产生的民族主义也加强了反全球化的倾向。因此，从短期看，经济全球化进程的确严重受阻。

但是**从长期看，经济全球化的利益依然存在，推动全球化进程的科学技术和市场力量依然存在**。只要各国能够一起努力解决全球化中存在的问题，减缓矛盾和冲突，这一进程在调整后仍会继续而不会终结。

不过，经济全球化能否在不远的将来重回发展轨道，很大程度上取决于各国的努力，包括中国改革开放的坚持和深入、美国孤立和强硬政策的改变、欧洲国家经济的复苏，以及国际组织包括 WTO 作用的发挥。

在这样的背景下，中国要坚持和加大市场导向的改革和开放。这不仅因为我们从改革和开放中得到发展，作为一个历史悠久且负责任的大国，作为人类命运共同体的倡导和建设者，在当前逆全球化的形势下，我们更应在推动经济全球化、投资和贸易自由化方面发挥中流砥柱的作用。中华民族伟大复兴，不应只是中国的繁荣富强，也应是对世界进步和发展的推动。只有世界各国共同发展，中华民族的崛起才能和平和顺利。

中国现阶段开放的特点

改革与开放是过去四十多年推动中国经济增长的主要制度因素。一个经济体在发展过程中，从引进来到走出去，开放的模式也会经历不同的阶段。**一个国家的对外开放模式与自身经济的发展阶段有关**。一个国家的经济发展大致分为三个主要阶段：传统经济、经济起飞、现代经济。传统经济基本上是以农林牧副渔等第一产业为主，经济发展靠的是一国的自然资源。现代经济不完全依赖自然资源，经济的发展主要靠资本和科学技术。从传统经济到现代经济有一个突变的过程，被称为"经济起飞"。在起飞阶段，一国的经济发展迅速，主要靠的是工业化和城镇化。在这个阶段，不但产业结构发生了变化，社会结构也会发生很大的变化。

大多数国家在经济起飞前，主要靠发挥要素禀赋的比较优势，出口初级产品，进口工业制造品。这是典型的"产业间贸易"。

当一个国家进入经济起飞阶段后，随着工业化和城镇化的发展，制造业逐渐发展起来了，但技术水平等仍然与发达国家存在很大差距，这个阶段的比较优势是制造业中的劳动力成本。因此，这个阶段的对外开放模式一般是吸引外商投资，发展并出口劳动密集型的制造品，同时需要进口技术或资本密集型的制造品和知识密集型的服务。

等到经济起飞完成，进入现代经济或发达国家行列时，一国的产业结构基本以服务业和高端制造业为主，这个阶段的对外开放模式主要是：一方面通过规模经济的成本优势或技术领先优势向其他发达国家出口高端制造品和服务，也从其他发达国家进口本国缺乏成本或技术优势的高端制造品和服务，这种贸易模式被称为"产业内贸易"。另一方面也向发展中国家出口资本密集型制造品和服务，从发展中国家进口初级产品和劳动密集型的制造品。发达国家既向外投资，也吸引其他发达国家的投资。

过去四十多年，中国经济经历了改革开放，现在到了一个新的阶段。一方面，随着人民收入水平的提高，劳动力成本上升，中国的制造业不再具有劳动成本低的比较优势。另一方面，由于技术的发展和资本的积累，中国的制造业有了规模经济，且在某些行业拥有技术领先优势。同时，人们对生活的需求也从解决温饱向追求生活质量转变。而我们的服务业，尤其在医疗、教育、金融、法律等方面，仍处在发展过程中，不能满足人民对美好生活的需求。当社会主要矛盾发生变化时，中国的对外开放模式也势必要发生变化。任何一个国家都不可能生产所有高质量的产品和服务，所以需要通过更大的开放来促进贸易和投资，来满足新阶段的需要。

如果说，过去四十余年，中国的对外开放主要是为了促进出口、发展产业、创造就业，那么，在中国经济发展的新阶段，我们对外开放的重要目的之一是满足人民对美好生活的需求和促进世界经济的发展。 通过进一步降低贸易壁垒，以进口提高人民生活质量的各种产品和服务，通过友好合作，促进中国资本走向世界。

如何理解双循环新发展格局

最近中央提出，我们必须集中力量办好自己的事，充分发挥国内超大规模市场优势，逐步形成以国内大循环为主体、国内国际双循环相互促进的新发展格局。我认为，"以国内大循环为主体、国内国际双循环相互促进的新发展格局"是为应对当前国际政治经济形势而制定的重要战略。这个战略的制定基于以下几个现实：

第一，新冠疫情造成各国封闭，贸易骤降，供应链濒于断裂，经济全球化进程严重受阻。从目前的情况看，对疫情的控制还遥遥无期。

第二，新冠疫情的蔓延加剧了本来就有的逆全球化趋势，民粹主义、保护主义，以及为保经济安全而颇有市场的"自给自足"理论也越来越盛行。

第三，全球经济萎缩，经济下滑程度和复苏难度都远超 2008 年国际金融危机时期。全球经济的恢复估计起码需要四至五年。

第四，联合西方各国在全球范围遏制中国崛起，已成为美国两党共识，美国也会在较长的时间里执行这一政策。

第五，中国经济已经具备较完整的产业链，人均收入已超过 10 000 美元，进入中等收入水平，且人口众多，自成一个巨大市场。

在这样的情况下，中国不得不调整自己的发展战略，并准备在相当长的一段时间里，把经济发展的动力主要放在自身的生产和消费上。作为一个进入中等发达国家行列的大国，中国也具有这一得天独厚的优势，可以在一定时期内通过国内的循环来推动经济的增长。

但是，这并不意味着我们准备放弃参与国际分工合作和推动经济全球化。

对外开放下的中国企业走出去

近年来，中国企业走出国门，拓展国际市场，取得了不小的成绩。从入世后的 2002 年到 2018 年，中国对外直接投资年均增长率高达 28%，全球占比由 0.4% 提升至 6.4%，排名由第 25 位攀升至第 3 位。这种惊人的增长速度，必定引起全球关注。

中国企业到外国投资，一方面给所在国创造就业机会，增加其 GDP；另一方面也对所在国的竞争对手甚至社会和文化带来挑战，利益集团的各种阻挠破坏也在所难免。

中国企业在外国尤其在发达国家的投资并购受阻的原因很多，包括对当地的法律、社会、文化等不够熟悉，在环保标准、生态评估和劳工权益等方面不合要求等。还有一个重要的问题是中国的非市场经济地位问题。所在国竞争对手会以"不公平竞争"为由要求当地政府阻止中国国有企业甚至民营企业进行投资并购。

当然，中兴、华为、TikTok 等涉及高科技、信息、传媒等敏感领域的中国企业受到打压，已经不仅仅是因为竞争对手利益方面的因素了，而是因为政治方面的因素。尤其是美国政府，当美国认为中国正在科技领域赶上或超过美国时，必定会使用各种手段对中国进行打击压制。因此，像华为、TikTok、腾讯等企业在美国受到阻碍的深层次原因是大国之间的全方位较量。

中国企业走向世界，是经济发展的必然趋势。企业要继续走出去，同时要不断总结经验教训，应对各种阻碍和挑战。企业必须了解和熟悉所在国的政治、文化、法律环境，要严格遵守法律法规，不要有任何侥幸心理。不要想当然地按照自己在国内的做法在国外行事。必须考虑投资并购对所在国带来的利益，对所在国长期可持续发展也要有利。同时，做好风险防范工作，遇到问题要学会依据所在国的法律来保护自己。

另一方面，中国政府也要继续积极支持和保护中国企业的对外投资并购。除了出国前积极协助规范引导，在外遇到不公平待遇时帮助企业运用法律手段保护权益外，也要对外国企业对等开放中国市场，通过改善营商环境，保障外国企业在中国的合法权益。

如何应对美国对华的遏制

目前美国政府对华实行强硬的遏制政策，来势汹汹，令人愤慨。在此我们先不讨论为什么会出现这种情况，为什么事情会急转直下发展到这个地步，我们主要考虑如何应对。

有两点值得关注：第一，美国两党在对华政策上空前一致，在舆论误导下，多数美国民众目前对华没有好感；第二，若要强迫选边站队，从政治、经济制度和文化传统上，西方发达国家基本会站在美国一边。为此，我们也必须认识到两点：第一，美国对华的基本政策近期不会改变；第二，必须努力争取其他国家和美国人民对中国发展的了解和理解。

面对美国政府的无理挑衅，我们在毫不退让的同时一定要做好两件事情：

第一，做好自己的事。深入进行市场导向的经济体制改革和以法制为基础的政治改革，营造自由的环境，充分调动人民群众创新创业的积极性，尤其要发挥知识分子、民营企业家、各级干部的积极性。国内万众一心，国外再大的压力也能顶住。

第二，团结国际一切可以团结的力量，打破美国联合西方和其他国家对华压制的企图。进一步扩大开放，降低或消除贸易和投资壁垒，推动与一些国家的自由贸易谈判。实现与发达国家对等开放的原则，在商业活动中去政治化，改善在华外商营商环境。**分清当前的主要矛盾和次要矛盾，在与其他国家的非原则问题上求同存异，搁置争议**。这样做并非软弱，而是为了更好地改进自己，改善环境。

在未来的对外开放中，我们要特别注意两个方面。**一个是对国际规则的遵守**。如果觉得规则不合理，我们就通过程序去改变规则，但在改变之前，必须遵守。我们的企业和政府，都要像参加奥运会一样，**只有在给定的比赛规则下比别人做得更好，才能赢得别人的尊重**，也有利于我们自己的长远发展。**另一个是努力做到对等互利**。中国已不再是四十多年前的穷国弱国，我们的企业也已有足够的实力参与国际竞争，所以没有必要继续实行一些保护政策。继续实行这些不对等的保护政策，也会阻碍我们的商品和企业走向世界。在对等的条件下竞争，可以让我们的企业更加强大，也可以不给别人指责中国的借口。

经过四十多年的改革开放和发展，中国已经发生了翻天覆地的变化，我们的目标已不再是温饱和小康，而是要"走到世界舞台的中央""推动构建人类命运共同体"。为此，我们的政策和行为也要有更高远的格局和更广阔的胸怀。唯有此，我们才能击败所有的敌人，赢得世界人民的尊重，实现中华民族伟大复兴的宏伟目标。

构建以规则为基础和以互利为原则的高水平对外开放新格局[1]

（2021年4月）

党的十九届五中全会提出，实行高水平对外开放。什么是高水平对外开放？中国未来的高水平开放与以前的开放有什么不同？中国的高水平开放将给消费者和企业带来什么样的机遇和挑战？政府又应该如何加快、加深改革以实现高水平的对外开放？

中国对外开放的不同阶段

国家所处的历史阶段不同，导致对外开放的目标不同，开放的程度和水平也不同。在2020年之前，中国的对外开放大致可以分为三个阶段。

第一阶段从1979年到1992年，开放的主要内容是放松外贸管制和开放外商投资，从计划经济时代"互通有无，调节余缺"为目标的国家外贸垄断，逐渐转变为以调动外贸部门经营积极性、鼓励企业努力"出口创汇"、促进中国经济建设为目标的对外贸易。同时，1979年召开的第五届全国人民代表大会第二次会议正式通过了《中华人民共和国中外合资经营企业法》，宣告中国对外国直接投资的开放。此后，国务院又多次发布文件扩大地方政府自行审批外商

---

[1] 海闻. 构建以规则为基础和以互利为原则的高水平对外开放新格局[J]. 中国经济评论，2021(04):14–18.

投资的自主权，在税收方面给予了许多优惠和减免政策。外商直接投资逐渐从"允许"转变为"鼓励"。可以说，在这一阶段对外开放刚刚开始，同时也是有限的。其主要措施是鼓励出口创汇、购置先进设备、引进资本和技术，目的是促进中国的工业化进程。

第二阶段从 1993 年到 2001 年，开放主要是围绕加入世贸组织的目标进行的，特点是降低进口壁垒和鼓励外商投资。为此，1994 年 7 月 1 日正式公布了《中华人民共和国对外贸易法》，实行了人民币汇率并轨，以及人民币经常项目下有条件的可兑换；取消了进出口指令性计划；降低了贸易壁垒，关税从近 40% 降为 15% 左右。国际贸易不仅鼓励出口，也开始扩大进口。从 1994 年开始，中国的外资政策做了进一步调整，吸引外商直接投资由区域性优惠政策导向变为市场导向，将基础设施、基础产业、高新技术产业、国有企业技术改造项目和中低档住宅项目等领域向外资开放。这一阶段对外开放的主要目标有两个：一个是为了加快入世；另一个是为了提高人民生活水平和改善产业结构。

第三阶段从 2002 年到 2019 年，对外开放的特点是在世贸组织的框架下，逐渐融入世界经济，成为全球产业链的重要组成部分。2001 年 12 月 11 日，中国正式成为世界贸易组织的成员国。中国外贸体制也进入了一个以世贸组织规则为基础进行全面改革的新阶段。中国不仅将关税进一步降至 12%，而且在外商投资政策方面的总趋势是更加开放、更加透明、更加稳定。根据入世承诺，中国不仅扩大了生产领域外商投资的范围，也开放了许多过去不允许外商投资的领域（如金融、通信、零售等）。对于在中国投资的外国企业，政府开始实行国民待遇，取消对外商制定的不符合世贸组织规则的政策（如国产化要求、出口比例要求、技术转让要求等）。与此同时，中国企业开始走向世界，对外直接投资不断增加。这一阶段开放的范围更大，力度也更大。这一方面是入世的要求；另一方面中国企业也从入世中获得了更广阔的国际市场，中国消费者也获得了更多的利益。

中国对外开放的新格局

从 2020 年开始，"十四五"规划启动和 2035 年远景目标的提出，意味着中国的对外开放进入一个新阶段。两会通过的"十四五"规划和2035年远景目标建议提出，坚持实施更大范围、更宽领域、更深层次对外开放，依托我国大市场优势，促进国际合作实现互利共赢，可以说从总体上诠释了"高水平对外开放"的含义。

具体来说，**高水平的开放，首先意味着"更大范围、更宽领域、更深层次"的开放**。不仅要在"自贸试验区"开放，整个国家也要开放；不仅制造业要开放，金融、法律、医疗等服务业也要开放；不仅在具体做法上开放，还要在制度和体制层面上通过改革来保证这些开放。总而言之，在中国未来的改革和发展中，开放要达到一个更高、更全面的水平。与以往主要为国内经济建设服务的目标不同，"高水平开放"具有两个重要特点：一是认同和遵守国际通行的规则，坚持多边主义和全球化；二是通过开放中国市场，让国际合作的各方获得利益。

中国为什么要这样做？主要原因有两个。**一个原因是中国的目标变了**。如果说，党的十八大以前，中国的主要目标是追求自身的发展，努力打造小康社会，那么党的十八大以后，中央提出要"打造人类命运共同体"。2015年9月，习近平总书记在纽约联合国总部发表重要讲话，指出："当今世界，各国相互依存、休戚与共。我们要继承和弘扬联合国宪章的宗旨和原则，构建以合作共赢为核心的新型国际关系，打造人类命运共同体"。2018年3月11日，第十三届全国人民代表大会第一次会议更是把"推动构建人类命运共同体"写入宪法。由此可见，中国的对外开放，不再只是为了中国自己，更是为了世界的共同发展和进步。

另一个原因是世界的环境变了。过去二十多年里，随着中国的快速崛起，西方国家的相对衰落，各国对中国的态度发生了很大的变化。中国改革开放初期，尤其是在20世纪80年代，从抑制苏联的角度，美国为首的西方国家都对中国比较友好，也认为中国是发展中国家，愿意对中国开放市场和进行投资。20世纪90年代虽然苏联解体，但中国仍在积极改革，经济等各方面实力也都很弱，西方世界并没有把中国当成重要的竞争对手。21世纪初，尤其是"9·11"事件以后的十几年中，美国把主要精力用于反恐，西方各国也忙于处理金融危机和债务问题，而中国却一直保持较高速度的增长。在这样的情况下，以美国为首的西方各国不再将中国视为发展中国家，也不承认中国是市场经济国家，它们对中国的预期和要求都发生了变化，对中国的崛起感到不安，在与中国的经贸关系方面更注重本国的利益。

面对国际政治经济形势的变化，中国的选择也有两个：一个是我行我素，不惜与世界各国经济脱钩；另一个是扩大开放，坚持改革，与世界各国合作共赢。毫无疑问，中国目前选择的是后者。正如习近平主席在国际国内多次重申的，"开放带来进步，封闭必然落后""中国的发展离不开世界，世界的繁荣也需要中国""我们改革的脚步不会停滞，开放的大门只会越开越大"。

怎样实现"更大、更宽、更深"的高水平开放？

首先，仍然需要转变观念。中国改革开放虽然已经有四十多年了，开放的旗帜一直高举，但人们对为什么要开放还存在许多疑虑。这种疑虑一部分来自数千年的小农经济，总认为自力更生就能丰衣足食，自己能做的，尽量自己做，没有必要从外国进口。一部分来自重商主义思想，认为只有出口产品或者到外国投资赚别人的钱，才是创造价值，开放市场进口产品或引进外资是给外国人赚钱和创造价值的机会。还有一部分疑虑来自最近几年的国际形势。近年来，美国不断对中国进行打压，中国的许多行业出现了被发达国家"卡脖子"的情况，西方国家也以国家安全问题为由弃用中国的技术。在这种情况下，一些人自然对是否需要对外进行"更大、更宽、更深"的开放持怀疑态度。

我们要实现更高水平的开放，必须重视这些疑虑并且加以引导。我们必须大力宣传改革开放的历史，从理论和实践角度宣传国际分工和贸易给经济增长和人民生活带来的好处。国际贸易不仅提升了出口产品的价值，创造了大量的就业，也通过进口让人民享受到了自己无法生产或生产成本很高的商品和服务，从而大大提高了福利水平。面对西方政客的不友好态度，我们更需要在维护国家安全和尊严的前提下，进行有效沟通。总之，要实现"更大、更宽、更深"的高水平开放，必须坚定不移地相信开放的意义，坚持不懈地强调开放的理念。

其次，需要认同和遵守国际规则。随着国家的发展壮大，对外开放的行为和水平也要不断提升。与任何国家的发展过程一样，中国在开放初期也出现过"野蛮生长"的现象，不尊重知识产权、地方保护主义、不公平竞争等行为都曾存在。然而，在中国加入世贸组织之后，在中国经济和企业实力强大之后，任何不遵守国际通用规则的行为都将不被接受，都会影响到国家声誉，都会破坏对外开放。

对外开放中哪些国际规则是必须遵守和维护的？国际贸易和投资中必须遵守的是世贸组织的规则。这些协议反映了世贸组织"自由贸易"和"公平竞争"的基本原则，也是中国政府认同和签署的。"自由贸易"原则包括降低和逐渐消除关税和非关税壁垒；"公平竞争"原则包括最惠国待遇、国民待遇、反倾销、反补贴、保护知识产权等。这些原则不仅体现在贸易政策上，也体现在影响公平竞争的国内产业政策上。

国际贸易中也有发达国家企业不遵守规则的现象，但这不应成为中国企业不遵守规则的理由。作为大国，遵守规则是赢得尊重的基础，高水平对外开放意味着我们需要在大家认同的规则下比别人做得更好。

最后，必须强调平等合作、对等互利。虽然我们都知道国际贸易肯定是互利共赢的，但为什么贸易中还有很多纠纷呢？可见贸易或合作的双方不仅要有利，而且要基本对等。近几年的中美贸易摩擦，表面上看是贸易不平衡，但实际上美国强调的是要对等——关税的对等，市场准入的对等。在一国经济弱小的时候，强国一般不会很在乎利益对等，但对于一个崛起的竞争对手，强国不会再保持高姿态，而要求对等和互利。

在前三个阶段的对外开放中，我们处在经济发展初期，比较关注自己在开放中获得的利益。作为一个崛起的负责任的大国，在高水平开放中，我们不仅要考虑自己的所得，还要考虑其他国家的利益，考虑对世界和平和人类发展的贡献，这也是大国的社会责任。因此，要想在国际经贸合作中赢得信任和保持可持续，平等交往、对等互利将是一个重要原则。

高水平对外开放的意义与挑战

在新的历史发展阶段，我们的对外开放也要转变为"更大、更宽、更深"

以及更规范的高水平对外开放。但是，更高水平的对外开放也对我们自己提出了更高、更严格的要求。那么我们为什么要这样做呢？高水平对外开放的意义何在？

首先，有利于提高人民生活水平。 党的十九大报告指出，当前社会的主要矛盾是人民日益增长的美好生活需要和不平衡不充分的发展之间的矛盾。经过四十多年的改革发展，中国人民进入了追求生活质量的阶段。没有一个国家能够生产出本国人民所需要的所有商品和服务。通过外商投资和商品服务进口，可以弥补本国供给的不足。一般来说，人均收入水平越高的国家，越需要扩大开放以满足人民对高质量生活的需求。大多数发达国家是高度开放的国家。随着中国逐渐进入高收入国家行列，中国也需要高水平开放。

其次，有利于科技进步。 中国过去四十多年的高速发展，很大程度上得益于外商投资和教育科研领域的国际交流。高水平对外开放，强调对规则的遵守和对知识产权的保护，对于更广泛的国际科技合作和技术创新有积极的推动作用。我们不能因为某些国家对我们的"卡脖子"行为而否定开放对科技进步的作用，不能把不得已情况下的自力更生当成促进技术进步的最佳战略。

最后，有利于改善国际关系，促进世界和平与发展。 近年来，反全球化和民粹主义盛行，以美国为首的一些西方国家政客正在掀起反华浪潮，大有推动一轮新冷战之势。除美国为了维护世界霸权外，多数西方国家更希望中国能够认同和遵循国际通用规则，更大规模地开放中国市场，分享中国经济增长的红利。在反全球化的趋势中，中国逆势而行，推动以规则为基础和以互利为原则的高水平对外开放，必将吸引更多国家对华投资和出口。这将有利于这些国家的经济增长，有利于改善中国的国际关系，有利于粉碎美国新冷战的企图，有利于世界的和平与发展。

当然，实行高水平对外开放并非易事，尤其在目前逆全球化和民粹主义盛行的国际形势下。**挑战之一是如何深化中国的经济体制改革**。作为社会主义市场经济国家，中国拥有大量国有企业，政府对经济有强大的规划和调控能力，为此，西方国家认为中国政府对国有企业有各种类型的支持，中外企业之间存在不公平竞争，中国不是自由竞争的市场经济。因此，如何解决国有企业"竞争中性"的问题，也许是能否真正实现"更大、更宽、更深"的高水平对外开放的关键问题。

挑战之二是如何提升中国企业的全球竞争力。中国实行"更大、更宽、更深"的开放，意味着将减少甚至取消对中国企业的各种特殊保护政策。面对全球跨国企业在同一规则下的竞争，中国企业在研发能力、创新能力、产品质量、法律意识等方面是否已经做好准备？

挑战之三是如何处理好政治与经济的关系。在目前政治严重对立的情况下，如何继续坚持"更大、更宽、更深"的开放政策？如何让跨国企业做到"政治中立"，不受政治的影响坚持国际合作？这些问题不仅是对政府的挑战，也是对外开放中媒体和民众需要很好处理的问题。

总之，在中国经济发展的新阶段，面对百年未有之大变局，中央提出构建高水平对外开放新格局是一项有勇气、有智慧、高瞻远瞩的战略决策，意义重大，影响深远。但要真正落实这项措施，实现"更大、更宽、更深"的高水平对外开放，同样需要勇气和智慧，需要政府、企业以及全国人民的不懈努力。

提振经济信心和预期，
需要更大更深的改革开放[①]

（2022 年 12 月）

尽管中国经济面临新冠疫情的较大冲击，但著名经济学家海闻教授在接受《每日经济新闻》记者专访时，对明年的经济表示乐观，"因为看到最新的政策变化，我觉得 GDP 增速明年至少可以达到 5%，甚至有望超过 6%"。

随着疫情变化，我国也在不断调整优化防疫措施，加快经济全面恢复被摆上更重要的位置。12 月 6 日，中央政治局召开会议分析研究 2023 年经济工作，明确要求"更好统筹疫情防控和经济社会发展，更好统筹发展和安全，全面深化改革开放，大力提振市场信心"，同时，要求"要坚持真抓实干，激发全社会干事创业活力，让干部敢为、地方敢闯、企业敢干、群众敢首创"。

努力拼经济，打好年底"收官战"，为明年"开好局"，正在转变为各地共同的行动。部分经济学家也提出了"放开经济活动的建议"。

而在海闻看来，要想尽快恢复经济，国内最大的挑战是如何提升民营企业家和消费者对未来的信心和预期，特别是改善民营企业的营商环境，在政策、金融、行业准入等方面给予平等地位。而国际上面临的最大挑战，则是真正实现更大更深的开放。

同时海闻相信，鼓励和支持产业转型升级，本身也是对经济的提振，中国

[①] 付克友. 提振经济信心和预期，需要更大更深的改革开放 [N]. 每日经济新闻.2022–12–16(A03).

的新兴产业健康快速地成长,将拉动经济更好地发展;而中国的房地产市场经过几年调整,炒房的需求暂时已经不大,刚需和改善性住房需求仍然存在,但需要政策鼓励。这也为刺激经济的宏观政策提供了空间。面对经济不景气,海闻认为,财政政策对经济的刺激,比货币政策更加直接有效。

谈经济恢复:对内提振信心和预期,对外寻求更大更深的开放

记者: 新冠疫情对全球经济带来了巨大冲击。在您看来,我国经济当下面临什么样的困难?

海闻: 中国经济目前面临自20世纪90年代初以来最为困难的局面。原因有两个方面。国内原因主要是需求收缩、供给冲击、预期转弱三重压力。国际原因主要是全球通胀、经济衰退,以及以中美贸易摩擦为代表的国际关系的恶化。

造成中国经济下滑的国内因素中,**需求收缩是直接原因,但也是供给冲击和预期转弱的结果**。

今年,疫情的传播和某些地方的过度防控,不仅影响了商品的正常生产和服务业的正常运行,也导致某些产业链中断,影响总供给;同时,由于生产下滑,失业率增加,企业和个人收入下降,也严重影响消费。今年前三个季度,消费增长率只有0.7%,相比疫情前的年均水平8%来说,消费需求严重不足。投资方面也是如此,今年前三季度投资增长率只有5.9%(2021年为11.5%)。

而投资和消费不足的重要原因之一,是人们对未来的预期转弱。2022年前三季度,民间固定投资增速下滑到2%,远低于国有部门相关投资增速的10.6%。消费者信心指数从4月份开始一直在87左右徘徊,低于2008年国际金融危机时的92.4。

记者: 面对这样的困难,一些经济学家呼吁"放开经济活动"。怎么理解"放开"?要想尽快恢复经济,最大的挑战在哪里?

海闻: 我理解"放开"主要指放弃过度和过时的防疫做法,转为更加科学、更为人性、更小经济与社会代价的防疫措施,让人们可以尽快恢复正常生活和从事正常的经济活动。防疫是一个科学问题,也是一个社会和经济问题。任何政策的实施，都会有社会和经济成本，我们需要用最小的代价来实现和保障社会福利最大化的目标。

要想尽快恢复经济，国内最大的挑战是提升民营企业家和消费者对未来的信心和预期。

这一点，仅靠增加政府开支和货币供给的宏观经济政策是不够的。更重要的是，改善民营企业的营商环境，在政策、金融、行业准入等方面给予平等地位，鼓励民营企业做大做强，在创新创业方面发挥积极作用。同时，要依靠民营经济创造更多就业，增加居民收入，这样才能尽快恢复消费，从而恢复经济增长。

至于国际上最大的挑战，则是如何真正通过更大更深的开放，防止经济和技术的脱钩，保持和扩大与世界各国的经贸合作，维护多边经贸体系，真正构建人类命运共同体，实现共赢共享。

谈民营经济：消除对民营企业的偏见，对民营企业一视同仁

记者： 民营经济在国民经济中具有重要地位，疫情之下受到的冲击也较大。但您为什么特别强调改善民营企业的营商环境和平等待遇问题？

海闻： 关于民营企业的信心和发展问题，还有一些根本性的问题需要解决，包括社会对民营企业的偏见、体制政策对民营企业发展的限制，以及一些地方营商环境对民营企业的不利。

首先，社会仍然存在对民营企业的偏见，总认为民营企业是唯利是图的，没有社会责任的。 这次新冠疫情暴发，公立医疗系统承担了大量医治救援工作，就有舆论谴责民营医疗系统靠不住。部分言论把个别人、个别企业的不良行为当作民营企业的总体形象。

其次，虽然说民营经济是社会主义市场经济的重要组成部分，但因为不信任，一些重要行业仍然没有对民营企业开放。 一些地方政府的会议，国有企业的领导可以参加，而民营企业代表则不能参加。政府领导参加国有企业的活动不会有问题，若参加民营企业的活动则可能不被允许，甚至遭到质疑。银行贷款也一样，贷给国有企业的坏账至多是失误，贷给民营企业的坏账则要查一查

有没有背后私利。最近几年，甚至有一些认为"民营经济已完成历史使命，应该退场"的文章出现。

最后，一些地方的营商环境对民营企业不利。如果地方政府平时没有服务，需要时请民企"赞助"，监管很"严"，执法随意，且常常随意变更政策，那么在这样的环境下，民营企业很难得到健康发展，一些企业为了生存或者获取利益，反而会出现违法行为。

记者：那么，对于当下支持民营经济发展、提振民营企业信心，您有什么建议？

海闻：**在理论上、体制上、政策上，都要真正理解和重视民营经济在新时代发展中的重要作用。新时代我们面对的很多任务和挑战，包括需求拉动经济、乡村振兴和共同富裕、创新驱动发展、减缓老龄压力、加强国际合作与竞争，都离不开民营经济的发展。**

而要切实做到在法律、行业准入、金融投资等方面对民营企业一视同仁，各地政府要努力创建市场化、法治化、国际化的营商环境。

这一点，广东、福建、浙江等地都做得比较好。今年是习近平总书记总结提出的"晋江经验"二十周年，晋江市民营企业之所以发展得好，主要得益于当地政府始终坚持以发展社会生产力为改革和发展的根本方向，坚持以市场为导向发展经济，坚持鼓励企业在顽强拼搏中取胜，坚持以诚信促进市场经济的健康发展，坚持立足本地优势和选择符合自身条件的最佳方式加快经济发展，坚持加强政府对市场经济的引导和服务。

晋江市政府支持民营企业发展的经验有"四到"，即"不叫不到，一叫就到，说到做到，服务周到"，很值得各地政府学习。

谈产业升级：鼓励和支持产业转型升级，也是对经济的提振

记者：目前，一方面需要提振经济，另一方面也需要加大产业转型升级。这两个目标之间如何平衡？

海闻：提振经济和产业转型升级其实并不矛盾。中国经济已经到了中等收入阶段，在满足了基本的物资需求后，人们开始追求生活质量，社会的主要矛盾变成了"人民日益增长的美好生活需要和不平衡不充分的发展之间的矛盾"。

美好生活不仅包括舒适的生活环境、充分的医疗健康保障、丰富的文化教育资源，也包括高质量高科技的消费品、高智能高效率的服务等。新一代信息产品、人工智能、新能源汽车等新兴产业，正逐渐成为中国经济的重要组成部分。

因此，鼓励和支持产业转型升级，本身也是对经济的提振。

记者： 您刚才提到的这些新兴产业，在产业政策上应如何进行支持？

海闻： 对于这些新兴产业的发展，政府应该更多地给予基础研发方面的支持，而不是仅给予资金上的补贴。要鼓励教育科研机构与企业的合作研发和人才培养。同时，必须加强对知识产权的保护，保护企业在这些领域的科技创新。**要完善资本市场，鼓励企业通过资本市场获取资金以便更快更好地发展，让新兴产业的企业从一开始就通过市场来提升自身的创新和竞争能力。**

只有这样，中国的新兴产业才能健康快速地成长，从而拉动经济更好地发展。

谈房产调控：炒房需求已不大，问题是刚需和改善性需求也较弱

记者： 房地产行业发展，对整个经济影响很大。怎么看房地产行业目前的情况？问题在哪里？

海闻： 房地产对于发达国家和发展中国家来说，都是重要的产业。房地产的产业链很长，从土地、建筑、家具，到耐用消费品、餐饮零售、物业管理，甚至交通等都会涉及。

目前，发达国家房地产占 GDP 的比重都超过 10%，美国约为 14%，中国约为 7%。这几年由于中国的调控政策，房地产的投资增长率和占 GDP 的比重都在下降。

中国的房地产经过几年的调整，炒房的需求暂时已经不大，但刚需和改善性住房需求目前也比较弱。这既有金融方面的原因，有经济下滑、收入下降的原因，也有封控严格的原因。如果人口流动正常化，加上经济逐渐恢复，预计房地产需求在明年下半年应该有所增长。

不过，房地产需求的改善幅度可能不会很大，因为对于中小城市来说，住房有些过剩，房价还有进一步调整的空间。不少城市还在托住房价，但如果价格没有调整到位，市场需求也很难有大增长。对于大城市来说，还有不少限制性的政策，影响有效需求的释放。

记者：那么，对于优化地产调控政策，促进房地产市场发展，您有什么建议？

海闻：一方面，需要进一步对大中型城市房地产政策进行调整，释放刚需和改善性需求。

另一方面，需要支持杠杆相对较低、经营相对稳健的房地产企业，缓解这些企业的流动性压力，遏制房地产债务风险在企业中的蔓延趋势。对于本身杠杆率较高、经营问题较多的企业，采取市场化出清的方式，来缓解整个行业需求收缩带来的经营压力。我们看到，房地产企业的融资政策，目前已经在朝着积极的方向进行调整。

谈宏观政策：相比货币政策，财政政策对经济刺激更有效

记者：应对新冠疫情影响，我国在货币政策和财政政策上，也推出了有力的举措，您怎么评价目前的效果？

海闻：近年来，面对经济下滑，央行和财政部都在启动积极的措施，希望能刺激经济增长。在货币政策方面，通过降准和降息，今年前三季度，广义货币 M2 已经增长 12.1%。在财政政策方面，通过减税和基建，广义财政支出已经增长 12.8%。另外，国家今年还实施了涉及退税、铁路航空专项债、小微贷款在内的累计约 12 万亿元的刺激措施。可见，货币和财政政策已经在不断发力。

但目前投资和项目进展似乎还不快，经济恢复得也比较缓慢，这里既有从政策出台到落实项目再到拉动实际生产和消费的时滞问题，也有企业和居民对未来预期偏弱、信心仍然不足的问题。

记者：要提振信心，放开经济活动，在货币政策和财政政策上，还有哪些可以提供的"武器"？如何形成有效的政策组合？

海闻：还可以进一步加大调控力度来降低企业成本，增强企业对未来收益

的预期，比如，进一步降准降息，尤其进一步调降房贷利率来促进住房销售。也可以通过调降存款基准利率来降低金融机构负债端成本，激励金融机构降低贷款利率以支持实体经济。

财政政策方面，可以增加专项债额度，加大对基建、居民消费、医疗基础设施等领域的支持力度。中央可以增加债务融资力度，或发行特别国债，加大对地方政府的转移支付，缓解地方财政压力。增加专项债对地方政府隐性债务的置换力度，阻断房地产风险向城投平台类企业的蔓延。同时，有关部门要监督政府将减税降费落到实处，尤其是加大对地方政府的监管力度，避免经济、财政越困难而地方政府反而变相"加税"的情况。

总之，面对经济不景气，相比货币政策，财政政策对经济的刺激更加直接有效。在增加财政支出的同时，配以必要的货币政策，可以减少政府债务对民间投资的"挤出效应"，达到经济尽快恢复正常增长的目标。

谈明年经济：预期消费有强烈反弹，GDP 增速可达 5% 以上

记者： 在目前的政策和条件下，对于明年中国经济发展有什么预期？

海闻： 对于明年的经济，我现在持乐观态度，主要原因是看到了最近防疫政策的转变。如果不出现新的更为严重的病毒，国家继续实行更加科学和宽松的防疫政策，明年，尤其明年下半年的居民消费会出现一个强烈的反弹。而消费的快速增长不仅将直接带动经济增长，同时也会创造更多的就业和增加居民收入，从而通过乘数效应进一步拉动中国经济。

今年出台的一系列货币政策和财政政策也会在明年产生一定的效果。宽松的货币供给会更好地解决流动性问题，甚至会带来一定的通货膨胀。轻度的通货膨胀会在短期对企业产生一定的刺激作用，也会促进企业短期商品和服务的供给量，提升对长期投资的乐观态度。

房地产政策的优化是另外一个利好因素。近期上海、武汉、南京等地实施的协助和支持房地产企业在资本市场融资、放宽限购范围、调整房贷政策等方面的措施，有利于提升住房的刚性需求和改善性需求，也会推动房地产企业的投资。

国际环境方面，虽然欧美国家明年大概率会经历经济衰退或滞胀，也会或多或少地影响中国出口，但中国与西方国家的关系会得到一定的缓解，这有利于保持国际产业链的相对稳定，也有利于推动外商在中国的投资。

记者： 如果要给中国明年的GDP设置一个增速，您愿意给一个什么数字？理由是什么？

海闻： 如果一定要给GDP设置一个增速，我认为明年至少可以达到5%，甚至有望超过6%，会高于国际货币基金组织对中国2023年GDP增长4.4%的预测。我的主要理由有两个。

一是中国目前仍处在经济起飞的历史阶段，还处在城镇化和产业升级的过程中，仍有许多发展空间和增长潜力。 中国人民致富的愿望和动力仍很强烈，会在各种条件下努力生存和发展。今年经济增长放慢的主要原因是疫情和严格的防控措施，这些情况估计明年将不再存在。

二是今年经济增速太低，估计略高于3%。从一个较低的不太正常的水平恢复到正常水平，其同比增长率就会高一些。 就如2020年GDP的增长率为2.3%，2021年GDP的增长率就高达8.1%。即使2023年GDP增长6%，两年平均也不到5%，仍低于2020年和2021年两年的平均增长率。但无论如何，疫情的结束一定会给中国经济带来新的增长动力。

四、论乡村振兴与共同富裕

乡村发展要解决三个主要问题：第一是增加农民的收入，达到富裕富足。第二是提高农业的劳动生产率，实现农业现代化，达到高质高效的目标。这也是提高农民收入的重要途径。第三是改善乡村环境，让村庄宜居宜业。

台湾战后的经济发展和农业政策的转变[①]

（1992年8月）

来美多年，对战后（指第二次世界大战以后，下同）中国台湾地区经济的发展早有所闻，但一直没有机会认真研究一下。这次有幸访问台湾，实地考察台湾的经济，听台湾经济学家及当局官员的介绍，对台湾经济发展的过程以及相应政策的变化有了进一步的了解。战后台湾经济发展的成功，不仅使台湾成为一个新兴的工业化地区、人民生活水平大幅度提高，也为其他发展中国家和地区（包括中国大陆）的经济发展提供了许多有益的经验和教训。尤其是台湾的农业生产和贸易，在整个经济起飞发展过程中经历了不同的阶段，起了不同的作用。台湾的农产品生产和贸易政策也几经变化。在短短四十年中，从典型的发展中国家和地区的对农产品压价征税的"压挤"政策转变为只有在发达国家和地区才普遍存在的以保证农民收入为主要目标的"保护"政策。这种农业政策转变是与台湾战后经济起飞有密切联系的。认真研究台湾农业与工业发展的关系，研究不同时期农业政策的目标与结果，对于大陆不断调整农业政策以适应正在出现的经济起飞是有益的。

[①] 赵玉其，文贯中．台湾的启示：土地改革研讨会记详[M]．纽约：东方新闻出版社，1992．

农业生产和贸易在台湾经济起飞中的作用以及50—60年代台湾的农业政策

台湾战后的经济发展应该从1952年算起。在此之前，台湾经济的目标主要是恢复和稳定，农业政策也主要围绕这一目标。但在此阶段开始进行的土地改革，却为不久以后出现的农业迅速增长以及20世纪60年代出现的工业经济起飞奠定了非常重要的基础。**首先**，通过土改第一阶段的"三七五"减租，佃农收益增加，生产积极性大大提高，促进了农业生产的发展。土改第二阶段的"公地放领"和第三阶段的"耕者有其田"，又使得许多佃农成了自耕农，成为土地的主人。农民受到激励，更努力劳动，资本投入也增加，结果是农业生产大幅增长，保证了粮食供应，减缓了战后人口骤增和通货膨胀的压力，创造了一个起飞前所需的政策经济稳定的环境。**其次**，土改的结果使台湾原有的地权结构和土地经营规模发生了很大的变化。台湾农业从少数地主占有大多数土地的租佃式经营变成了以自耕农为主的独立分散经营。台湾自耕农占农户的比例由1948年的26.3%上升为1953年的51.8%和1959年的81%。耕种规模相应缩小，生产决策更分散化。一个地权平均并由耕者拥有、小规模经营的"自耕农"农业结构开始形成。这种生产结构有利于当局对农产品供销和价格的影响和控制，有利于当局通过政策对农业生产和贸易进行引导，也有利于当局向农民征收赋税。**最后**，这种小规模独立经营的自耕农经济使得台湾的农业更加能够适应市场的变化。自耕农无须再听从地主的安排，而是可以根据市场的需求和收益多少来决定生产。由于决策自由，转产就方便。当60年代台湾传统的稻米、蔗糖的生产出口无利可图时，许多农户就很快转移到养猪业和鲜蘑、芦笋的生产和出口上，当鲜蘑、芦笋的出口受到限制时，台湾农民又转到新产品上。因此，土改后形成的新的地权制度和经营方式，一方面提高了农民生产的积极性和经营的灵活性，促进了农业生产的发展，另一方面又使得当局能够更有效地"压挤"农业，把农业创造的剩余用以发展工业。土改的结果，是使台湾农业能够更大限度地发挥为工业发展提供原料、资本、人力以及市场的作用。

土改之后，台湾经济发展的目标是：以农业培养工业。这一时期农业政策的重点，是"压挤"农业帮助工业。具体做法包括：

直接或间接地向农民征税。在50至60年代，"台湾当局"以实物形式（例如稻谷和小麦等）征收各种农业赋税。1962年以前，当局每年平均征收稻谷8万吨，以后增至14万吨（约占年产量的4%—5%）。另外，在当时实行的"肥料换谷"制下，农民差不多要以比市场价格低20%的谷子去换当局统售的肥料，这也等于交纳了巨额的实物税。另一方面，当局又以控制岛内市场和在对外贸易中压低农产品价格的方法向农民间接征税。一直到1969年，台湾农民出售大米的价格都远低于国际市场价格，最低时只有国际市场价格的61%。这种价格的差距实际是一种变相的税收，虽然这种"税收"不一定是当局直接所得，而是转移给了其他部门的消费者，但对农民来说，仍是一种"压挤"和"盘剥"。

促使农业资本向工业转移。当局以挤压农业培养工业的另一个措施是促使农业资本向工业转移。在土改中政府向地主征收土地，而支付中的30%是工业企业的股票，这种做法既不过分损害地主的利益，避免了社会政治冲突，又有利于工业的发展。此外，通过工农产品的价格差异造成资本收益的差别，促使资本向工业转移。实施这些政策的结果是，从1950—1969年间，农业农村部门外流资本达43.4亿元新台币，净增资本才10亿元新台币左右，只有同期工业资本净增值（293.4亿元新台币）的3%左右。

在压挤盘剥农业以发展工业这一点上，台湾与战后很多发展中国家和地区企图实现工业化时的做法没有多大差别。但是为什么许多国家和地区至今没有实现工业化的目标而台湾却能成功地通过压挤农业使工业发展，成为新兴的工业化地区呢？其中的重要原因之一是"台湾当局"在发展工业时并不只是一味地盘剥农业。台湾在压挤盘剥农业的同时，也十分注意发展农业，使其有东西可"压挤"，有剩余可"盘剥"。这一时期的农业生产和贸易政策，除了压挤农业的一面，还有促进农业发展、增加农业剩余的一面。

台湾农业之所以能在解决人民粮食问题以后仍有剩余去支持工业的发展，主要是靠两个方面的努力：技术改造和出口赚汇。技术改造使得农业生产力大大提高，为工业化提供资金和劳动力；出口赚汇则支持了先进技术设备和工业原料的进口，为建立自己的工业准备了重要条件。

技术改造，增加农业剩余。"台湾当局"在促进农业技术改造方面是起了

303

很大的作用的。维持了二十年的肥料换谷制度，在一定程度上促使农民使用化肥去提高单位面积产量。对大米和甘蔗的生产，当局还优先供应化肥。结果是，从1947年至1965年，台湾化肥使用量增加了36.9倍，年增长率非常高。化肥的普遍使用，提高了土地生产率，单位面积产量大大增加。1954年，政府鼓励进口农业机械并试行推广。1956年，岛内开始农用机械的"进口替代"。农用机械的普遍使用大大提高了农业劳动生产率。尤其是甘蔗收获作业的机械化，使蔗糖生产率大大提高，从而使出口增加，赚取了大量外汇，为了适应机械化作业和改善水利灌溉系统，当局又对许多农地进行重划。重划的费用，主要由当局负担，在重划后的土地上，修建水渠和道路，既节省了劳动力又提高了单位面积产量，据估计，重划后的土地一般能增产30%。"台湾当局"推行技术改造提高农业生产率的另一项措施是引进推广新产品和加强国际农业技术合作。每年当局都选派农业技术人员出口进修或研习，并建立起一套农业试验、研究及推广体系，许多农作物品种得到改良，其中成果最显著的是水果。栽培管理技术的改进，使很多水果不仅果型增大，而且果汁增多，单位面积的收益大大增加。据估计，1946—1965年间，由于技术进步，台湾农产品年平均增长率：蔬菜为0.43%，粮食作物为4.67%，水果为5.39%。总之，技术进步使台湾战后农业发展很快，不仅为工业发展提供了足够的低价粮食和原料，为当局提供了税收，也为工业起飞准备了大量的剩余劳动力。

出口赚汇，帮助工业起飞。台湾农业能够起到帮助工业起飞作用的另一个重要原因是，政府鼓励农产品出口赚汇。20世纪50年代主要出口的农产品为蔗糖和大米。为了保证甘蔗的生产和蔗糖的出口，当局实行了"保证价格"制度，由当局经营的台糖公司在保证农民分得蔗糖的最低价格的基础上，与蔗农签订甘蔗种植收购合同，甘蔗收获后由台糖公司所属的糖厂进行加工，出糖后农民分得55%。若砂糖的市价低于保证价格，那么台糖公司则以"保证价格"收购农民分得的部分。这一保证价格制度稳定并促进了甘蔗的生产，也保证了蔗糖出口的稳定。当局还用美援补助发展面粉工业，从而提高出口粮食的附加值。在水果蔬菜出口方面，当局采取措施维护生产者的利益，以保证一定的生产和出口量。香蕉出口由生产者团体和出口商各办理一半，柑橘和洋葱的出口则完全由生产者团体统一经营，以减少中间环节，增加生产者的盈利部分。

除了支持鼓励农产品的出口，"台湾当局"在1958年接受了经济学家关于贬值和贸易自由化的主张，出口产品的品种、数量、价格更多地由国际市场的需求决定。传统的大米和蔗糖逐渐被蘑菇、芦笋以及鱼、食用蜗牛等替代。虽然随着工业生产的发展和工业产品出口的增加，农产品及其加工产品出口的比重逐年下降，但1952—1969年农产品及其加工产品的出口共赚取外汇29.3亿美元，占这一期间外汇收入的一半以上。农产品的出口提供了当时极其需要的大量外汇，支持了这一时期工业生产物资和技术的进口，为60—70年代的工业起飞做出了贡献。

总之，从20世纪50年代初一直到60年代末，台湾农业政策的特点是"压挤盘剥"和促进发展相结合。这种积极的压挤政策的结果是：农业为其他部门提供了2 500多吨的粮食、80多万人的剩余劳动力、40多亿元新台币的资本，以及近30亿美元的外汇。台湾的农业的确起到了帮助工业发展、促进经济起飞的作用。

经济发展对农产品生产和贸易的影响

20世纪50至60年代台湾农产品的生产和贸易为工业的起飞和发展做出了贡献，用一位经济学家的话来说，"台湾农业燃烧了自己，把原来暗淡无光的工业前途照亮了。"在农业的帮助下，台湾工业的生产和出口蒸蒸日上。从1964年开始，工业产值连续十年以15%以上的速度增长，其中1968—1972年的增长率超过20%，1966—1974年工业产品出口的年增长率超过25%。而与此同时，台湾的农业生产和贸易的增长速度却放慢了。从1969年开始，台湾农业甚至出现了负增长的现象。1969年农业生产比1968年下降了4.3%，以后几年虽有恢复，但增长速度明显放慢。1970年，农产品贸易第一次出现了6.6万美元的逆差，并且一直延续，再也没有出现过顺差。在出口替代的过程中，台湾农业的比较优势逐渐失去，在工业生产尤其是工业产品出口一片光明的同时，台湾的农业变得暗淡无光了。

台湾农业生产和贸易为什么会在工业一片春光的时候出现这样一个秋景呢？原因当然很多，包括投资不足、劳动力外移、化肥价格太高、运销制度不合理等，但是最根本的原因是工业的起飞和自由贸易的政策使得农业的收入增长赶不上非农业收入的增长，从而使得农民从事农业生产的积极性大大下降。劳动力由农业向工业的转移以及对农业的投资不足，都是这种收入差距扩大的自然结果。1955年到1960年，农业人均收入的年增长率为19.4%，非农业人均收入的年增长率只有14.7%。务农有利可图，自然吸引人。但从1960年到1965年，农业收入年增长率为9.6%，低于11.1%的非农业收入年增长率。在1965—1971年期间，这种差距继续扩大：农业的收入平均每年增长3.6%，非农业收入平均每年则增长5.5%。这种收入差距的扩大，使得农业资源迅速向非农部门转移，农业生产和贸易的相对萎缩便不可避免了。

那么为什么会造成这种收入差距的扩大呢？从经济学的角度来看，这是经济发展和贸易自由化的必然结果。由于大多数工业产品的生产是相对资本密集型的，经济发展过程中资本的快速积累和技术进步使得工业产品的生产成本相对下降，产量快速增长。在自由贸易的情况下，出口大量增加。而大多数国家（尤其是发展中国家）的农业生产是劳动密集型的，随着工业生产成本的下降和整个社会劳动工资的提高，农业生产的机会成本和绝对成本都上升。即使农业劳动生产率仍在提高，农产品在国际贸易中的比较优势也在下降。作为国际贸易中的"小地区"，台湾所面临的国际工业品市场价格并没有因为台湾工业品出口增加而降低多少，而国际农产品市场价格也没有因为台湾农产品相对成本增加和出口减少而上升。结果是，工业产品成本下降仍能自由出口卖高价，而农业产品机会成本上升却不能提高国际价格。工业收入不断增加，农业收入相对减少，生产和贸易自然倾向工业部门。

农业生产和贸易增长相对缓慢的另一个原因是由农产品的需求性质决定的。由于是生活必需品，对农产品尤其是粮食的需求是相对没有弹性的。即使人们的收入很低，仍需一定数量的粮食以求生存，但当人们收入很高的时候，对粮食的需求并不会比穷时增加很多。虽然收入提高了，人们对粮食的需求也会提高，但幅度不会大于收入的增加。当人们对食物的需求基本满足后，所增加的收入大部分会被用于工业消费品或服务业。即使不断改变粮食的品种和食物的结构，人们对食物的消费也总是有限的。这就在客观上限制了粮食生产和贸易的发展。另外，作为工业原料部分的农产品（如棉花）的生产，本应随着工业生产的发展而发展，但由于化学工业的发展，产生了化学纤维、人造橡胶等农产品工业原料的替代品，使这部分农产品生产也受到了需求的限制。

因此，20世纪60年代末开始的台湾农业的相对不景气，虽然有政策的原因，但根本原因是经济发展，尤其是工业起飞和自由贸易。从某种程度上讲，台湾农业已经完成了帮助工业起飞的历史作用。在这片人多地少的土地上，随着工业的飞速发展，农业生产的相对衰落和比较优势的丧失是不可避免的。这就是台湾农产品贸易自1969年出现逆差后便一蹶不振，再也没有出现过顺差的根本原因。

当然，对于工业发展和自由贸易政策对农业影响这一点，"台湾当局"当时也是认识不足的。1969年10月公布的"农业政策检讨纲要"，虽然提出了提高农业生产、改善农产品贸易体制的一系列措施，但对长期以来以压挤为中心的农业政策没有做出根本的改变。"农业政策检讨纲要"虽然已经涉及增加农民所得，但具体措施不够，对农民变相征税的化肥换谷制度仍然存在。最主要的，当时政策的出发点仍是想继续发展农业，而没有意识到由于工业的起飞，农业的比较优势已经失去。**对农业的政策核心已不应再是如何促进其发展并加以榨取的问题，而应是如何保护以防迅速衰落的问题。**直到1972年9月，"台湾当局"发布"加速农村建设重要措施"，台湾农业生产和贸易政策才开始转折。

台湾农产品生产和贸易政策的转变

1972年9月的"加速农村建设重要措施"中一共有九项新政策，除了改革农产运销制度、加速农村公共投资、加速推广综合技术栽培、倡导农业生产专业区、加强农业试验研究与推广工作等旨在继续提高农业劳动生产率的措施，最有转变意义的是废除化肥换谷制度、取消田赋附征教育捐，以及鼓励农民兼业提高所得。废除化肥换谷制度和取消田赋附征教育捐，标志着对农业"压挤"政策的结束，鼓励农民兼业则表示当局已开始认识到，农民收入与其他行业的收入存在差距。不久，当局开始采取"价格支持政策"，提高了所定的稻谷收购价格。官方的米价政策第一次将保证农民所得列为目标之一，并且高于"粮食自给"和"经济稳定"的目标,"当局收入"和"赚取外汇"已降为次要目标甚至不再作为目标。1974年2月,当局进一步设立了"粮食平准基金",以保证以支持价格(高于生产成本20%)向农民购粮和向粮农无息贷款政策的实施。

从1972年至1985年,针对当时农业不景气,"台湾当局"提出了一系列政策措施,包括:1973年9月的"农业发展条例"、1974年的"农金法"、1975年的"农村发展条例细则"、1977年旨在保护农地的"非都市土地使用管理规则"和"粮食问题改进措施"、1978年12月的"提高农民所得加强农村建设方案"、1979年的"台湾地区家庭农场共同经营及委托经营实施要点"和"扩大家庭农场经营规模辅导农民购买农地贷款计划实施要点"、1979年12月的"推动第二阶段土地改革"和1981年9月的"第二阶段农地改革方案(草案)"、1984年的"加速基层建设增进农民福利方案"以及台湾地区关于"重建台湾农业大军""精致农业"的构想,等等。虽然政策方案名目繁多且层出不穷,但归纳起来无非是1972年台湾地区行政管理机构九点政策的延续和具体化。这些政策代表了当时当局的矛盾心态和转变过程:一方面,政府仍希望通过一些措施重整农业继续榨取剩余;另一方面,意识到台湾农业的相对衰落已是不可避免转而以保证农民收入作为农业政策的主要目标。到了1985年7月,台湾制订了"改善农业结构提高农民收入"的计划,明确地将政策的主要目标集中为:(1)提高农民收入,缩小农业与非农业收入的差别;(2)改进农村的环境和农民的福利。至此,台湾农业生产和贸易的政策基本上完成了从发展生产榨取剩余为主到维持生产保护农民收入为主的转变。

跟大多数发达国家和地区一样,在经济起飞农业失去比较优势之后,台湾开始实行农业生产和贸易的保护政策。这些保护政策包括:(1)**农产品价格支持**。除了保证以高于成本20%的价格向农民购买稻谷,还设立了高粱、玉米、大豆等产品的保证价格。从1983年开始,玉米的保证价格是每公斤15元新台币,大豆是25元新台币,高粱是14元新台币。这些价格都是同类产品进口价格的一倍。(2)**农业生产投入补助**。当局除了降低农业税收,还补助农业燃料和动力,提供低息贷款等,旨在降低农业生产成本。另外,当局拨款改善农业水利和交通等,也是一种间接的投入补助。(3)**直接收入补贴**。为了解决因价格支持而出现的稻米生产过剩问题，"台湾当局"后来干脆采取直接收入补贴的做法。农民如果将稻田改种玉米、高粱或大豆，即可得到每公顷1 000公斤的稻米补贴，即使什么也不种，亦可得1 500公斤稻米补贴。**（4）农产品进口壁垒**。进口保护的措施包括关税与非关税限制。虽然因为美国的压力，台湾地区农产品的进口相关税率逐渐降低，但在1988年，所有农产品的加权平均进口税率仍在8%左右。对于一些台湾能够生产的农产品，则尽量限制进口以保护台湾生产者的利益。这种保护政策使得台湾的农产品价格普遍高于国际市场价格。农民的稻米价格在20世纪50年代低于国际市场30%，1982年上升为国际市场价格的270%；用通用的"名义保护系数"（即农民所得价格与国际价格之比）来衡量，1982年其他主要农产品名义保护系数分别为：小麦2.15、大麦2.30、玉米2.51、大豆1.96、牛肉1.02、家禽1.37，都超过国际市场价格（平均超过55%）。如果用包括当局非价格支持在内的"生产者补贴等值系数"（生产者所得的产品单位补贴与国际价格之比）来衡量，1982年至1986年台湾种植业的保护程度为30%—70%，全部农产品的平均保护程度为19.2%。

农产品生产和贸易保护政策的结果，是使得农业收入与非农业收入的差距逐渐减少。1972—1989年农业人均收入增长率为16.6%，高于15.6%的非农业收入增长率，高了1个百分点。如果从1985年算起，农业人均收入年增长率为11.97%，高于非农业收入的10.65%，高了1.3个百分点。这种保护政策的代价是，政府必须每年支出相当于其总开支2%—3%的资金来补助农业，台湾的城镇消费者必须付出高于国际市场27%的价格来购买农产品，当年发展工业时从农业中榨取的剩余，现在正在通过对农产品生产和贸易的保护政策偿还给农业。

台湾战后政策评价

研究台湾战后的农业发展及其农业政策转变是一件很有意义的事。它从动态的角度展示了当今世界上农产品生产和贸易政策的主要模式：**发展中国家和地区对农业征税盘剥，发达国家和地区对农业补贴保护**。或者说，在一国或地区贫困落后时，对农业采取压挤政策，而当它经济起飞以后，又不得不对其农

业采取保护政策。由此可见，一国和地区的农业政策与其经济发展的水平和工业化的程度有密切的关系。台湾的经济发展与农业政策的转变，对其他发展中国家和地区尤其是对正在进行体制改革以图经济起飞的中国大陆来说，是有重要借鉴意义的。

首先，应当肯定台湾战后通过农业来帮助工业之政策的成功。对于大多数发展中国家和地区来说，没有多少工业又没有海外资源可以掠夺，要想使经济起飞，农业便成了唯一可以榨取的部门。通过压挤农业来实现工业化是许多发展中国家和地区想走的路，但像台湾那样获得成功的并不多。台湾成功的主要原因是它懂得怎样"有效地"压挤榨取农业：不仅要会压挤，更要注意养育。要想真正从农业中压挤出足够的资源以帮助工业起飞，必须先养肥农业。只有农业生产水平提高了，粮食问题解决了，农业肥了，才有剩余的劳动力和资本向工业转移。而在经济发展初期，要想养肥农业又只有靠挖掘其本身的潜力。发展中国家和地区的管理者一般没有多少资金来支持农业。台湾20世纪50至60年代的许多农业政策正是旨在通过制度变革和技术革新来挖掘生产潜力促进农业发展的。台湾农业的发展主要靠三方面的努力：（1）土改建立了一个以自耕农为主的、小规模经营的农业生产结构；（2）改进技术以提高土地和农业劳动生产率；（3）扩大多种经营，增加农产品出口，发挥比较优势，从外部赚取资金。这三点都很重要，在台湾农业发展中都起了重要作用。

如果没有土改后出现的自耕农制度，农民缺乏积极性，生产决策又相对集中，对市场变化和政策指导的反应相对缓慢，那么生产力也就得不到迅速提高。大多数发展中国家和地区没有进行土地改革，缺乏这种自耕农制度，所以农业始终发展不起来。

其次，如果"台湾当局"没有采取有效措施来不断提高农业劳动生产率，那么土改后由制度变更激发出来的生产能力很快就会达到顶点。只有及时地引进和推广新的农业技术，才能使农业劳动生产率不断提高。当然，引进推广什么样的技术也很重要，鉴于人多地少的特点，台湾在50至60年代采用的大多是节约土地和资本的生产技术，重点放在改良品种、扩大园艺和高产值农作物的种植、提高复种指数和各种经营指数等方面。这不仅使台湾有限的土地生产出更多的农产品，还充分利用了工业起飞前农村过剩的劳动力。另外，这种以劳动密集型为主的农业生产技术的革新和推广，只需要少量的资本投入，这一点对于经济起飞前资本短缺的大多数发展中国家和地区来说是很重要的。

再者，如果不及时开拓国际市场，建立外向型的农业经济，台湾农业的发展也会受到自身市场的限制而徘徊停滞。由于农产品的收入需求弹性低，台湾自己的市场需求有限，生产容易达到饱和。因此，要想依靠农业发展来积累资金，开拓国际市场是重要途径。这一点台湾做得很成功。台湾地区不仅出口初级农产品而且较早地发展了农产品的出口加工业。这一政策不仅从需求方面起到了继续刺激农业生产的作用，也为以后"出口替代"的工业化方针准备了一定的经验。

总之，战后初期台湾的农产品生产和贸易政策在压挤农业以帮助工业起飞方面是有许多经验值得许多发展中国家和地区借鉴的。那么又怎样评价台湾20世纪70年代后出现的农业保护政策呢？应当认识到，台湾70年代开始的农业政策的转变是不可避免的。随着工业的发展，农业生产的机会成本上升，贸易中的比较优势逐渐丧失，而且工业增长越快，农业的比较优势丧失得也越快。在这种情况下，当局不仅不能再继续压挤盘剥农业，还必须采取措施从生产和贸易上保护农业。这时的农业在国际贸易中不仅不占出口优势，而且面临大量农产品进口挤垮岛内农业的危险。根据贸易理论，如果一个行业不再具有比较优势就应该让它减少生产而增加进口，将资源转移到其他行业去。一个失去比较优势的行业衰落时，其资源的转移是有利于资源的有效利用的。可是，为什么在农业失去比较优势后，大多数国家和地区仍采取保护措施呢？这里根本的原因是土地的不可转移性！跟资本和劳动力不同，绝大多数土地除生产农产品外别无他用，而当农民的收入主要来自农业时，对农业的保护就直接关系到农民的生存问题。作为管理者，无论是从土地资源的利用还是对农民生存的关心，无论是从经济上还是从政治上都不得不对农业采取一定的保护措施。这不仅是现在大多数发达国家和地区不得不采取的措施，也是未来中国大陆经济起飞后不得不考虑的问题。

但从另一方面看，这种生产和贸易上的保护政策毕竟扭曲了价格，阻碍了资源的最佳利用，管理机构的负担也日益沉重。这种保护政策是消极的，从长期来看，也是行不通的。未来一旦达成降低或取消农产品贸易保护的协议，台湾怎么办？访台期间曾与其经济学家和官员讨论过台湾今后的农产品贸易政策问题。讨论中得知"台湾当局"对此已有计划和准备。一方面，台湾将利用目前的国际环境继续实行保护政策，因为与欧洲和日本相比，台湾地区的保护仍然是低程度的。台湾在国际农产品的贸易中不占重要地位，暂时不会受到太大的国际压力；另一方面，台湾将进一步把农业劳动力转移出来，让农民更多地从事非农业生产。对于必须保持的那一部分农业生产，则通过"第二次土地改革"，废止对于农田兼并的限制，以有效扩大农地经营规模，降低产销成本；同时通过扩大投资，加速农业技术的革新改造来提高竞争力。如果说20世纪60年代末70年代初台湾农业政策的适应和转变是缓慢和被动的，那么，"台湾当局"目前对其农业的认识似乎比较现实和主动。如果各界都能及时认识到经济的继续发展和国际贸易环境变化对农产品生产和贸易的影响，台湾今后的农业政策的调整和转变也许会比较积极主动。

新城市建设是解决"三农"问题的根本途径[①]

（2008 年 11 月）

我关注新城市建设已经好几年了。在庆祝改革开放三十周年之时，我们应当思考的是未来三十年的事情。因此我认为应该谈谈这个非常重要的话题，因为这是中国走向发达的必由之路，也是解决"三农"问题的根本途径。

我们都知道，"三农"问题制约着中国的进一步发展，但我们不能就"三农"而谈"三农"，只有从社会发展的长期趋势，即从城镇化这个角度入手，才有可能彻底解决中国的"三农"问题。也就是说，要把我们的视角转移到农村以外。

城镇化是社会发展的必然趋势

城镇化是社会发展的必然趋势，无论从恩格尔法则还是从其他经济学理论，都可以清晰地得出这个结论。发展经济学的前辈、美国经济学家刘易斯（William Lewis）等对此已经有很多论述。从历史数据来看，任何一个国家的城镇化进程在工业化时代都是非常迅速的，这就是所谓的"经济起飞"。就像一个人从少年到青春期，再到成年，会经历一个十年到二十年的发育阶段一样，一个国家也会或迟或早地经历一个三十年到六十年高速增长的起飞阶段。起飞

---

① 本文根据在第八届中国经济学年会上的主题发言记录整理。海闻. 新城市建设是解决三农问题根本途径 [N]. 上海商报 .2008–12–01.

之前的社会是一个变化很小的相对稳定的传统经济，起飞以后就转变成为一个发展迅速的成熟的现代经济。

中国正处在这样一个起飞阶段，这个阶段的最大特点就是工业化和城镇化。不仅英国、美国、日本等发达国家曾经历过高速发展的城镇化历程，亚洲许多国家和地区在工业化过程中也发生了很大的社会变迁。第二次世界大战后在它们的经济增长过程中，农村人口急剧下降。这是一种规律，中国也不会例外。不要认为中国人口多就有特殊，实际上中国并不是世界上人口密度最高的国家。纵观全球，没有一个发达国家的农业人口会超过10%。或者反过来说，如果我们始终保持7亿的农民，中国就永远不可能成为发达国家。

农民的收入必须随着经济发展而提高，但在不同的阶段会有不同的方式。在传统经济时代或者在工业化以前，农民收入的提高主要依靠农业技术的进步。我们可以看到，中国在改革开放之前曾投入大量的资源和精力去提高粮食产量，但这种方式是有极限的。

在工业化阶段，当一个社会进入经济起飞期时，农民收入主要靠农村人口的大量转移来提高。一方面，工业发展了，城里的就业机会就会增多，农民到城里去打工比在农村种田挣钱更多。另一方面，留下来在土地上继续务农的这部分农民的情况也会随之发生变化，当然前提是土地逐渐集中——即使粮食亩产量没有提高，但因为挤在同样面积农田里的劳动力减少了，即人均土地增加了，人均收入自然就增加了。

起飞完成之后，经济进入后工业化阶段，大部分农民已经进城，此时政府就应该启用扶持农民的政策。这是由农产品的单一性和土地生产力的局限性所决定的。当今世界上所有发达国家对农民都实行补贴，这种补贴可行的一个基本条件是：农业人口必须降到很少，因为只有多数人补贴少数人才是可行的。比如，在美国，95个非农民补贴5个农民，每个人只需要拿出1美元，那5个农民每人就能够得到19美元，这对于整个社会来说是可以承受的。但是目前中国要搞农业补贴是不现实的，因为农民与非农民几乎一样多，每个农民得到19元钱的补贴，就意味着每个非农民要拿出19元钱来，这对非农民来说负担是相当重的。

现在很多学者喜欢照搬发达国家的政策，似乎人家补贴我们也应该补贴，问题是我们的实际情况是与这些发达国家非常不同的。在社会发展的每一个阶段，政府对农业的政策重点也应该是不一样的。中国不能照搬美国和欧盟目前的农业政策，因为我们的经济还没有达到它们那样的发达程度。

中国城镇化严重滞后的政策障碍

我之所以要提出与新农村建设相对应的**新城市建设**概念，主要是因为中国城镇化进程处于滞后的状况。到目前为止，中国还有50%以上的人口居住在农村，这是英国约两百年前的社会结构。我们目前的社会结构不要说与日本、韩国相比，就是与巴西相比都差得很远。事实上，中国的城镇化程度比世界上绝大多数相对发达的国家都要低，我们现在的城镇化程度与我国经济发展的总体情况是严重不匹配的。为什么会出现这种情况？

首先是观念上的问题。谈到中国城镇化发展，人们往往就会担心未来的就业问题：如果几亿农民一下子涌进城里找工作，哪来那么多岗位？国人在观念上还坚守中国要以农业为本。但是，即便是以农业为本，也并不意味着要有这么多人从事农业。关于汶川大地震以后的重建问题，我给中央提出的建议是，灾后农村重建应该与城镇化的趋势结合起来，不要总是抱着在原地重建家园的思维。也许这里承载着一种感情上的寄托，但如果从经济发展的理性角度来看，将重建纳入城镇化的视野显然更为可取。

其次是体制上的障碍。这是中国所特有的。这里既有城镇阻碍农民进入的各种政策性障碍，也有农村拖住农民使他们舍不得离开的制度性因素。最典型的是城市户籍制度和农村土地制度。目前农民拥有土地使用权，但不能转让和出售。这导致了什么结果呢？看起来，这给农民留下了一条退路，许多人认为这是"中国特色"，是好事，但我并不这么认为。有关中国农村移民的研究得出了这样的结论：中国的农村人口流动是双向的——年轻的时候进入城市，老了回农村养老，这不仅不符合社会发展的方向，实际上对农民也是一种更大的不公平——他们把青春贡献了城市，最后老了还要回到农村；打工时在城里，失业了回乡下。

最后，这里还有深层次的利益问题。农民进城会对城市里市民的工作和生活造成实际的冲击，政府也担心由此带来的社会问题。对失业问题的担心确实也不是没有原因的，如果数量庞大的农民工进城以后都转变为真正的城镇人口，那么一旦遭遇经济衰退，失业造成的社会压力就会很大。政府当前在统计失业率的时候并没有把农民工的失业计算进去。近来广东不少工厂倒闭，但公布的失业率并没有增加。失去工作的农民工回到农村，城市的压力得到缓解。从某种意义上说，这也是阻碍中国城镇化的重要原因之一。

"新城市建设"的重点在体制改革

中国与大多数国家不一样，其他国家的城镇化是经济发展尤其是工业化中的一个自然过程，而中国因为有制度约束，所以城镇化必须由政府去消除这些制度障碍。

要消除歧视，推进户籍制度和土地制度的改革。有人把目前农村的情况描述为"3861"部队，意思是农村人口以妇女、儿童和老人为主，因为每家每户的青壮年劳动力都出去打工了。每个农民家庭都是一半留在农村，另一半漂在城里。出现这种情况的原因之一是现有的户籍制度和土地制度。户籍制度阻碍农民进城，土地制度又让农民无法彻底离开农村。土地不能流转就无法集中，能干的年轻人无法施展才能从事现代农业；土地不能流转使土地不能转换为农民在城市定居的资本，妇女、老人和儿童不得不留下继续经营土地。这些问题最终都要从制度上进行彻底改变。

还要更科学地进行城市规划。城镇化不一定非要采取北京、上海那样不断向外扩张的模式，这会滋生许多大都市的城市病。外国有一些好的经验可以学，比如搞"城市带"——美国的洛杉矶到圣迭戈之间，基本上是由几条高速公路连着的一片一片的中小城市构成的。这些中小城市的集聚，既有规模，又透气，城市交通状况也很好。还有就是政府投资，现在中国改善农民生活的方法主要还是向农村投资，但我觉得现在更需要的是投资建设城市，不断在城市而不是在农村盖房子。城市里农民工有大量的住房需要，应当大力发展面向农民工的廉租房或经济适用房来解决这些需求。还有农民工子女的上学问题，能否在农村建希望小学已经不再是目前的主要问题，眼下最需要的是在城市里为更多的农民工子女提供方便的就学条件和环境。我之所以在"新城市建设"中突出一个"新"字，就是想表明，这并不是普通的城市建设，而是一个包含体制改革的整体规划，是中国从来没有做过的新的城市规划。

  总之，我们现在的问题是要通过城镇化来真正解决中国的"三农"问题，而不是就农村来解决农村问题。中国正处在快速的工业化和城镇化进程中，在这个特殊阶段，建设重点应当放在城市。我们最需要做的是在城市创造出更多吸纳农村"移民"的空间和机会来，而不是把他们继续留在农村。围绕我提出的这个"新城市建设"，希望学术界今后能够有更多广泛和深入的探讨。

经济增长与乡村发展[①]

（2021 年 5 月）

经过四十多年的改革开放，中国在工业化和城镇化方面取得了很大进展，但目前我国农业离现代农业还有较大距离，农民收入水平总体依旧较低，乡村与城镇还有较大差别，为此中央制定了乡村振兴战略。下面我主要从经济增长的过程和趋势、经济增长对"三农"的影响、乡村振兴中的常见误区，以及实现乡村振兴的途径四个方面进行分析。

经济增长的过程和趋势

在发展经济学中，起飞理论把一个社会的经济增长过程划分为三个阶段：传统经济阶段、工业化和城镇化的起飞阶段，以及现代经济阶段。

第一个阶段是传统经济。工业革命之前，世界上大部分国家都处于传统经济阶段，中国在 20 世纪 90 年代之前基本上也属于传统经济，主要产业是第一产业。第三阶段是现代经济。这一阶段基本以服务业和制造业为主。传统经济和现代经济的主要区别在于：传统经济基本是以自然资源为基础，因此一个国家经济是否发达主要看自然资源，例如土地资源、森林资源、水资源的丰富程

---

① 本文根据在 2021 年 5 月 28 日"明日地平线大讲堂"的演讲整理，收录于《乡村振兴：探索与创新》一书。王石，冯仑，海闻. 乡村振兴：探索与创新 [M]. 北京：中国金融出版社，2023.

度；现代经济除自然资源以外，主要靠科学技术、资本和熟练工人。

传统经济和现代经济之间是第二阶段，即过渡阶段，也称起飞过程。在第二阶段，一个国家的产业和社会结构都会发生巨大变化。产业结构主要从以农业为主变成以制造业为主，再逐渐过渡到以服务业为主。社会结构的变化主要体现在城镇化水平快速提升，即越来越多的农村人口选择迁移到城市中工作和生活。中国在20世纪90年代左右进入起飞阶段，农民以每年一两千万人的速度进入城市，这是中国几千年历史上从来没有过的，标志着中国经济从传统走向现代。今天的中国依旧处于这个过程，有近3亿的农民工在城市生活和工作，但城镇化的速度有所放缓。一个国家的经济增长有一定的客观规律和必经过程。目前，中国仍处于起飞阶段还未彻底完成的过程中，也就是处于从传统经济向现代经济快速过渡的过程中。

起飞理论也可以对应到人类生活需求的三个发展阶段：寻求生存阶段、满足物质生活阶段、追求生活质量阶段。改革开放以后，城乡居民的温饱问题得到解决。20世纪90年代以后，各种耐用消费品、住房、汽车的出现以及其他方面的发展逐步满足了人们不断增长的物质生活需求。现在绝大多数百姓的生活又发展到了一个新的阶段，即追求生活质量的提升。

在传统经济也就是寻求生存阶段，最主要产业是农业，生产要素主要包括自然资源、劳动力以及农业技术。在那个阶段的中国是一个农业大国，但我们不能再继续强调农业大国这一形象，因为农业大国也就意味着我国还处于起飞之前的阶段，这显然是不准确的。在起飞阶段，即满足物质生活阶段，我国最主要的产业是制造业（包括建筑业），生产要素主要包括资本、制造业技术以及由农业向制造业转移的大量劳动力。从20世纪80年代开始，广东、浙江等沿海一带的大量农民工涌入纺织、玩具等劳动密集型制造业。目前，我国部分沿海城市已经进入后工业化时代，即现代经济阶段，人们在已经解决生存和满足物质生活需求后开始追求生活质量。这个阶段最主要的产业是服务业和高端制造业，农业的比重逐步下降，生产要素主要包括资本、科技创新，以及向服务业转移的大量劳动力。

经济增长对"三农"的影响

农业产值比重不断下降

随着收入不断增加,农产品的消费量虽然也随之增加,但是农产品消费在总支出中的比重逐步下降,这是因为人对食品的需求增长是有限的,农产品的需求增加速度赶不上收入增加的速度,因此农业产值占GDP的比重会不断下降。

20世纪六七十年代,我国经济增长较慢,国民收入很低,居民的大部分支出在农产品方面,因此这一阶段农业占GDP比重非常高。1978年之后,经过家庭联产承包责任制等农村改革政策的落实,农业所占比重有所上升,1982年农业占GDP比重达到32.7%,自此以后农业所占比重随着工业的发展而连年下降,到2019年我国农业产值占GDP的比重已经降至7.1%。

这一现象并不是中国特有的。韩国国民收入较低时,农产品和非酒精饮料的消费占到收入的50%左右,近年来其比重已下降至不足20%。美国的农业发展水平很高,由于美国其他产业更为发达,因此农业产值只占全国GDP的1%左右,比重非常低。

农村居住人口不断减少

经济起飞的另一个结果是农村人口减少。1960—2019年,日本的农村人口由37%减少到8.3%,韩国由72%减少到18.6%,而中国(不包括港澳台地区)则由83.8%减少到39.7%,并且这个趋势还在继续发展。农村人口比例下降的事实也可以通过城镇化率的不断上升进行印证,在20世纪60年代,中国城镇化率不足20%,现在超过了60%,但是相比其他国家和地区的城镇化率,仍然处于比较低的水平。

日本城镇化率已经超过90%;美国土地辽阔,人口密度比日本低得多,城镇化率也达到了80%以上;而中国的比重是最低的。另外比较居住在大城市的城镇人口比重,中国与日本、韩国和美国也均有较大差距。乡村振兴战略的一个重要任务是把城镇化搞好,让更多的农村人口转移到城镇安居乐业。到大城市居住也是出于规模经济的考量，由于大城市的就业机会更多，居民的其他需求，例如娱乐活动、教育、医疗等也能得到满足，城镇化以及向大城市集中的趋势是经济发展的规律之一。

农业劳动力占比不断降低

工业化和经济的快速增长也促进了农业劳动力的大量转移。1978—2019年，日本的农业劳动力人口占比从11%减少到3.1%，韩国2019年农业劳动力占比为5.1%，而中国（不含港澳台地区）则由76.3%减少到42.9%，但比重依然较大。发达国家的农业劳动力占比一般不超过5%，而我国目前农业产值占比只有7%，但是农民占总劳动力的比重仍为40%左右，这也是我国农业现代化面临的一大难题。

对比不同国家的"三农"指标，中国与美国、日本、韩国的主要差距体现在以下几方面：

第一，发达国家和地区的农业产值占GDP比重大多非常低。我国目前农业产值占比还有7.1%，发达国家和地区的农业产值占比已经不足2%，这也说明将来我国的农业产值比重还会进一步下降。

第二，发达国家和地区农业劳动力占比与农业产值占比基本匹配。例如美国的农业产值占比不到1%，农民占总劳动力的比重是1.5%；韩国二者比重的差距也不是很大；而我国农业产值占比只有7.1%，农民占劳动力比重却仍有42.9%。

第三，我国农民的收入与非农劳动力收入相比较低。美国农民的收入比非农劳动力要高，如美国的非农劳动力收入为1美元，农民同期收入为1.25美元；而中国的非农劳动力收入为1元，农民同期收入只有0.38元，这一比例也说明我们需要解决"三农"问题的一个方面是如何提高农民收入。

总体来说，当一个国家的农业产值比重下降时，农村人口的占比也会减少，农业劳动力的占比也会相应减少，但是我国农村人口和农业劳动力的占比没有同步减少，也就带来农村地区不发达和农民收入不高的两个现实问题。

乡村振兴中的常见误区

误区1：提高农产品价格或者增加产量，提高农民务农的积极性，从而提高农民的收入

提高农民收入，实际上并不仅是提高农产品价格和产量的问题。国家提高农产品价格，进而增加农业产品产量，并不能从根本上解决农民收入与其他行业收入差距的问题。最关键的原因在于，随着经济发展，我国国民对农产品的需求比重在下降。恩格尔系数显示：随着收入的增长，家庭收入中用于食品方面的支出比例将逐渐缩小。农产品生产得再多，需求上不去，农产品卖不掉，价格也上不去。如果靠补贴，农民那么多，政府也补贴不起。

要真正做到持续提高农民收入，需要让大多数农民从事非农产业。小部分继续从事农业生产的农民则需要通过增加投资，以及增加人均耕地面积的方式提高农业劳动生产率，从而不断提升人均收入，这才是真正提高农民收入的方法。

误区2：增加对乡村的投入，鼓励农民工回乡发展

农业产值比重下降之后，收入的差距必然导致农民向城市的转移和农村居住人口的减少。在经济史中，英国工业革命前期，曾经出现了所谓的"羊吃人"现象。城市开始发展纺织业，纺织业的发展给农村带来了两方面冲击：一方面，纺织业需要羊毛。为了向纺织业提供羊毛，贵族们开始养羊，对从事传统农业的劳动力的需求大幅度减少。另一方面，纺织业需要劳动力。纺织工人的工资比农民收入高。在农业相对萎缩以及纺织业更高工资的吸引下，英国农民不断涌入城市。

农民进城是历史发展的规律，农民数量的减少也是经济发展的一个必然现象。我们现在的解决方案不应该是让农民工回乡，而应是让留在农村的老人和儿童进城，让他们也能够逐渐到城市中安居乐业。农民愿意进城但面临一些限制，主要受限于城镇户籍制度以及较高的生活成本。

城镇化实际上是经济社会发展的一个规律，也是乡村振兴的一个重要组成部分。乡村振兴战略不仅是通过发展乡村来解决乡村问题，更是通过城镇化让

中国大部分乡村人口到城镇居住，从而使剩下的人在乡村发展得更好。这两种措施，是大禹治水中"堵"和"疏"的两种思路。

误区3：增加对农村基础设施的投入，改善农村环境，把每一个村庄都建设好，都能宜居宜业

随着农村人口的减少，中国根本不需要那么多的乡村，尤其是自然条件非常恶劣、交通不便、粮食产量极低，甚至不适合人类居住的乡村，这些乡村的消亡是正常的，而且是不可阻挡的。

我当年下乡的地方在黑龙江省虎林县，它现在已改为虎林市。我下乡的村庄离县城有15里（7.5公里）路，现在这里的人越来越少。在20世纪90年代左右，村里的学校大概还有300名学生，随着学生的减少，现在连学校也不存在了。因为离虎林市很近，即使仍然从事农业生产的农民，现在也住在市里，然后开车去干农活。其实，这样的乡村消失是很正常的，我们也不可能把所有的村庄都保留下来。

美国、韩国、日本，以及多数欧洲国家的农业产值都在2%以下，农业劳动力不超过5%，农村人口不超过20%，而我国的农村人口目前为40%左右。如果将来人均GDP达到发达国家的水平，预计至少会有一半的乡村消失。因此，最关键的是在城镇化的基础上，把自然保留下来的村庄建设好、管理好，这才是我们真正的任务。

2017年全国大概有1 000个特色小镇，是建设特色小镇最热门的时期，但很多特色小镇投入资金之后没有消费者，或者营业一段时间以后消费者不断减少。到2018年年底的时候，淘汰和整改的特色小镇将近一半。因此，有些事情我们需要遵循经济发展的规律，需要正确地理解什么是乡村振兴。

实现乡村振兴的途径

乡村发展要解决三个主要问题：**第一是增加农民的收入**，使农民富裕富足。**第二是提高农业的劳动生产率**，实现农业现代化，达到高质高效的目标，这也是提高农民收入的重要途径。**第三是改善乡村环境**，让将来保留着的村庄

都宜居宜业。这三个方面也与国家乡村振兴战略的方针是一致的。乡村振兴战略二十字方针是"产业兴旺、生态宜居、乡风文明、治理有效、生活富裕",其中产业兴旺实际上就指的是农业现代化,发展非农产业。生态宜居、乡风文明和治理有效指的是改善乡村环境,包括自然环境、人文环境、社会环境。

努力提高农民收入

在我国发展的不同阶段,提高农民收入的途径也是不同的。

工业化之前,农民收入的增加主要靠农业技术进步带来的劳动生产率提高以及增加土地面积来实现。比如当年我国的"农业八字宪法"(土、肥、水、种、密、保、管、工),通过开荒拓展、增加肥料、水利建设、培育良种、合理密植、防止病虫害、田间管理、工具改革等措施,提高粮食亩产量,增加农民收入。我们当时在东北开荒,也是希望增加可耕地面积来提高粮食产量从而增加收入。当然,更重要的是要提高亩产量。我们非常怀念袁隆平先生,我当农民的时候水稻亩产大概是400—500斤(200—250公斤),浙江省两季水稻亩产量才达到"千斤"(5 000公斤),袁先生的杂交水稻现在亩产可以超过3 000斤(1 500公斤)。

工业化过程中,主要靠工业化和城镇化,同时推动农业现代化来提高农民的收入。工业发展起来以后,很多农民选择进城来提高收入。我们现在所说的"农民工"是中国特有的制度造成的,他们仍然保留农村土地,从事的却是非农业工作,实际上属于城市新居民。当大部分农民从乡村地区转移出来以后,剩下的从事农业生产的农民则可以通过增加土地经营规模和农业机械化来提高收入。

在工业化过程中,农民的收入提高主要靠农民数量的减少。举一个简单的数字例子来说明:如果100亩(约6.7万平方米)地由100个人拥有,生产的粮食卖了1万元,人均只有100元。假设现在20个人到城里工作,80个人负责种100亩地,仍然是1万元收入,这时候这80人的人均收入就变成125元,提高了25%。随着城镇化的继续推行,50个人进城工作,现在剩下50个人仍然从事农业生产,土地仍然是100亩,人均土地面积增加,即使粮食没涨价,亩产量没提高,人均收入也翻了一番。最后,90个农民进城,剩下10个人种100亩地,剩下这10个人的人均收入就可以达到1 000元,达到原来的10倍。

美国农民的人均耕地面积约为 60 万平方米（约 900 亩），中国农民的人均耕地面积只有 5 000 平方米（约 7.5 亩），美国农民的人均耕地面积是我国农民人均耕地面积的 120 倍；日本农民的人均耕地面积约为 2 万平方米（约 30 亩），是中国农民人均耕地面积的 4 倍；韩国农民人均耕地面积也有 1 万平方米（约 15 亩），也是中国农民人均耕地面积的 2 倍。这也说明一定规模的土地，对提升农民的收入很重要。

根据相关数据，2017 年我国单位农业劳动力固定资本存量仅为美国的 3%，是韩国的 20%，这也从另一个侧面说明了目前我国农业与现代农业之间的差距。我国实现农业现代化的一个根本途径是增加人均土地耕地面积和提高人均资本投入。通过农业现代化来提高农业劳动生产率，从而提高农民从农业中获得的收入。

后工业化时代，发达国家和地区往往采取扶持农业和补助农民的政策。发达国家和地区对农民进行补贴的方式主要包括生产补贴（根据土地面积、产量、价格保护等）和收入补贴（减免所得税、增加转移支付等）。中国目前已经做到免征农业税，但是还不具备对农民进行大量补贴的条件。主要原因是发达国家和地区的农民占比已经很小，比如美国农民只占总人口的 1.5%，相当于 98 个人补贴 2 个人，而中国还有 40% 是农民，需要 60 个人去补贴 40 个人，如果用发达国家的办法去补贴，60 个人负担不起。

中国现在仍处于起飞阶段，提高农民收入的主要途径如下：第一，通过移民城镇的方式，即让农民主要从事服务业、制造业、建筑业等非农产业，从此不再是农民。第二，在当地发展旅游、文创、养生、制造业等非农产业或者农产品的加工、销售等。第三，也是最重要的一个途径，即推进农业现代化，实行土地兼并集中，形成规模，通过机械化和数字化等高科技运营提升人均农产品产值。这也是我国未来农业的发展趋势。

根据各国服务业增加值占 GDP 比重数据，我们发现，随着一个国家的经济发展，服务业所占比重将会不断增加，对于农民群体来说，进入服务业的人数也将随着时代的发展而不断增加。2019 年服务业增加值占 GDP 比重的世界平均水平是 61.2%，中国的数值是 53.9%，现在中国与发达国家相比还有较大的距离。通过发展服务业提升农民收入也是一个很重要的趋势。

提高农业劳动生产率

劳动生产率主要通过人均产出来衡量。一个农民能够产生的粮食量取决于农民人均土地的多少。因此，我们可以通过提高人均土地面积（减少农业劳动者）、集中土地实行机械化生产、增加农业资本、提升农业科技四个方面来提高农业劳动生产率。

我们应逐渐减少农民，同样数量的土地让更少的农民来耕种，农业劳动生产率就会提高，农民的收入也就可以提高了。土地如何集中？其实各地政府和群众已经做了很多尝试，比如将分散的土地用机械化的方式打通，但同时让农民保留"复埂"的权利。可以通过两种手段解决如何"复埂"即归还原有小块土地的问题：一是政府给予担保及相应的补贴，企业承诺承担"复埂"即恢复土地原状的成本；二是根据卫星拍摄附有承包地的地块示意图，有关部门构建农村土地地理信息数据库，在技术上保证"复埂"的可能性。有了"复埂"的具体措施，农民也会更大胆地参与土地集中利用。

改善乡村环境

不论这个村子将来是否存在，改善村庄环境、消灭污染等工作现在政府都可以做起来。现在或将来人口比较集中的地区，基础设施建设，包括交通、水电、通信和公共设施等工作也要做好。村庄的管理水平也要提高，例如基层组织、制度建设等工作要做好。社会文明方面要重视文化、教育、道德、法治等，尤其是教育，必须保证，因为人到了一定的年龄必须接受相应的教育，一旦错失了，以后是很难弥补的。生活保障主要包括商业、医疗以及社会保障等方面，政府尤其应该在这些领域加强投入。

总之，实现乡村振兴必须遵循经济规律。第一，要努力实现农业现代化。为此，需要减少农民（进城或从事非农产业），集中土地，资本下乡，提升技术。我认为将来农民的定义不一定和现在一样，他们也很可能是企业家，例如我在澳大利亚认识一位经济学教授，他当过澳大利亚驻华大使，但他同时又是农民，拥有一个大农场。第二，鼓励农民通过创新创业发展非农产业，拓展就业渠道，增加农民收入。这几年，北京大学汇丰商学院和延安大学乡村发展研究院联合开展了一系列公益培训项目,通过培训农民,包括不少成长中的青年"新农人",帮助他们开阔眼界,使他们接触到更多的资源,从而更好地创新创业。培养人才,授人以渔,这也是乡村振兴的一项重要工作。通过培养人才,鼓励大家创新创业,发展非农产业,拓展就业渠道,最终实现增加农民收入的目标。当然,对我国农民来说,始终拥有一定的土地使用权是比较好的。即使农民离开农村,他们也可以通过租赁的方式获得额外的土地收益,从而使他们的收入得到更好的补充。第三,做好减少村庄的工作,自然淘汰一些不再适合居住的村庄,将这些村庄的人逐渐转移到城市。对将来能够存在的村庄则需要增加投入并加强管理,这一项工作也是乡村振兴非常重要的部分。

要实现乡村振兴这一目标并不容易,要继续全面深化改革,通过农村土地制度改革、城镇户籍制度改革以及资本市场改革,寻找更为有效的激励措施,鼓励更多资本投入现代农业中,同时创造更多的非农就业机会。更重要的措施是人才培养,包括基础教育、创新创业培训、管理培训等。同时,政府要加强投入,特别是基础设施、管理方面的投入。

总的来说,乡村振兴要解决三个基本问题:第一是提高农民收入;第二是实现农业现代化;第三是改善农村环境。没有农业农村的现代化,就没有国家的现代化。没有乡村的振兴,就没有中华民族伟大复兴。

实现乡村振兴,人民群众是最伟大的创造者。我们需要开展更多的实践调研,因为各地有很多实践经验,希望我们未来可以继续总结各地乡村发展的成功经验。

实现共同富裕，
要提升贫困人口致富能力[①]

（2021年12月）

近年来，乡村振兴频繁被提及，伴随着全面建成小康社会以及确立共同富裕目标，新时期的乡村振兴着力点在哪？中央经济工作会议的表述又有何深意？

北京大学校务委员会副主任、北京大学汇丰商学院创院院长海闻日前接受《新京报》记者专访时表示，乡村振兴是实现共同富裕的重要路径之一。"农村40%的人口只创造了7%的产值，人均每月不到2 000元。共同富裕的主要目标是要通过乡村振兴帮助农村人口增加就业，提高收入，这是授人以渔实现富裕的办法。"

谈及高质量的城镇化和乡村振兴，海闻认为不能盲目发展，必须遵循社会和经济的发展规律，进行长期可持续规划。此外，不应追求速度，但要及时解决出现的问题，不追求数量，但一定要以高标准来实施。

实现高质量城镇化，不能盲目发展

记者：全面推进乡村振兴，提升新型城镇化建设质量，其中"质量"的具体表现是什么？

海闻：质量尤其是高质量的城镇化和乡村振兴，不能盲目发展，必须遵循

[①] 海闻. 实现共同富裕要提升贫困人口致富能力 [N]. 新京报 .2021–12–29(B08).

社会和经济的发展规律，要进行长期可持续规划。比如，在没有发展前途的乡村盲目兴建特色小镇，最终没有多少人去居住，也没有多少人去旅游，这肯定谈不上高质量的发展。不应追求速度，但要及时解决出现的问题。城镇化也好，乡村振兴也好，都有一个有序发展的过程，是根据人民的需求和愿望逐渐实现的。在整个过程中，政府的主要目标不是追求速度，而是及时解决出现的问题。

不追求数量，但一定要以高标准来实施。未来乡村振兴和新型城镇化建设，无论是进城的农民工，还是继续留在乡村的农民，都要保证他们日常生活的质量，在教育、医疗、住房和环境等各方面都能够跟得上国内城镇居民的高标准。

记者：目前乡村的绝对贫困已经消除，如何防止返贫？

海闻：防止返贫，政府一定要有所作为，具体来说，主要从医疗健康和教育培训两方面着手。

医疗健康方面，一是要改善人们居住生活的环境，搞好公共卫生，特别是消除使人致病的污染源。在农村，患病是最主要的返贫原因，因为生病意味着劳动力的丧失，同时治病也需要大量花费。二是要提供基本医疗设施。农村医疗设施不健全，需要尽量保证基本医疗条件。三是要完善医疗保险制度。虽然现在农村有"新农合"，但是保险池还不够大，保的范围和金额也不够大。因此，防止返贫需要改善环境，提高农村健康和医疗水平，让农民生病后尽量得到治疗，同时通过医疗保险制度减轻疾病给家庭带来的负担。

防止返贫，还需要提升贫困人口的就业和致富能力，这方面主要通过教育和培训。目前，通过九年义务教育，中小学的教育普及问题基本解决了，但还有两个方面需要特别关注并积极采取措施。一是学龄前儿童教育，尤其是 0 至 3 岁婴儿的大脑开发。相比城市，传统农村地区对 0 至 3 岁孩子的教育比较缺乏。根据世界银行发布的报告，0 至 3 岁是儿童大脑发育的黄金阶段，特别需要营养和教育，包括让婴儿听音乐，听故事，与儿童进行交流等。中国正处于经济起飞产业结构不断转型升级的阶段，未来市场对就业者的知识和技能要求都将更高，提升对学龄前儿童的教育是未来就业者能够掌握高深科技知识的必要条件。

二是对农民的技能培训，帮助他们就业或创业。这个技能培训不一定指上学，可以指通过各种培训机构，培养其现代农业技术或农业以外的技能，包括如何创业、如何融资、如何管理，甚至包括如何使用电脑、如何利用互联网等。

总的来说，防止返贫的关键是让大家尽量健康，同时通过教育提升就业能力。

乡村发展主要是想办法让农民致富

记者： 您认为新时期乡村发展的含义是否有所变化？

海闻： 此前我们乡村发展的主要工作是扶贫，通过政府补贴和城镇单位帮扶来消灭绝对贫困。下一阶段乡村发展主要是想办法让农民致富。

中国现阶段（起飞阶段）提高农民收入的主要渠道包括：第一，移居城镇，尤其是移居大城市，从事服务业、制造业、建筑业等工作，减少留在乡村的人口数量，提高农民收入。第二，在当地从事非农产业或农产品相关产业，比如加工、销售等。第三，从事土地集中的现代农业，即大规模、机械化、高科技的农业。

新时期乡村发展要通过改革体制、调整产业结构、加强教育与培训、增加基础设施建设、吸引资本和人才下乡等一系列措施来进一步提高农民收入，改善乡村居住环境和条件，带领农民走共同富裕道路。

记者： 乡村发展实现路径是什么？

海闻： 对于乡村发展，一是增加农民收入。该收入不仅指农业收入，因为人们对农产品的消费不会随着经济增长同比例增加，农业在经济发展中的比重会越来越低，所以增加农民收入，一定要通过到城镇就业或在当地发展非农产业等渠道来实现。

二是实现农业现代化。我们现在面临的农业问题是农民太多，人均土地面积太少，所以收入也就较低。由于中国总耕地面积很难增加了，要通过提高人均土地面积来提高劳动生产率，增加农民的农业收入，只能减少从事农业劳动的农民数量，这也是农业现代化的意义，即人均土地面积增加，人均农业资本增加，人均农业劳动产值增加。

三是推进农村现代化。农村现代化，最主要的是解决宜居问题，要使住在乡村的人觉得和住在城里差不多。但是，要达到这样的生活水平，很大程度上需要有一定规模，需要建设人口相对集中的乡镇。

为什么人们更愿意住在大城市？规模经济是很重要的原因。举例来说，北上广深的居住条件在某些方面其实并不如一些中小城市，生活成本还高，人们为什么还要往北上广深去？这是因为大城市的就业机会更多，而都市生活也是吸引人们前往大城市的原因之一。

当生活水平达到一定高度，人们的追求就不仅仅局限于收入高或者天气好。人们会有更多追求，比如各种文化娱乐、教育、医疗等。所以，人口向大城市集中，是经济发展的必然趋势。

青壮年离开农村是经济发展的自然结果

记者：怎样理解农业现代化以及农村现代化之间的关系？

海闻：只有农业现代化，农民收入才能提高，农民收入提高，农村才能逐渐实现现代化。这是互相联动的一个过程，历史上大多数发达国家都经历了城镇化和乡村发展的进程。

城市工业化发展，城市人口收入高于农村人口，吸引了部分农民进城。随着这部分农民收入的提高，城镇化出现。同期，乡村农民数量减少，人均土地增加，劳动生产率提高，农业逐渐现代化，继续务农的农民也逐渐致富。

记者：近年来农村老龄化、空心化以及人才外流现象明显，全国各地也在积极鼓励人才下乡、资本下乡，对此可以采取哪些措施？

海闻：大量农民进入城市，村庄人口越来越少，青壮年逐渐离开农村，这种现象是正常的，也是经济发展的自然结果。

资本下乡主要是企业行为，可以鼓励，但不能强迫。资本下乡先要有投资机会，比如某个乡村离原材料基地较近，也许能够吸引工厂把部分设施搬到乡村去。而某个乡村的交通和自然生态或人文历史条件比较好，可以发展旅游业，这些非农产业的发展同样存在很多投资机会。当然，农业的现代化本身也需要很多资本。随着土地集中，农民减少，人均土地增多，机械化生产也成为必然选择。

鼓励资本下乡，政府需要为之创造一系列条件，可以出台例如税收减免的优惠政策，就像当年吸引外商投资一样。但是，更重要的不是推出多么优惠的条件，而是提供一个好的环境，确保政策稳定，保护投资者的权益。鼓励资本下乡投资农业，还需要加快土地制度改革。此外，政府要做好通信、交通等基础设施建设，这些做好了，资本下乡的意愿也会增强。

至于人才下乡，一部分人才为随着企业下乡的人才。如果资本下乡，产业发展起来，人才也就跟着来了。比如，某企业准备在乡村开设工厂，那么相关管理人才、技术人才等也会被派到当地。另一部分人才是去乡村从事教育、医疗、科技、社会发展等工作的人才。对此，需要国家系统派遣，如选调生。另外，各级政府也可以开发一些志愿者服务系统，组织志愿者加强乡村教育和振兴。当然，未来乡村发展起来了，也会吸引更多人才前往。

授人以渔实现共同富裕目标

记者：目前3亿左右农民工在城市生活和工作，谁应来负担这些农民工市民化和公共服务均等化的成本？具体该如何落实？

海闻：这些农民工为城市的发展做出了贡献，他们承担了很多不同的工作，包括很多城里人不愿干的工作，也缴纳了税收，成本自然应该由农民工流入的城市来承担。此外，农民工相对集中的城市也是国内经济较发达的城市，整体来讲，这些发达城市也应当承担国家在发展中尤其在城镇化中的义务。

至于落实公共服务均等化，为农民工提供与城市居民相同的公共服务，包括子女上学、社保、工作、购房、失业补贴等，不仅是农民工作为所在城市公民的平等权利，也是这些城市应尽的责任。

记者：农民是低收入人群的主要组成部分，怎么理解共同富裕与乡村振兴的关系？在共同富裕的大背景下，乡村如何实现振兴？

海闻：乡村振兴实际上是实现共同富裕的重要路径之一。共同富裕的主要目标是要把贫困人口的收入提上去，帮助低收入人口提升就业和致富能力，使他们变得更加富裕。

现在全国有超过14亿人口，农村人口将近40%，大概为5.6亿人，而中国的 GDP 中，农业产值只占 7%。如果按人均 GDP 计算，农村人口人均 GDP 只有 1.2 万元左右，即人均月创造 GDP 不到 2 000 元，而城镇人口创造了 93% 的 GDP，人均 GDP 大概是 11 万元。

从劳动力（不包含老人和小孩）来说也一样，现在从事农业生产的农民约占全部劳动力的 25%，即 25% 的劳动力只创造了 7% 的 GDP，75% 的其他劳动力创造了 93% 的 GDP。

可见，真正的低收入贫困人口主要在农村。乡村振兴的主要任务是帮助农民提高就业创业能力和增加就业创业机会，从而提高农民收入，通过授人以渔的办法实现共同富裕目标。

乡村振兴和共同富裕是需要较长时间完成的计划，不应追求速度，但要及时解决出现的问题。城镇化也好，乡村振兴也好，都是一个有序发展的过程，根据人民的需求和愿望逐渐实现。

五、论产业发展

中国当前制造业的基本情况仍然是小而全，每个行业有很多企业，很多企业又涉足许多不同的行业。当中国进入追求生活质量的阶段时，制造业企业需要具备研发和创新实力，同时需要通过规模经济获得成本优势。因此，制造业企业应朝着大而专的方向发展。

更专业才更有规模[①]

（2005 年 3 月）

现代企业需要规模经济

众所周知，产品的平均固定成本会随着产量的增加而减少。在生产扩张的初始阶段，平均成本会随着厂商规模的扩大和产量的增加而下降，这就是规模经济。

美国和日本都拥有雄厚的资本，它们既向对方出口汽车，同时也从对方进口汽车。这种越来越重要的贸易现象当然不是因为美日两国的资源缺乏，而是由于规模经济在起作用。假设美日两国都生产轿车和卡车，在没有贸易的情况下，各自根据本国需求进行生产，但由于国内市场规模小，产量有限，平均成本很高。在全球化背景下，假如日本仅生产轿车，美国仅生产卡车，而且都按照国际市场需求确定产量，则两种产品的平均成本都会因生产规模扩大而降低。

现在世界上很多产品，特别是制造品，都具有类似的特征——每个国家在同类产品中各自占有几个品牌、几个类型，没有一个国家可以把同一类产品的所有类型都生产出来。

规模经济是全球化背景下现代企业获得竞争优势的重要途径。在激烈的全球化竞争中，为了让消费者在众多功能相似的商品中选择自己的产品，厂商要

[①] 海闻. 更专业才更有规模 [J]. 当代经理人, 2005(03):11.

付出越来越高的研发成本、生产成本、营销成本等。这些固定成本越高，企业越需要有生产规模，这时规模经济就成为成本竞争的一个重要方面。

现代企业需要规模经济，规模经济本身会推动经济全球化，经济全球化则会导致更加细密的专业化分工。在封闭的情况下，市场规模往往很小，企业很难有规模，因此小而全、多样化经营是可能的。但在全球化过程中，市场规模很大，企业很难在所有行业中都做得很好，这样就不得不把有限的资源集中到主要产品上去。在激烈的竞争中，即使维持主要产品在全球市场上的不败地位，也不是一件容易的事情。

小规模、多元化：弊大利小

经济全球化为中国企业的发展提供了良好机遇，资源的全球化配置为中国的专业化经营和规模经济提供了条件，但中国的行业往往存在着集中度低的特点。每个行业都有很多企业，且每个企业都规模小、效益低；而每个企业又往往涉足很多行业，多元化经营。出现这种情况的原因是多方面的。

第一是体制机制问题。许多企业缺乏决策自主权，进入某个行业往往是政府政策引导或干预的结果。企业发展受政府的发展规划和政策影响比较大。政府要搞"菜篮子工程"，大家都去发展蔬菜；政府要发展光伏，大家一哄而上搞光伏；政府鼓励发展汽车，各地企业纷纷生产汽车。

第二是市场经济发展的初级阶段，短期内还存在不少高回报行业，例如房地产业。许多企业被眼前的高利润吸引，纷纷想进入高利润行业。

第三是地方保护严重。我国现行税制下，地方财政主要靠本地企业的税收，这就激励了地方政府办企业，甚至设置各种进入障碍保护本地的"财税大户"，阻碍了企业在同一行业里的跨地区投资或兼并，企业只能在本地区的其他行业发展。

第四是金融资源不足。目前，我国的资本市场还不够发达，企业缺乏足够的资金从事研发，在本行业深入发展和不断扩张的难度比较大。

第五是缺乏有管理大企业才能的人才。即使企业能够成长起来，由于缺少能够有效管理大规模企业的人才，企业同样会面临困境。

第六是观念问题。一方面是小农意识，如"自力更生，自给自足""鸡蛋不放在一个筐里""肥水不流外人田"的观念还广泛存在，企业不懂得市场经济的分工合作，什么都想自己做。另一方面是"宁做鸡头，不做凤尾"的创始人情结重重困扰。只要创始人还在位，企业并购就困难重重。此外，目前每个企业都强调自身独特文化的这一现象也令人担忧，这可能会阻碍企业通过并购形成规模经济。

一般来说，小规模、多元化发展可能会得到较高的短期资本回报，而且个别投资项目的风险较低。但这种发展模式有可能使企业丧失主业的发展机遇，在国际竞争中缺乏竞争力，从战略上来讲是非常危险的。

如果只看资金回报率，新增投资不投在主业上，而转投短期资金回报率高的行业，那么，虽然这少量的新增投资获得了较高的回报率，但在主业的下一轮竞争中则可能受损。投资时不仅要看实际回报，还要从战略上看到机会成本或机会损失。尤其在全球化竞争中，多元化发展可能导致企业无法与国际化专业公司竞争。从国际竞争角度看，研发投入、营销投入等新增投资不仅是谋求发展的手段，更是保卫大盘资产的手段。

要成为世界级的大企业，就不能被眼前的一点利益所迷惑，一定要有战略发展的眼光。而对于政府来说，在政策上要鼓励企业并购。同时，要关注和促进资本市场的发展，为企业实现专业化和规模经济创造良好的金融环境。

走出多元化陷阱，重归专业化正途[①]

（2005 年 12 月）

感受经济全球化

经济全球化可以从消费全球化、生产全球化、规则和体制趋同三方面加以理解。

首先，全球化是消费的全球化。消费全球化体现在商品和服务市场上国界的逐渐消失，商品全球流动的自由度越来越高。一方面表现为贸易壁垒逐渐消失，关税和非关税壁垒越来越低。另一方面表现为国际贸易的快速增长。

其次，全球化是生产的全球化。消费的全球化推动生产的全球化。目前，生产资源的国家属性正在逐渐消失，具体表现为生产资源全球利用和生产网点全球分布。生产全球化使产品可以在全球范围自由流通，其价格由全球市场决定，这迫使企业在世界范围寻找最便宜的资源，否则极有可能被淘汰出局，这也是市场全球化和生产竞争全球化的必然结果。

最后，全球化意味着规则和体制的趋同。全球的经济合作需要有双边和多边认同的规则。现在很多国家处于改革状态，从政府干预过多走向更多的市场化，从贸易和投资保护走向更多的开放，从国有企业垄断走向私营经济的发展。在竞争中，以私有产权为基础的开放的市场经济将成为资源配置的基础。

[①] 海闻.走出多元化陷阱 重归专业化正途——著名经济学家海闻剖析全球化中的专业化经营与规模经济[J].建设机械技术与管理,2005(12):63-64.

专业化与多元化

现代企业需要规模经济，而规模经济推动了经济全球化，经济全球化又导致国际分工专业化。在全球化的过程中，专业化就变成一个更加现实的问题。

海尔是一家著名的制造业企业。目前海尔生产86类共13 000多种产品，涉及的行业非常多，但除冰箱和洗衣机这两类传统产品仍具较高市场占有率外，其他产品的销售并不出色。据说，海尔也要生产手机。事实上，海尔冰箱和洗衣机的声望并不能促使人们购买海尔手机；相反，一旦海尔手机出了问题，海尔冰箱和洗衣机的销售也有可能会受到负面影响。因此，海尔模式在全球化竞争背景下是不宜倡导的。

追逐多元化的企业，一般认为小规模多元化发展，会帮助自己得到较高的短期资本回报，而且个别投资项目风险较低。但这种发展模式可能导致错失主业发展机遇，在国际竞争中破产或被兼并概率增大，从战略上来讲是非常危险的。企业投资时不仅要看实际回报，还要从战略上看机会成本或机会损失。尤其是在全球化竞争中，多元化发展可能导致每一种产品都无法与国际化的专业公司的产品竞争。从国际竞争角度看，研发投入、营销投入等新增投资不仅是为发展，更是为保卫大盘资产。

规模经济并非越大越好

规模经济的基本理论就是企业的平均固定成本会随着规模的变化而变化。企业产量太少，每个产品的平均成本会很高。如果随着企业规模的扩大和产量的增加，分摊在每个产品上的平均成本下降了，我们称之为"规模报酬递增"，即企业有规模经济。但是，企业规模并不是越大越好。到了一定程度以后，规模增加并不能降低平均成本，但也不会增加产品的平均成本，我们称之为"规模报酬不变"。如果企业规模太大了，生产和管理效率降低，产品的平均成本就会随规模增大而提高，出现"规模报酬递减"，这时候叫做规模不经济。

目前，中国的行业现状为集中度低，每个行业都有很多企业，大多数规模小、效益低。绝大多数企业尚处于规模报酬递增这个阶段，需要进一步扩大规模，提高效率。与此同时，企业家也需要从理论上廓清对规模经济的理解：规模并非越大越好。

规模经济的划分

规模经济又分为内部规模经济和外部规模经济。内部规模经济来源于企业本身生产规模的扩大或产能的增加，例如福特汽车、微软公司、波音公司、辉瑞制药等。企业只有达到一定规模，才有足够的资本搞科研。

外部规模经济来源于行业内企业数量的增加，例如好莱坞影城、硅谷电子工业、麦当劳连锁店等。好莱坞影城拍出了很多好电影，但并没有很多大的电影制片厂。好莱坞在电影界之所以这么有名，主要原因就是聚集了很多电影公司，这些公司的聚集，产生了在广告宣传、人才聚集、创新创意等方面的共享，产生了外部规模经济效应。

规模经济需要专业化经营

在全球化过程中，规模经济是非常重要的。由于每个企业的资源是有限的，要达到效益最大化，就要走专业化经营的道路。如果两个国家进行专业化分工，各自只生产一种产品，并通过国际贸易获得另一种产品，则两种产品的平均成本都会随生产规模的扩大和产量的增加而下降，在分工和交换中实现更高的社会福利。

总之，从理论上讲，专业化分工与交换是市场经济的基本特征。在现代经济中，专业化分工和交换不仅可以发挥各自的比较优势，还可以通过规模经济来降低生产成本，在国际竞争中获得优势。

追逐多元化的根源

中国企业的现状是每个行业都有很多企业（小而多），每个企业都涉足很多行业（多元化）。目前，中国企业追逐多元化有六个方面的原因。

第一是市场不够完善。中国的市场经济还处于初级阶段，很多行业还没有引入市场机制，存在不少短期内有高回报的行业。许多企业被眼前的高利润所诱惑，纷纷想进入这些行业。

第二是体制机制僵化。一方面许多国有控股企业没有决策自主权，进入某个领域可能是行政决策的结果；另一方面，人为设置的行业壁垒使一些企业在自己的行业里无法做大做强。

第三是地方保护严重。这和我国现行的税制有关，国家现行税制下，地方财政大部分建立在地方企业税收的基础上，促使地方政府保护自己的"财税大户"，阻碍跨地区的同业兼并收购，各地企业只能在本地区向其他行业发展。

第四是金融发展滞后。企业扩大生产规模需要资金，但中国资本市场不够发达，企业直接融资比较困难。企业从银行融资也不容易，尤其是民营企业。

第五是管理人才缺乏。中国的改革开放和现代制造业发展还不到三十年，还缺乏管理大企业的经验，缺少管理专业化大规模企业的人才。

第六是观念传统陈旧。很多企业家虽办起来了现代工厂，但一些观念仍然停留在农耕社会。一方面，小农意识还存在，坚持"自力更生，自给自足"，强调"肥水不流外人田"，希望什么都自己来做。另一方面，创始人情结严重，"宁为鸡头，不做凤尾"，只要创始人在位，通过企业并购重组获得规模经济就困难重重。

为企业发展清除障碍

面对全球化，中国制造业企业的发展要走出小规模、多元化的陷阱，重归大规模、专业化的正途。除从理论上廓清认知外，还需要进行技术上的必要准备，扫清发展障碍。

产权是企业要解决的首要问题。这主要指大型国有企业的产权问题。国有企业在国际竞争中是受歧视的，因为它被认为是非市场经济。现在许多国有大企业希望成为国家级、世界级企业，但在加入国际竞争前，一定要先把产权问题解决好。

  与产权同样重要的是组织形式。国内很多民营企业到现在还是家族企业。家族制有一些先天缺陷，这些缺陷在企业规模比较小的时候不明显，但它会妨碍企业进一步扩张。

资产价格和通货膨胀[①]

（2010 年 2 月）

我想谈谈资产价格和通货膨胀的关系，这可能是大家比较关心的。2008年国际金融危机、经济衰退，唯一增长的是房价。房价增长那么快，会不会引发通货膨胀？这是大家很关心的问题。

资产价格和通货膨胀的关系

资产价格指的是资本产品的价格，具体来讲，除证券资产的价格外，还有不动产（主要是房地产）的价格。

大家比较关心不动产特别是房子的价格。虽然房价也是由供求决定的，但日常波动较小。房价的基本趋势是上涨的，偶尔也会跌，跌的时候一般都与经济衰退或金融危机相关。

通货膨胀指什么？指人们消费品和消费服务价格的普遍上涨。我们用消费者价格指数（CPI）来衡量通货膨胀。资产价格与通货膨胀是有关系的，但是两者的决定因素是不同的，两者相互影响，但不是绝对的因果关系。

资产价格怎样影响价格呢？主要通过以下渠道：

第一，影响租房的价格。租房价格与房子的价格是不一样的，房子是不动产，是资本产品，而租房属于消费，租房价格属于消费品价格。虽然两者是不

[①] 本文根据在"财经中国 2009 年会"上的演讲整理。

同的，但如果房价上涨得很厉害，就会影响租房的价格，也会因此而引起通货膨胀。

第二，生产成本的传导。当房价很高时，会拉动钢铁、水泥、塑料、玻璃等建筑材料价格的上涨。这些原材料成本的上涨不但影响到房子，同时也会推动其他商品生产成本上升，从而推动消费品价格上升。

第三，财富效应带动的消费。房价上涨时，有房子的人会很高兴，因为他们觉得自己的房子越来越值钱了。虽然房子没有卖掉，但在某种程度上意味着房主财富价值的上涨。消费不仅是收入的函数，也是财富的函数。所以当房子的价格很高时，人们也会增加消费，这是一种财富效应。消费的增加会拉动总需求的增加，对消费品价格的上涨（通货膨胀）也会有一定的推动作用。

尽管我们的房价现在居高不下，甚至可能还有上涨的空间，但是并不意味着通货膨胀一定会变得很高。资产价格与消费品价格的决定因素不同，两者之间虽有联系，但不是直接的。

如何看待资产价格

人们常问中国房价会不会上涨？会不会下跌？房地产中有多少泡沫？实际上，中国现在的房地产和成熟国家成熟地区的房地产泡沫是有区别的。今天的中国和20世纪80年代的东京房地产情况也是不同的。不能看到房价的涨幅大就说我们有泡沫。80年代东京的房价大涨，确实是成熟经济中的资产泡沫，而我们仍是一个处在起飞阶段的发展中国家，处在市场化、工业化、城镇化和国际化的过程中。房地产市场开放不久，大量农民还在向城市转移，城市工业还在发展，国际资本也在继续涌入。在这种情况下，出现一些速度比较快的增长应该是正常现象。当然，这种速度的增长不会持续很久，到了一定程度，增长幅度就会逐渐放慢。

另外，中国房价的情况还要看地区。不能把北京、上海、广州、深圳的房价上涨视为全国的普遍现象。上述这几个地方上涨是有特殊原因的，因为全国的资源都在向这些城市集中。在这些城市，如果将房价与本地居民的收入涨幅来对比，肯定是超高的。

中国近期房价的高涨还有其特殊的财政体制原因。在中国，出售土地的收入是地方财政的主要来源之一。从某种意义上来说，土地出售价格越高，政府收入越高。这也是地方政府要拍卖土地的原因之一，因为拍卖的原则是"价高者得"，但这也推高了建筑成本和房价。

另外，外国大部分人是至少工作一段时间后再买房子，相比之下，中国现在是几乎各个年龄段的人都在买房子。老一代人在买房子，因为我们原来计划经济时没有私人拥有的房产。房子对中国的年轻人来讲也非常重要，很多人甚至将拥有房产作为结婚生子的必要条件。几代人叠加起来都在买房子，无论是房子的"刚需"也好，还是对不动产的"投机需求"也好，都会推动房价的上涨。

房子具有"民生"和"不动产"的双重性质。政府应该关心人们能否租得到和租得起房子。政府要安排土地建造很多可供出租的公寓。对于低收入人群，政府需要发放租房补贴。

中国的行业第一很脆弱[1]

（2016年6月）

资本市场价格的上下波动牵动着亿万投资者的心，但股价终究是由企业的发展前景所决定的。想要知道未来资本市场的发展，更多的是要了解中国成千上万的企业有怎样的增长空间。

北京大学汇丰商学院院长海闻对此有自己的看法。在他看来，想要破解企业发展空间日趋狭窄、增长动力逐渐不足的现状，企业家需要在战略布局、国际化、科研投入、专业化几个方面多下苦功。

专注才能增长

记者： 中国企业现在普遍处于增长放缓的状态，你认为在经济增长放缓的情况下，企业如何才能突破自身的增长瓶颈？

海闻： 现在的企业，特别是制造业企业，如果产品质量不高，或者环保质量达不到，市场情况会很差。这就是中国很多企业现在所面临的挑战。

对此，只有能够提供独特的、高质量产品的企业才能继续生存和发展。要想做出这样的产品，就必须进行创新，创新背后是实力。现在的企业要更加专注，发挥规模经济的优势，精益求精。制造业企业只有走这一条路，才能在行业里立于不败之地。

---

[1] 杨旭然.海闻：中国的行业第一很脆弱[J].英才,2016(06):86–87.

记者： 经济转型期，一味专注于主业适合现阶段的中国企业吗？企业在什么情况下需要转型？如何转型？

海闻： 在改革开放初期，企业多元化经营还问题不大，到了经济转型期，物质不再短缺，竞争越来越激烈，企业就不得不专注主业，否则连主业都有可能丢失。随着经济的不断发展，一个行业里并不是所有企业都能够继续生存下去。比如，某行业本来有100家企业，各自发展很快，但市场可能容不下这么多企业，最多只需要20家，那你能不能成为这20家企业之一呢？如果不能，就需要转型，生产别的产品，或去别的行业。

相比之下，服务业市场是一个非常个性化的产品市场，具备非常广阔的发展空间，健康、文化、旅游、教育等行业还有很大的发展空间。进一步细分市场，企业总会有自己的空间。

记者： 有些企业在某个行业里做到了全国第一，乃至世界前列，你对这些企业有什么建议？

海闻： 企业做好了就更要有危机意识。做到了名列前茅，说明以后的每一步都会更加艰难。像苹果、高通、华为这些企业都在自己的主业里不断创新以继续保持领先地位。但是，很多企业领先后缺乏危机意识和创新能力，虽然管理做得很好，但没有突破技术瓶颈，就容易被竞争对手赶超。不少企业被超过以后，又没有快速反应和采取有效措施，最终一败涂地，例如诺基亚。反观三星，面对苹果手机的挑战，三星能够迅速反应，研发和生产智能手机，没有失去全部市场份额。中国不少企业在国内做得很好，就以为地位巩固了，开始关注其他行业，开始多元化经营，结果连主业都没守住。所以，一定要居安思危，必须在本行业里不断创新。

记者： 也就是说很多企业没有必要搞多元化。

海闻： 多元化的结果是分散精力。当然，一些企业在发展过程中可以做一些多元化尝试，但做多元化尝试的目的一定是探索。

比如某家企业以生产空调为主，这家企业可能去试试做手机，做其他一些相关的家电或电子产品。如果这个新的业务成功了，原有业务就可以缩小，把新的做大做强，但仍然是专业化的心态。

做到无可替代

记者： 对于制造业企业来说，投资的多元化必须与主业相区隔。

海闻： 做投资，多元化可以分散风险，但做实业，应该全力以赴去做好自己的主业产品。现在很多企业，比如温州的一些服装或制鞋企业，如果它们一直在服装或制鞋业做下去，不断研发新产品，很有可能做成国际品牌。但是很多人禁不住诱惑，去搞房地产，去搞其他产业，结果连主业都没了。

有个企业家告诉我他在行业里是第一，我问他市场份额是多少？他的所谓"行业第一"，市场份额只有3%，那就很脆弱。这个时候再多元化发展，就很难保住这个行业第一的地位。

记者： 很多企业选择通过延伸产业链突破增长瓶颈，您如何评价？

海闻： 企业发展也不见得完全是一个模式。互联网经济有很多新的商业模式，固守传统的做法不一定就适合。企业经营管理者必须思考，如何才能做到行业里没人可以替代自己。实现这一点有很多不同的方式，或把一个部分做得很大，全是我的；或做垂直整合，整个链条都是我的。

记者： 企业家精神在企业发展过程中会起到怎样的作用？

海闻： 企业家必须站在长远的角度去看问题，永远要有创新精神和拼搏精神。企业发展过程中，企业家的精神和才能至关重要，只有敢于冒险，勇于拼搏，追求卓越，不怕失败，企业才有成功的希望。当然，企业家的才能也很重要，包括寻找商机的才能、组织资源的才能、经营管理的才能等。

五、论产业发展

经济转型关键看新兴产业[①]

（2017年2月）

英国脱欧、美国总统大选、意大利修宪公投……2016年的重大国际事件，间接或直接地影响着全球经济复苏。同时，中国经济新常态特征更加明显，供给侧结构性改革深入推进。

这些国际事件对全球经济、中国经济会产生怎样的影响？未来中国经济增长的主要动力在哪些方面呢？第十六届中国经济学年会在武汉举办之际，《支点》记者独家专访了北京大学汇丰商学院院长海闻。

不必把特朗普竞选时的话太当真

记者：2016年发生的美国总统大选、英国脱欧等事件，会对世界经济产生怎样的影响？

海闻：我认为美国大选、英国脱欧这些重大国际事件，会促使全球经济转型，对中国经济发展也有比较积极的一面。

英国脱欧以后自身压力加大，欧盟也因英国的离开倍感压力。以前，欧盟各国绑在一起，相互依赖，而英国脱欧后，会和其他国家建立更好的关系。这意味着，英国会对中国更加关注，欧盟也会有与中国保持更好关系的想法。

[①] 袁阳平，张玲玲，王诠铨.北京大学汇丰商学院院长海闻：经济转型关键看新兴产业[J].支点，2017 (01)：26–29.

因此，英国与欧盟会建立一种竞争关系，包括企业的竞争。从这个意义上说，英国脱欧对中国利大于弊，中国可选择的余地更大。

美国特朗普上台，对美国经济发展会带来一个很大的转机。特朗普当选、英国脱欧反映了人们想要寻找经济转型的意愿，只有经济转型才会迎来新的机遇和成功的希望。所以，这两件大事很可能促使世界经济向好。

同时，特朗普竞选中说的一些话我们不必太当真。我相信他当总统以后不可能像他竞选时说的那样去做，因为他有着商人的经历，他懂得什么是利益，什么是共赢，更了解什么是妥协。他在竞选时的口号仅是一种策略，比如他曾经声称将对中国提高关税，但有很多限制条件可能使他实现不了。另外，我觉得中国也会进行相应的调整，贸易顺差太大对中国而言未必是一件好事。

中国经济转型需要三五年

记者：中国经济虽然增速减缓，但仍被不少国际经济学家看好，被认为是世界经济复苏的重要引擎之一。您认为中国经济持续向好还要等多久？

海闻：中国经济减缓的因素有很多，不仅有宏观经济调整的原因，还有产业结构调整的原因，调整需要较长的时间。

我认为当前中国经济已企稳运行。虽然我们看到有些地方还在继续下行，比如东北和华北部分地区，但是从全国来看，有一些城市如武汉在创新、创业方面涌现出了新的产业，并持续释放新的增长动力。所以，我认为中国经济转型还需要一段时间，但在三至五年后应该会迎来新的高潮。关键要看新兴产业，包括健康、文化、金融、服务等。以服务业为例，当前中国服务业占 GDP 比重刚达到 50%，但与 70% 以上的世界平均水平相比，还有提升空间。如果服务业以每年 8% 的速度增长，那么经济增长的动力会很强劲。

记者：您认为，中国经济未来的增长潜力在哪些方面？

海闻：我认为，中国经济未来增长的主要动力包括现代服务业、城镇化拉动的基础设施建设、制造业的创新与整合，以及"一带一路"倡议拓展的新空间。

第一，中国产业结构要转型，服务业会加速发展。在物质生活基本得到满足之后，人们开始追求生活质量，这给服务业带来机遇。我们看到，中国的服务业占比远低于世界平均水平，电商渠道设施的建设和完善，将会为中国进一步发展服务业提供良好的基础。同时，中国也到了建设商品品牌的阶段。从这个意义上讲，服务业会逐渐成为新经济的组成部分。

第二，中国的城镇化进程还有很大提升空间。简单来看，发达国家城镇化率超过 90%，而我国城镇化率现在才过 50%。未来农民进城带来的城镇化，可以拉动基础设施的建设和居民消费。

第三，低端制造业到了趋于饱和或者放缓的阶段，迫使制造业进行创新和提升。中国制造业未来的发展趋势是通过技术创新和兼并重组来转型升级。制造业的兼并重组要通过市场而不是完全通过政府来进行。供给侧结构性改革不仅要建立机制淘汰过剩产能，更重要的是要加强未来制造业的创新能力。技术创新和移动互联网时代的商业模式创新都很重要。

第四，"一带一路"倡议也将为未来经济增长拓展空间。欧美市场基本饱和，需要寻找新的发展洼地。同时，"一带一路"倡议长期来看将是中国成为世界大国的重要机遇。"一带一路"倡议涉及 26 个国家，辐射的国家达到 60 多个，这些国家的人口总数约占世界总人口的一半，但是 GDP 总量只有世界 GDP 总量的四分之一，而且贸易总量也只有世界贸易总量的四分之一。所以，其中的发展潜力是非常大的。

记者：金融改革在中国进一步深化改革中将起到怎样的作用？突破点在哪里？

海闻：未来，技术创新或模式创新会成为经济发展的新动力。政府需要从两方面加强对创新的支持：一是加强知识产权保护，包括对商业模式创新的保护；二是加快金融改革，发展资本市场，让企业更多地从间接融资转向直接融资。目前，我国资本市场还不够发达，企业直接融资渠道比较少，要通过金融改革使金融机构愿意为创新型企业提供资金。

美国等发达国家的直接融资比例在 50% 以上，中国不到三分之一。所以，我认为金融改革的重点是发展直接融资市场。能否拓宽企业融资渠道、降低融资成本，也关系到服务业、新型创新企业能否快速成长。

我们知道，间接融资是与银行发生借贷关系，借贷自然需要抵押，而新兴产业可能是轻资产，没有东西可以抵押。所以发展直接融资，对创新型企业、服务业来说至关重要。

房产税征收与产权改革同步推进

记者： 有人认为，房地产泡沫会带来金融风险。您如何看待房地产泡沫？又如何看待新一轮的楼市调控政策？

海闻： 我认为当前楼市存在泡沫，但不完全是泡沫。中国还处在城镇化进程中，住房需求一直都有。但房价上涨过快对经济发展不是一件好事，比如在深圳工作的年轻人可能因房价过高而选择离开。楼市最大的问题是重买房、轻租房。楼市投资过高，还会带来做实业不如买房的不利影响。

我认为政府可以采取以下几个办法：第一是加快出台房产税改革，分期、分批、分地区对房价高的地区开征房产税，降低房屋空置率，让资源得到更好的利用，增加炒房者的房屋持有成本。

如何征收房产税呢？我认为应当与70年产权改革相结合。我认为房屋70年产权应该变为永久产权，把开征房产税与产权永久化两件事同时推进。此举既完成了个人住房私有产权的界定和保护问题，也减少了开征房产税的阻力。同时，在房产税实施的过程中，还要考虑到一些低收入人群，应采取灵活的解决办法，可以在征税的同时进行补贴，重点打击囤房的投机客。

第二是政府应当鼓励发展租赁市场。租赁市场的不发达也是造成房价上涨的原因之一。最好是政府和企业一起发展租赁市场，建设租赁公寓，只允许出租，不能出售。

记者： 现在中国经济的主要风险点之一是民间投资趋冷。您认为应该如何破解？目前中央出台加大产权保护意见，是否会带来民间投资升温？

海闻： 当前民间投资意愿低，有几个原因：一是当前经济形势不景气带来的投资信心不足；二是产权保障、税收政策等方面存在的问题让民营企业家不放心，其中有对经济的担心，也有对体制、机制的担心；三是政府在产业领域的开放度还不够，很多领域尚未开放，同时民营企业投资医疗、健康、教育、文化等领域，受到很多限制。在经济转型升级过程中，民营企业还要提升技术实力、加大研发投入，向高端装备制造业、服务业转型。

产权保护对民营投资、大众创业都非常重要。加大产权保护的力度，关键不在于说而在于怎么具体落实。我们应出台更多防止对民营产权侵犯的措施。

人民币过度贬值对中美都不利

记者： 美国经济预期回暖，是否会带来人民币持续贬值的可能性呢？

海闻： 首先，人民币贬值不完全是中国的问题。2016年美国第三季度经济增长率达3.2%，好于预期，创两年来最佳表现。在这种情况下，美国为了防止经济过热，采取加息措施从而导致美元升值。我们应当看到，美元升值后，贬值的不仅是人民币，还有其他国家发行的货币。

其次，从宏观经济政策来讲，在经济不景气时，中国通过货币政策刺激经济的同时，也一定会引起货币贬值。这是很正常的现象。

最后，在对外投资方面，中国企业存在"一窝蜂"现象，各地企业不管有没有实力"走出去"，都急于"走出去"，其中也夹杂着不少套汇或转移资金的行为。所以，当前政府加大资金流出的审查和监管是有必要的，但这并不意味着不让企业"走出去"，我们还是要防止"一刀切"。

人民币会不会持续贬值？我觉得不会，最近国家已经开始对资本外流进行严格审核，以阻止套汇行为。另外，如果人民币过度贬值，对中美双方都是不利的。

记者： "保房价弃汇率"的俄罗斯模式与"保汇率弃房价"的日本模式，是两种截然不同的选择。对于房价和汇率的平衡问题，您如何看？

海闻： 中国不会简单地"保房价弃汇率"或者"保汇率弃房价"。汇率和房价都不能出现大的波动。中国不会出现低汇率以及大量资本外流的现象，因为中国当前对外汇仍有监管，资本也不可能大量外流。

俄罗斯和日本的做法都付出了一定的代价，我相信中国政府更愿意实行平稳过渡的政策。

房地产最大的问题是空置率太高，北上深应率先征房产税

（2017年3月）

近期，《政府工作报告》起草组成员、国务院研究室原副主任韩文秀提到《报告》修改共78处，补充了"健全购租并举的住房制度""遏制热点城市房价过快上涨"。那么，如何有效控制热点城市房价问题？房产税是否应该尽快启动？空置率到底有多高？为此，凤凰财经记者在2017年中国发展高层论坛上专访了北京大学汇丰商学院院长海闻教授。

记者： 今年《政府工作报告》的修改包括新增了"遏制热点城市房价过快上涨"的表述。在您看来，应如何解决热点城市房价过高的问题？

海闻： 我觉得将来还是要增加住房供给，但是现在首先要解决空置率的问题。我建议一线城市特别是北京、上海和深圳首先启动房产税，这样就会释放很多空置住房。现在房地产存在两个不同的问题：一线城市房价太高；三、四线城市房屋库存太多。

针对一线城市房价过高的问题，可以分三步解决：第一，征收房产税，降低空置率，抑制炒房和过度占有。第二，发展和健全租赁市场，因为很多年轻人和农民工买不起房子。增加租赁市场的土地批发，比如政府在卖地的时候可以规定这块地盖楼只能租不能售卖等，政府可以通过给开发商的土地价格稍微

---

① 海闻. 海闻：房地产最大问题是空置太高 北上深应率先征房产税 [EB/OL]. (2017-03-23) [2024-03-12]. http://ifinance.ifeng.com/15254266/news.shtml?&back.

低一点，或者对租金进行控制，让开发商既无法获得暴利，又不会亏本。第三，针对有购房需求的地区，加大土地供给。现在最重要的是把一线和热点城市房价过高的问题解决好。

海闻： 房地产的最大问题是空置率太高。北京、上海、深圳应率先征房产税

当然，征房产税不能损害大多数人的利益。**可以先对超过人均一套的住房开始征税，相信大多数人不会反对。** 同时，**我主张在征收房产税时取消或至少取消征税房产的70年产权限制，给予永久产权。** 至于三、四线城市，主要还是房产高库存的问题，房产税可以晚点再推行。

记者： 目前，有一些观点认为房产税和房价关系不大，对房价不会产生大的影响。

海闻： 房价的问题，归根结底还是供求关系的问题。为什么房价高，供给不足？真的是房子不够吗？现在有一个比较严重的问题，就是很多人买了房子囤积在那儿，等待升值。**中国房地产问题的核心还是空置率太高。** 即使在深圳、北京和上海等需求很高的城市，房屋的空置率也是很高的。晚上站在深圳湾向香港看，高楼里灯火辉煌，入住率很高，再回头看深圳，很多楼里灯光稀疏。有了房产税，相信没有人再敢把房子空在那儿，除非特别有钱。看看海南，那么好的地方，现在一片一片的楼房，一年只在度假的一两个月使用，绝对是资源浪费。如果征房产税，这种不必要的占有就会减少。供给增加，需求减少，价格自然就会回落。而且，房产税按房价的一定比率征收，本身就会起到抑制房价的作用。

记者： 应该说，征收房产税在西方发达国家是一个普遍的事情。但是中国和其他国家有一点区别就是，我们的土地是国有和集体所有，而其他国家是私有。

海闻： 这是自欺欺人的概念纠结。我们讲的是房屋产权，没有必要纠结土地问题。现在的高层住宅，平摊下来可能一平方米土地由十几个人共有，那么这个土地到底是谁的？我认为完全没有必要在概念上纠结土地属性，承认房产是永久的就行了。我们不讲土地私有产权，我们就讲房产私有产权。这就解决了一个法律问题。

记者：但是，中国直接来自房地产的税种，有房产交易税、土地增值税、耕地占用税等，如果再征房产税，老百姓不会觉得负担过重吗？

海闻：那是两回事。你说的这些税多是一次性的，而且还存在很多不征和免征的情况。**房产税的主要目的是增加不动产的持有成本。**从社会公平的角度来看，拥有住房等不动产的人，至少不能算是穷人。当然，由于历史的原因，很多拥有住房的人已经退休了，或者收入不高，所以我们不能像美国那样对所有住房都征税。**中国现阶段开征房产税的主要目的是抑制炒房，减少空置率，稳定或降低过热的房价。**所以，我建议主要对拥有多套住房的人征税，对"房婶""房叔"们征税。**具体我建议一人一套房免征，多余的可以开始征税。**这样没有什么不合理，绝大多数的老百姓不会增加负担，相信大多数人不会反对。

记者：3月以来，近20个城市升级了楼市调控政策。您觉得成效如何？

海闻：我认为限购可以暂时抑制房价，但不能解决根本问题。对已经通过炒房拥有很多套房子那些人怎么办？限购不能解决空置率的问题，反而会使那些占有大量房产的人，或者说当年炒房的人的资产升值。更多的人会通过各种手段来购房，来"寻租"。历史不断证明，通过行政手段来抑制房价不是解决问题的根本方法。

记者：关于中国房地产空置率或者空置面积，有没有权威的数据？

海闻：链家集团董事长左晖在演讲中提到有200亿平方米存量住宅。如果是200亿平方米，那么有一半可能在大城市。具体数据我也不知道，但凭直觉能知道现在的库存还是很高的。

中国的房子盖得不少了。我认为住房问题不仅是供给侧的问题，更是需求侧的问题。供给侧谈什么？谈房子盖多了还是盖少了。你要是说盖少了，很多地方库存很多，房子卖不出去。要是说盖多了，一线城市房价还猛涨。有很多人没房，又想买房。所以，我认为还是住房的供求平衡问题。

我还听到一些说法，说房产税不能解决房价高的问题。比如上海、重庆也搞了房产税，但效果不好。我认为效果不好是因为力度不够，仅象征性地征收几千元钱，还有的地方不征，不足以阻止炒房的人继续囤积房产，炒高房价。如果征房价1%的房产税，就没人敢占十套八套房子，有房子的人也不希望自己的房价太高，因为每年交的税也会很多。现在，我肯定有房子的人都希望房子越来越贵，但是征收房产税后，如按 1% 的税率征收，1 000 万元的房子每年要交 10 万元，大家可能就不会仅希望房价越来越高了，因为房子毕竟是"用来住的，不是用来炒的"。

不过，目前要像美国那样对所有的房产征税也是不现实的，因为很多人虽然拥有房产但收入不高甚至没有收入，比如城里的退休老工人，让他们支付房产税是不可能的。所以，**房产税的实施要循序渐进，必须先保障基本的住房需求**。我认为最可行的就是对一人一套以上的房产开始征税。一人一套，不是说一户一套，因为一户一套，反弹会很大。但是一人一套，反弹应该很小，除了那些炒房者。

另外，征收房产税的目的是什么？房产税不仅可以减少炒房，稳定房价，还可以改变地方政府行为，促进社会可持续发展。有了房产税，地方政府就不用靠企业来征税，就不一定需要招商引资、重复建设、破坏环境等。地方政府不怕房价高，就怕房价跌。为此，它们会努力搞好地方的交通、环境、治安、医疗、教育等。

记者：那您觉得中国当前的房地产市场和日本 20 世纪 80 年代的房地产市场有没有共同性？

海闻：我觉得有相似，也有不同。价格高涨的现象非常相似，但背后的原因则不完全相同。最大的不同，是发展阶段不同。我们现在还处在城镇化过程中，我们有资产泡沫，但不完全是资产泡沫，大量农民进城和人口向大城市的集中，人们对大城市住房的需求真实存在。而日本 20 世纪 80 年代早已完成了城市化，其房产价格暴涨是纯粹的资产泡沫。

深圳未来十年发展动力是基础研究[1]

（2020 年 12 月）

2020 年 12 月 4 日，在第二十届中国经济学年会召开前夕，海闻教授接受《深圳商报》记者专访指出：中国要想发展，就要进一步改革开放；深圳要想发展，就要重视教育和基础研究。而无论外界如何变化，北大汇丰商学院打造世界一流商学院的决心不会变，为粤港澳大湾区提供人才和智力支撑的定位不会变。

信心不变：中国进一步深化改革

海闻教授认为，随着经济的崛起，中国必然要面临来自外界的挑战，而中国未来要想发展，就要"真正融入世界经济的一体化中"。如何融入？"进一步深化改革"，海闻教授坚定地说。他认为，未来中国要想化解来自外界的压力，就需要强调两个关键词——规则和共赢。规则，意味着加强对知识产权等的保护，让质疑者无从指摘；共赢，意味着在平等的前提下进一步互惠互利，争取一切可以争取的朋友。

现阶段，新冠疫情防控取得阶段性成果，如何在"后疫情时代"尽快唤醒经济？海闻教授认为，政府通过减税、补贴等办法来促进经济复苏是有效的，**但更重要的是改善营商环境，特别是改善民营企业和外资企业的营商环境，这**

---

[1] 吴吉. 深圳未来 10 年发展动力是基础研究 [N]. 深圳商报, 2020-12-05(A03).

才是长久之计。对民营企业提供多一些扶持，通过各种途径保证就业，这些都是中国经济摆脱"疫情阴影"的关键。而海闻教授指出，一方面，中国要建立好内循环的产业链；而另一方面，不能"独善其身"。"中国作为一个崛起的负责任的大国，要能够帮助其他国家来战胜疫情，恢复经济，这对我们将来的国际地位也是很重要的。"

追求不变：深圳的眼光要放远一点

今年，中国经济学年会第三次落户深圳，这里固然有偶然的因素，却显得别有深意——迎来四十岁生日的深圳经济特区，不就是经济学界最好的研究对象吗？深圳经济特区四十年间的飞速发展，已经让经济学界叹为观止。那么未来，深圳该如何续写"春天的故事"？海闻指出："深圳的眼光不妨放得长远一点。"

海闻教授口中的"长远眼光"，指的是**在教育和基础研究领域里要有"埋头耕耘，不问收获"**的执着。"深圳非常重视成果转化，这没错，但深圳更要重视未来十年甚至二十年的发展，要有规划和布局。深圳在科技、经济方面已经取得了重大成就，但未来十年的发展动力是什么？我认为，很多科技创新先要有基础研究的突破，基础研究出成果，才能让更多产业受益。而基础研究的基地在高校，在研究机构。所以，对于深圳，加强基础研究非常重要。除理工科的基础研究外，人文社会科学的基础研究也要有长远的眼光。我相信，未来十年，这才是深圳发展的动力源泉之一。"

目标不变：北大汇丰未来着眼于提升两个"影响力"

2004年海闻教授从北京南下深圳创办北大汇丰商学院时，并不被外界看好。为什么他会毅然决然地选择"垦荒"？"我当时把深圳与美国加州做了比较，发现两个地方有很多相似之处，它们在最初都不是最发达的，但是开放、包容，吸引一批批创业者到这里，城市充满活力。看看后来美国加州名校云集，我相信深圳也一定会有这样的前景。深圳包容、开放，而且允许试错，所以我相信深圳一定能像加州一样后来居上。我相信，一流的商学院一定是深圳需要的，所以我充满信心。"

在深圳扎根十六年，北大汇丰商学院也的确像海闻所期待的那样，枝繁叶茂，硕果累累。在这期间，北大汇丰商学院每年都要培养超过 300 名优秀的金融与经济领域拔尖人才，同时通过培训，以及 MBA、EMBA 课程等，为深圳以及粤港澳大湾区的企业家提升理论素养和管理能力。

海闻教授提出未来五年北大汇丰商学院将致力于提升两个影响力——学术影响力和社会影响力。"我们希望在经济学、金融学、管理学方面，能够做出一些走在世界前列的研究成果。同时，通过和企业、政府等合作，建立智库，解决一些经济发展遇到的问题，为社会服务，为深圳做出贡献。这两个'影响力'是我们未来努力的目标。"海闻教授说，希望北大汇丰商学院能成为"高等教育界的华为、腾讯"，能成为深圳一个响当当的教育品牌，用办学成果反哺深圳，助力深圳高等教育走出一条创新发展之路。

制造业发展趋势与企业策略[①]

（2022 年 5 月）

世界制造业发展趋势

制造业的发展趋势与人们的收入水平和消费结构关系密切，制造业对经济增长起着重要的推动作用，但随着收入的增加其比重会下降。**但这并不意味着制造业不重要，只是制造业中的物质生产部分的比重在下降，而为之提高附加值的服务业的比重在增加。**

生产类部门的就业占比数据也体现出了制造业随经济发展而出现的变化。发达国家的制造业已经从劳动密集型产业逐步变成资本密集型或技术密集型产业，制造业雇佣的劳动力人数和比重都在下降。回顾发达国家与新兴经济中制造业的发展进程，我们能够发现较为一致的规律是劳动生产率的不断提升，美国、日本在 2010 年便已超过人均 10 万美元。为此，我们预见，**中国制造业未来的发展趋势也是通过技术进步和资本投入增加来不断提高劳动生产率。**

纵观全球制造业的发展，可以得出三个结论。

一是经济增长过程中，随着人们消费结构的变化，制造业在经济中的比重提高后逐渐下降。

二是劳动力在制造业中的就业比重会下降得更快，意味着制造业的劳动生产率在不断提高。

[①] 本文根据在北京大学汇丰商学院 EMBA 同学会制造业协会成立仪式上的演讲整理。

三是相比其他产业，制造业的劳动生产率是最高的，意味着制造业的发展主要靠资本和技术，比如研发、机器和自动化等。

制造业的行业特点

从经济学角度来看，制造业是一个垄断竞争行业。在垄断竞争行业中，许多企业出售相似而不同的产品，争夺同样的顾客群体。这就体现出垄断竞争行业市场的两个特征：

第一，差异化竞争。虽然产品同类，但有差异，每个企业的产品都拥有一定的垄断权。创新成果越多，产品差异化越大，企业产品的垄断权就越强，竞争中就越有优势。

第二，成本竞争。每个企业虽然是自己产品价格的制定者，但受同类产品价格的制约，既不可能任意提价，也没有必要通过降价来竞争。因此，制造业企业的竞争，最主要体现在专业化和规模经济上。企业的产品质量要提高，就要加强研发投入，生产中的固定成本也会增加，要通过规模经济来降低产品的单位成本，取得竞争优势。

中国当前制造业的基本情况是小而全，每个行业有很多企业，每个企业涉足很多行业。这种小规模多元化发展的优势在于能获得较高的短期资本回报率和风险较低的个别投资项目。而存在的弊端则是可能丧失战略发展机遇，以及力量分散带来的企业竞争劣势。

中国制造业现状的形成，既有我国处于经济发展初级阶段的原因，也受制度、政策、金融、人才以及观念等方面的影响。**当中国进入物资不再短缺、收入达到中高水平、追求生活质量的阶段时，制造业企业将朝着大而专的方向前进**。这就意味着企业未来要具备科研创新实力、走专业化的道路，同时具有规模经济带来的成本优势。

制造业企业大而专的趋势在美国大公司市场占有率上得到验证，软饮料产品中94.5%的市场份额被可口可乐等四家巨头所占据，早餐谷类食品、香烟、汽车等行业也出现同样的规律。反观我国，2021年工业机械、半导体、电子、纺织服装等行业的市场集中度普遍较低，四家头部公司总和也未占有超过40%

的市场，但在汽车制造（集中度为75%）、电脑硬件（集中度为69%）和家电制造（集中度为63%）这三大行业随着产业快速发展上述规律逐渐得到显现。[①]

制造业企业发展战略

在了解产业发展趋势之后，制造业企业如何发展？以下是对企业端发展的四点策略性建议。

一是通过创新进行差异化竞争。在技术与产品创新上，企业要加强研发投入，颠覆式创新与改进型创新并举。在商业模式上的创新，可以贯穿研发、生产、管理、品牌等各个环节。

二是通过规模经济降低成本。产品越高端，研发和生产中的固定成本往往越高，此时需要足够的产量来分摊此成本。在规模经济下，随着生产规模的扩大，平均成本下降，规模报酬呈现递增。

三是通过发展壮大或兼并重组获得规模经济。规模经济是现代制造业企业降低成本，获得竞争优势的重要条件。企业如何获得规模经济？一是可以通过融资、上市等扩大规模；二是通过兼并重组扩大规模；三是通过国际拓展，拓展国际市场，进行行业内贸易；四是通过专业聚焦，把产业链中的核心产品做大做强。专业化是集中有限资源获得规模经济和保证产品竞争优势的主要手段。

四是通过技术进步和资本投入提高劳动生产率。制造业企业首先要实现生产上的自动化；其次要加强培训，提高员工的素质；最后要不断优化生产流程，系统性提高边际劳动生产率。

总之，企业家要高瞻远瞩，树立长远目标，永不满足现状，不断改进创新，把企业越做越好。中国制造业未来大有可为。祝愿北大汇丰EMBA制造业同学们在复杂经济形势下凝心聚力，"智"造辉煌。

[①] 集中度使用各行业排名前四位的上市公司营业收入占该行业全部上市公司营业收入比重计算。由于没有考虑非上市公司，因此存在高估。

六、论创新创业

企业家是创新的主要动力，商学教育能够培养和提升更多的企业家，帮助企业家获得创新所需要的眼界、精神、知识、才能，这也是大湾区商学教育对大湾区未来创新发展的重要意义所在。

发挥中关村创新优势，加强创新能力建设[1]

（2007 年 9 月）

在讲中关村创新之前，先讲一个例子。前不久有一位美国大学校长给我展示了一部新出的苹果手机。手机不是很大，但功能很多，兼有手机功能、电脑功能、照相机功能、录音机功能等，而且操作很简单，使用很方便。从某种意义上讲，那是我看到过的最好的一部手机。我不禁想起两年前我曾向他炫耀我们的手机，我们的手机品种多，花样也多。但是比较一下，我们的创新和他们的创新是有区别的。我们的所谓创新多是在原有的产品上增加多样性；而他们的创新是创建新产品替代原有产品，是一种被我们称为"革命性"的创新。

由此想到我们现在很多"创新"，是浮在表面上的"轰轰烈烈"。仔细看一下，就会发现我们的"硅谷"和美国的硅谷存在很大的差别。中关村很热闹，有各种论坛，有商店，车水马龙，创新基本上集中在市场，企业把主要精力放在市场和产品多样性的创新上。而美国的硅谷是一个非常安静的地方，企业最主要的是搞研究，而不是在市场上做文章。

那么，中国到底需要什么样的创新？如果说中国有创新，那么先会从中关村这个地方开始，因为这里高校、科研院所云集，具备创新的科研条件。但现在还存在很多问题，阻碍着我们"革命性"的创新。

---

[1] 海闻.发挥中关村创新优势 加强创新能力建设 [J]. 中国高校科技与产业化,2007(09):64–65.

创新资金投入不足

创新对于不同的企业来说，策略是不同的。从宽泛概念上来说，中小企业创新，因为技术和资金的局限，它们主要追求产品的多样性，比如给某类产品改改形状、颜色、大小等，但是对大企业来讲，创新必须有突破性。突破性的创新需要大企业做战略上的考虑，要拿出一定的经费来搞研发。在这方面我国的企业做得还不够。外国一些大公司每年要拿出收入的10%来开发新产品。比如微软每年要花将近60亿美元的经费研究项目，辉瑞制药每年要花费将近80亿美元的经费研究新药，IBM每年花55亿美元的经费用于研究。而据统计，中国的大企业用于科研和发展的费用只占收入的0.6%左右，不到1%。

创新机制不够

中关村需要有一些开发性的、跳跃性的创新，就需要有很大的投入。目前这个投入不够，主要是因为没有激励机制。创新机制一定要搞好。创新机制不是来源于政府，现在政府的创新积极性看上去好像比企业还要大，政府为了鼓励创新设立了各种奖项，开展了各种活动，也筹备了各种资金。可是企业的积极性为什么不高呢？**真正激励创新的机制是什么呢？是市场，是利润的动力和竞争的压力。**创新应该作为企业本能的一种行为，而不是政府号召的结果。

高利润的回报

任何创新都意味着风险。据有关研究，创新基本上分三个阶段。

第一个阶段是实验阶段，实验阶段的成功率大概在25%；第二个阶段是从实验成功以后到制造产品实验的阶段，这个阶段的成功率也只有25%至50%；第三阶段是商品化过程。这个阶段仍然有失败的可能，产品成功以后能不能推向市场，市场到底能不能认可，这些都有风险。所以这时的成功率大概在50%到70%，而不是100%。可见，**创新是一个风险非常高的行为**。所以企业在考虑投钱搞创新之前，会想能不能得到相应的回报。其实企业利润高并不一定就是坏事。当然如果通过寻租获得暴利是要制止的。如果企业通过正常的渠道能获得很高的利润，那么这是保持创新的永远动力。高回报最终的结果是，有更多的企业愿意投入资金去创新。因此，关于高回报，我们要用辩证的眼光来看待。

市场竞争与淘汰机制

这里主要讲市场的淘汰机制，对于一些没有创新却有不法行为的企业是否要淘汰？这也是一个有关如何鼓励创新的机制问题。如果有一些企业抄袭了别人的东西，获得利润以后还受到地方政府的保护，那么被抄袭的企业还愿意花钱搞创新吗？这些抄袭的企业还有压力和动力去创新吗？我们有过这样的案例：在一些国际纠纷中，个别企业抄了别人东西，但不少人认为这不是个严重的问题，觉得应该为"民族的利益"保护这个企业。不管以什么名义，如果对侵犯知识产权的情况听之任之，对竞争中没有创新、没有活力的企业进行保护，那么这也是对创新机制和创新动力的破坏。

高校的参与

创新机制的形成，还需要别的因素，比如高校的基础科研和科研成果的转化。在创新中，激励机制不光对企业，对高校也是同样重要。

我们谈到硅谷，经常讲斯坦福大学如何与硅谷的企业合作，但实际上斯坦福对科研成果的转化是有一系列政策和渠道的。学校鼓励教授将研发成果申请专利和转化，学校也鼓励教授参与企业的研发，甚至自己创办公司。斯坦福大学还以学校之力，创办了包括研究所、实验室、办公楼在内的工业园区，吸引了大量的人才和资本。通过产学研结合，创建了持续创新的生态系统。而我国高校的科研优势在创新这个方面还没有被真正利用起来。激励机制不够，成果转化渠道也不畅通。

政府的引导作用

政府要重视基础研究的投入。现在政府和企业都有点急功近利，设立各种名目繁多的表彰，使得科研氛围很浮躁。我觉得浮躁没有好处，只有坏处，这些奖励在某种意义上是一种信号，引导人们的行为，也使一些科研工作者不能安分搞研究，甚至为了得奖而造假。这种浮躁要不得。

我们需要什么样的创新？我们需要跨越式的革命性的创新，而这种创新需要我们的企业和政府一起努力，共同创造很好的环境。中关村创新的前景非常好，中关村有中国顶级的高等院校和科研院所，而且有很多新兴企业，有很多从国外带回新理念新知识的人才。只要坚持加强基础研究，加强产学研合作，中关村就能成为中国真正的创新基地。

全产业的创新经济
是未来发展的支撑力量[①]

（2014 年 12 月）

作为一位研究国际贸易和发展经济学的经济学家，北京大学汇丰商学院院长海闻在解读宏观经济和微观企业的行为时，均将它们放在长跨度的历史、国际环境的对比中观察。

接受《时代周报》记者专访时，海闻表示，他仍然认为中国经济有可能在未来十年保持平均 8% 的发展，而全产业的创新经济，无疑是其中一股重要的支撑力量。

在充斥着看空中国经济声音的当下，海闻笑称"我们都是挨骂的"，但他相信中国经济只是处于下一个高峰前的正常波谷。

服务业已抵创新需求阶段

记者：中央经济工作会议提出，2015 年经济工作的任务之一是积极发现培育新增长点。今年以来，深圳的硬件创新非常受关注。像小米这样的企业尤其受关注。您认为，创新经济能不能作为中国经济新的支撑或者新的动力？

海闻：创新永远是经济增长的动力，无论什么时候，也不论哪个国家。关键是怎么理解创新，创新不仅是技术创新，还有商业模式创新、产业创新。我

[①] 刘巍.海闻：全产业创新是经济继续发展的支撑力量[N].时代周报,2014-12-17.

们的服务业比较落后，包括物流、金融、广告、设计，还有医疗、教育、文化、法律等，这些领域的发展都是我们新的增长点。

需求的变化决定了产品和产业的创新与发展，根据需求发展的趋势就能够知道已经到了该改变的时候了。中国在汽车工业努力了这么多年，为什么到21世纪才开始发展起来？因为人们到了有钱买汽车的时候。中国现在也到了这么一个阶段——人们开始追求生活质量，追求高端消费品。到了这个时候，高端制造业和服务业就有了市场，这些领域的创新就能发展起来。

记者：从发展的角度来看，哪个产业能成为中国新的经济支柱产业？

海闻：经济发展不能只靠一两个支柱产业，更多新的产业变得越来越重要。现在汽车工业仍然是支柱产业，建筑业也仍然是支柱产业。当然，一些新兴的产业逐渐会成为支柱产业，每个时期的支柱产业是不一样的，而且未必仅有一个支柱产业，可能有几个支柱产业。

传统企业管理模式仍有存在空间

记者：在这样一个创新经济的时代，大企业、传统企业应该怎样进行选择？

海闻：在创新经济的时代，企业必须不断进行自身变革，不能永远定在一个模式和一种产品上。企业需要稳定发展，但怎样生产产品，以及生产什么样的产品，却需要不断变化，需要与时俱进。不同的企业也很不一样，有些企业，创新核心还是围绕产品，有些企业则需要创新经营管理模式。改变管理模式也没有一个绝对的标准，如果扁平化对创造新产品更合适，那就采用扁平的管理模式。但不一定所有的企业都要从金字塔的结构变成扁平的结构，不存在统一的模式，不是说所有的企业都要按互联网中小企业的模式去转型。

记者：传统大型企业还有继续生存的空间吗？

海闻：很多日用消费品企业，包括生产手表、手机、电视机、电脑等产品的传统大企业完全有可能被生产新产品的企业所颠覆。甚至像可口可乐这样的传统饮料企业，如果不改变销售模式，其地位被其他饮料品牌代替也不是不可能的。

记者：小公司颠覆大公司的时代是否已经到来了？

海闻：这种说法一直存在，但首先还是要讲产品。现在互联网还是个平台，不是产品，互联网发展得很快并不等于阿里巴巴可以替代联想，这是不可能的。联想就是联想，除非另外一家公司生产的电脑比联想生产的电脑更好，否则，互联网再热闹，平台也只是平台，产品还是产品。

当然也有一种可能，一些产品原来靠一家公司的几个技术人员在设计，互联网的发展使得这个模式不具有竞争力了——因为每个人都可以参与设计，互联网的发展使得一家公司的设计不再局限于本公司的几个人，而是可以通过互联网平台吸收更多的人参与设计，公司产品设计能力大大提高，产品创新速度也加快了，一些重视年轻人的设计会发展得更快。比如服装业的ZARA，经常改变设计，它对传统的那种一年发布几季服装的品牌是一种颠覆。有一些产品小企业是颠覆不了的，比如飞机，研发是企业的核心，是需要巨额投资的。飞机制造需要进行大量的科学实验，也需要生产大量复杂精密的零部件组合，不是一两个工人或几家小企业就能够完成的，也不是一个新的发明就能颠覆得了的。

互联网对金融业的颠覆作用会比较大。银行原先只有实体的渠道，现在网络银行和移动支付越来越普及，传统银行就必须改变，与时俱进地使用互联网平台，否则很有可能被淘汰。

服务业新模式将成为民间资本的机会

记者：华大基因被认为是成功的科研和商业的结合体，您怎么看这样的模式？

海闻：对企业和对科研成功的衡量标准不一样。企业是否成功的衡量标准是利润率、提供的就业机会、对整个行业的带动，甚至包括提供的税收等。而科研机构是否成功的衡量标准，则指它在这个领域里对科学的推动或者普及有什么贡献。

华大基因有大量的设备来检测基因，使之成为全球重要的科研服务企业，因此既能发表论文，又能树立品牌、产生商业价值。华大基因成功的一点就是把科研和商业结合起来。华大基因是个服务企业，通过知识和设备来检测基因、销售科研服务。同时，它又是个科研机构，有很多科研成果，并且可以通过服务获得收入推动科研。华大基因有点像医院，既有科研，又有经营，只不过提供的产品和服务的对象不同而已。

记者：您是否认为这也是中国现代服务业发展的一个方向？

海闻：这是一种很好的第三产业的发展模式。华大基因采用的是一种高端科研服务业的模式。现在民间拥有大量资金，关键看有没有好的模式。华大基因在初创期也没那么多资金，但它有尖端的技术以及很好的发展模式，可以从民间筹资。这给民营企业的转型升级提供了更多的思路。

如何通过电商推动区县经济发展[①]

（2014 年 12 月）

我是经济学家，最近马云说企业家不要听经济学家的，我看还是要听的，因为政府通常会听经济学家的，企业又不能不听政府的，所以企业家还是不能完全不听经济学家的。我讲三方面的内容：一是分析中国的城镇化与电商发展；二是介绍广东电商发展的基本状况；三是探讨如何发展电商以推动区县经济的发展。

中国的城镇化与电商发展

城镇化是一个国家从落后国家到发达国家的必经之路。它的逻辑是这样的：在工业化过程中，从事工业的人群的收入提高了，农民的收入就相对下降了，这时就吸引了农民进城务工。另外，当收入水平提高以后，城市的生活水平比农村高，也吸引农村的年轻人进城生活。所以，任何一个国家的城镇化，都是伴随着工业化进行的。中国现在的情况是，工业化进展很快，但城镇化相对落后。目前，我们的农业产值已经降到了 GDP 的 10% 左右，而且还在继续下降，但是我们居住在农村并从事农村生产的人口至少还有 40%，这个比例与产值是不匹配的。可以说，世界上没有一个发达国家的农民超过总人口的 5%。

农民为什么要进城？有两个主要原因：一是就业，城里能够创造更多的就

[①] 本文为根据在广东省县域电子商务峰会上的演讲整理。

业机会，可以获得更高的收入；二是消费，在农村无法享受到现代社会的很多商品和服务。城镇化的核心问题，不仅是如何解决农民的非农就业，而且还是如何让农民能够享受到城市的生活水平。

中国的城镇化问题怎么解决呢？我们国家大、农民多，怎么能让农民真正进城呢？我们曾经讲过要发展中小城市，但结果并不很理想。大家为什么不愿意到中小城市，非要到大城市去呢？北京房价高，路堵，还有雾霾，但大家还是愿意到北京去，主要原因是北京就业机会多。如何能够做到既实现城镇化，又不让大多数人涌向大城市，这是城镇化过程中各级政府所面临的问题。

现在互联网的发展，特别是电商的发展，也许给我们找到了一条新路子。互联网使我们不仅能够在农村或中小城市中创造非农就业机会，还提供了丰富多元的消费平台。

电子商务不仅是拉动地方经济的一种方式，也有可能是中国特有的新型城镇化发展中的一条道路，是避免人们涌向大城市的一个方法。

广东电子商务的发展情况

目前电子商务发展迅速，从2008年到2013年，以平均25%的速度增长。在目前GDP增长率只有7%—8%的情况下，电子商务发展的速度惊人，可见它确实具有很大的潜力。

谈电子商务就要谈区县经济，很重要的一个原因是，互联网给中小企业带来的机遇特别大，而区县经济的发展主要靠中小企业。

这几年，随着互联网金融的发展，网络支付问题的解决，消费者的作用逐渐显示出来。在2009年，互联网购物占整个互联网电商的7.3%，到了去年已经占到了18.6%。可见，推动互联网经济发展的有两大群体：一个是消费者，这是一个有很大潜力的群体；另外一个是中小企业，它们既通过互联网得到了更多的机会，也推动了互联网和当地经济的发展。

去年广东省的电子商务交易总额为两万亿元，居全国首位，占全国电子商务交易的20%。但是这些交易主要还是集中在大城市，58%的电子商务集中在广州市，还有23%是在深圳市，所以这两个城市加起来占到了81%，如果加上东莞市，高达92%的电子商务集中在大城市。相比之下，广东区县级的电子商务还比较落后。

2013年全国电子商务的"百佳县"中，浙江省占了49个，江苏省占了14个，福建省占了13个，广东省只有3个。再看"顺差县"的排名，浙江省有7个，河北省有6个，江苏省有3个，福建省有3个，广东省没有。这说明广东省虽然在电子商务总量上非常大，但是在区县的电子商务方面，与浙江省比，还是有相当大的距离。

我们不仅要看到差距，更要看到潜力。广东省电子商务完全可以做得很好，尤其在区县一级。广东省是一个制造业大省，通过电子商务来推动区县制造业的发展，潜力很大。

如何通过电子商务推动区县经济发展

如何通过电子商务推动区县经济发展呢？既要靠电商，也要靠政府。

对于电商来讲，不仅要重视把商品卖到农村，更要注重为农村创造就业机会，因为只有创造更多的就业机会，才能销售更多的商品，从而形成良性循环。中国贫富差距大的原因之一是农村和城市的差别，占总人口40%的农村人口只创造了不到10%的GDP。在目前城镇化滞后的情况下，要让农民在当地有更多的非农就业机会，创造更多的价值，更快地提升他们的生活水平。通过电子商务，可以让农民在不离开居住地的情况下从事非农业工作。

另外，电商不仅要关注短期业务，也要关注长期市场培育。例如技术、金融等方面的培训。

对于政府来讲，要重视电商的发展。我认为政府应在三个方面加大力度。

第一，鼓励企业和个人通过电商创新创业。发展电商，不仅是为了销售更多的商品，对于农村来讲，更是创造非农就业机会、提高农民收入、缩小农村和城镇差别的重要渠道。

第二，加强基础设施的投入和建设。因为电子商务的发展需要有相关基础设施。如果一个地方的交通、通信设备都发展滞后，那么电商发展一定会受阻。而这些基础设施不能靠企业来建设，因为这属于公共设施，需要政府。包括土地的使用，也需要考虑。因为将来可能不会需要很多的地方去建购物商场，但是物流仓储将会成为地产的重要发展方向。

第三，加大教育投入。人才对于电商的发展非常重要。有调查显示，81%的网站需要电子商务销售人员，34%的网站需要管理人员，34%的网站需要技术人员，还有20%的网站需要法律人员。换句话说，电商的发展需要营销、管理、技术、法律方面的人才，这又需要政府来做。靠企业来做培训，当然非常好，但远远不够，企业到不了的地方，更需要政府组织各种培训。

总的来讲，我认为电子商务的发展不仅关乎经济，在某种程度上可能是走一条新型的城镇化道路，使得农民不用到大城市去，也能够有很多的非农业就业机会，后者的意义远远超出我们现在所说的产业发展。

稀缺的资源是企业家[①]

（2014年10月）

一路向南，海闻的地理坐标勾勒出了他的人生经历，从北大荒知青，到参与创办北大中国经济研究中心，再南下扎根深圳建设"南国燕园"，每一段都是浓墨重彩。他说，没有十年，办不成一件事。如今，他创办的北京大学汇丰商学院已走过十载春秋，这位经济学家的身上又增添了教育创业家的光环。即便忙于教育办学，海闻仍保持一种治学的严谨与激情。

面对中国经济增速出现的下台阶现象，一些分析机构不时抛出中国经济硬着陆甚至持续下行的观点，但海闻在接受记者专访时表示，未来中国经济仍有保持平均8%增长的潜力。

经济新常态

记者：自改革开放到2012年，中国经济保持年均9.8%的增长。从2012年开始出现下台阶的情况，有分析认为这是一个正常的减速过程，但是也有分析认为中国经济会硬着陆。您怎么看下台阶的问题？

海闻：长期来讲，中国不可能永远保持9.8%的增长。今年中国经济出现增速下滑的情况，有人认为现在的状态就是"新常态"，就预测以后不会有更高的增长了。我比较乐观，认为新常态大概应该在8%。

[①] 谢泽锋, 梁海松. 海闻：稀缺资源是企业家 [J]. 英才, 2014(11):90–91.

我认为，今年中国经济增速放慢有长期的原因，也有短期的原因。**短期的因素是经济周期的影响**。经济不可能始终保持直线上升，每十年左右有一个经济周期，中国从1978年改革开放开始，到1990年放慢；到21世纪初，速度又放慢；2008年以后又放慢。2008年国际金融危机，中国经济增长速度本来也会放慢，这是中国本身的经济周期，不仅是受金融危机的影响。但由于2008年额外的宏观刺激计划，当时应该放慢的速度没有放慢，现在不得不重新调整。

长期因素是中国进入了产业调整的阶段。中国的经济增长原来主要靠制造业拉动，但现在制造业遇到了瓶颈。过去我们一直偏重制造业——制造业过度发展，生产过剩，但服务业短缺，现在才开始重视。经济结构转型需要一个过程，在此期间增长速度放慢很正常。

当前的经济增速下滑，相当于在治疗过去积累的问题，在某些方面放慢一点是正常的，并不意味着中国经济增长会越来越慢。

混合所有制是过渡形式

记者：您非常注重市场的调节作用，怎样才能让市场在调结构中发挥主要作用？

海闻：党的十八届三中全会讲得很清楚，让市场在资源配置中起决定作用。政府不应该太多地去干涉，政府的宏观调控主要包括货币供应量、财政支出、税收等渠道，政府应退出对产业的干预。

而且，要彻底地市场化，不能半市场化。现在我们最大的弊病是政府不放心、不信任市场，仍然在干预市场。

记者：您对混合所有制怎么看？是否也是国企改革的主要突破口？

海闻：我认为这应该是**过渡时期的形式，不应是未来的主要形式**。这种混合，谁主导？国有企业能让民营企业去主导吗？要让民营企业主导，是否又会有人认为是国有资产的流失呢？不要民营企业主导，那民营企业愿意进来吗？民营企业把钱给你了，如果没有话语权，它们又有什么积极性进来？

现在所谓的混合所有制，我认为是过渡阶段的模式，应该是国有逐渐退出的过程：从原来100%的国有，变成50%的国有，最后变成20%的国有，到最后彻底退出。

经济动力在于民营经济

记者：您对未来这种乐观预期的支撑点是什么？是后发优势还是制度改革红利？

海闻：中等收入陷阱并不是每个国家都一定要经历的，也并不是每个国家经历了就出不来的。中国有可能不经历中等收入陷阱，也可能只是短时期地经历。

我认为中国经济增长动力还在，中国经济起飞还没有完成，起飞阶段是这个国家的特殊历史时期。

以韩国为例。在20世纪50年代，韩国和中国非常相似——贫穷落后，经济以农业为主。韩国20世纪60年代开始起飞，到90年代末，大概用了将近四十年的时间。60年代到80年代，三十年平均增长率在10%左右，90年代还有8%左右的增长率。

反观中国，真正的起飞从20世纪90年代开始，到现在还不到三十年。80年代的经济增长主要来自调整和恢复被破坏的体制，比如在农村推行联产承包责任制，重新把土地分给农民，这些措施都带来了经济的高速增长。但是，80年代的增长不算起飞，它只是使经济回到正常的道路上，中国的民营企业从90年代才真正开始快速发展，现在发展了不到三十年。

未来推动中国经济增长的动力，**第一是产业发展**。从经济结构上看，一个国家的起飞，通常起飞前是农业为主，起飞中间以制造业为主，起飞基本结束时以服务业为主。美国现在经济中服务业占比达80%，欧洲是70%多，世界平均是70%。产业结构需要一个调整的时期，而产业结构调整本身会带来很多红利。健康、文化、教育、艺术、金融业、互联网、新媒体等，这些领域将来都会产生经济增长的动力。中国还有巨大的经济发展空间。

第二是城镇化。随着农业结构的变化，农民会越来越少。美国和日本现在的农民比例很低，中国现在还有40%多的农民。这意味着中国还有30%的农民会到城里来。这都是经济增长的动力。

第三是中国特有的改革。我们的民营企业还没有完全发展起来，现在很多行业都是国有企业为主。市场化的改革，对民营企业政策上的放松，将为中国释放巨大的经济潜力。

记者：如何激发中国经济增长的动力？

海闻：我觉得经济增长的动力来自民营企业，未来还是要靠民营企业家。

传统理论认为经济发展主要有三个要素，即劳动、土地和资本，现在经济学理论把"企业家的精神和才能"（entrepreneurship）也作为重要的生产要素。仅有物质资源不够，还要有人能够把这些资源组织起来。同样的资源，不同的组织会有不同的生产力。一个成功的企业家会把劳动、土地和资本这三个生产要素用得很好，可以创造很多的财富。这就是另外一种资源——企业家的精神和才能。中国仍然缺乏这样的企业家，我们要善待企业家。

为什么要善待企业家？为什么允许他们获得高回报？因为企业家是稀缺资源。越是稀缺资源，从市场供求关系来说，回报就越高。回报高了，就会有更多人愿意去创新创业，也就会出现更多这方面的人才。

我认为中国将来真正的经济增长动力是人们的创新观念和创业积极性。对于企业家和企业，政府要着力解决好几个问题：第一，要帮助解决税赋问题，我们现在的企业税赋在全球来讲是比较重的，要考虑减税。第二，要解决好用工问题，要给企业更多的自由，应该允许企业更灵活地聘用和解聘员工。第三，要允许民营企业参与更多的行业。现在，中国的民营企业还局限在那些"做不了大事"的领域，而航空、军工等高科技行业的进入都受到严格限制。第四，要保护企业创新创业。中国的经济增长要靠创新，让企业家有创新创业的持续动力，经济才能够长期增长。

经济发展新阶段与创新创业[①]

（2015年5月）

今天我主要讲一讲中国经济的发展趋势。这对创业很重要，尤其当我们到了一个新的历史阶段，不仅要有创业的精神和能力，更要懂得看创业的方向。俞敏洪讲创业要有理想；我认为不仅要有理想，还要有方向，要尽量搞清楚你向哪个方向努力，才更能做出成绩。

我们那个时候有一句话："不要光努力拉车，还要抬头看路"。"抬头看路"是成功的一个重要因素。"努力拉车"和"抬头看路"，两者缺一不可。整天看路不努力拉车，肯定不会前进；而只顾努力地干，却不注意方向，一旦方向错了，那么你再努力也不会成功。比如诺基亚手机，我一直觉得诺基亚手机非常好，又轻便又抗摔，我回国后用的一直是诺基亚手机，但是现在我也"背叛"诺基亚去用苹果手机了。诺基亚的失败，就是因为没有不断地去寻找新的方向，或者说采用新的技术去创新。所以说，创业也好，创新也好，了解经济发展的方向很重要。

我今天想介绍一下中国未来十年的经济发展方向。对未来的经济，我们称之为"新常态"。怎样理解新常态？可以概括成三个"新"：**一是新速度；二是新结构；三是新动力**。新速度，指的是中国经济的增长速度会从过去三十多年的"高速"变成"中高速"；新结构，指的是产业结构会出现新的变化，会从以制造业为主逐渐变成以服务业为主；新动力，指的是推动经济发展的动力会

[①] 北京大学校友工作办公室，北京大学党委政策研究室. 北大15堂创业课[M]. 北京大学出版社, 2016.

从以资源投入为主逐渐转向以改革创新和提高效率为主。

中国未来经济发展的新速度

先谈新速度。中国经济在过去发展得很快，年均增长率为10%左右，现在我们要变成新的增长速度——中高速。

所谓中高速要从两个方面理解：第一，不要再期望经济会高速增长，不要有闭着眼睛也能被风吹上天的感觉。以前那种投资任何一个企业都能获得收益的机遇，今后可能不会太多了。第二，对政府来讲，未来的宏观经济政策调控底线要下调。1997年东南亚金融危机后，1998年我们的目标是"保八"，国家通过各种各样的货币政策和财政政策刺激经济。2008年国际金融危机后，政府在2009年出台了4万亿元的刺激政策希望能"保八"。现在中国经济也处于下行的状况，不同的是现在我们不再"保八"。这是一个很重要的变化，从中我们可以理解，今后经济增长率在8%以下都是正常的，是新常态。

经济虽然到了中高速的新常态，并不意味着中国经济的增速会降低很多，从平均10%的增长速度不可能一下子降到平均5%。那么，新常态下，经济增长率多少算是比较正常的呢？换句话说，目前中国的经济增长速度是否正常？是否属于新常态？为此，我们必须了解和分析近几年经济增长放慢的真正原因。

本次经济下行主要有三个原因。**一是新常态**，即经济发展到了一定阶段后，总量不断增大，增速会逐渐放慢，这是正常的。**二是宏观周期**，只要实行市场经济，经济增速都会周期性地放慢，十年左右会放慢一次。这次的经济下行，实际上是2008年国际金融危机所造成的经济衰退的延续。**三是产业结构调整**，中国所面临的不仅是长期放慢和周期波动的问题，还面临中等收入阶段的产业结构调整。我们现在遇到的不是简单的宏观问题，还面临着中等收入陷阱的问题。什么是中等收入陷阱？有两个现象：一个是经济增长速度放慢；另一个是贫富差距扩大。但这是现象，现象不等于原因。真正的原因是产业结构没有及时调整。从某种意义上讲，中等收入陷阱其实是"产业结构陷阱"。经济发展到一定阶段，需求在不断提升，但是产业结构没有及时调整，这时就会缺乏增长的动力，新兴产业供不应求，过剩产业被淘汰，不同产业的收入差距扩大，贫富差距也就扩大。所以，目前中国经济增长放慢的重要原因之一是产业结构处在调整期。

了解了当前增长速度放慢的原因后，我们可以知道，"宏观经济周期"和"产业结构调整"都只是短期因素，一旦库存消耗或产业结构调整得差不多了，经济增长速度会比现在更高。即使在新常态下，中国经济仍应有超过7%甚至8%的增长率的年份。

中国未来经济发展的新结构

中国产业结构的变化和走向

我们再谈新结构。在谈这个话题之前，让我们先回顾一下过去三十多年中国产业结构的变化。在改革开放初期的20世纪70年代末80年代初，我们首先要解决的是温饱问题，那时的产业结构是以农业为主。哪些人容易成功呢？从事农业生产的人！第一批发财的人是农民。在农村改革以后，各地，特别是江南一带的农民首先盖起了瓦房和楼房，因为当时人们要解决的首要问题是温饱，这是社会需求决定的产业，农业在这时候最重要。到了80年代中期，温饱基本解决了，人们的需求转向了服装、自行车、收音机等，于是轻工业逐渐成为主要产业。到了90年代，人们的生活水平提高，需求又发生了变化，需要耐用消费品。90年代发展最好的产业是家电，电视、电冰箱、洗衣机、空调等。进入21世纪以后的最初十年里，人们的物质需求标准提高，需要住房和汽车。于是，房地产和汽车业成为拉动中国经济的主要动力。从农业，到轻工产品，到耐用消费品，再到住房和汽车，这个需求的转变和提高不是中国特有的，几乎所有的发达国家都是这样一步一步发展起来的。

住房和汽车基本上得到满足以后，下一步的需求是什么？与之相适应的产业结构又是什么样的？可以说，在住房和汽车以后，人们的物质需求基本上得到满足了，接下来追求的将是生活质量。与物质需求不同，对生活质量的需求很多是软性的，包括环境、健康、金融、法律、文化、教育等方面。即使是对物质的需求，也与早期不同，人们更关注产品的质量、品牌、性能、式样等。当收入达到中等水平以后，需求发生了变化，人们越来越需要高质量、高科技的制造品和服务，产业结构也应随之转变。如果我们的产业结构由于各种原因没有及时调整，就会出现两个问题：**一是经济增长缺乏动力**。质量差的制造品卖不动了，比如山寨手机——十年前市场非常好，现在几乎没有市场，送人都没人要，因为人们有了更高的需求。有需求的产品和服务又缺乏相应的生产能力，出现供给不足，以致经济增长放慢。**二是出现了结构性失业**。低端制造业逐渐出现失业，而这些人又无法在高端制造业和服务业就业。比如，以前的玩具、服装、鞋子等产业可以使很多人就业，但进入中等收入阶段后这些产业增长速度放慢，一些低端企业逐渐被淘汰。很多工人高的工作做不了，低的工作找不到，出现失业，贫富差距就会扩大。所以说中等收入陷阱不是收入分配的问题，而是产业结构不能及时调整的问题。

　　产业结构的及时调整，不仅取决于一国的经济体制、经济政策，还取决于教育水平。在第二次世界大战后起飞的南美和东亚的一些国家中，不少南美国家跌入了"中等收入陷阱"，但是一些东亚国家，如韩国、新加坡等的经济发展就很好，成功地跨越了中等收入陷阱。这一方面是因为市场经济和金融的发展让企业能够及时转型；另一方面是因为这些国家和地区重视教育，为产业转型提供了人才，为劳动力在新兴产业的就业提供了知识和能力。李光耀去世后，人们充分肯定了他对新加坡发展的贡献。纵观新加坡的发展史，新加坡在经济刚刚起飞的20世纪60年代初就开始重视教育，这为90年代后期的成功转型打下了基础。由此可见，**发展教育培养人才是产业结构成功转型的必要条件**。总的来讲，中国正处在一个产业结构调整的时期，在新常态下将会有一个以高端制造业和服务业为主的产业新结构。了解这一点非常重要，尤其对创新创业者来说，**创新创业必须了解未来的需求**，否则必然失败。

　　高质量制造业和服务业是未来发展的增长点

　　如果我们的产业结构能够调整得比较好，我认为中国仍然会有一二十年较好的增长前景。大家应该有信心，不要认为前一辈的人有机会，但我们没有机会了。以前有步鑫生、张瑞敏的机会，现在有马云、马化腾的机会，再过五年十年还会有很多新的机会，同样会出现类似的成功者，可能会在不同的行业，因此行业的选择也很重要。中国目前仍处在经济起飞的初级阶段，还需要二三十年的时间才能真正完成起飞。**是否完成起飞有两个重要标志：一是产业结构的变化**。起飞刚开始时产业结构基本上以农业为主，起飞过程中以制造业为主，起飞结束时应该是以服务业为主。**二是社会结构的变化**。起飞前大部分人住在农村，起飞中农民逐渐进城，到起飞结束时绝大多数人都住在城镇，从事非农产业。所以，起飞的过程就是工业化和城镇化的过程，中国现在还远没有完成这个过程。

这个过程需要多长时间呢？每个国家不一样。第二次世界大战后起飞的东亚和南美国家中，东亚的国家和地区是比较成功的，用了将近四十年的时间完成了起飞。中国这么一个大国，发展也不平衡，我看没有五十年的时间是不可能完成的。现在也就三十来年，从这个角度来讲，我对前景也非常乐观。大家不要认为中国经济的机会没了，更不靠谱的是美国有人说中国经济要崩溃，我们不仅不会崩溃，还处在起飞阶段，仍然会有一个相对高的增长速度。对此我们要充满信心，特别是年轻人，你们可能是未来的马云、马化腾、俞敏洪，他们是这个时代的成功者，你们应该是未来的成功者。你们要看到的是未来二十年的情况。**未来的二十年中，更多的地区在追求生活质量，大家把这个作为关注和追求的重点**：怎么样来提高生活质量？我要强调的第一点是，我们虽然有了新的速度——不像以前那么高了，但并不意味着中国的经济没有机会。第二点是，中国产业结构正在发生变化。低质量的和产能过剩的制造业会被逐渐淘汰，中小规模的制造业会遇到发展瓶颈。制造业企业在创业初期规模小一些没关系，但是规模始终很小就会有问题，因为我们现在强调的是高质量的制造业，高质量制造业需要很多科研方面的投入，没有科研方面的投入，就达不到高质量，就会被淘汰。

除有规模的高质量制造业外，另一个会不断发展的是服务业。服务业为什么前景广阔？这是由人们的收入和消费结构决定的。农业虽然非常重要，但随着人们收入的提高，收入中用于农产品消费的比重会越来越低。美国的农业很发达，耕地比中国还要多，劳动生产率很高，是世界上主要的农产品生产和出口国。但是，农业在美国的GDP中只占1%！你可以想象美国其他产业的发达程度。中国的农业现在占GDP的比重已不到10%，且还在不断下降。美国的制造业也很强大，包括它的飞机、汽车、设备、军工等。但你知道美国的制造业GDP占比是多少吗？20%！美国的制造业占GDP的比重只有20%，美国将近80%的GDP来自服务业！欧洲国家的服务业占比也多在70%以上。这是一种趋势，如果我们的收入进一步提高，就能发现用于服务业的消费比重会越来越高。

现在我们的制造业正在萎缩，尤其是低端制造业在逐渐被淘汰，服务业占将近50%，还有很大的发展空间。我们来看一下韩国发展过程中的产业结构的变化。韩国是20世纪60年代开始的经济起飞，当时的农业占比为40%，然后开始逐渐下降；制造业是先升后降，一开始占比为20%左右，然后涨到40%左右开始下跌；服务业一直处于不断增长的状态。

千万不要小看服务业对经济的拉动作用。**第一，服务业的发展可以大大促进消费**。最典型的例子是阿里巴巴等互联网平台的发展。与之相适应的顺丰等快递物流业的发展也极大地提高了消费的便利性，从而促进了经济增长。**第二，服务业的发展会提高制造业的附加值**。除生活服务外，服务业还包含大量的生产服务。我们还不太重视生产服务，而比较看重技术对产品附加值的贡献。其实，生产服务可以使产品的附加值增加很多。我们的制造业要提升，仅仅提高质量是不够的。同样的一件衣服，如果要讲质量，中国完全可以做到最好的质量，但是为什么卖不到外国同类衣服的价格呢？国际名牌包，从技术上说，中国不是不能生产出那样的包来，但缺乏的是产品背后的品牌管理和市场营销等。有人也专门统计过，说同样一块手表，当从工厂生产出来时，价值100元，美国企业家可以卖到160元，服务业的增值是60%；日本呢，能卖到130元，只有30%的服务业增值；中国呢，就只能卖到105元。

我们现在都说要提高产品的附加值，但如何很好地挖掘潜力？一方面，是通过技术提高产品质量；更重要的，是要通过设计、营销、物流，甚至金融、法律等服务，提高产品的附加值。人们在比较穷的时候，产品的物美价廉是最重要的。人们不在乎产品的包装、外形、品牌，只要有使用价值就行了。可是当人们富裕到一定程度以后，决定产品价格的一个重要因素就是偏好（preference）。偏好对产品价格的影响作用越来越大。为什么做广告？广告就是在改变人们的偏好，企业通过广告创造需求。所以我们在创新创业的时候要研究人们的需求。人们将来可能会有什么样的需求，然后你去创造这种需求。

人们可能没有想到，法律服务也能提高产品的附加值。我的专业是国际经济学，所以参与过一些跨国公司，比如戴尔、宝洁等的研究项目，也联系过美国的高通公司。高通公司是做研发的，但是据说它聘用的律师比科研人员还要多。我们中国的公司可能很少想到，法律服务对一个企业的重要性，法律服务对企业产品附加值的增加和保证都会起到非常重要的作用。一提创新创业，我们不要只想到设计、技术、制造，还要想到营销，想到法律，想到物流。这些领域也属于我们的创新创业。从经济发展规律的角度，我们应该看到中国未来经济的增长点在哪。服务业无疑是一个重要领域。去年中国的 GDP 增长率只有 7.4%，前年是 7.7%，但服务业的增长率都是超过 8% 的。批发和零售业，前年是 10.3%，去年是 9.8%；金融业前年是 10.1%，去年是 9.7%。而电子商务在过去五年里的平均增长速度都超过 25%。**抓对产业对创新创业的成功非常重要**，马云、马化腾都是成功的例子。抓住机会，坚持不懈，到了一个适当的时候，就发展起来了。

中国未来经济发展的新动力

最后谈新动力。我们最早的发展动力主要靠资源的投入，资源主要是土地、劳动、资本的使用。这种扩张性的投入已经遇到了瓶颈：劳动力成本越来越高，可开发的非农业用地也越来越少。这种情况下，什么能够成为我们未来的增长动力呢？一个是改革和创新；另一个是国际新拓展，比如"一带一路"倡议。以前是引进来，现在是走出去，让这些成为新的动力。俞敏洪曾讲过创新创业要靠企业家。其实企业家也是一种资源，而且是一种宝贵的稀缺资源。以前经济学教科书讲生产资源主要是三种：土地，包括所有的自然资源；劳动，包括体力劳动和脑力劳动；资本，包括物质资本和货币资本。传统的生产主要靠这三种资源。20 世纪 80 年代后经济学教科书发生了变化，增加了第四个资源叫企业家的精神和才能。为什么企业家的精神和才能会成为一种单独的资源，而不作为人力资源来考虑呢？确实，企业家和一般的劳动力是不一样的，企业家的任务是组织土地、劳动、资本等资源来进行生产，是不同于一般劳动投入的一种特殊资源。我举个例子：俄罗斯在苏联解体后，很长一段时间经济发展不好，什么原因呢？俄罗斯的土地等自然资源绝对是非常丰富的——土地肥沃，森林覆盖面积大，人口稀少；劳动力中受过高等教育的比例非常之高。作为曾经的超级大国，俄罗斯资本雄厚，科技领先。20世纪90年代以后俄罗斯也采取了市场经济的体制，对国有企业进行了较为彻底的私有化改造。照理说，资源丰富、机制有效，俄罗斯的经济发展得应该很快。但是，为什么俄罗斯的经济远不如人均土地和资本都相对不足且改革仍在进行中的中国经济呢？其中一个主要原因是缺少企业家！国有企业中有很多非常优秀的管理人员，但管理人员跟企业家是两回事，经理不等于企业家。企业家的最大特点是有冒险精神和创新精神，当然同时也要有能力——领袖的能力、组织的能力、带领大家一起干事和干成事的能力。企业家是一种稀缺资源。通过创新创业，我们希望更多的人能成为企业家，这是未来中国更加需要的。

动力之一：改革

当然，中国能否产生更多的企业家，企业家能否更好地发挥作用，还取决于体制和政策。近年来，中国的劳动力越来越贵，人口红利没了，土地红利没了，那么下一个推动发展的红利是什么呢？**"改革是最大的红利"**。这可能是经济学家和科学家不同的地方。科学家关注资源技术，经济学家更看重机制体制。有一年我参加总理的经济座谈会，有其他学校的教授讲：我们现在资源不够了，环境污染了，所以建议政府控制GDP的增长。我不太同意用抑制增长来解决资源不足和环境污染的问题，而认为要通过制度改革来解决。一个不好的制度机制，资源再多也没用；反之，一个好的制度机制，可以使稀缺的资源变得充裕。我举的例子就是中国的农业。其实在考进北大以前，我在东北当了九年农民，即下乡知青。为什么当时那么多人要去当农民呢？一个原因是粮食不够吃。那时中国有很多人吃不饱，而我们受到的教育是，中国人多地少，挨饿吃不饱是正常的。我们提倡"光盘"，因为我们都有过光盘的经历。1969年3月下乡不久，县里开了一个知识青年积极分子代表大会，我也参加了。吃饭时十个人一桌，上来一盘菜，没等第二盘菜上来，这盘菜就被吃光了，连盘子都被人们用馒头蘸得干干净净，那是真正的光盘！那时候真的没有吃的，饥饿啊！可是现在宴会上十个人一桌，盘子送回去时，几乎没有不剩的。为什么从吃不饱到有剩余？不是资源的问题，我们的土地没有增加，农业用地还大大减少了；我们的人口也不断增加，也没有进口多少粮食，这么多的粮食、鱼肉是从哪来的？是改革而来的！改革把农民的积极性调动起来了，农业生产就上去了。因此，最近提出的创新创业问题，实际上更多的是要挖掘潜力，通过机制改革，使有限的资源得到更好的利用，发挥更大的效率。

中国的改革还有很大的空间，最主要的有三个方面。**第一个方面是促进市场发展的改革**。政府要改革，在经济发展上不要老是当婆婆，什么都管。政府改革包括政府功能的转变，要从政府亲自抓经济，转变为政府创建一个很好的制度环境，让企业自己去发挥。大众创新，万众创业。政府只需要降低创业门槛，对创新给予保护就行，而不需要亲自去搞创新创业。政府要让企业有更多的创新创业的积极性。再就是加快国有企业的改革，国有企业主要应该做民营企业不愿意做的或不能做的事情，搞市场经济就是要让民营企业发挥更大的作用。财政税收体制的改革对促进市场经济的发展也很重要。财政税收体制的改革与完善是调节经济和促进改革的重要杠杆。

第二个方面是促进城镇化的改革。城镇化本来应该是与工业化同步进行的一个自然过程，而中国的城镇化是滞后于工业化进程的。我们的工业化可以说已经完成三分之二了，但是我们的城镇化进行了一半都不到。中国的农业产值已经不到 GDP 的 10% 了，而我们还有 40% 多的人口居住在农村，至少还有 30% 的劳动力还在从事农业生产。中国城镇化滞后主要是因为存在着特有的制度障碍。一个是户籍制度，阻碍着农民进城安家落户。没有户籍，农民在城里就不能得到应有的待遇。另一个是土地制度，有使用权但没有所有权的小块土地拽着农民，让农民舍不得彻底离开农村。与此相关，出现了两个中国特有的人群："农民工"和"留守儿童"。为什么叫农民工？进城了从事制造业或建筑业就是工人啊，为什么叫农民工呢？外国人就很奇怪，我给他们解释，因为农民工是以农民的身份做着工人的事情。而中国现在有六千多万名留守儿童，长期与父母分居，是个严重的社会问题，必须通过制度改革来解决。

第三个方面是促进服务业和社会发展的改革。服务业发展和社会发展，两者相辅相成。服务业如医疗、教育、文化等的发展，既是社会发展的需要，也是经济发展的需要。文化、医疗等其实都是重要产业，在发达国家的经济中占的比重都很大。目前，中国的这三个领域政府管得都比较严，需要进一步地改革与开放。

动力之二：创新

除改革外，创新也要成为新常态下经济增长的新动力。什么叫创新？经济学家认为，创新就是要建立一种新的生产函数，引进从来没有过的生产要素和生产条件的"新组合"。这句话比较抽象，简单来讲，创新就是做一些以前没有的事情，生产出和以前不一样的东西。这里面有两个可能：一个是生产出以前没有的东西；另一个是用不同的方法来生产。**创新不等于技术发明，创新重在怎么把发明商业化，从而形成生产能力。**

首先是技术上的创新。大部分的企业和个人搞的技术创新多是应用方面的，但从国家的层面来讲，要支持基础科学的突破。中国作为一个大国，仅局限在应用方面的创新，是远远不够的。医疗技术、信息技术、航天技术、生物技术方面的突破非常重要，这是应用技术创新的源头。基础科学的突破需要有很大的投入，同时也需要人才的培养。人才培养有很多方式，除学校培养外，还有自己的学习和钻研。

其次是商业模式的创新，这一点也很重要。许多情况下，技术并没有发生多大变化，但企业家把很多技术用新的方式组合起来，创造了新的价值，形成了新的产业，这就是商业模式的创新。例如，阿里巴巴通过互联网把传统的销售、支付、储蓄等整合起来，形成了新的产业。在移动互联网时代，我们有了很多新的机遇。市场不像以前那样受到地理位置的局限，企业现在可以通过互联网把产品卖到全国，卖到全世界。有很多利用移动互联网创新创业的案例，比如我前段时间听说，一个大学毕业生针对一些白领员工搞了一个"美女私房菜"，通过手机点菜，做好后送到办公室。规模虽小，但成本也低，还能提供个性化服务，顾客满意。在人们收入不断提高，开始追求生活质量的时候，这种新的商业模式很容易成功。我们商学院也有一个学生，毕业以后自己创业，搞了一个有特色的沙拉店，也很成功。这些实际上都是商业模式的创新，通过网络找到市场，找到客户，并能直接掌握客户的信息。从生产的角度说，移动互联网的发展也提供了很多以前不可能有的合作方式。广州有一家服装厂，我去参观了，觉得非常有意思。它原来都是自己做服装的设计和生产，但设计的人手有限，服装的种类也不多。进入互联网时代后，该厂利用互联网，使任何人都可以参与其服装设计，参与者可以分享销售的成果。这样一来，服装设计就不再局限在公司的小团队里了，而是扩展到了全国。该厂每天都可以收到很多不同的设计，把很多中学生，甚至小学生的创新能力都激发和利用起来了，公司变成了共享共赢的平台。在互联网时代，企业不但可以打破传统销售范围的局限，在生产方面也可以打破局限。很多看上去不可能的事情，经过努力都成功了，这就是互联网时代的特点。但另一方面，互联网时代也加剧了竞争。你能做到的，别人也能做到，你能利用网络，别人也能利用。各种地域之间的保护也不再存在，当你可以进入别人的领域，别人也可以进入你的领域。因此，只有做得更好，才能胜出，否则只能被淘汰。

创新创业需要注意什么？ 进入互联网时代，每一个企业都要不断考虑如何调整自己的发展战略。对于已经有企业的人，一定要懂得如何确定企业的定位。**创业要有产业定位**，有些产业随着技术的进步或需求的变化逐渐变成夕阳产业，另一些产业则随着经济的发展越来越热。做企业当然要尽量选择新兴产业。但在一些夕阳产业中也并非没有前途，在新兴产业中也不一定能成功，这就需要**产品定位**。很多人现在在搞互联网金融，这是新兴产业，市场很大，但很多人照样破产。为什么呢？主要是因为产品没有特点，同质产品竞争非常激烈。**制造业和服务业多数是垄断竞争的市场，产品同类不同样**。比如啤酒，有燕京啤酒、青岛啤酒，各有各的特点。但是，因为都是啤酒，所以竞争依然存在。如果燕京啤酒做得不好，人们就去喝青岛啤酒。在这种情况下，企业必须根据自己的比较优势对产品进行定位，体现出差异化。

我们办学也是同样的道理，怎么定位？怎么差异化？北大在深圳办学，我们就要想：我们与本部有什么不同？凭什么学生要选择到深圳来上学？差异化不等于二流，而只能是不同。不能说考不上本部的人再到深圳校区，那深圳校区永远是二流。我们一定要做成不一样的精彩。北大本部有本部的精彩，深圳校区也要有深圳校区的精彩，学生则可以根据自己的偏好来选择。比如，要选择热闹的、有未名湖博雅塔的，那只能到本部去；但如果想选择国际化的、创新的，学生就可能选择到深圳。

再一个就是**企业专业化和规模经济**的问题。中国为什么缺少高质量的制造业？为什么缺少国际级品牌？原因之一是中国的企业太多、太小、太分散了。**市场经济之所以效率高，因为其核心价值是专业化与分工交换**，而我们还在用自给自足的农耕经济理念做企业。以前是小而全，现在大一点的是大而全。中国的每个行业都有很多企业，而每个企业又涉及很多行业。一些企业家经常很得意地给我介绍他们公司的业务："这是机械板块，这是地产板块，这是金融板块，这是文化板块……"一个不大的企业做了很多板块，精力分散，没有一个真正的强项。我们再去看看美国的企业，美国企业多数非常专业且规模不小。辉瑞是美国的制药公司，过去二十多年里不断地兼并其他制药厂，规模很大却很专业。企业实力强，每年能拿出收入的 10% 到 20%（超过 100 亿美元）来做科研，从而进一步加强了企业在行业中的领先地位。我们现在哪有企业有这种实力？创新也是要有实力的，成熟企业的创新需要集中精力，需要专注。只有专注，才能做出成绩来。

我要谈的最后也是最重要的一点是，**创新创业一定要有理想，要有梦！**这个梦具体是什么？这个梦有多大？开始时并不重要，因为可以不断调整。梦一定要有，而且越大的梦，成功的概率就越大。我非常喜欢乔布斯。乔布斯一生中有很多经历是很有意思的，是值得我们学习的。他说，人的生命是短暂的，所以我们要尽量做一些有意义的事情。他不断创新的目标是改变人类的生活，而不是谋取金钱利益。乔布斯不仅有一般企业家所没有的远大目标，同时还有比一般企业家更加踏实的工作作风。诸葛亮有他的缺点，但是诸葛亮关心小事不一定是个缺点。乔布斯也关心小事，连产品背后看不见部分的设计都要求做到完美无瑕，每一个苹果的专卖店的设立他都要亲自参与。所以，**要想创新创业，要想办好企业，要想事业成功，高远的理想和踏实的态度，缺一不可**。最后，我想用我的座右铭来作为对各位的寄语，"**海阔天空地想，脚踏实地地干**"！

新经济企业要想基业长青
须考虑更多非技术因素[①]

（2018年5月）

在谈论新经济和创新产业时，从业者和投资者往往都会陷入技术至上的误区。这一现象引起了北京大学校务委员会副主任、北大汇丰商学院院长海闻教授的注意。

他认为，拥有技术创新的新经济企业，想要在这个时代基业长青，就必须考虑更多非技术因素：教育科研、产权规则、行为规范、体制改革和理念创新等。

更重要的是，新经济企业的问题不能脱离宏观环境来看。如今中国宏观经济究竟存在哪些值得新经济企业关注的问题？在2018年5月9日的"汇丰公开课·深圳"上，海闻教授就这一问题给出了答案，并预测了未来十年的经济发展。

还需十年到二十年才能完成经济起飞

"中国这次经济增长放慢，不是简单的宏观周期的问题。前几次是总需求不足导致的，需要用财政、货币政策来刺激总需求；这一次则是我们的产业结构不能满足新需求导致的。"

[①] 本文根据在"汇丰公开课·深圳"上的演讲整理。

过去几十年中国经济增长率平均每年为10%，而近六年，GDP增长率都低于8%。这说明，我国目前正处于经济增速放慢的底部。但海闻教授指出，如果有一个很好的调整，中国会迎来一个新的经济增长的周期。

海闻教授从经济发展史的角度解读了他的看法。任何一个国家都要经历两个经济阶段：以农林牧副渔为主的传统经济阶段和依靠科学技术的现代经济阶段。传统经济到现代经济的转变过程中，会经历一个特殊过程，就是起飞阶段。我国目前尚处于起飞阶段，在这个阶段中，地区发展并不平衡，西藏等地区还在起飞的初级阶段，而沿海的上海、深圳等已经到了追求生活质量的阶段。

"现在人们产生了越来越多现有产业无法满足的需求。我们不能调整人们的需求，只能改善供给。但高质量的产品需要技术、资金、人才等，这都需要较长的时间去培养，要经历一个产业结构调整的过程。现在的供给侧结构性改革，就是通过改革和调整去满足不同的消费需求。"海闻教授认为这个阶段至少还需要十年到二十年的时间才能完成。

未来十年经济增速还可能超过7%

"基于以下几个方面的考虑，中国仍然会有非常好的前景。至少我认为未来十年里还有可能会回到超过7%的增速，平均不一定是7%，但是超过7%或8%的年份仍然会有。"

海闻教授的判断是基于中国现阶段的国情：第一，中国目前仍是发展中国家，仍处在经济起飞阶段。第二，中国仍是转型中国家，转型过程中仍然存在可改善体制机制的空间。第三，中国作为一个大国，有很大的市场，企业能够产生规模经济。

而未来经济与过去经济的不同也体现在三点，即新需求、新科技和新市场。

一是**新需求**，如医疗健康、体育娱乐、文化教育和高质量消费品等。我国的需求由以数量为主转变为以质量为主，而新的需求又促进了新设计、新技术、新材料和新能源。

二是**新科技**，新科技会带动新需求和新经济模式的增长。在度过了农业经济、工业经济和服务业经济后,中国正在经历新科技带来的新经济红利。

三是**新市场**,"一带一路"倡议拓展了以欧美为主的原有市场,带来了新的国际贸易和投资增长的动力。"'一带一路'上的 26 个国家的总人口几乎占世界总人口的一半,但是它们的经济总量和贸易总量只占世界总量的 1/4,如果把欧洲和美国比作哑铃的两端,"一带一路"就是哑铃的中间部分,是发展的洼地,也是下一步要发展的新方向。"

看到趋势和需求才是最重要的

"技术是根本的,但不是唯一的。当我们讲新经济,讲创新创业的时候,先要看到趋势,看到将来人们需要什么、追求什么,这是最重要的。"

海闻教授将"新经济企业"定义为面对新需求或拥有新技术的企业,并提醒大家关注技术之外的元素。

科技很重要,而技术是以科研和教育为支撑,其发展非一日可成。"教育制度的改革,不能只把公平放在第一位,还要培养那些敢于打破旧的思维方式的人才。"另外,产权和规则也非常重要。知识产权的保护、企业产权的清晰界定等都关系到企业能否走得更远。

在被问及中国的新经济企业如何走向国际时,海闻教授指出,**一个企业要想成为一个国际的企业,就要遵守国际规则,提高核心竞争力以及规范企业行为。**

"改革和发展的前半场是把企业的生产积极性发挥出来,解决人们的基本生活问题。现在进入了下半场,我们面对的问题都是难啃的硬骨头。例如如何解决与体制的冲突矛盾。创新是一个长期的过程,千万不可急功近利。"

此外,海闻教授也呼吁人们关注新技术给社会带来的副作用。"如果这个副作用不能很好地处理,它会反弹。"

大湾区的建设既是机遇也是挑战

今年政府工作报告提及建设粤港澳大湾区。海闻教授也对粤港澳大湾区的建设分享了自己的看法。"相比东京湾区、旧金山湾区,粤港澳大湾区有自己独特的地方,主要体现在整合和互补两方面。如果这个地区能整合起来,这里本身就是一个巨大的市场;另外,这个地区发展不太平衡,产业结构也不同。有的地方如惠州、东莞、中山等制造业很强;有的地方如香港、广州、深圳等金融和科研很强。这种产业的互补对发展新经济企业也是一个比较好的条件。"

粤港澳大湾区的创新发展面临六大挑战

（2018 年 12 月）

2018 年 12 月 21 日，"2018 亚洲产业与资本峰会"在深圳举办。本次峰会主题为"聚力启新·稳中求进"。在下午的粤港澳大湾区专场，北京大学汇丰商学院院长海闻围绕"粤港澳大湾区的创新发展"进行了主题演讲。在海闻看来，粤港澳大湾区的发展已经到了一个新阶段，对于相关产业来说，下一步要真正成为大湾区的发展动力，创新很重要。

创新发展需要什么条件？

第一，**需要经济基础**。只有当经济发展到一定程度，人们才需要创新。当然创新也需要有能力，尤其要有资本搞研发。

第二，**需要技术水平**。只有达到一定的技术水平，拥有一定技术实力，创新才有可能出现。

第三，**需要科研实力**。技术创新往往是科学研究的结果。高校和企业的科研能力，关系到将来是否有可能出现长久的、原创性的创新。

第四，**需要人才储备**。要有足够多的大学，培养大量充满丰富想象力、具有高度社会责任感、敢于探索、勇于创新的科研人才。

第五，**需要法律保障**。创新必须保护知识产权，有公平竞争的市场机制，否则创新的成果就会被轻易窃取，也就不可能有持续的和有价值的创新。

第六，**需要社会环境**。这里的社会环境包括创新氛围、包容文化、社会心态等。现在很多资本急功近利,追求很快的回报,这不利于创新的发展。

面临哪些挑战?如何改进?

"相比旧金山、纽约、东京等,粤港澳大湾区虽然在人口总量和土地规模上有一定优势,但在经济总量、科技水平、创新投入与成果、高等教育水平等方面仍有一定差距。"海闻坦言。

基于此,他认为,粤港澳大湾区的创新发展面临如下几大挑战:

第一,高等教育的发展。这是最重要的,关系到能否持续创新。高校不仅是新科学新技术的重要来源,也是人才培养的基地。我们在创新人才培养方面需要进一步改革。未来需要的创新人才不一定要很专,但一定要有眼界、敢探索、肯担当。创新人才既要懂技术,也要懂人文,所以高等教育,既要发展科学技术,也要发展人文社科。粤港澳大湾区要成为世界级创新基地,需要发挥整体的创新力量,各城市都应该发展高等教育。

第二,城市配套的完善。深圳房价越来越高,还缺乏足够的医疗健康、高等教育、文化艺术资源,对于吸引高端人才和创新团队还是有一定困难的。这些问题如果不能尽快解决,对于创新发展将会产生负面影响。

第三,基础研究的加强。创新有两种:一种是源创新;另一种是流创新。前者更为关键。以智能手机为例,苹果手机的设计是源创新,是一个划时代的颠覆性创新,其他智能手机的设计只是流创新。

第四,发展目标的长远。目前一些政府和企业对于创新缺乏长期目标和动力,更加关注创新的成果和产业发展,重技术轻理论,重理工轻人文。目前纯科技的东西不少,但如果没有伦理道德、文化艺术,创新的层次不会很高,甚至有风险。

第五,经济体制的融合。对于粤港澳大湾区来说,比较复杂的是体制问题。三个地区三个不同的体制,三个不同的体制如何融合?如何在不同体制下推动创新发展?

第六,国际环境的稳定。最近一段时间中美经济关系紧张,美国对中国的高科技产业高度关注。能否继续保持与美国或其他发达国家的高科技合作?是否能够继续吸引国际高科技人才参与粤港澳大湾区的创新发展?

海闻认为,积极创造促进创新发展的条件,努力解决好这六个方面的问题,才能使粤港澳大湾区的创新发展不仅是口号,而是真正成为湾区经济、中国经济,以及世界经济可持续增长的动力。

从四个关键词看大湾区创新创业[①]

（2021年9月）

首先，我代表北京大学汇丰商学院祝贺获奖的杰出青年企业家们。参加这个活动让我想到四个关键词。

第一个关键词是"企业家"。企业家是稀缺资源，是最重要的生产要素之一。我常年教授经济学，经济学里最早提到的资源或生产要素有三个：一是劳动，包括体力劳动和脑力劳动，也包括科学家和技术人员；二是土地，包括草原、河流、森林、矿产等自然资源。三是资本，包括机器、厂房等物理设备和金融资产。最近十几年中，一些经济学教科书中的生产要素增加了两个：一个是entrepreneurship；另一个是知识（knowledge）。（最近有些人把知识作为特殊生产要素单独列出来，跟劳动、土地、资本一起定位为生产要素。）

Entrepreneurship不能简单地翻译成"企业家"，更准确的翻译应该是"企业家的精神和才能"。为什么要把企业家的精神和才能单独作为一个生产要素，而不是包括在劳动中呢？二者的区别在哪里？企业家是组织劳动、土地、资本等资源来从事生产和服务的人。一个国家如果缺少企业家，即使有再多的劳动力、再多的科技人员、再丰富的自然资源、再雄厚的资本，也不一定能把经济搞上去。

最明显的例子就是俄罗斯。苏联解体后，俄罗斯进行了私有化和市场化的改革，从经济学理论上说，俄罗斯应该在体制上建立了决定资源有效配置的市

[①] 本文为在第二届粤港澳大湾区杰出青年企业家评选颁奖典礼暨首届粤港澳大湾区青年创新创业论坛上的讲话整理。

场机制。同时，俄罗斯自然资源丰富，作为当时的超级大国，资本也很充裕，但是苏联解体后俄罗斯的经济却一直没有发展起来。1994年我访问过莫斯科，天黑后红场上仍然有很多游客，可是却没有地方吃饭了，当地的餐馆早早就关门了。之所以出现这种情况，主要是因为俄罗斯缺少企业家的精神和才能这种资源。

为什么中国的改革开放取得很大的成功？这里企业家的精神和才能起到重要作用。中华人民共和国成立后，保留了民族资产阶级，在海外也有大量的华人企业家。中国的农民有自留地，在某种程度上也保留了企业家的精神和才能。

企业家最宝贵的是什么？是企业家精神，包括冒险精神和奋斗精神。企业家也需要才能，包括创新才能和组织才能：把各种资源组织起来，创造出一个新的企业，或者创造出一种新的商业模式。

第二个关键词是"青年"。青年，意味着精力充沛，时间充裕，观念开放。青年，也意味着未来。实现我国"两个一百年"奋斗目标要靠谁？未来三十年要靠谁？就是靠现在的青年，因为现在的青年是未来三十年中国发展和建设的主力军，而且中国现在的青年在各方面的知识储备比中老年都更加充分。

有研究发现，在欧美国家，40岁到60岁年龄段的人收入最高，因为他们到达事业顶峰，50岁左右是最高的。但是，中国的情况不同，中国是30岁到40岁年龄段的人收入最高。主要原因是中国正处在一个变革时期。这个变革不仅是产业变革，还包括技术、知识、教育的变革。现在60岁到70岁的人，甚至很多50多岁的人，在他们年轻的时候没有机会接受大学教育，因为当时高等教育不发达，大学的入学率很低。而现在的年轻人很幸运，不但遇到新的产业发展机会，也遇到了高等教育发展的机会。现在30岁到40岁的年轻人大多受到了很好的教育，也能适应现在和未来的产业转型。因此，我相信现在的青年将是未来创新创业中的主力军。

第三个关键词是"创新创业"。创新创业需要具备什么样的素质？**首先要有理想**。成功的、伟大的创业者都有一个很高的目标。大家读过《乔布斯传》可能就知道，乔布斯的理想是"改变世界"。北宋的哲学家、政治家欧阳修提到，"得其大者可以兼其小"。一个人要有大的目标，即使大目标不能实现，但是至少可以把大目标的小目标实现。作为创业者一定要把自己的事业与国家发展、民族复兴紧紧联系起来，这是创新创业非常重要的起点。

其次需要勇气。前面我们讲到，企业家需要冒险精神，要敢于失败。敢于失败，是企业家非常重要的素质。而且失败以后不放弃，勇敢而执着，只有这样创业才能成功。

最后需要眼界。创业不是盲目的，要知道社会发展的趋势是什么，要知道人们的需求在哪里，要知道新的技术创新在哪里。所以一定要看到未来。我特别鼓励大家读《乔布斯传》，从中可以看到他是怎么想的。眼界来自一个人的知识和经历。因此，行万里路，读万卷书都非常重要。有些知识要通过与大家交流获得。

当然，**创业还需要才能**。企业家要有寻找机会的才能，要比一般人更能看到未来市场的需求。要有组织和动员资源的才能，要能得到更多人的支持，要让跟随者始终保持信心。要有经营管理的才能，要管好财务管好人，要用有限的资源得到更有效的产出。当然，创新创业还要有调整应变的能力，根据社会的变化而审时度势，及时调整。

第四个关键词是"粤港澳大湾区"。在大湾区创新创业比其他地区更有机会。中国正处在中华民族历史上最特殊的起飞时期。中国改革开放四十多年来，发生了历史上最重要的变化——从原来的农业国变成工业国。但是，中国的起飞并没有真正完成，尤其是城镇化，还有相当长的路要走。大概还需要二十到三十年的时间，才能让农村人口下降到20%以下。中国正处在伟大的社会变革时期。所以说，国家的发展趋势，给人们提供了很多的创新创业机会。

作为大湾区，我们又有很多特殊的条件。大湾区有香港和澳门，有改革开放的前沿城市深圳，有民营经济活跃的广东，这里比其他地方更加开放的政策。"粤港澳大湾区"加上最近提出的"深圳先行示范区"，"双区"驱动，创新创业的机会会更多。

大湾区有更加自由宽松的营商环境。除香港和澳门外，相比其他地方，深圳的民营企业和外资企业更多，而创新创业最主要的是靠民营企业。大湾区还有创新的文化，深圳一开始就有"允许试错"的创新文化。此外，大湾区的法治建设也做得比较好，为创新创业创造了良好的条件。

总之，在今天的论坛上，我们粤港澳大湾区的青年企业家们欢聚一堂，共话创新创业，为我们展示了未来三四十年的美好前景。尽管发展过程肯定会有一些波折，但我相信在座的青年企业家们一定能够站得高、看得远、干得好、走得稳，在创新创业的道路上不断取得成绩！

　　谢谢大家！

商学教育与大湾区创新发展[①]

(2022 年 11 月)

1902 年,北京大学的前身京师大学堂开创了中国商科高等教育的先河。今天很高兴能和大家一起纪念北京大学商学教育一百二十周年,探讨中国的商学教育。借此机会,我想谈谈"商学教育与大湾区创新发展",主要讲三个方面的内容:第一,"商"和商学教育的起源与发展;第二,商学教育的主要内容;第三,商学教育对大湾区创新发展的意义。

"商"和商学教育的起源与发展

商的产生

何为"商"?最初的"商",主要指营销、贸易等,但现在的"商"(business)已经远远超越了这些,商学已经囊括了管理、投资、发展等经济行为。

从历史上来看,人类社会有三次大分工:第一次是畜牧业从农业中分离出来;第二次是手工业从农业中分离出来;第三次是商业从农业和手工业中分离出来。

这三次大分工对人类的发展非常重要。恩格斯(Friedrich Engels)把人类

[①] 本文根据在 2022 年 11 月 19 日北京大学汇丰商学院"纪念北大商学教育 120 周年暨商科发展论坛"上的主旨演讲整理。

社会划分成三个时代：蒙昧时代、野蛮时代、文明时代。他认为三次社会大分工发生于野蛮时代的中后期，经过这三次大分工，人类进入文明时代。由此可见，"商"的产生意味着人类摆脱了仅为了生存而进行的生产和经济活动。此后，生产出现剩余，开始出现为交换而进行的生产。这是人类非常重要的进步。

商的重要性

我们先来谈谈贸易的重要性。奠定现代经济学基础的经济学家亚当·斯密（Adam Smith）最重要的贡献是1776年写就的《国富论》。亚当·斯密在书中讲了一个鞋匠和裁缝的故事来说明为什么要有贸易：鞋匠擅长做鞋，但他做衣服很慢；裁缝则反之。如果每个人都自给自足，就不得不既要自己做鞋子，又要自己做衣服，这样效率不高。而每个人做自己最擅长的，然后通过交换，互通有无，则可以提高效率。分工和交换是社会的进步。

贸易，就是通过分工和交换，让每个人享受到超越自己能力的产品和服务。同样的道理，通过贸易，一个国家可以获得更多的资源。18世纪出现了全球性的大规模贸易，为满足大规模贸易的市场需要，工业必须改善其组织和技术，必须建造工厂和制造机器。同时，大规模贸易也为工业革命提供了大量资本。从这个意义上讲，由于"商"的产生才产生了工业革命，进而有了现代社会。

进入现代社会，"商"的地位更加重要。商业已经成为现代经济的重要组成部分。不能把商业简单地视为商店、销售、市场，而要把围绕生产和交换所进行的一系列经济行为都包括进去。也就是说，凡是促进现代经济的学科，无论是管理，还是经济、金融，我们都称之为"商"。比如创新创业、经营管理、市场营销、人力资源管理、经济学、融资投资、保险与精算、物流和供应链管理、电子商务、国际贸易投资等。研究和培养这类人才的学校，我们也称之为"商学院"（Business School）。

现代商学教育起源

"商"的重要地位让商学教育成为高等教育中的重要组成部分。最早的现代商学教育出现在法国，1819年法国巴黎就成立了商学院。美国第一所大学商学院是 1881 年成立的宾夕法尼亚大学沃顿商学院。英国最早的商学院是 1902 年成立的伯明翰大学商学院。

随着经济的发展，全球各大高校大多建立了商学院。可以说，商业是现代经济的重要组成部分，商学教育也是现代教育不可分割的一部分。

全球商学教育

据国际商学院协会（Association to Advance Collegiate Schools of Business, AACSB）统计，全球约有 17 000 多家商学院。AACSB 最早是由美国 16 个大学创办的协会，现在已成为推动全球商学院教育品质认证的重要非政府组织。AACSB 注册的会员有 1 670 所商学院，其中北美洲占 45%，亚太约占 25%，欧洲、中东、非洲合计约占 30%。一般来讲，商学院最重要的认证就是 AACSB 的认证，但是在认证之前首先要成为其会员。全球大概不到十分之一的商学院是 AACSB 会员，目前，中国有 95 所大学商学院是 AACSB 的会员。

高等教育可以分成两类：科研型和应用型。科研型最重要的是理论突破，招收的学生一定要对该学科非常有兴趣、非常有天赋。一旦有了理论突破，其他人就可以按照这个理论去做。应用型最重要的是人才的培养，招收的学生不仅要有学习理论的能力，更要有因地制宜根据实际情况应用理论的能力。

有三类学院属于专业的应用型教育：商学院、医学院、法学院。这三类学院的重点不是理论的突破，而是理论的应用。社会发展到一定阶段，经济越发达，对这三类人才的需求越多。目前无论是从国内还是从全球来看，商学院的数量和学生占比都是比较多的。人数多了如何保证教学和科研的质量？通过国际认证是一个重要的途径。

商科的国际认证主要有三个机构：一是美国的 AACSB，主要关注商学院的教学质量、课程创新度和学院的影响力；二是欧洲的 EQUIS（EFMD Quality Improvement System，欧洲管理发展基金质量改进体系），关注整个商学院的管理成熟度、国际化水平以及与企业的联系；三是英国的 AMBA（Association of MBAs，工商管理硕士协会），主要针对 MBA 课程的认证，以及对商业项目运作过程的考察。

AACSB 自 1919 年开始推行高等管理教育认证，是历史最为悠久、认证内容最全面的商学院联合机构，平均认证周期需五至八年。目前全球 57 个国家和地区中的 910 所商学院（约占全球商学院的 5%）获得了 AACSB 认证。截至 2021 年 7 月，中国（不包括港澳台地区）有 29 所大学的 33 所商学院通过 AACSB 认证。

EQUIS 以其评审的全面及严谨而著称，是国际上最具权威性的认证体系之一。从 1997 年至今，全球 45 个国家和地区的 200 所商学院获得了 EQUIS 认证。截至 2022 年 10 月，中国（不包括港澳台地区）有 21 所商学院通过 EQUIS 认证。

AMBA 于 1967 年在英国成立，是针对商学院 MBA 项目的国际认证体系，注重体现商务和管理实践的发展。目前全球 75 个国家和地区中的 260 所商学院获得了 AMBA 认证。截至 2022 年 3 月，中国（不包括港澳台地区）有 36 所商学院通过 AMBA 认证。

中国商学高等教育的开始

以上是全球商学教育的情况，那么中国的商学高等教育是从什么时候开始的？中国的商业很早就有，最初的商学教育一般是通过师傅带徒弟的方式进行的。主要通过边干边学的方式，师傅向徒弟传授经商和管理的知识技能，没有专门的正规的商学教育机构。

鸦片战争后，清政府又经历了甲午战争等战争的失败，痛定思痛，发现中国不仅科技非常落后，而且商业也极其落后，没有好的机制来发展工业。所以，很多有识之士给光绪皇帝提议说，商务关乎富强之大计，要振兴商务，必先兴办商学院。1898 年，光绪皇帝企图通过变法来提升国力，但"戊戌变法"的所有改革措施全部被慈禧太后取缔，只有北大的前身京师大学堂被保留了下来。

1898 年，北大匆匆建校，但由于八国联军入侵，1900 年学校停办，到 1902 年恢复上课。当时的京师大学堂不仅是高校，还相当于教育部，京师大学堂的校长兼任朝廷的管学大臣。京师大学堂的《钦定大学堂章程》把大学分为七科：政治、文学、格致、农学、工艺、商务、医术。商务科下面又分了簿计学，相当于今天的会计，还有产业制造学、商业语言学、商法学、商业史学，甚至有商业地理学。可见，中国正规的商学教育可以追溯到 1902 年。

1904年的《奏定大学堂章程》中，进一步分科，设立了八个分科：经学科、政法科、文学科、医学科、格致科、农科、工科、商科。其中商科下面又分三个专业：银行及保险学、货币及贩运学、关税学。1910年，京师大学堂开设银行保险学，这是中国最早的金融学高等教育。

现代商学教育的主要内容

商学院的培养对象

根据社会的需要，商学教育培养的对象分为不同的层次。

第一类培养对象是创业者。现在有很多科技领域的创业者，需要系统地学习工商管理知识，这些创业者可以选择读EMBA，也就是高层管理人员工商管理硕士。EMBA是一种比较系统的学位教育，对于创业者提升眼界、谋划战略、设计机制、完善管理等方面，能够提供很多理论知识与实践案例。同时，对一些需要补充某个领域专业管理知识的创业者来说，他们可能不需要读一个学位课程，也不需要深奥的理论，但需要了解前沿，可以参加我们称之为高层发展培训项目（EDP或ExED）的学习。比如北大汇丰商学院的PE（私募股权）课程等对深圳过去十几年的转型起了非常大的作用。在改革开放初期，深圳主要发展劳动密集型的制造业、房地产业等有比较优势的产业。但现在，产业到了需要升级的时候，企业家到了需要转型的时候。很多企业家需要学习如何到市场上去融资；另外一些企业家有资本，需要学习如何去投资。EDP培训课程可以帮助这些企业家很好地完成产业转型。

第二类培养对象是企业的高层管理者。社会发展太快，尤其中国正处在重要的历史变革时期，短短的四十多年间，中国经济从贫穷、落后、短缺的农耕阶段，迅速发展了现代工业，又进入了一个人民追求美好生活和企业必须高质量发展的新阶段。企业的高层管理者也必须高瞻远瞩，了解国家和产业的未来，要做好战略决策，调整产品结构，也需要不断学习。可以通过读商学院的EMBA或者短期高端培训EDP，来了解国际国内经济发展趋势，学习战略决策和管理知识。

第三类培养对象是企业的中层管理者或者技术人员。一些优秀的技术人员做到一定程度后开始参与管理工作，还有一些非经管专业的中层管理人员，为了更好地做好管理工作，需要学习管理知识，这时候可以选择读 MBA，也可以针对性地学习某些方面的知识。比如，北大汇丰商学院 MBA 校友中就有北大生物学的博士。

第四类培养对象是未来的技术骨干和专业人才。这些学生一般比较年轻，很多是直接从本科毕业后进入商学院攻读全日制的硕士学位。大学本科主要是打基础，硕士研究生是职业导向的教育。这部分人可以读商学院的全日制硕士专业，包括经济学、金融学、管理学、市场营销、供应链管理、商业分析等。这部分学生在北大汇丰商学院是最主要的，每年有 1 000 多名优秀学生在读。

商学教育的四个层次

我认为一所一流的商学院，在人才培养上有四个层次：能、智、体、德。

第一个层次是"能"，也就是技术和能力。这是商学院提供的最基本的技能教育，比如教授如何管理、营销、融资、投资等。所有商学院都会开这些课程，但是一所优秀的商学院仅有这些课程是不够的，还需要开一些看起来与技能无关的课程，这就涉及第二个层次。

第二层次是"智"，包括知识和眼界。一些看起来与商业无关的课程，比如历史、政治、哲学等，可以帮助学生开阔眼界，提升智慧，让学生不仅知其然，还知其所以然。商学院通常有很多案例教学，但我们不是简单地学这些案例，还要了解这些案例和模式背后的理论和逻辑。所以，商学院的学生不仅要学习经济学课程，还要学习政治、历史、哲学等课程，包括我现在教的政治。这门课程不是死记硬背一些教条，而是要真正了解历史，懂得社会和经济发展中的规律，避免重蹈人类历史中曾经犯过的错误。

第三个层次是"体"，包括精神和体魄。健康的体魄非常重要，但"体"不只简单地指体育活动，还包括精神状态。北大汇丰商学院号称"商界军校"，旨在培养具有拼搏精神、团队精神、执着精神、牺牲精神的商界领袖。我们特有的军训和拓展训练，正是要培养商学院学生强健的体魄和勇于挑战的精神，为未来给国家和社会做贡献打下坚实的基础。

商学教育的最高层次是"德"，包括守法、敬业、素养、社会责任等。因为商界人士通常手上有大量资源，同时，商界人士也是许多青少年梦想成为的成功人士。商界人士以怎样的行为去做好企业？用什么样的行为去推动社会的发展？树立怎样的"三观"？这些都是非常重要的。北大培养的不仅是会投资会经营会管理的人，还是未来推动社会发展的人。一所一流的商学院的教育必须重视"能、智、体、德"的最高层次——"德"。

商学教育的四个结合

商学院在教学过程中必须做到四个结合，即与企业、科技、国际、社会的紧密结合。

第一要密切联系企业。商学院的教学不能只局限在书斋中，而要脚踏实地地了解企业，研究企业，从企业的实践中得出理论。同时，在企业遇到困难的时候，要能帮助它们提出解决方案，用理论指导它们渡过难关。此外，还可以通过校企合作来研讨经济增长问题、环境保护问题、创新政策问题等，推动社会发展。

第二要紧跟技术发展。要关注前沿科技的发展，关注新技术带动下出现的新产业或新模式，要研究其中的规律，总结新的理论。同时，要学会在教学中运用新技术。

第三要时刻关注国际。一所一流的商学院，一定是一所开放的、国际化的商学院。要时刻关注国际，提升学员的国际视野，培养企业的国际发展能力，只有这样，企业发展才不会落后。

第四要促进社会进步。商学院是与社会紧密联系的学院，要关心政治、关心政策、服务社会。同时，要推动社会的发展，比如，北大汇丰商学院与延安大学合作开展对乡村发展有关问题的研究，为乡村发展培养"选调生"和"新农人"，就体现了商学院在促进社会进步方面的努力。

六、论创新创业

大湾区商学教育及对创新发展的意义

大湾区商学教育的发展

目前大湾区获得AACSB认证的商学院有12所，包括香港中文大学商学院、香港科技大学商学院、香港城市大学商学院、香港大学经管学院、香港理工大学商学院、香港岭南大学商学院、香港浸会大学工商管理学院、澳门大学工商管理学院、中山大学管理学院、中山大学岭南学院、华南理工大学工商管理学院、北京大学汇丰商学院。目前，南方科技大学、深圳大学的商学教育发展得也非常快，我相信这些学校获得认证只是时间问题。

大湾区获得EQUIS认证的商学院有8+1所，包括香港科技大学商学院、香港大学经管学院、香港城市大学商学院、香港理工大学商学院、香港浸会大学工商管理学院、澳门大学工商管理学院、中山大学管理学院、中山大学岭南学院。北京大学汇丰商学院于2011年开始获得了经济学科的EPAS认证，EQUIS认证即将完成[1]。

大湾区获得AMBA认证的商学院有11所，包括香港中文大学商学院、香港城市大学商学院、香港理工大学商学院、香港浸会大学工商管理学院、澳门大学工商管理学院、中山大学管理学院、中山大学岭南学院、华南理工大学工商管理学院、暨南大学管理学院、广东外语外贸大学商学院，以及北京大学汇丰商学院。

从全球排名来看，QS 2023年全球商科硕士排名中，大湾区一些院校榜上有名。金融硕士排名中，北京大学汇丰商学院排名20，香港科技大学商学院排名34，香港中文大学商学院排名49；管理学硕士排名中，北京大学汇丰商学院排名17，香港科技大学商学院排名49；全日制MBA排名中，香港理工大学商学院排名38，香港科技大学商学院排名49；商业分析硕士排名中，香港中文大学商学院排名23；供应链管理硕士排名中，香港科技大学商学院排名14，

---

[1] 2023年10月，北大汇丰商学院获得EQUIS五年期认证。

香港理工大学商学院排名 22。

可以看到，粤港澳大湾区，尤其是广东省，原来高等教育比较落后，但现在发展的势头很好，商学院越来越多，可以培养更多的富有创新精神的企业家和管理者，进而推动大湾区创新发展。

商学教育对大湾区创新发展的意义

创新发展需要企业家。

要谈商学教育对大湾区创新发展的意义，我首先想讲讲企业家是什么。创新发展要靠企业家。技术创新固然重要，但创新要与商业结合才能发挥价值，如果只停留在实验室阶段，就无法成为真正的创新，而企业家可以将技术创新进行商业转化。

企业家是具有创新精神和创业能力的重要生产要素。在 20 世纪 80 年代以前，经济学教科书中谈到生产资源，主要谈三个方面：第一是土地，包括了河流、海洋等所有的自然资源。第二是劳动，包括了最初的体力劳动和后面越来越重要的脑力劳动，也包括科学技术人员甚至包括管理者，我们也可以称之为人力资源，但从经济学角度讲都叫劳动。第三是资本，既包括物质的资本，也包括金融的资本。这是我们传统所说的生产资源——土地、劳动、资本。

但是后来的教科书，特别是 20 世纪 90 年代以后，生产资源里面多了一个非常重要的资源，单独列出来的，叫"entrepreneurship"，我觉得可以翻译成"企业家的精神与才能"。为什么要把企业家的精神与才能单独列出来，而不是放在劳动生产要素中？因为企业家能够把其他三个资源整合起来。企业家的创新精神包括冒险精神、敬业精神、合作精神、执着精神。企业家的创业能力包括寻找机会的才能、组织资源的才能、经营管理的才能、调整应变的才能。也就是说，我们可能会有很好的自然资源，可能有很好的科技人员，我们也可能有很好的资本，但是如果没有企业家，就不可能把它们很好地组织利用起来。

可以说，在经济发展中，企业家作为一种特殊的生产要素，变得越来越重要。

企业家在创新中的作用。

企业家是创新的主要力量，尤其是民营企业家，因为民营企业家有创新的动力和压力。

民营企业家的创新动力来自利润,因为企业家只有不断创新,才能比别人做得更好,收益才更大。**企业家的创新压力来自竞争**,因为只有不断创新,企业才不会被淘汰。

同时,**企业家也是最能把创新技术转换为产业的**。科技创新是一个必要条件,但能否转化为产业,需要企业家来参与。比如,工业革命中最重要的蒸汽机的发明并不是仅靠瓦特(James Watt)就能完成的。最初英国格拉斯哥大学(University of Glasgow)的教授支持瓦特去做试验,1763年,瓦特已经做出蒸汽机的雏形,这时候他得到了著名的卡伦钢铁厂拥有者约翰·罗巴克(John Roebuck)的赞助,这让他得以不断完善蒸汽机。几年后,罗巴克破产,瓦特又得到伯明翰一间铸造厂老板马修·博尔顿(Matthew Boulton)的支持。这样,瓦特得到了更好的设备、资金以及技术上的支持,最终取得了蒸汽机的一系列发明专利,并使得蒸汽机成为推动工业革命的重要动力。

再比如苹果公司的联合创始人史蒂夫·乔布斯。乔布斯懂一点科学,但严格来说他不是一个科学家。正是他的企业家精神,推动苹果公司出现颠覆性的创新。所以企业家在创新过程中的作用非常重要。

商学教育对创新发展的重要作用。

商学教育能够培养和提升更多的企业家,帮助企业家获得创新所需要的眼界和精神、知识和才能。有人说企业家是天生的,不能通过后天培养。这种说法不完全正确,因为很多有冒险精神的人,并没有成为企业家。如何把这些天生有冒险精神、有责任感的人培养成企业家?这就需要后天的环境和教育。比如一些企业家开始时做得很成功,企业甚至成功上市了,但因为缺乏对未来的认知和管理的失误,企业出现问题,甚至破产了。所以,企业家不仅需要先天的创新创业精神,更需要后天不断开阔眼界,学习新的知识,而商学教育可以帮助企业家实现在这些方面的提升。

商学教育还能培养企业创新发展所需要的精英管理人才,帮助企业不断发展成长。推动企业创新的并不是一个人,通常是一个团队。商学教育可以通过在职培训和继续教育帮助企业建立一支有利于创新发展的管理团队。形势在不断变化,产业在不断变化,企业家需要一些随时可以与其讨论、交流的人。所以一流的城市，一定需要一流的商学院。只有这样，才能使得这些企业家不断从学习中获得提升。这也是大湾区商学教育对大湾区未来创新发展的重要意义所在。

大湾区商学院如何为创新发展做贡献？

大湾区创新创业的企业较多，我认为大湾区的商学院应努力做到以下四点：

第一，要关注大湾区的企业，深入调查研究，总结企业创新创业的经验教训，撰写经典案例，丰富教学内容。

第二，要不断提高师资队伍的理论研究水平，这样才能更好地指导和帮助企业创新创业，帮助企业走得更远，做得更好。

第三，要关心创新创业需求，与时俱进地研发新课程，及时做好教学培训工作，满足企业对创新技术、新模式的理解。

第四，要加强合作，共同提升商学教育科研水平，为大湾区的创新和长远发展做出应有的贡献。

七、论经济学与经济学人

当历史进入 21 世纪,中国经济学者创建了"中国经济学年会"这一平台,勇敢地承担起了推动中国经济学教育科研发展的历史责任。二十年后,我们可以自豪地说,这一平台为经济学的人才培养和学术研究,为中国经济学人实现"厚德博学,经世济民"之伟大理想和抱负做出了应有的贡献。

网络挑战经济学教育[①]

（1999年6月）

网络的普及和发展将会大大地改进教学手段，有利于学生获得最新的知识，也有利于改善目前经济学教育落后的局面。网络的发展将对现有的经济学教学体制和师资队伍提出新的挑战。

在我国目前的经济学教学中，经济学知识的供需是不平衡的。从需求方面来讲，学生迫切需要学习反映现代市场经济规律和经济全球化方面的经济学知识，并且通过信息的多渠道传播，学生需要学会分析、鉴别和使用信息的能力。在供给方面，我国的经济学教学相对落后。经济学教学还在实行双轨制，尚存在西方经济学和传统的政治经济学的区分。一些计划经济时代的课程仍然在继续讲授，经济学教学落后于实际经济转轨的进程，落后于时代的发展。并且，中国目前尚没有一个发育完善的教材市场，出版的教材虽然数量很多，但质量却良莠不齐。在师资方面，高水平的师资严重缺乏，很多经济学院系的教学仍停留在老师读笔记、学生记笔记的水平上，有的甚至连一本全面准确涵盖经济学基础知识的教材都没有。

网络的普及和发展将会大大地改进教学手段，有利于学生获得最新的知识，也有利于改善经济学教学落后的局面。例如，边远地区可以利用网络实施远程教育，低成本地提高当地的教学水平。另外，学生将会有与老师获得同样信息的渠道，有时甚至可以获得比老师更多的信息。

[①] 海闻.网络挑战经济学教育[N].中国经济导报，1999-06-28.

这对老师的教学也是一个直接的挑战。只靠几本教科书来教学的方法将远远不能满足学生的需求。在课程设置、师资水平以及教学安排等方面，网络的发展对现有的经济学教学体制和师资队伍将会提出新的挑战。只有从现在开始未雨绸缪，预想以后可能遇到的问题，才能在以后的网络时代里应对自如。

中国人离诺贝尔经济学奖还有多远？①

（2000年10月）

记者： 为什么诺贝尔生前没有设立经济学奖？

海闻： 因为诺贝尔奖有这样一个原则，就是要把奖发给有贡献的科学家。也就是说获奖有两大前提：**一是重要性；二是科学性**。而经济学当时对社会的重要性还很有限，对人们的影响也不是很大，无论是古典经济学还是新古典经济学都基本是研究市场的，而市场又有一只"看不见的手"在运作，经济学只是发现和归纳了这一点。所以，人们并不认为经济学有多么重要。1929年到1933年的经济危机使人们发现经济政策对人们的生活有极大影响。经济危机之后出现了凯恩斯主义，从理论上解释了仅靠市场看不见的手不行的原因。从这个意义上说，人们逐渐认识到经济学理论的重要性。这是第一个原因。

第二个原因。什么是科学？经济学要成为科学就要有一个客观的结论和标准。以前的经济学更多注重规范研究，没有客观的分析工具，所以当时人们不认为经济学是科学。但是第二次世界大战后，经济学的研究方法有了很大改进，数学在经济学中的运用使经济学有了客观标准。演绎法和数学公式化，以及大量变量研究成为经济学越来越普遍的研究方法。于是，1968年，在瑞士银行庆祝成立三百周年时宣布了这个奖项。

---

① 朱江南. 中国人离诺贝尔经济学奖还有多远？[EB/OL]. (2000-10-13)[2023-03-12]. http://economics.efnchina.com/show-2169-29123-1.html.

记者：那么您认为经济学是科学吗？

海闻：我当然认为经济学是科学。在诺贝尔经济学奖设立之前和之后都有人问同样的问题，说经济学是以价值判断为基础的，而难以以一定的客观标准来衡量。但实际上，经济学应分为两部分：一部分是实证研究，即研究客观规律，回答"是什么"的问题；另一部分是规范研究，即研究如何解决问题，回答"应该怎么办"的问题。实证研究探究真相，规范研究包含价值判断。比如说，经济学家认为"失业是一个严重的问题"，这里有价值判断，因为也有人认为失业的问题不严重。但是，失业率是多少？这是一个客观问题，属于实证研究。失业率与经济增长率存在什么样的关系？这也是一个客观的实证研究。经济学作为一门社会科学，确实有很多不同的价值判断，但是不能否认经济学研究有很大一部分是实证研究，揭示各个变量之间的客观关系。这就是科学。

记者：经济学与其他学科相比，您认为能分出谁更重要吗？

海闻：经济学是一门社会科学。与其他自然学科相比，经济学的研究对社会的影响可能会更大。经济学不仅是理论上的研究，而且往往有重要的政策含义。从这个意义上说，经济学比起一些具体的自然科学更为重要。举例来说，道格拉斯·诺斯（Douglass North）提出了社会和经济制度变迁的路径依赖理论，这对我们的改革就很有现实指导意义。它告诉我们在改革中不能完全不考虑过去的历史，同时，任何新的改革措施都要考虑对未来发展的影响。还有盖瑞·贝克（Gary Becker）的人力资源研究阐释了人力资源的重要性，其本身的政策含义就是使企业重视人力资本这一生产要素，从而重视对这方面资源的投入和运用。

经济学对政策的影响远远超过了其他学科，因为经济思想影响经济政策。一项错误的政策可以导致巨大的损失。比如，当国际石油价格低时，政策却不允许进口，甚至在积极反石油走私，结果错过了低价存储石油的大好机会。其实石油在中国是稀缺的，如果在低价时进口了石油，可以节省很多成本。如果希望保证国内石油企业的收入，可以附加消费税，然后把一部分收入用来补贴石油工人。这些经济政策的失误，会带来资金和机会上的损失。因此经济学比某一项具体发明创造更重要。

记者：为什么中国人和诺贝尔经济学奖一直无缘？

海闻：应弄清诺贝尔经济学奖是什么。诺贝尔经济学奖是主流经济学的创新和突破。获得诺贝尔经济学奖本身需要两方面条件：一个是理论或研究方法的创新和突破；另一个是获得大多数现有经济学家的认同。

为什么我们目前还无法获奖？**第一，我们还不认同主流经济学的基本理论**。目前中国还不接受主流经济学的体系，还把它称为西方经济学。如果我们不接受西方的经济学理论，就不可能用该方法从事研究，也就不可能以此来教育培养学生，就没有可能获得诺贝尔经济学奖。

第二，研究上的不规范。现在中国的研究方法主要是判断、归纳、总结、推断，既缺乏实证研究，也没有严格的论证，经常用"我认为""我觉得"这样的词。同时，研究时也没有认真了解别人的研究做到了什么程度。很多文章虽然名义上有"参考文献"，但是涵盖的信息远远不够。此外，还有的学者热衷于创造一些模棱两可、晦涩难懂的新概念。除他们自己外，没有多少人能理解其含义。

第三，很多经济学家的研究非常浮躁。这表现在几个方面：一是追踪热点，一些著名经济学家什么都谈，这样的著名经济学家其实是热点经济学家，缺乏深入研究，也缺乏深厚的理论功底。

总之，中国目前有水平的经济学家还是太少了，获得诺贝尔经济学奖的概率就更低了。

记者：您估计还要等多久中国经济学家的队伍才能壮大？

海闻：三十到五十年。

记者：西方经济学家一般根据本国国情总结经济理论，那么中国经济学家应该如何客观吸收西方经济学家总结出的理论？

海闻：应该纠正一点：经济学家不一定是基于本国国情进行研究，有些诺贝尔经济学奖获得者并不是基于其所在国家国情进行研究的。而且，我们最应该注意的是他们的方法，而不只是那些特定条件下得出的结论。

当然，诺贝尔奖的评选也不是无懈可击的，投票中难免掺杂评委的偏好。为什么这两年方法论的创新更容易得到提名？因为方法论的创新争议较少。在我看来，克鲁格曼应该获奖[1]，但是评委可能认为他的研究不重要。

记者： 所以说诺贝尔经济学奖是评价经济学家贡献的一个标准，但不是唯一标准。

海闻： 对。诺贝尔经济学奖目前是最高奖，但还不完美。

---

[1] 2008年，克鲁格曼获得诺贝尔经济学奖。

非凡的十年[①]

（2005年6月）

十年前，作为先导者，北京大学中国经济研究中心把国外先进的经济学教育模式引入中国，从此之后，北京大学光华管理学院、清华大学经济管理学院、中国人民大学金融实验班等纷纷改革了以往传统的教育模式，并逐渐发展为目前以经济学分析框架为基础的现代教育模式。是什么因素促成了这种演变？究竟现代经济学教育模式有何优势？由这种教育模式培养出的人才以及他们业已接受的西方经济理论和分析方法到底对我国经济发展的指导意义有多大？这些都是十年来我们评价西方经济学以及西方经济学教育模式的标尺。为了清楚地了解经济学教育模式的演变，《第一财经日报》记者采访了北大中国经济研究中心的海闻教授。作为经济学教育改革的弄潮儿，他以自己的亲身体会向记者讲述了这十年不平凡的历程。

据海闻教授介绍，十年前的经济学教育基本上是逻辑推断、理论综述，用经验去印证现在的现象。"不可否认，以往也有很多优秀的理论工作者，他们在具体的工作中总结了很多准确的经验教训，比如通过经验，他们认为不能盲目'大跃进'用这样的很普通的语言很准确地说明了一件事。"但海闻教授以为，以往的理论只能说明某件事情是对或错，不能上升到理论的高度告诉人们为什么对、为什么错。不能形成体系，就不能发挥普遍的指导意义，反映到具体的教学上也是如此。

[①] 本文为作者接受杨少华采访稿件，有删节。

而现代西方经济学引进了自然科学的研究方法，有假设、模型，进行了比较规范的分析。现代经济学的框架比传统的更加准确，更易把握，随机性小，也更客观。对于有人认为西方经济学理论不能解决中国问题，海闻教授指出，"我们学习西方经济学，要掌握的是分析框架，而不是在一定条件下得出的结论。在这个框架内采用不同的假设、不同的公式，就会得出不同的结论。把中国的情况放入模型，就会得出适用于中国国情的结论"。在海闻教授看来，"虽然许多经济学著作出自西方学者之手，研究的是西方国家的经济问题，但归纳出的许多经济学理论却反映了人类社会的普遍行为"。

在具体的教育架构上，据海闻教授介绍，北大中国经济研究中心的教育体系针对本科、硕士、博士等不同的层次有不同的培养目标和课程设置。对本科生来说，主要是普及经济学的基本原理，先让他们对经济学感兴趣，可以用经济学的思维分析问题。经济学不是赚钱的学科，而是如何优化资源配置的学科，更是研究人类理性行为的社会科学。本科的经济学教育，需要学生懂得在资源稀缺的情况下如何继续选择，如何做出决策。对硕士研究生来说，经济学的培养目标是要让学生能够把握更深的理论，能做独立的研究。但是，这个阶段的研究处于应用的层面，属于理论扩展的研究。例如，在国际贸易领域，在研究生层次可以谈到反倾销中的政治影响，在反倾销的谈判中，会有各种利益集团影响政策，怎么影响，具体可以根据中国的情况，对中国实施反倾销政策提出建议。这个阶段的研究并不是突破性的研究，而是扩展性、应用性的研究。对博士生来说，不仅要对经济学理论有全面的掌握，还必须在某些领域里有原创性和突破性的研究。这个就比较深了，需要花大力气培养。

在课程设置和师资力量上，中心的全部教授都是有海外教育背景的学者，他们先在国内接受教育，然后出国学习理论，并把这些理论带回中国，发挥了良好的桥梁作用。对于"经济学原理"等基础课程，一般由经验丰富的老教授来讲授，而"高级经济学""计量经济学"等课程则安排有活力的海归青年教授来讲授。此外，中心还经常聘请外国知名教授定期做讲座，把外国第一手的信息及研究方法带回国，供中国大学生学习和思考。

了解了现代西方经济学教育体系的现状以后，我们还需要了解：当时是什么激发了国内学者引进国外先进的经济学教育体系呢？思考这个问题时，海闻教授仿佛回到了从前。回顾旧时光，想必这位国内现代经济学教育的先驱有很深刻的感触。海闻教授介绍说，第一，改革的需要。既然要搞市场经济，我们就必须了解市场经济的规律，而西方经济学的理论正是揭示市场经济规律的理论。第二，开放的需要。虽然说我国的改革开放已经有二十多年的历史了，但真正的开放开始自20世纪90年代初。80年代的开放只限于进出口贸易，90年代以后我国允许大量外商企业来国内投资，此时的中国才逐渐与国际接轨。世界上绝大多数国家，尤其是发达国家是市场经济，中国要想参与国际市场的分工交换，就要了解市场经济理论。90年代"复关"和"入世"都对国民提供了很好的市场经济理论的基础教育。第三，人才培养的需要。既然要搞市场经济，就必须有大量懂得市场经济的人才。当时有关市场经济的课程和教科书都很缺乏。引进翻译的也不多，且多是一些学术著作，我们自己的教科书还没有写出来，引进先进的西方经济学理论和教育体系是培养市场经济所需人才的重要途径。

在培养目标上，海闻教授有清晰的认知。要让所有的人都了解经济学知识，因为不管做什么都需要了解国家的基本经济政策，在日常生活中也需要做好经济方面的决策。然后，根据个人的兴趣，可以有三个发展方向。一部分人可能去做研究，通过继续学习和深造，成为经济学家或教授；一部分人可能会到企业工作，他们也需要有一定的理论知识，用经济学的知识指导日常的经营管理；一部分人可能去政府机关，他们需要用经济学规律去制定政策。总的来说，可以分为理论研究、实践运用、政策制定三类人。

西方经济学能否很好地指导政府实施宏观经济政策？海闻教授认为，通过接受西方经济学教育，我们可以了解到国外的经济状况以及宏观经济调控机构和宏观调控政策。在开放的情况下，国外的经济政策对国内是有影响的。例如当美国经济不景气时，它会采取扩张的货币政策，扩张的货币政策会引起美元大量发行，从而政府财政赤字增加，美元贬值，通过进出口和资本账户往来，间接影响中国国内的经济。因此，要做好国内的宏观经济政策调整，一定要学习了解西方国家的宏观经济是如何运作的。

当然，在运用西方经济学理论时必须深入了解我们的国情，而不能盲目照搬西方经济学的结论。西方经济学的许多结论都是在较发达的市场经济条件下得出的，例如，西方国家的企业基本是私有的，以利润最大化为目标，当政府进行宏观调控提高利率时，企业就会减少投资甚至减产；而我国目前还有许多国有企业，利润不是唯一目标，它们对提高利率的反应也会不同。

所以说，目前来看，同样的宏观经济政策，在中国和在西方可能会有不同的结果。但是在未来，中国也会成为一个成熟发达的市场经济，尽管与西方仍会在某些方面有所不同，但基本的市场规律是一样的。学习掌握经济学理论，对我们的改革和日常经济的运行都有重要的指导作用。况且，目前我们也正在使用这种西方经济学的调控方法，比如经济过热时就要控制贷款紧缩银根，这与西方经济学中经济膨胀要采用紧缩的货币政策的思想完全一致；另外，很多经济学术语也是一样，比如，货币供给用 M1、M2 等。可以说，西方的宏观理论正在影响着我国国内的宏观经济政策。

最后，海闻教授指出，经济学其实并没有国界，引进西方的经济学教育，并将之运用到中国的实践中，就是服务中国的经济科学。"虽然许多经济学著作出于西方学者之手，研究的是西方国家的经济问题，但是归纳出来的许多经济学理论反映的是社会的普遍行为，这些理论是全人类的共同财富。要想迅速、稳定地改革和发展我国的经济，就必须学习和借鉴世界各国，包括西方国家在内的先进的经济学理论和知识。"

经济学需要一批又一批优秀的人去探讨、实践和开拓[①]

（2019年1月）

在中山大学岭南学院举办的第十八届中国经济学年会上，中国经济学教育科研网特约记者采访了中国经济学年会理事长、北京大学校务委员会副主任、北京大学汇丰商学院院长海闻教授，他向我们讲述了发起经济学年会的初衷，并对经济学学科的发展给出了建议。

记者：作为中国经济学年会的发起人，您的初衷是什么？

海闻：实际上，我发起成立中国经济学年会的初衷和我回国的初衷是一样的。1994年，我回国与林毅夫、易纲等在北大创办了中国经济研究中心，当时就是希望在中国建设社会主义市场经济的过程中，能够进行更多的理论探索、政策研究和人才培养。因为中国以往是传统的农业经济、计划经济。市场经济的出现在带给社会新希望的同时，也带来了很多迷茫和新难题。所以，市场经济理论研究和人才培养就变得尤为重要。

我发起中国经济学年会也是这一初衷，就是希望通过经济学年会这个平台达到以下两个目的：

第一是加强学术交流。原来传统的研究方法中主观的东西比较多，客观分析和实证研究的东西比较少。我们需要引进现代经济学研究方法，通过严格的理论分析和实证检验得出结论。同时，要加强学术上的交流。只有通过交流，

[①] 本文为"第十八届中国经济学年会"期间接受中山大学岭南学院记者李赫扬采访稿件。

获得同行的评价,才能发现问题从而提高研究水平。

第二是促进人才培养。市场经济的建设需要很多懂得现代经济学的人才,北大中国经济研究中心成立后,有很多关于经济学教育包括研究生培养、双学位学生培养的经验。2001年,我们想把这些经验更好地推广出去,培养更多具有真才实学的经济学人才,为国家的改革发展和经济振兴出谋划策。

记者:您认为中国的商学院未来在学生培养中应该更注重哪些方面?

海闻:中国的商学院必须为中国未来的发展培养国际化的人才。

第一,中国的商学院要让学生了解国际的商业规则。比如,什么是WTO规则?WTO为什么要强调公平竞争和自由贸易?为什么要有全球化?什么是保证全球化顺利发展的规则?这些问题是非常重要的,所以一定要理论先行。

第二,中国的商学院要培养学生的远见和全球意识。远见和全球意识略有不同,远见是要了解未来的发展趋势,全球意识是要了解各个国家不同的情况。二者是未来高端人才的必备素质。

第三,中国的商学院要培养学生解决具体问题的能力。无论是经济、金融,还是管理领域,都要在国际开放的环境下培养学生解决具体问题的能力,包括组织能力、沟通能力、危机处理能力等。

第四,中国的商学院要培养学生具有理论创新精神。中国改革开放已经四十年了,很多企业在这四十年中发展壮大。一些新的经济现象不断涌现,需要人们去探讨和研究。我们不但要知道怎么做,更要知道为什么这么做,从经验教训中总结理论,用理论去指导进一步的实践和创新。当然,既然是创新,就不仅要研究中国经济,也要放眼世界。

总而言之,中国商学院的使命是既要培养优秀的经济学、金融学、管理学实务人才,又要培养掌握理论研究前沿的理论创新人才。而这两者又是互相促进,相辅相成的。

记者:有人说:"如果一个国家最优秀的年轻人都去学经济金融相关的专业,非常不利于这个国家的发展",您如何看待这样一种说法?

海闻:这种说法有几个需要澄清的问题。

第一,学习经济金融相关专业对国家的发展有没有利?答案是肯定的。一国的发展,先是经济与金融的发展,最优秀的年轻人懂得经济金融知识,可以更好地促进国家的发展。

第二,学习经济金融需不需要最优秀的人?当然需要!经济学和金融学不仅重要,而且理论性很强,既需要丰富的人文社科知识,又需要深厚的数理分析功底。经济学(包括金融学)是社会科学中唯一没有诺贝尔奖的学科,当然需要最优秀的人去学。

第三,需不需要很多最优秀的年轻人去学?需要!经济与金融又是一门重要的实践科学,既强调理论,又注重实践,需要一批又一批优秀的人去探讨、实践和开拓。一些学科主要是实现理论的突破,比如化学、生物学、物理学等,这些学科需要特别有天赋或特别优秀的人去实现理论和技术的突破。一旦有所突破,所有人都可以根据这个突破生产出同样的东西。但有些学科不仅强调理论突破,还需要一批优秀的人去应用理论,如医学、法学、金融学、管理学等。理论上告诉你如何投资,并不等于所有人都会投资。这些学科的应用是更重要的,每个好的应用,都可能是创新,所以需要很多优秀人才去应用和实践理论,在经济金融领域里发挥作用,推动一国经济的发展。

当然,经济学或金融学需要最优秀的人,并不等于最优秀的人都要到这个专业来,事实上也不可能都去学经济金融,也有很多最优秀的人在从事数理化以及工程方面的科研。

记者: 您对经济学专业的学生有什么建议?

海闻: 经济学是一门研究"人的行为"的社会科学。无论将来从事管理工作、政治工作,还是科学研究工作,学习经济学都会受益终身。既然把经济学作为专业,就需要投入热情,要热爱它,要真正把它当作一门科学来钻研,而不是当作一种发财致富的途径。同时,如果把经济学作为专业来研究,还要打好基础。这个基础是很广泛的,既要有社会学、政治学、历史学等人文社科的基础,也要有数学基础。这些东西都是学好经济学的基石。坚实的跨学科基础知识将对经济学研究大有裨益。

记者: 在今年经济整体下行的状态下,您认为应如何激发经济增长的动力?

海闻: 中国经济已经到了一个比较关键的时刻。激发经济增长的动力主要应从国内和国际两方面考虑。

在国内方面:

一是中国进入中等收入阶段，国内的产业结构调整会产生新的增长动力。之所以说中等收入阶段非常重要，是因为人们的需求发生了很大的变化。前四十年，我们主要解决的是物质需求，而现在这种物质需求又由"量"变成了"质"。中国目前的发展是在"量"上已经基本满足了，进一步追求的就是"质"。健康、教育、文化等服务业的发展要比传统制造业更具挑战，因为对技术和人才的要求较高。而且这些服务要有针对性，不能像生产产品那样批量生产出来。产业转型是当今中国进一步发展的必由之路，如果产业转型做得不好，中国将会陷入中等收入陷阱，并且在中等收入陷阱中停滞很长时间。

二是中国的经济改革还有很大的空间。过去四十年的经验证明，体制改革可以释放巨大的生产力。目前的改革主要有三个方面。

第一个方面是要持续深化经济体制改革。在政府功能、国有企业、对外开放等领域，我们仍有很多改革要进行。要简政放权，真正让市场成为资源配置的决定因素。要充分调动人民群众创造财富的积极性，保护知识产权和技术创新的利益，让创新创业成为一种常态。

第二个方面是要持续推动供给侧结构性改革。我们知道，目前中国市场的供给和需求不匹配。中国在"去产能"方面做了很多，但依然缺乏刺激生产人们需要的产品的动力。目前，人们在教育、医疗、文化方面的需求很多，但供给不足。主要原因是这些领域的改革仍很滞后，门槛还很高，限制很多。目前，这些行业非常需要人才、资金和知识产权的保护。

第三个方面是要增强企业家信心，激发民营经济的活力。过去一段时间，出现了一些对民营经济的误解，甚至出现了一些非常荒谬的思想，例如"民营经济要退出历史舞台"。中国的民营经济对未来的发展至关重要，民营企业家的信心不足也是目前经济下滑的原因之一。

在国际方面：

中美之间的贸易摩擦，反映的是大国崛起中的国际关系问题。中美之间的大国竞争是很正常的。像中国这样的大国崛起打破了世界既有的势力平衡，难免会令其他国家不适应。而在这种情况下，我们的主要任务不是要求每一个国家都适应，而是要去争取世界上绝大多数国家的支持，并且不给那些政客们以反对中国的理由。这就要求我们进一步改革开放，带头遵守国际规则，维持良好的国际形象，分享全球化和中国崛起的成果。妥善处理好国际关系，也是中国经济进一步增长的关键。

记者： 您有知识青年"上山下乡"的经历，也有海外留学的经历。在您丰富的人生经历中，您觉得对您影响最大的经历是什么？

海闻： 没有九年的下乡经历，就没有坚强的性格和意志。没有十几年国外留学、教学和生活的经历，就没有现在的眼界。有海外留学经历的人很多，但很多人可能缺乏坚韧不拔的毅力去做事。但如果只具备良好的品质，没有广博的学识，也不会走得更远。毅力让我坚守，眼界助我前行，于我而言缺一不可。

经济学家的理想和抱负，就体现在"经""济""学"上[①]

（2020年12月）

各位老师、各位同学、各位来宾，

女士们、先生们：

大家上午好！

今天，600余位来自全国各地高校和研究机构的经济学人相聚在"不惑之年"的深圳特区，参加在北京大学汇丰商学院举办的第二十届中国经济学年会。在全球遭遇了前所未有的新冠疫情和政治经济动荡的2020年召开这样的盛会，殊为难得，实属不易！在此，我谨代表中国经济学年会理事会和北京大学汇丰商学院全体师生，对各位的光临表示热烈的欢迎！

今年疫情防控期间，在原主办单位无法如期举办年会的情况下，北大汇丰商学院主动请缨，接过了举办重任，并克服了筹办时间短、防疫难度高等各种挑战，确保了年会的正常举办。更重要的是，本届年会得到了各高校师生及有关单位的大力支持，无论是参会人数、论文质量，还是参加书展、招聘会的单位影响力，均创近年新高。在稍后的主旨演讲中，除了时隔十三年再次登上年会讲台的周其仁教授，吕炜、樊胜根、张军三位著名学者也将围绕各自的研究领域，介绍自己的最新观察和思考。为此，我谨代表年会的主办方，对各位的支持，表示衷心的感谢！

[①] 本文为在"第二十届中国经济学年会"开幕会上的致辞。

七、论经济学与经济学人

各位同仁、各位朋友！

中国经济学年会至今已经成功地举办了二十年，成为中国经济学者交流和发展的重要平台。一路走来，也经历了困难与挑战，面对过非议和怀疑，是什么让我们坚持至今？是什么推动着年会的诞生、生存和发展？思来想去，原因只有一个：经济学家的理想和抱负。我认为，**经济学家的理想和抱负，就体现在"经""济""学"三个字上**。

"经"，是经世，是治理国事和发展经济。"经济"一词在东晋时就已使用。两千多年来，"经邦济世，富民强国"一直是中华民族有识之士的奋斗目标。近代中国人引入日本的翻译，将"economy"译作"经济"，甚为恰当。一国的繁荣富强，首先需要经济发展。"贫穷不是社会主义"，"发展才是硬道理"。过去四十年，中国人民正是在这样朴实而正确的理念引领下，创新创业，奋发图强，才有了中国今天的成就。从厉以宁、吴敬琏等老教授们，到在座的年轻学者，一批又一批经济学家通过教育和科研，从理论和政策上，从人才培养上，推动着中国以市场为基础的改革和以融入全球经济为目标的开放，为中国经济的高速发展作出了重要贡献。

"济"，是济民，是富裕百姓和造福民生。英文中"economy"源自古希腊语的"家政术"。其本来含义是指管理家庭财物的方法。可见，经济学研究的根基原本就在于人们的寻常生活。经济发展的目的，就是不断改善人民的生活质量，提高人民的福利水平。经济学家不仅关心GDP增长，关心资源的有效配置，也关心消除贫困、保护环境、发展教育、促进健康等不能完全用市场来解决的问题。只有在促进经济增长的同时解决好这些"市场失灵"的问题，市场才能不断完善，增长才能快速持续，人民才能更加幸福，社会才能更加稳定。

"学"，是立学，是研究理论和著书立说。人们解决实践中遇到的问题，往往需要理论的指导，而改革开放的实践，又在不断地丰富经济学的理论。"为往圣继绝学，为万世开太平"，也是中国经济学家的使命和责任。在当今时代，要想立万国之学、万世之学，首先要做到的就是与国际接轨。21世纪不仅是中国经济崛起的世纪，也应是中国经济学研究和教育崛起的世纪。

事实上，当历史进入21世纪，中国经济学者们创建了"中国经济学年会"

这一平台，勇敢地承担起了推动中国经济学教育科研的历史责任。创办中国经济学年会，就是希望通过这个平台，推广现代经济学研究方法，构建自由包容与严谨务实的学术环境，促进中国经济学教学科研水平的不断提高。二十年后的今天，我们可以自豪地说，这一平台为经济学的人才培养和学术研究，为中国经济学人实现"厚德博学，经世济民"之伟大理想和抱负做出了应有的贡献。我相信，通过我们一代又一代人的努力，中国的经济学者一定能够登上世界经济学研究的顶峰。

各位同仁，各位朋友！

今年是人类面临百年不遇之严峻挑战的一年，中国经济在经过四十多年的快速增长后也面临新的考验。一方面，新冠疫情仍在蔓延，对各国的政治、经济、社会等方面都产生了深远影响；另一方面，世界范围内的经济体制冲突、意识形态对立、民粹主义盛行、单边主义抬头，对中国的国际经贸关系产生了不利的影响。面对国内外错综复杂的政治与经济形势，经济学家们应该做些什么？

我认为，**面对挑战，经济学家更要坚持立场的公正性和学术的严肃性**。我们不能成为某种利益的代表，不能成为某种势力的工具，不喧哗取宠，不随波逐流。我们要坚持分析的客观性。对于任何可能出台的政策，不仅要分析短期效果，还要分析长期影响和可操作性，协助政府权衡利弊，做出正确的选择。孟子曰，"待文王而后兴者，凡民也。若夫豪杰之士，虽无文王犹兴。"此时此刻，**作为中国的经济学者，我们要推动深化改革，助力扩大开放，为民族振兴、为世界和平、为人类发展尽到自己的责任**！

各位同仁，各位朋友！

第二十届中国经济学年会现在正式开幕，除今天上午的主题演讲外，我们将有67个论文宣讲和讨论专场，除了宏观经济学、微观经济学、劳动经济学、发展经济学等常规领域，很多学者还关注和研究了全球经济不确定性、中国经济转型升级、数字金融、大数据、人工智能等热门和前沿问题。今天晚上还将举行"2020年当代经济学奖"颁奖盛典，林毅夫等4位获奖者将发表学术演讲，包括5位诺贝尔经济学奖得主在内的9位杰出经济学家将发表祝贺演讲。让我们满怀激情地期待这些经济学者们的精彩观点和研究成果！

最后，让我们一起对所有为筹办本届年会付出辛勤劳动的老师、同学和朋友表示衷心的感谢！预祝本届年会圆满成功！预祝各位同仁在深圳度过愉快、难忘的时光！

谢谢大家！

我的心永远和中国经济学年会在一起[①]

（2020 年 12 月）

各位老师、同学、来宾，

女士们、先生们：

大家上午好！

第二十届中国经济学年会即将落下帷幕。本次年会慧思遄飞、创见频现，大家有共识也有争论，有笃信也有质疑，真正体现了中国经济学年会自由包容、严谨务实的魅力。在此，我要感谢各位嘉宾、学者的全情参与，感谢各位工作人员的默默付出。谢谢大家！

在本届年会上，我们共同庆祝了中国经济学年会的二十岁生日。二十载筚路蓝缕，我们积跬步，推动中国经济学的学术进步和人才培养；二十载高歌徐行，我们怀四海，以学术研究、人文关怀推动改革开放和社会进步。赓续前行，中国经济学年会不变的是经世济民的初心，不忘的是提升中国经济学教学科研水平、推动中国改革发展的使命。

我们这一辈经济学人，因热血而无畏，因信念而坚守。从田间磨炼、高考复学、海外求学到归国治学，我们从计划经济时代走向了市场经济时代，从改革开放走向了全面对外开放。可以骄傲地说，我们是时代的幸运儿，乘着国家伟大复兴的东风，站在全球深入交流的当口，一批志同道合的人，同袍同泽，携手前行，心中的蓝图可以自由挥笔，心中的理想可以放手创造。近年来，

[①] 本文为在"第二十届中国经济学年会"闭幕会上的致辞。

虽然世界局势风云变幻，但是，袁庚老先生有句话说得很好，"向前走，莫回头"，这是袁老对深圳的寄语。我想，这也是每一个有志于、沉心于中国经济学研究的后来者应有的座右铭。

本届年会期间，我主持了理事单位会议，秘书处汇报了过去一年的工作、本届年会的筹备情况，以及财务报告。年会购置了会议软件，有利于今后年会的论文收集、信息发布等工作。理事单位会议批准接受了四家新单位的申请，并决定了明年年会的地点为西安，承办单位为陕西师范大学国际商学院。今后每年的年会都会在当年12月的第一个周末举行。

理事单位会议完成了五年一度的换届工作，正式批准了由姚洋教授担任新一届理事长的决议。姚洋教授将继续带领年会在推动中国经济学教学科研的道路上前进，在经济学学术高峰上不断攀登。在此，我谨代表经济学同仁对姚洋教授的当选表示衷心祝贺！

今天，我将卸任中国经济学年会理事长一职。在此，衷心感谢中国经济学年会各位同仁的支持和帮助。承蒙各位同仁对我多年工作的肯定，在中国经济学年会上永久设立"海闻讲座"。这个讲座，不仅把我的名字和年会连在了一起，更重要的是，它象征着我的心永远和年会在一起！

风雨多经人不老，关山初度路犹长。今天开始，中国经济学年会将开启一个新的发展阶段。而我，愿站在这三尺讲台上，继续工作，同时作为一个纯粹的中国经济学人，直到永远！

谢谢大家！

缅怀恩师陈岱孙：
一代名师，后学楷模[①]

（2000年10月）

我今天来参加纪念陈岱老百年诞辰活动具有两重身份：一是代表北京大学中国经济研究中心的全体教师来缅怀经济学界的泰斗；二是作为陈岱老的学生来表达对恩师的深深怀念。

北大中国经济研究中心（以下简称"中心"）成立于1994年。短短的几年来，中心在国内外经济学界的影响越来越大，而中心的建立与发展都是与陈岱老的影响和支持分不开的。中心的主要创建人林毅夫、易纲和我都是陈岱老的学生。当年林毅夫从台湾回到大陆，是陈岱老欢迎他到北大经济系来继续深造的；易纲和我都是北大经济系1977级的学生，陈岱老是我们当时的系主任，还亲自给我们上过课。他的言传身教对我们的一生都产生了非常重要的影响。

陈岱老27岁获得哈佛大学博士学位后毅然回到了当时仍疮痍满目、民不聊生的祖国，其精神是极为可嘉的。作为中国最早留美回国的经济学博士，他把一生都献给了经济学的教育事业。无论从精神上还是实际行动上，他都为我们这一代出国留学的经济学人树立了榜样。我们正是以他为楷模，踏着他的足迹回国来从事经济学的教学研究工作。陈岱老对我们的工作一直非常支持，当他知道我们要回到北大建立中国经济研究中心时非常高兴。他虽已95岁高龄

[①] 北京大学经济学院. 岱宗仰止：陈岱孙先生诞辰120周年纪念文集[M]. 北京：北京大学出版社，2022.

却欣然答应做我们的学术顾问,并参加中心在1995年3月10日举行的正式成立大会。陈岱老那天特别高兴,发表了"经济学是一门致用之学"的演讲。他说:"经济学这个东西应该是一个致用之学,作为致用之学就是一定要跟实际密切联系起来的。……它并不是空虚的抽象的理论,而是联系实际的理论。古代就已经如此了,现在我们更应如此。"陈岱老语重心长地对我们说:"我希望中国经济研究中心在这方面能够多做一些工作,以弥补我们过去所失去的时间。"言语之间,流露了陈岱老对我们的殷切希望和信任。

成立大会上我们还邀请了诺贝尔经济学奖获得者道格拉斯·诺斯教授做了题为"制度变迁理论纲要"的演讲。演讲用英文加翻译,时间很长,我们担心陈岱老身体吃不消,多次劝他休息,而他精神饱满、兴致勃勃,一定要听完整个演讲,参加完整个成立大会。那天他很高兴,我们亦很感动。我们对他说:"陈岱老,我们跟着你回来了!"这的确是发自我们内心的呼声。

成立大会之后,陈岱老还接受了中央电视台关于中心的采访。95岁的老人面对聚光灯毫不犹豫、毫不停顿,一口气谈了他的看法。他支持中心的成立,他认为这件事非常有意义,他相信中心能办得好。在中心成立初期、许多人仍表示怀疑的时候,陈岱老则毫无保留地表示了信任和支持。中心之所以有今天的成就,我们不能不感谢陈岱老。在陈岱老百年诞辰之际,我要代表中心全体教师向这位伟大的经济学家、我们的前辈表示深切的怀念和崇高的敬意。

今天来参加陈岱老百年诞辰纪念活动,我还要代表我自己来感谢陈岱老对我的教育与关心。作为"文化大革命"后恢复高考第一批进入北大经济系的学生,我们有幸聆听了陈岱老给我们上的"经济学说史"。当年陈岱老已78岁高龄,仍然亲临一线给本科生上课。他讲课非常清晰、简洁,深刻而又幽默。几十分钟一堂课,常常令人回味无穷。至今我们仍能清楚地回想起当年陈岱老在文史楼二楼给我们上课时的情景。我们1977级是"文化大革命"后第一批高考入学的,聚集了十二年来的优秀初、高中毕业生,年龄上、经历上都比较成熟。当时上课的老师也都很优秀。厉以宁、萧灼基、洪君彦、胡代光等都给我们上过课,可谓名师荟萃,但同学们都认为,陈岱老是讲课讲得最好的老师之一。

我与陈岱老的直接接触是从1981年开始的。在他的影响下,我在大学二年级下半年就有了出国留学的念头，到大学四年级的时候，我已经办好了留美学习的全部手续并去向他辞别。陈岱老仔细询问了我的情况后，建议我先不要走。他说："你现在去是作为转学生，到了美国仍然要补许多本科生的学分，由于我们和他们的课程安排不一样，你有许多学分需要补，光补这些本科学分大概就需要两年，再读研究生就很晚了。这样走的话，早去不能早回，不如读完本科再走。"陈岱老的一席话不仅为我指明了方向，更让我感动不已，作为蜚声中外、德高望重的大学者，他把一个无名的青年学生当作自己的孩子一样来关心，甚至关心到了帮我考虑应该什么时候走、在什么情况下走更好的细节问题的程度。在陈岱老的建议下，我坚持在北大读完了本科，有幸成为北大第一批经济学学士，也有幸在1983年年底就获得美国加州州立大学的经济学硕士学位，并为在美国的继续深造打好了基础。

在美国获得博士学位后，我经常在暑假回国到北大短期任教，有空也去看望陈岱老。1995年回国后，去看陈岱老的次数就更多了些。陈岱老对我们中心一直十分关心，每次去都要问问我们的情况。在我眼里，他是一位德高望重的学者，又是一位慈祥的爷爷。而他对我们则始终平等对待。1994年他出了一套《陈岱孙学术论著自选集》，托人送给我一套，并亲自题上"海闻仁弟惠存"。我不得不被陈岱老这种谦逊仁爱的高尚之风所深深打动。

作为陈岱老的学生，我们一直盼望他能活到一百岁。今天，我们虽然迎来了陈岱老的百年诞辰，可惜岱老已经不能和我们一起来庆祝他的百岁华诞了。但我们也非常高兴地看到，陈岱老未竟的事业正在被他一代又一代的学生们继承着。我们要永远以陈岱老为榜样，为中国经济学的教育与科研工作奋斗终身。

在"经济学理论和中国道路"研讨会暨厉以宁教授八十华诞暨从教五十五周年庆典上的发言

（2011 年 5 月）

今天非常高兴能够参加厉以宁教授八十华诞暨从教五十五周年庆典暨"经济学理论和中国道路"研讨会。

我是北大经济系 77 级的学生，今天也代表我们 77 级的同学对厉老师的 80 岁生日表示祝贺，对厉老师给予我们的教育表示衷心的感谢。我们是改革开放以后厉以宁老师的第一批受教者。当时厉以宁老师开的课有"当代资产阶级经济理论批判"和"西方经济学"等，实际上是当代经济学的入门课程，厉以宁老师更多地通过这些课程给我们介绍了很多我们长期以来不知道、不了解的现代经济学知识。

厉老师今年八十大寿，却已从教五十五年，著作等身，弟子无数。更重要的是，他提出的许多思想对中国的改革开放和经济制度转型都有重要的指导意义。厉以宁老师之所以有这么大的成就，我觉得有两个方面非常值得我们所有人学习：第一，厉老师的社会责任感；第二，厉老师的知识眼界。

一个经济学家对社会做出贡献，不仅仅在于解释经济现象，也不仅仅在于简单地顺应民意，更在于敢把真正有利于社会发展的经济规律揭示出来。做到这一点，有时需要很大的勇气，很强的社会责任感。这一点我觉得厉以宁老师是我们的榜样。从早年改革开放之初他就敢于提出国有企业股份制改革的设想，在国有经济主导的情况下他始终强调民营企业的力量,当政府用紧缩货币的政策调控宏观经济时,他又及时地指出发展和就业是关键。他又不盲目顺从民意,比如他最近提出来我们的通货膨胀率可以保持在4%—5%,很多不明真相的人批判他甚至谩骂他,说你怎么不关心民众生活?作为经济学学者我能够理解他,因为失业率和通货膨胀率本身就是一对矛盾的指标,经济学理论中的菲利普斯曲线说明,抑制通货膨胀不是没有代价的,抑制通货膨胀就可能对就业造成一定的伤害。我们现在的宏观经济调控只有通货膨胀指标,却没有就业指标,而提供更多的就业机会,对于很多从农村转移出来的劳动力来说至关重要。因此,我们在解决通货膨胀问题时,一定要考虑失业因素,而不能一味地追求低通货膨胀率。真正的经济学家就应该敢于揭示经济学的本来规律,而不是为博得政府青睐、舆论喝彩而放弃真理。这是厉老师值得我们学习的一个地方。

厉老师另外一个令人佩服的地方是他的知识与眼界。我们是"文革"后的第一批大学生,当时厉老师除了给我们讲课,还做一些讲座和交流。他不但非常了解中国,对世界也非常关心,及时了解经济学理论的发展。他的《西方经济学》教科书,可以说是最早的系统介绍当代经济学知识的大学教科书,我们很多同学都读过。他开设的课程,是我们最愿意听的。他当年介绍的罗斯托的"起飞理论"引起了我对发展经济学的浓厚兴趣。我当年申请出国读书的时候厉以宁老师也提供了很多帮助,他甚至亲自帮我修改成绩单上的英文翻译,为此还专门跑到系资料室去确认某些当代经济学术语的翻译。所以,在此我要再一次对厉老师致以衷心的感谢!

要成为一位有成就的经济学家就要向厉以宁老师学习,要有责任感,要拓展自身的知识与眼界。

下面我围绕"经济学理论与中国道路"的主题谈一下关于中国未来可持续发展的问题。

厉以宁老师今天也谈到了城市化问题。未来城市化的确应该成为我们关注的重点,我们的城市化是滞后的。从一个简单的数字就可以看到我们的差距:我们的农业产值已经下降到只有GDP的10%左右,但仍然有50%多的人口在从事农业,这样的产业结构和人口结构是不匹配的。我们所说的收入差别,核心问题是工农之间的差别,是城乡之间的差别。简单地说,50%以上的人口只占有10%的国民收入，收入差别怎么能不大？我国城市化的滞后，有行政体制方面的原因，现在已经到了必须加快城市化进程的时候了。城市化不仅是缩小收入差距的重要措施，是解决"三农"问题的根本途径，也是中国未来二三十年经济增长的主要动力，是社会发展的必然趋势。

城市化本身面临着很严峻的挑战。大量的农民要进城，他们成为推动经济发展的动力，也面临许多问题，比如住房、医疗、教育、社会保险等方面的问题。诸多问题中，我认为就业是最重要的一个问题。农民进城，怎么为他们创造更多的就业机会？厉以宁老师的讲座已经很明确地给我们提供了很多重要的途径，尤其是要发挥民营经济的作用，为未来的就业创造更多的机会。

针对这个问题，我想从另外的角度来解读。一方面就业要靠发挥民营经济的作用，要用资本来提供就业机会；另一方面我们要让这些转移到城市的人适应社会发展，有能力来工作甚至自己创业，教育则是最为关键最为紧迫的。未来城市化中"农民工"的就业问题很大程度上就取决于对他们及其子女的教育。我认为这是未来可持续发展过程中非常紧迫，甚至比环境问题、医疗问题、住房问题更加紧迫的问题。有些问题条件不够可以推迟解决，而教育问题，尤其是农民工子女的教育问题是不能推迟解决的，不能说到几年以后经济发达了政府有钱了以后再来补这一课，这是不行的，因为年轻人一旦过了某个年龄段，想再去补这个年龄段需要接受的思想和文化的教育，是不可能的。

因此，围绕着城镇化，我们大量的农民工无论要进入制造业还是服务业，都需要有技能。我们除了要抓好高等教育，职业教育也是提高农民工技术能力的重要途径，很多发达国家在这方面做了大量工作。中国政府也开始重视了，政府工作报告提到已经计划拨出专项资金进行农民工的技术培训，但我认为要引起更多重视的是农民工子女的教育。按照国家统计局公布的数字，中国目前大约有2亿5000万农民工，他们的子女有8000多万，都在哪里上学？大约有2000万跟着他们的父母在城里。这些在城里的农民工子女，有没有很好的措施来保证他们能够得到良好的教育？对不符合办学条件的农民工子弟学校，一些地方政府甚至采取了关闭的办法，这种做法是非常可怕的。我也当过乡村教师，教育的核心不是形式，核心是一定要让学生及时受到教育。政府是不是重视了这个问题？另外，大约有6000万农民工的孩子是在农村的"留守儿童"。这么多的儿童与父母长期分居，是一个严重的社会问题。子女跟父母长期分开，孩子对父母容易缺乏感情，父母对孩子也会感情淡薄。同时，留守儿童在爷爷奶奶身边不容易得到很好的管教。广州的一个监狱的报告显示，犯罪的青少年中将近90%曾经是留守儿童。中国这一部分人的教育问题应该引起全民的重视，靠民众捐赠"希望小学"解决不了这个问题。我曾经也想号召一批企业家来搞城市的希望小学，后来发现根本不可能，因为城市的地价很贵，房价很高，捐100万元可能还买不起一个100平方米的教室。所以，农民工子女的教育必须靠政府。城市化中农民工子女的教育应该成为我国可持续发展中必须考虑的、不可推迟的首要问题。

刚才陆昊和厉以宁老师谈到了几个非常有意义的问题，提出经济发展短期靠需求，中期靠产业升级技术创新等，这些都非常重要。但同时，我们必须考虑长期社会发展的问题，一些现在可能没有显现出来但将来会很重要的问题。农民工的职业技术培训和农民工子女最基本的中小学教育，就是这样一个关系到中国未来经济是否可持续增长、社会是否和谐发展的重要问题！

最后，再次祝厉老师健康长寿！祝中国经济兴旺发达！

谢谢大家！

中国金融，全球价值[①]

（2019年10月）

经过四十多年的改革开放，作为世界第二大经济体，中国经济日益融入世界，中国经济的增长不仅受到全球经济的影响，也成为影响和引领世界经济的重要因素。目前，中国正步入新的发展时期，面临进入中等收入阶段后的转型挑战。这不仅是历史性的结构调整，同时也是一个重要的发展机遇阶段。

金融是经济的血液，关系到经济各个领域的可持续发展。经济发展到一定程度后，金融会成为其他产业创新和发展的支柱。正如习近平总书记所强调的，"金融活、经济活；金融稳，经济稳；经济兴，金融兴；经济强，金融强"。金融作为现代经济中资金配置的重要方式、渠道和纽带，我们唯有正视之，研究之，驾驭之，才能让金融业得到更好的发展，同时也为促进中国经济的转型升级做出贡献。

作为中国第一所现代综合性大学，北京大学从19世纪末京师大学堂初建时就设立了商科，而商科的第一个专业就是金融领域的"银行保险学"。近年来，除了经济学院、光华管理学院、国家发展研究院、汇丰商学院等经管院系外，北京大学其他院系也培养了大批金融人才。从理论研究、政策制定、机构管理，到人才培养，北京大学在中国乃至国际金融界举足轻重。从北京、上海、深圳、广州、香港，到纽约、伦敦等，北大金融校友以及金融校友会遍布全球。因此，创办《北大金融评论》，是北大金融人义不容辞的责任。办好《北大金融评论》，

[①] 本文为海闻教授为《北大金融评论》撰写的发刊词。

是北大人对金融行业的责任和担当。

具体来说,《北大金融评论》将有三个主要特点。

第一,《北大金融评论》将体现北大人的责任和担当。北京大学波澜壮阔的历史是一部为中华民族崛起而奋斗的历史。北大成立于风雨飘摇的晚清,不屈于民族存亡的抗战,成长于新中国的建设,引领于改革开放振兴中华的时代。忧国忧民、肩负责任、大道直行、为国担当,改革创新、刚毅坚卓、崇尚科学、追求卓越,是北大的传统和精神。《北大金融评论》也将在本刊的字里行间承载这种传统和精神。本刊不仅要以优质的学术思想、根植于本土的前沿经验和富有时代特点的经典案例推动金融行业的发展,更要坚持正确的价值观,推动社会的进步,引领国家的未来。

第二,《北大金融评论》将着重研究中国金融的改革和发展。本刊虽创办于粤港澳大湾区,但关注的是整个中国的金融改革、创新与发展。随着中国经济的起飞,中国的金融业也经历了一个快速发展的过程。改革开放以来,中国金融业增加值年均实际增长率超过12%,占GDP的比重从1978年的2.1%提高到2018年的7.7%。四十多年来,中国金融业从只有一家大银行(中国人民银行)和一种业务(银行信贷)的"大一统"计划经济金融发展成一个包括银行、保险、信托、证券、基金、期货,以及第三方支付业务在内的现代综合金融系统。全球化以及互联网、大数据、人工智能等技术的发展,一方面推动着中国金融业的改革创新,另一方面也带来了风险管控、体制改革、人才培养等方面的挑战。《北大金融评论》将近距离感知中国经济的脉动,专注中国金融改革与发展的探讨,展现中国经济与金融转型这一人类历史上前无古人的演化进程。

第三,《北大金融评论》将用全球视野来讨论金融问题。在经济全球化的趋势中,金融不再是一个国家内部的事。一个开放的经济,必然会受到国际金融波动的影响;任何一个国家的金融危机,也会对其他国家甚至世界经济造成冲击。因此,我们不仅要研究中国的金融问题,还要研究世界的金融问题,最重要的是要在世界政治经济新格局的背景下研究中国金融进一步改革开放和发展的问题。作为经济大国,中国的金融实践和理论创新将深刻影响世界,保持中国金融健康和稳定的发展对世界经济至关重要。同时,我们也需要认真研究世界各国金融发展的经验教训，让中国的金融创新和发展更加持续和健康，更具全球价值。

2013年诺贝尔经济学奖得主罗伯特·希勒（Robert Shiller）教授在《金融与好的社会》（*Finance and the Good Society*）一书中写道："金融体系是一项新发明，而塑造这种体系的过程还远没有结束，只有细致入微地引导其发展才能将它成功地引入未来……使它为我们塑造一个更加公平、公正的世界。"为实现这一目标，《北大金融评论》愿与中国经济学人、金融实践者乃至更多有识之士共同努力求索。

追忆厉以宁：经济思想的启蒙者和坚持真理的理论家[①]

（2023 年 3 月）

2023 年 2 月 27 日，北京大学资深教授厉以宁先生因病医治无效，在北京逝世。消息传来，各界人士沉痛悼念，师生学者纷纷撰文回顾厉以宁的人生经历、教学生涯、学术思想，缅怀先贤，寄托哀思。

作为恢复高考后第一批入学北大经济系，最早聆听厉以宁学术思想的学生，我深为厉老师的逝世感到悲痛。厉以宁不仅仅是中国"改革先锋"奖章获得者、经济体制改革的积极倡导者，更是我们的老师、经济思想的启蒙者和坚持真理的理论家。

当代经济思想的启蒙者

我是北大经济系 77 级本科学生，入学不久后的 1978 年，中国开始了具有伟大历史意义的改革开放。面对"文革"后百废待兴的中国经济，我们有太多的迷惑需要厘清，有太多的问题需要解决。

然而，原有的经济学理论又无法为我们提供很好的解决方案。在理解生产力和生产关系的基础上，需要更多的理论指导我们如何提高农民积极性，生产

[①] 海闻. 追忆厉以宁：经济思想的启蒙者和坚持真理的理论家[N]. 每日经济新闻，2023-03-07.

更多的粮食；如何提高企业的劳动生产率，促进工业的发展；如何更好地发展经济，提高人们的生活水平。

很荣幸，在大三的时候，厉老师为我们开设了介绍当代经济思想的课程，同时组织了一系列的讲座，请了陈振汉、罗志如等教授以及其他大学和社科院等研究机构的学者，来介绍各个领域的经济学理论。这些课程和讲座，把我们带入了一个更新更广阔的知识天地。其中，我对罗斯托的起飞理论和赫克歇尔－俄林－萨缪尔森的国际贸易理论特别感兴趣，以至后来我把发展经济学和国际经济学作为自己的研究方向。

厉老师对当代经济思想的介绍也让我萌生了毕业后到发达国家继续深造的念头。我意识到，虽然许多经济学著作出自西方学者之手，研究的也主要是西方国家的经济问题，但归纳出的许多经济学理论反映的是人类社会的普遍行为，这些理论是人类的共同财富。要想迅速和稳定地改革和发展我国的经济，我们需要学习和借鉴世界各国特别是西方国家的先进经济学理论和知识。

当然，经济学理论都是建立在一定的社会背景或假设条件上的，社会背景和假设条件不同，结论也就不一定成立。正确理解和掌握经济分析的方法，而不是盲目照搬不同条件下产生的结论，才是我们学习、掌握和运用当代经济学的科学方法。

亦师亦友的北大老师

在厉老师当代经济学课程和讲座的影响下，我决定毕业后自费出国深造。但是1980年的中国，改革开放刚刚开始，中美也刚刚建交，封闭已久的中国教育界，对自费留学的事既没有政策，也没有信息。我们也没有电脑，连英文打字机都没有，大部分申请材料是"手抄版"，我还需要自己把中文的课程名称翻译成英文。

有些课程名不知道怎么翻译，我就去问厉老师。他当时给我们讲"西方经济学"，所以我觉得他应该最懂。厉老师非常支持我出国留学，仔细地帮我校对翻译。有些课程名称他也不确定，就到坐落在静园四院的经济系资料室去查。他这种关心学生且又谦逊谨慎、一丝不苟的精神让我深受感动。

让我印象深刻的还有厉老师和我们的平等对话。我们77级的同学来自十二年间的初高中毕业生，大部分经历过"上山下乡"，上学时就带着很多社会上遇到的问题来。上课时，我们不仅如饥似渴地学习知识，还会经常向老师提出各种各样的问题。在厉老师的课上，我们的问题是最多的。厉老师每次都会认真地回答我们的问题。最让我感到吃惊却又非常敬佩的是，厉老师有时会很坦率地说："这个问题我没有很好地考虑过"或"这方面我也不了解"，同时表示他研究一下再与我们讨论。老师的坦诚和实事求是的态度，为我以后的研究和教学树立了一个很好的榜样。

坚持真理的理论家

厉老师对中国经济改革最重要的贡献是提出了国有企业和集体企业的股份制改造。这个理论在我们今天看来似乎很好理解，但在20世纪80年代初则被一些人认为"大逆不道"，被视为对公有制企业的"私有化"。

1986年9月16日，厉老师在北大办公楼礼堂进行了关于体制改革的报告，并提出"所有制改革是改革的关键"，主张推行国家、企业、个人都可参与的股份制企业。厉老师的报告引起了大家的兴趣，也引发了经济学理论界的激烈争论。厉老师就听众提出的12个问题，第二天又进行了详细的阐述。

1989年2月，厉老师将他的改革理论以及相关的讨论汇集成册，以《中国经济改革的思路》为名，在中国展望出版社出版。书中再次重申"经济体制改革的失败，可能是由于价格改革的失败；但经济体制改革的成功，一定取决于所有制改革的成功"。在谈到企业所有制改革时，他又明确指出，企业财产关系不明确是国营企业缺乏活力的基本原因，而"股份制是明确企业财产关系的最好形式"。

1988年"价格闯关"失败后，国内一度产生了严重的通货膨胀，继而引发了社会动乱，经济改革遭受挫折。厉老师的股份制理论也再次遭到质疑。一些人甚至要求北大批判厉以宁，企图用僵硬的教条否定厉以宁的改革理论。

为此，厉老师无所畏惧，坦然面对。他回应道："在工作中，经常有些人什么工作也不干，什么主意也不出，而一旦工作中出现了某些错误，这些人却成为最有发言权、最有资格去指责别人的人……这难道是正常的吗？我们不能让这种现象再出现了。"

1990年春，我从美国回国考察国内的经济改革情况，专程去看望了厉老师。在巨大的压力面前，厉老师仍然乐观和从容，坚持真理，毫不动摇。他还把当时刚刚出版的关于改革思路的著作送了我一本。从厉老师身上，我看到了中国知识分子胸怀天下、忧国忧民、肩负责任、敢于担当的精神。

如今，厉以宁老师离开了我们，但他的精神与学识将激励我们这一代人继续努力，为中国的改革开放和可持续发展做贡献。

厉老师安息吧！